Das Infoversum

Kurt Oktabetz

Das Infoversum
$\Sigma \infty (0/1) = $ Gott!?

Leykam

© 2014 Leykam Buchverlagsges. m. b. H. Nfg. & Co. KG, Graz/Austria

Layout und Satz: Christian Konrad
Lektorat: Rosemarie Konrad
Gesamtherstellung: Leykam Buchverlag

ISBN 978-3-7011-7942-8
www.leykamverlag.at

Für Riki

Inhalt

Vorwort

Dies ist ein Versuch, Erfahrungen und Fakten, Vorlesungen über Medienkunde (Informationsökonomie), die Lektüre verschiedener Disziplinen und Genres sowie Gedanken über Sinn und Ziel des Lebens zusammenzufassen. Ein Versuch, das Erlebte, Erfahrene und Sinnierte zu folgern und niederzuschreiben. Ein höchst persönliches – vorläufiges – Ergebnis ohne jeglichen Anspruch!

Die in diesem Werk entwickelte Theorie setzt das Verständnis einer säkularen Gesellschaft voraus, die ein jeweils gesichertes Wissen zur Kenntnis nimmt und Vernunft und Glauben zumindest gleichsetzt. Ich habe mit voller Absicht auf ein Lektorat von Wissenschaftlern und Experten betreffend die einzelnen behandelten Themenbereiche und Disziplinen verzichtet und bin mir bewusst, dass ich Kritik von allen Seiten zu erwarten hätte, sollte diese Abhandlung auch nur einen sehr begrenzten Leserkreis erreichen. Für die geneigte Leserin, den geneigten Leser mag sie möglicherweise verwirrend, kompliziert und nicht leicht nachvollziehbar sein. Für Informationswissenschaftler, Physiker, Quantenphysiker, Biologen, Psychologen und Philosophen ist sie mit Sicherheit zu unwissenschaftlich und teilweise vielleicht fehlerhaft. Für Theologen und Vertreter aller Religionen wird sie als Kampfschrift aufgefasst werden, obwohl dies nicht beabsichtigt ist.

Ich werde auf keine Kritik eingehen, weil die in dieser Abhandlung entstandene Theorie meiner ganz persönlichen Auffassung entspricht, die natürlich nicht zu beweisen ist, weil sie sich letztlich der Empirie entzieht und daher wieder eines Glaubens bedarf. Vielleicht lässt sich diese Art des Glaubens mit dem Verstand besser vereinbaren, wenn ein gewisser Wissensstand und die Vernunft zu jener metaphysischen Grenze hinführen, hinter der bislang nur entweder Agnostik, Nihilismus, Atheismus oder Religionen herrschen. Wenn man meinen deistischen Glauben an eine transzendente Intelligenz im weiteren Sinne auch als eine Art von Religion bezeichnen könnte, dann ist es jedenfalls eine, die universell und konfliktfrei ist.

Als eher nüchterner und pragmatischer Mensch bewege ich mich in einem geistigen Bereich, den man allgemein als Spiritualismus bezeichnen könnte. Nietzsches Über-Ich lässt mich über ein geistiges Über-*Mir* spekulieren, und Sloterdijks Aufforderung, aus Traditionen und Lagern auszubrechen, lässt mich im Sinne der Noetik über das Denken nachdenken und die offenen Fragen des Menschen nach dem Woher, Wozu und Wohin in einer Schlussfolgerung zu beantworten versuchen, die sich aus der elementaren Bedeutung des Begriffes *Information* ergibt. Dieser Begriff zieht sich wie ein roter Faden durch alle behandelten Wissensgebiete, und die so entwickelte Theorie scheint mir insofern zumindest der philosophischen Forderung nach Logik gerecht zu werden.

Dieses Buch entstand in einem Zeitraum von mehreren Jahren; zunächst durch simples Nachdenken über Gott und die Welt, durch persönliche Erfahrungen und Gespräche, durch eine Vielzahl von Gedächtnisnotizen, Aufzeichnungen, Korrespondenzen und diverse früher verfasste Artikel sowie durch die zunächst wenig gezielte Lektüre natur- und geisteswissenschaftlicher Bücher und dann – im Zuge einer zunehmend wachsenden Idee von einer ganzheitlichen Bedeutung des Begriffes Information – durch die bewusste Auswahl betreffender literarischer Werke. Die Idee, eine Theorie zu entwickeln, war mir ein Bedürfnis, weil ich eine ähnliche Folgerung nicht finden konnte – auch wenn meine überzeugte Conclusio als abstruses Konstrukt bezeichnet werden sollte.

Ich würde den Kritikern aller Disziplinen gerne eine einzige Frage stellen: Was ist nicht Information?

Anmerkung

Ausführlichere Literaturbesprechungen werden durch Einrückung ersichtlich gemacht. Der Covertext beziehungsweise die Kapitelüberschriften werden auch in binärem Code dargestellt. Die Formeln sind nicht mathematisch, sondern philosophisch zu verstehen.

Es beginnt damit, dass die Überschrift dieses Kapitels zu relativieren ist. Ohne jetzt schon auf Karl Popper zu verweisen: Es ist tatsächlich immer alles zu relativieren, weil nicht bewiesene Aussagen mehrheitlich den objektiven (sachlichen und zeitlichen) und subjektiven (Empfindungssituationen) Bedingungen unterliegen. Richtigerweise müsste daher die Überschrift lauten: „Die Logik meiner Gedanken" und „Wie komme ich zur Sinnfrage?".

Mit dieser Einschränkung sind in der Folge vor allem alle Folgerungen, Verknüpfungen und Zusammenfassungen zu sehen. Aber auch alle angeführten Autorenmeinungen und ebenso die aktuellen Wissenserkenntnisse sind so zu verstehen, weil buchstäblich alles, was nicht letzte und bewiesene Erkenntnis ist, das Fragezeichen der Falsifikation oder der Bestätigung mit sich trägt.

Irgendwie plant jeder Mensch sein Leben, das heißt, jeder denkt dann und wann an seine Zukunft und hat das Bedürfnis, sein Leben so gut wie möglich zu gestalten; selbst wenn er nur an morgen denkt oder von der Hand in den Mund lebt, ist dies eine Folgerung von jetzt auf nachher, von einem Augenblick auf den nächsten und insofern die primitivste Überlebensplanung eines jeden Lebewesens. Die etwas qualifiziertere Lebensplanung umfasst in der Regel materielle (sinnliche), ideelle (geistige) und sinngebende (kontemplative) Ebenen.

Ein simples Beispiel (stichwortartig):

Ausbildung	Gesundheit	geistige Entwicklung
Beruf	Familie	Verinnerlichung
Karriere	Sozialkontakte	Kontemplation
Vermögensaufbau	Freizeit	Erkennen

Die materiellen Voraussetzungen, das Bewusstsein und die metaphysische Ebene, oder wie immer man kategorisieren will (z. B. Körper, Geist, Seele), sind aber als eine Einheit aufzufassen. In der Folge wird daher die ganzheitliche (holistische) Betrachtung unterstrichen.

In diesem Sinne ist die Gedankenfolge als relativ logisch zu verstehen: Sie beginnt mit der materiellen und endet mit dem Beginn der Sinnebene, und sie versucht, die Ebenen zu verknüpfen. Persönliche Beispiele in Form von „Nachtgedanken" mögen dies illustrieren. (Es handelt sich dabei um freie, auf ein Diktafon gesprochene, unkorrigierte Selbstgespräche.)

Ich sitze auf der Terrasse, vor dem offenen Feuer in der angehenden Nacht – ich weiß nicht, zum wievielten Mal – und sinniere vor mich hin. Wir sind gerade von der Südsee zurück und genießen den prachtvollen Frühling hier in Stubenberg, den Garten – es blüht alles –, es ist herrliches Wetter, und eben habe ich mit Pizi telefoniert, die während einer Nilkreuzfahrt gerade in Edfu ist, und ich überlege, ob ich meine Gedanken, die ich nicht sammeln kann, niederschreiben soll. Ich kann sie deshalb nicht sammeln, weil ich an sich philosophisch interessiert bin, meine begonnene – aus der mit Freunden über Gott begonnenen Diskussion entstandene – Informationstheorie weiterführen will, die Gedanken aber durch die Ereignisse rund um mich immer abgelenkt werden. Wenn ich mich daher entschließe, diese niederzuschreiben, dann könnte ich nur ein Kapitel über meine Meinung zur Welt, zu den Menschen, zur Politik und ihren Ausformungen, die uns politische Menschen ständig beschäftigen, abwechselnd mit jenen Kapiteln, die mich interessieren – über Gott, die Welt, über den Sinn des Lebens –, mischen. Gibt es ihn, den Sinn, den Gott? Wie kann man ihn fassen, einen an sich Unfassbaren, einen Er, eine Sie, ein Es? Das führt mich wieder zu meiner Informationstheorie – die Summe aller Informationen, die Erkenntnis, die Erleuchtung. Ist es das, worin wir Gott sehen? Warum leben wir? Hat unser Leben einen Sinn? Sind wir uns eines Sinnes bewusst, oder leben wir nur so dahin, ohne daran zu denken, dass unser Leben limitiert ist? Und was ist dann?

Ich höre neben den Flammen im offenen Kamin im Hintergrund die Uhr ticken. Die Uhr erfüllt einen Raum mit Leben, die Uhr zeigt die Zeit an. Ist die Zeit, die mit unserem Leben verbunden ist, unser Schicksal, unser irdisches Schicksal? Haben wir in der uns gegebenen Zeit irgendetwas zu erfüllen? Was haben wir zu erfüllen? Wir leben so dahin und überlegen, was wir morgen essen werden; wir gehen am Ostersonntag in die Kirche, weil wir es gewohnt sind, zu Ostern in die Kirche zu gehen. Warum gehe ich wirklich dorthin? Offenbar, weil ich doch beeindruckt bin. Ich habe gestern einen Film mit Oskar Werner und Anthony Quinn gesehen („In den Schuhen des Fischers"), in dem ein Papst letztlich das gesamte Kirchenvermögen den Armen der Welt opfert. Das war faszinierend – im Film, entspricht aber bedauerlicherweise nicht der Realität. Und dennoch beeindruckt mich die Institution der Kirchen, weil sie etwas näherzubringen versuchen, was wir nicht begreifen. Eine meiner Lektüren in der Südsee war unter anderem auch ein Gespräch zwischen Natur- und Geisteswissenschaftlern, die sich über Psychedelika unterhalten haben, die Menschen früher vermehrt zu Trancezuständen geführt und in eine andere Welt entrücken haben lassen. Alkohol sollte die gleiche Wirkung haben: Vor mit steht eine Flasche guten französischen Rotweins, und vielleicht ist es dessen Wirkung, die mich zu diesem Diktat führt.

Ich möchte mich gern in einen Zustand begeben, der mich meine Gedanken sammeln lässt, der mich konzentriert meditieren lässt. Meine Gedanken jedoch kreisen, sie sind zu menschlich, zu irdisch, zu banal, sie beschäftigen sich mit Dingen, die wir für bedeutend halten; sie beschäftigen sich mit alltäglichen lokalen, regionalen, nationalen und auch internationalen Problemen, die wir versuchen zu lösen und von denen wir gar nicht wissen, ob wir sie lösen können, zum Nutzen aller, zum Nutzen der Menschheit; aber wir hypertrophieren die jeweilige Bedeutung und verharren in Gesprächen über Dinge, die in Wahrheit unbedeutend sind. Apropos Wahrheit! Was ist Wahrheit? Ist Wahrheit absolut oder relativ? Wir versuchen in den letzten Jahrzehnten auf naturwissenschaftlichem Weg, ihr näherzukommen, und wir scheitern, weil – wie Popper sagt – mit jeder neuen Entdeckung zehn neue Geheimnisse entstehen. Was uns letztlich wirklich interessiert, ist die Absolute Wahrheit. Aber auch Popper kennt die Absolute Wahrheit nicht, ja er leugnet sie geradezu. Er ist mein Lieblingsphilosoph, aber diesbezüglich kann ich ihm nicht folgen, weil es neben seinen drei Welten eine vierte geben müsste, die über der Welt 3 steht. Die Welt 3 vergrößert sich ständig und kommt – weil sie immer nur das menschliche Wissen umfasst – nie zu einem Ende. Die Welt 4 hingegen kommt zu einem Ende, weil sie die Erleuchtung, die Offenbarung, die letzte Erkenntnis, die Summe aller Informationen ist. Sie ist die Absolute Wahrheit – nach Platon. Oder kennt auch Platon nur die relative Wahrheit?

Nachtgedanken 2

Wie bedeutsam ist es, was uns bewegt? Ist es die Frage, wer bei den nächsten Wahlen gewinnt? Ist es die Frage, ob die Neutralität Österreichs noch gerechtfertigt ist oder nicht, ob in Italien Neofaschisten in die Regierung kommen oder in Belgien und Deutschland der Nationalismus wieder stärker wird? Ist es die Frage, ob es Schwarzenegger gelingt, Kalifornien wirtschaftlich zu sanieren, ob Putin aus Russland ein neues Russland machen wird, was die Chinesen, die Japaner, die Afrikaner unternehmen, um die wirtschaftliche Entwicklung nicht wiederum nur einer Minorität der dort lebenden Menschen zugutekommen zu lassen? Ist es die Dritte Welt, der wir Wirtschaftshilfe geben sollen, weil die Menschen dort nicht, wie in unseren geografischen Breiten, das Glück des Ortes und der Zeit ihrer Geburt haben? Als politischer Mensch interessiert mich das alles, aber es ist nicht das, was mich wirklich bewegt und erfüllt.

Welchen Sinn hat also unser Leben? Sind es nur einige Jahrzehnte Dasein auf Erden? Dann aus? Nichts mehr? Ist es die Auferstehung, der Übergang in ein anderes Reich, in ein anderes Dasein, ist es die Reinkarnation? Seit Menschengedenken bewegt diese Frage. Eine Annäherung an eine Antwort ist bis jetzt überhaupt nicht in Sicht. Das Leben ist schön, wenn man sich alles das leisten kann, was man sich vorstellt und was man sich wünscht; es wäre zweifellos auch für die Menschen schön, die keine Vergleichs-möglichkeit haben, aber mit dem archaischen Selbsterhaltungstrieb ist die Summe der Emotionen wie Neid, Eifersucht, Habgier, Hass verbunden; und diese Emotionen lassen die Menschen seit jeher auch zu Bestien werden. Dieser hypertrophierte Selbsterhaltungstrieb ist die Ursache für Konflikte, Kriege, für die unaufhörliche Entwürdigung des Menschen. Woher kommt das und warum ist das so? Welche Rolle spielt der Mensch? Ist es sein freier Wille, der ihn so sein lässt, wie er ist? Er ist zweifellos gefangen durch seinen genetischen Code, durch die Information, die ihm seine Erbsubstanz vermittelt. Was aber kann er darüber hinaus machen, gestalten? Ist die Summe der Informationen, die er sendet, die er beiträgt zur Entwicklung in seinem irdischen Leben, ein Wert an sich? Welche genetischen Codes haben andere Lebewesen? Haben oder vermitteln etwa auch anorganische Stoffe Informationen?

Ich erinnere mich in diesem Zusammenhang an die wunderschönen Inseln und Atolle der Südsee; die meisten davon entstanden durch Korallenausscheidungen. Wir wanderten auf endlosen Stränden aus Korallensand. Sind das anorganische Stoffe, weil sie jetzt Sand heißen? Oder sind das die Reste von Lebewesen? Wo ist der Unterschied zwischen den Informationen, die ein Lebewesen, z. B. ein Hund, eine Katze, ein Pferd, ein Fisch, eine Koralle, aussendet, und jenen Informationen, die ein Sandkorn, ein Stein, ein Fels oder jene Gattung senden, die wir nur halbherzig zu den Lebewesen zählen, wie einen Baum, einen Strauch, eine Pflanze, Gras?

Wir haben keine Ahnung von den genetischen Codes anderer irdischer Materie. Wir kennen auch die Energie nicht, die von irdischen oder universalen Kräften ausstrahlt, geschweige kennen wir die darin enthaltenen Informationen. Die Naturwissenschaft meint, innerhalb der nächsten 50 Jahre den gesamten genetischen Code, die Erbsubstanz des Menschen, entschlüsseln zu können. Das mag möglich sein. Stephen Hawking ist auf der Suche nach der Weltformel. Das wird mit großer Wahrscheinlichkeit nicht gelingen. Wenn doch, würde das Tor aufgestoßen werden zu einer neuen naturwissenschaftlichen Erkenntnis, einer Erkenntnis, die diese Erde, jenen winzig kleinen Teil des Universums, in dem wir uns befinden, der Ganzheit näherbringt. Jenes Universums, von dem wir die Informationen unserer Vorfahren haben. Jene Informationen, die weiterleben, wie unsere Informationen nicht nur unser Leben ermöglichen, sondern auch weiterleben und Teil der Erkenntnisse der Nachwelt sind. Das, was wir erleben und bewirken, wird also Teil des geistigen Inhalts eines universellen Speichers.

Was tragen diese Informationen aber zum Lauf der Entwicklung des Ganzen bei? Strebt dies alles dem Punkt Omega des Teilhard de Chardin zu? Erleben wir geistig diesen Punkt Omega? Ist das die Summe der Informationen, die Auferstehung, die Erleuchtung, die Offenbarung, die letzte Erkenntnis, die Absolute Wahrheit? Kann das, im Nachhinein betrachtet, der Sinn unseres Lebens gewesen sein, oder beenden wir unser Leben mit der unbeantworteten Frage, ob die Henne oder das Ei zuerst war.

Nachtgedanken 3

Der nächste Tag: Ich sitze wieder beim Feuer und sinniere. Aus der Lektüre von Wissenschaftsberichten entnehme ich, dass man erwartet, in den nächsten Jahrzehnten nicht nur die Weltformel zu finden, sondern auch den genetischen Code zu knacken, das heißt, das menschliche Genom vollständig zu analysieren sowie herauszufinden, wodurch es sich von der Erbsubstanz anderer Lebewesen unterscheidet. Zweifellos sind die genetischen Codes die Informationen, die ein Leben und dessen Handlungen bestimmen, also die Wurzel des Gesamtverhaltens eines Lebewesens. Und wenn es gelänge, durch Genmanipulation den Idealtypus z. B. eines Menschen zu klonen, dann dürfte dieser idealerweise – keinen Körper haben, denn dieser Körper ist jedenfalls vergänglich, sein Geist, sein Bewusstsein, seine Informationen, deren Verarbeitung und Weitergabe hingegen sind immateriell, körperlos. Es müsste sich also um einen Geistmenschen handeln. Das ist insofern Utopie, als die Grenzen der Naturwissenschaften auf das Stoffliche beschränkt sind. Der genetische Code muss aber die Eigenschaft haben, sich weiterzuentwickeln. Er muss Informationen von der Außenwelt aufnehmen, assoziieren, denken und geistige Handlungen in Form der Veränderung der Codes vornehmen. Das versteht man unter Evolution. Der Urcode jedes Lebewesens muss Informationen weiterleiten, die der Selbsterhaltung dienen.

Nach der auch heute unbestrittenen Lehre Darwins herrscht das Ausleseprinzip; nur jenes Lebewesen setzt sich durch, das sich jeweils am besten konditioniert. Diesen archaischen Trieb, diese archaische Eigenschaft hat der Mensch allerdings hypertrophiert. Letztlich ist es gar nicht schwer, sämtliche Handlungen auf diesen Urtrieb der Selbsterhaltung zurückzuführen. Aus ihm entstehen jene Eigenschaften, die wir als Habgier, als Eifersucht, als Neid, als Macht – auch über andere, um sich damit besser durchzusetzen, sich selbst besser zu erhalten – bezeichnen. Wenn wir die menschliche Entwicklungsgeschichte und die gegenwärtigen Zustände, z. B. die heutige Politik, um die sich alles dreht, verfolgen, erkennen wir, dass es um Macht, um Einfluss, um mehr materielle Güter, um sogenanntes Glück etc., etc. geht. Dass dabei Ideologien vorgeschoben werden, liegt auf der Hand. Der Selbsterhaltung wegen haben wir z. B. in Österreich derzeit die Politik, die wir haben: ungeachtet der Verantwortung, der Moral und der Ethik Machtfindung und Macherhaltung um jeden Preis. Das gilt für sozialdemokratische, christlich-soziale, nationale, gewerkschaftliche und kirchliche „Selbsterhaltungsgruppen" gleichermaßen. Aber ich will jetzt über Politik gar nicht nachdenken; sie ist nur der Ausfluss des menschlichen Verhaltens, gesteuert von dessen Genom, als eine Grundsubstanz, deren Teil auch die Selbsterhaltung ist.

Lassen sich aber durch die genetischen Informationen jene Fragen beantworten, die uns immer wieder bewegen? Was steuert uns, und was steuern wir? Wo ist der freie Wille des Menschen? Lassen sich die Begriffe Moral, Ethik, Gerechtigkeit, Freiheit, Selbstbestimmung damit erklären? Der Mensch verfügt über Stamminformationen, die ihm die Überlegenheit gegenüber anderen Lebewesen geben. Er könnte sie dazu nutzen, ein Paradies aufzubauen und nicht dazu, selbstzerstörerisch zu wirken! Warum führen diese Erbanlagen zur Anreicherung von Macht und materiellen Gütern und nicht zu geistigen Werten? Warum verwendet er sein Erbpotenzial nicht zur Erlangung von höherer Erkenntnis, sondern zum ewigen Verharren auf dem vergänglich Irdischen? Wird es der freie Wille des Menschen erlauben, eine Trendumkehr zuzulassen? Wird er es ihm erlauben, sich seiner selbst bewusst zu werden, sich als Teil des Universums zu empfinden, sich als Informationsträger, -empfänger und -sender zu sehen? Welche Erkenntnisse oder Erleuchtungen auf natur- oder geisteswissenschaftlichem Gebiet müssten geschehen, um die menschliche Selbsterkenntnis herbeizuführen, um dem Menschen bewusst werden zu lassen, dass das Einzige, was von ihm übrig bleibt, seine Informationen sind. Jene Informationen, die er seinen Mitmenschen, seinen Nachfahren, der Natur, dem Universum weitergibt. Der Mensch ist zweifellos Teil der Summe der Informationen, und wenn die Summe der Informationen Gott ist, dann ist er Teil Gottes.

Solche und ähnliche „Nachtgedanken", die natürlich unkoordiniert sind und die alle mit einem Fragezeichen enden, könnten – jeweils von Menschen niedergeschrieben – Bibliotheken füllen. Meine persönlichen Überlegungen zu koordinieren, ist mir ein Bedürfnis, zumal mir meine Freizeit erlaubt, mich neben der Familie, der Gartenarbeit, dem Sport und Reisen auch einer – hoffentlich – geistig aktiven Tätigkeit zu widmen. Dieses Gedankengut kann natürlich nicht wissenschaftlich fundiert sein. Es ist von einem Ökonomen verfasst, der sich diesem Thema durch die Verknüpfung von vier Interessensgebieten verschrieben hat.

Da waren erstens die Vorlesungen an der Grazer Universität im Bereich des Medienkundlichen Lehrgangs (Medienbetriebswirtschaft), in denen Informations- und Kommunikationstheorien behandelt wurden, und zwar aufbauend auf Norbert Wiener („Information ist weder Energie noch Materie, sondern ein eigenes Grundelement") und auf die chronologische Entwicklung von Information und Kommunikation (siehe Struktur der Codes); zweitens das schlummernde Interesse an grenzwissenschaftlichen Themen; und drittens die laufenden Diskussionen über metaphysische Fragen, Kirchen als Institutionen und den Glauben an ein höheres Wesen. Daraus entstand die Idee, diese drei Bereiche zusammenzuführen und eine eigene Theorie zu entwerfen. Höchst interessant war dabei die Verfolgung der speziellen Informationstheorien in allen Wissenschaftsgebieten, unter anderem auch die Einbeziehung der Genforschung, der ungeheuren Möglichkeiten der Computertechnologie und die Erwartung, dass die Mikrowissenschaften in allen Bereichen erstaunliche Ergebnisse bringen werden; was jedoch nicht impliziert, dass die *Weltformel* (Hawking) gefunden werden wird, sondern dass eher eine Annäherung an metaphysische Elemente (grenzwissenschaftliche Felder) stattfinden wird. Die weitere Zerlegung der Atome – sowohl der organischen wie auch der anorganischen Stoffe – wird zu völlig neuen Dimensionen und Erkenntnissen führen. Die Beobachtung der Reaktion der Quanten und Quarks und die Rückmeldung an den Beobachter lassen möglicherweise die verschiedene Akzeptanz – von scheinbar gleichen Dingen – durch die Menschen erklären. Es geht dabei jedenfalls immer um ein Senden und Empfangen von Informationen!

Wir leben ausschließlich in Augenblicken! Die Vergangenheit ist nur Erinnerung (Information); die Erfahrung, die wir haben, ist Information der eigenen und fremden Vorwelt. Die Zukunft ist nur in unseren Vorstellungen, Erwartungen, Möglichkeiten und Wahrscheinlichkeiten zu fassen. Die Frage ist, ob jeder Mensch den Augenblick gleich erlebt und ihn mit anderen teilen kann. Wahrscheinlich nicht! Die Erinnerung ist sicher unterschiedlich; die Erwartung ebenfalls! Paul Watzlawik hat mit der Frage „Wie wirklich ist die Wirklichkeit?" schon recht.

Die Kapazität im Cyberspace ist nahezu unbegrenzt. Das derzeitige Volumen ist zwar nur die Sammlung des bestehenden menschlichen Wissens (nach Popper die *Welt 3*), aber durch die Tatsache, dass es Verschränkungsmöglichkeiten gibt, ist es zwar nicht (noch nicht) selbstlernfähig, jedoch interdisziplinär wesentlich erweiterbar. Die auf diese Weise erreichbare Beschleunigung des Wissens lässt eine ungeahnte Erkenntniserweiterung erwarten.

Aber auch die Potenzierung der Informationen, des Wissens und der Erkenntnisse wird nicht zur *Offenbarung* führen. Das lässt nur den Schluss zu, dass Teilhard de Chardin recht hat, wenn er meint, dass der Mensch dem *Punkt Omega* zusteuert und letztlich als eine Art Geistwesen Gott immer ähnlicher wird. Vielleicht mündet die Summe dieses Wissens in der Erkenntnis, dass Materie und damit materielles Dasein nichts, Geist jedoch alles ist. Wäre das der Aufbruch ins Paradies?

Ein viertes Element für diese Gedankengänge sind natürlich auch die von mir so genannten „Nachtgedanken" bei offenem Kamin, Kerzenlicht und gegebenenfalls leiser Musik und einer Flasche Wein, Gedanken, die am Waldrand genauso kommen wie am Meeresstrand, wo man versucht, zu sinnieren und sich oft erfolglos bemüht, nachzudenken oder gar zu meditieren. Manchmal gelingt dies, aber wenn man die Gedanken nicht festhält oder niederschreibt, gehen sie wieder verloren (wobei zugegebenerweise dieser Verlust nicht immer einen Schaden bedeutet). Hin und wieder aber hält man Ideen für gut, und dann sind sie ungefasst nutzlos, vor allem, wenn man gewohnt war und ist, mit seinen Ideen ein Ziel zu erreichen und auf dieses Ziel strategisch und operativ zuzugehen.

Wenn man also behauptet, dass die Summe der Informationen Gott ist oder eben dieses Geistwesen, das man zu beschreiben unfähig ist, dann stellt sich natürlich unmittelbar die Frage, woher diese Informationen kommen. Und hier meine ich, dass sie in einer – natürlich – immateriellen Form schon immer da waren. (Gott ist ewig!) Wenn die Summe aller Informationen, also die Absolute Wahrheit oder wie immer man diesen Zustand bezeichnen will, immer da war, stellt sich die weitere Frage, wie dann jene Welt wurde, in der wir leben und die wir erleben und erforschen wollen. Ist es ausgeschlossen, dass diese Summe den zunächst gasförmigen Zustand des Universums, der vor dem Urknall bestanden hat, und eben auch diesen Urknall ausgelöst hat? Es ist vorstellbar, dass eine Information, ein Digitus, ein digitaler Befehl, plötzlich Materie in einem unendlichen, ewigen Raum entstehen ließ, jenes Universum eben, dessen Evolution wir beobachten, bis heute, bis zum aktuellen Stand der Wissenschaft, wo wir feststellen, dass die genetischen Codes auf einer Unzahl binärer Befehle beruhen, die dann in der Summe den Menschen oder das Lebewesen ausmachen.

Eine mögliche Weltformel. Ist es so unmöglich, dass man feststellen wird, dass das Lebewesen nicht anders funktioniert wie ein auf digitaler, binärer Basis aufgebauter Computer, der nur mit seiner Geschwindigkeit und mit der Vielzahl von einfachen Befehlen und Verschränkungen alles das ergibt, was das Lebewesen selbst und dessen Verhalten ausmacht? Etwa wenn diese Informationen aufgrund von biochemischen Vorgängen zustande kommen, wobei diese Neurotransmitter als chemische Substanzen die Botschaften (Signale) bzw. Informationen einfachster, binärer Art nur transportieren und selbst keine Informationen sind. Die Unterscheidung zwischen Medien und Informationen wird in vielen Fällen nicht streng genug zum Ausdruck gebracht! Tatsächlich sind es *Ja/Nein-Entscheidungen*, die einen Computer steuern, Vorgänge bei Lebewesen hervorrufen und auch in der atomaren Struktur sogenannter toter Materie ablaufen.

Vielleicht ist die Weltformel einfacher als Einsteins Energieformel, und sie besteht aus der Unendlichkeit von *0/1-Entscheidungen*: 0 oder Nein für die Verhinderung, 1 oder Ja für die Zulassung eines Signals:

$$\sum \infty (0/1)$$
die Summe aus unendlichen Ja/Nein-Entscheidungen

Für uns ist das alles insofern unbegreiflich, weil wir mit den Begriffen des Augenblicks, der Unendlichkeit und der Ewigkeit wenig anzufangen wissen, eben weil wir in der Zeit, im Raum und in der Endlichkeit leben. Vielleicht ist diese Erkenntnis bzw. das Wissen um die jeweilige Verkettung der endlichen oder auch unendlichen binären Entscheidungen die Absolute Wahrheit, nämlich die Fähigkeit, aus einer Unzahl von solchen einfachen Entscheidungen und Verknüpfungen eine Materie, einen Organismus oder auch eine geistige Einheit entstehen zu lassen.

Grundsätzliches zur Information

```
0 0 1 1 0 0 0 1 0 1 1 1 1 1 0 0 0 0 1 1 0 0 0 0
0 1 0 0 0 1 1 1 0 1 1 1 0 0 1 0 0 1 1 1 0 1 0 1 0 1 1 0
1 1 1 0 0 1 1 0 0 1 0 0 0 1 1 1 0 0 1 1 1 1 0 0 0 0 1 1
1 0 1 0 0 1 0 0 0 1 1 1 0 1 0 0 0 1 1 1 1 0 1 0 0 1 1 0
1 1 0 0 0 1 1 0 1 0 0 1 0 1 1 0 0 0 1 1 0 1 1 0 1 0 0 0
0 1 1 0 0 1 0 1 0 1 1 1 0 0 1 1
0 1 1 1 1 0 1 0 0 1 1 1 0 1 0 1 0 1 1 1 0 0 1 0
0 1 0 0 1 0 0 1 0 1 1 0 1 1 1 0 0 1 1 0 0 1 1 0 0 1 1 0
1 1 1 1 0 1 1 1 0 0 1 0 0 1 1 0 1 1 0 1 0 1 1 0 0 0 0 1
0 1 1 1 0 1 0 0 0 1 1 0 1 0 0 1 0 1 1 0 1 1 1 1 0 1 1 0
1 1 1 0
```

Spätestens seit René Descartes, also seit der ersten Hälfte des 17. Jahrhunderts, haben sich der Mensch und die Wissenschaft *zweigeteilt*. Der metaphysische Dualismus – die Trennung zwischen Geist und Körper – war die Ursache für die Dominanz der Naturwissenschaften und die Vernachlässigung der Geisteswissenschaften in den folgenden Jahrhunderten. „Cogito ergo sum" bedeutet Empirie, Rationalität und ein Zurückdrängen der *Emotio*, der Gefühle, des Unbewusstseins (Unterbewusstseins) und der geistigen Werte (aber auch der Philosophie), die in der Antike, aber auch im Mittelalter nicht nur herausragende Persönlichkeiten und Denker, sondern auch die Menschen ganz allgemein auszeichneten und prägten. Damit ging also fast völlig alles verloren, was man unter dem Begriff der Spiritualität subsumieren kann. Diese Entwicklung hielt an – bis die Naturwissenschaften am Beginn des vorigen Jahrhunderts ihre Grenze entdeckten und bereit waren, sich selbst erkenntnistheoretisch in Zweifel zu ziehen. Es begann mit Einstein und erlebte unter anderem mit Werner Heisenberg und Erwin Schrödinger jenen eigentlichen Durchbruch (Quantentheorie), der die Grenzen der Naturwissenschaften deutlich werden ließ und eine grenzwissenschaftliche Öffnung ermöglichte, das heißt, zu einer ganzheitlichen wissenschaftlichen Betrachtung führte beziehungsweise diese wiederentdeckte.

Das hier behandelte Thema ist vielleicht das bestgeeignete für eine Brücke zwischen Natur- und Geisteswissenschaften und Metaphysik. Denn der Begriff der Information zieht sich wie ein roter Faden durch das physische, soziale, psychische und philosophische Netz, quasi als ein Phänomen, das den Menschen mit der Natur und dem Kosmos verbindet und das Körper, Geist und Seele wieder eins werden lässt. „Cogito ergo sum": *Ich denke*, weil ich imstande bin, Informationen zu empfangen, zu assoziieren und weiterzugeben (zu senden), und somit passiv wie auch aktiv Körper und Geist der Welt beeinflusse, *daher bin ich* ein dynamischer Teil der Welt, die mir bewusst ist, aber auch Teil einer Welt, die meiner Sicht (noch) weitgehend verschlossen ist, weil ich offenbar nicht mehr erlebe, als ich begreife.

Grenzen erreichen aber auch die Medizinwissenschaften: Die Erforschung der Funktionsweise des Gehirns z. B. stößt auf philosophische Fragen (siehe Eccles und Popper), und die Gentechnik sieht ihre rasante Entwicklung ebenso an jenem Ende angelangt, an dem die Geisteswissenschaften ihren Anfang finden.

Die Impulse, Signale, Botschaften durchdringen unseren Körper, beleben und steuern sein bewusstes und unbewusstes Handeln sowie sein überbewusstes Empfinden. Mit einem Wort: Die Informationen bestimmen das Leben (siehe Michael Murphy: „Der Quantenmensch") vom Quantum bis zum Kosmos.

Die Verknüpfung von Mensch und Maschine ist darüber hinaus ein Thema, das einerseits Hoffnung auf Fortschritt weckt, in der Technik z. B. in Form von Biochips – also organischen Halbleitern und Netzwerken – zur Unterstützung von menschlichen Organen (Implantationen); andererseits aber entstehen ethische Bedenken, weil Natur und Technik, weil Mensch und Maschine, weil Lebendiges und Lebloses, Organisches und Anorganisches in der herkömmlichen Sicht als zwei grundverschiedene Begriffe gesehen werden.

Weil Information nicht Information sein kann? Oder existiert neben Materie und Energie (neben Körper und Geist) tatsächlich eine Elementarform, die nicht nur die beiden anderen verbindet und deren Existenz überhaupt erst begründet? Dann wäre diese die Urform, die Quelle alles Seins, die Offenbarung des Kosmos! Utopie, Phantasie, Theorie, Möglichkeit, Wahrscheinlichkeit, Wirklichkeit? Was umfasst der Begriff Information, welche Bedeutung hat Information, was ist sie?

Information ist eine selbst-
ständige Urelementarform.
Information ist eine eigene Elementarform! Information kann sich der zwei dem Menschen bekannten Elementarformen Energie und Materie bedienen (Ton- und AV-Wellen bzw. Druckschriften etc.), sie ist aber selbst weder Energie noch Materie, sondern eine Spezies, der sich die Forschung bisher zu wenig ganzheitlich angenommen hat. Die Forschung beschränkt sich im Wesentlichen auf Informationsteilgebiete wie Kommunikationswissenschaften, Informationstechnologien, Hirnforschung, Genforschung, um nur einige zu nennen; dass die Information schlechthin jedoch holistisch ist und die Befehle, Signale, Botschaften, Codes oder wie immer man die Inhalte von Information bzw. sie selbst sonst noch bezeichnet, eine elementare Macht sind, die möglicherweise holistisch zusammenhängen, wird meines Erachtens nach bislang zu wenig berücksichtigt.

1|2   **Was ist Information?**

Heute ist dieser Begriff zu einem unscharfen Modewort geworden; in der Wissenschaft hat er durch die Informationstheorie eine ganz andere Bedeutung bekommen. Grundsätzlich ist der Inhalt einer Information gleichgültig, es geht vielmehr um *Zeichen, Signale, Impulse* und um deren *Übertragung.* Von Norbert Wiener stammt der Satz: „Information ist Information, nicht Materie und nicht Energie!" Das heißt, dass Information eine selbstständige Elementarform ist, die sich sowohl in Energie wie auch in Materie äußern oder sich dieser beiden Grundformen bedienen kann. Sie kann aber keiner von beiden zugeordnet werden.

Es ist gerade die Begriffsbestimmung, die das Verständnis auch für das gegenständliche Thema so erschwert, weil Begriffe von der Umgangssprache besetzt und eindeutige Alternativbegriffe nicht vorhanden sind.

Informationen sind das Einzige auf der Welt, was ohne Verlust beliebig oft weitergegeben werden kann. Man kann sie übermitteln, indem man sie weitererzählt, als Buch oder E-Mail verbreitet, sie bleiben weiter im eigenen Besitz. Wenn sie mit Materie oder Energie verbunden sind, sind sie natürlich zerstörbar, weil diese beiden anderen Elementarformen eben zerstörbar sind. Auch wenn man nur die Beziehung Mensch – Information betrachtet, wird man sofort auf die Tatsache aufmerksam, dass Information nicht nur auf die bekannten Träger Energie und Materie angewiesen ist. Auch die sich der Wissenschaft noch weitgehend entziehenden Umwelteinflüsse (Kraftfelder?) oder die in den letzten Jahren zunehmend geforschten parapsychischen Phänomene wie Telepathie usw. sind Informationen, die auf den Menschen einwirken und sein Bewusstsein verändern. Und gerade auch das Bewusstsein des Menschen – bzw. der Lebewesen – ist im Zusammenhang mit der auf es einströmenden Fülle von Informationen ein Thema, dem wohl ein Kapitel zu widmen sein wird.

Wenn man zunächst – aus Vereinfachungsgründen – von der Quantenmechanik (vom Vorhandensein der Information in unbelebter Materie) absieht und nur organische Stoffe (Wesen) betrachtet, weiß man, dass deren Existenz auf dem Selbsterhaltungstrieb beruht. Wie der Mensch reagiert auch die Pflanze auf Signale aus der Außenwelt: Sie wendet sich der Sonne zu und öffnet und schließt ihre Blüten entsprechend den *Impulsen* „warm" und „kalt". Jedes Lebewesen muss also in einer dauernden Auseinandersetzung mit seiner Umwelt leben und sein Verhalten den Verhältnissen so anpassen, dass es zur Selbsterhaltung und Vermehrung fähig ist: Es muss auf *Signale* reagieren! Information ist also existenziell! Jenes Lebewesen ist das gesichertste, dessen Fähigkeit (Sensorium, Gehirn) ein Maximum an Information am raschesten aufnehmen, verarbeiten und in Verhaltensanpassungen umsetzen kann.

Zur Weitergabe müssen Informationen abstrahiert und formalisiert werden. Die so empfangene Nachricht (Signal, Botschaft, Impuls, Digitus) kann in eine sekundäre verwandelt werden, das heißt, es wird ein Abbild von ihr gemacht (Felsmalerei, Foto, Film, Digitalverarbeitung). Die eigentliche Information bzw. der Informationsaustausch spielen sich bei den Menschen seit jeher mit Zeichen ab, die keinen unmittelbaren Bezug zu dem Wahrgenommenen mehr haben. Durch Konventionen kamen Menschen untereinander (Gruppen) überein, einzelne Gegenstände, Situationen, Vorgänge oder Wahrnehmungen mit bestimmten sichtbaren oder hörbaren Zeichen zu belegen. Diese Zeichen (Signale) nahmen die Stelle des Gemeinten ein und mussten und müssen auch heute noch in jeder Gemeinschaft (sozialen Gruppe) erlernt werden. Trotz der begrüßenswerten kulturellen und sprachlichen Vielfalt ist genau diese Grund eines der Probleme bei der Bildung eines sozialen Großraumsystems (als Beispiel sei die EU genannt). Zu den anfänglichen akustischen Zeichen traten visuelle (analoge Schriftzeichen und zunehmend – zur Überbrückung von verschiedenen Schriften und Sprachen – Symbole, wie etwa auf Flughäfen usw.) und letztlich digitalisierte hinzu.

Nun stehen wir in der sogenannten Informationsgesellschaft vor einer Informationsflut: Die Information hat sich gleichsam verselbstständigt und führt ein Eigenleben. Der Zugang zu ihr bedeutet Wissen, und Wissen bedeutet Macht. Aber nicht der Vergleich zwischen gespeicherten und neuen Informationen ist für den Menschen die einzige und wichtigste Aufgabe, sondern das Assoziieren, der Vergleich und die Verknüpfung einer maximalen Fülle an Informationen. Die Schaffung von Zusammenhängen, also das *Denken*, ist die entscheidende Funktion des menschlichen Gehirns. Dem Gehirn, dem Denken und dem menschlichen Bewusstsein, also dem Informationsprozess, vom Empfang bis zum Senden, von der Ursache bis zur Wirkung (handeln, verhalten) wird ein Kapitel zu widmen sein, das sich mit den Untersuchungen und Ergebnissen der Gehirnforscher und Neurophysiologen – unwissenschaftlich, aber faktisch bedeutend für das gegenständliche Thema – auseinanderzusetzen hat.

Hier genügt es zunächst, auf die ungeheure, ja existenzielle Bedeutung der Information für den Menschen, für die Gesellschaft, für sämtliche Bereiche des Lebens hinzuweisen. Es sind jedoch nicht die Fülle und das immer größer werdende Volumen an verfügbaren Informationen, die dem Menschen, der Forschung und Entwicklung Befriedigung verschaffen, sondern die *Geschwindigkeit der ansteuerbaren Informationen*. Popper subsumiert unter der *Welt 3* alles das, was der Mensch im Laufe seiner Entwicklung geschaffen hat und noch schaffen wird. Insofern sind die oben beispielhaft angeführten medialen Techniken Artefakte. Wenn aber der Wissenschaftsfortschritt das nicht unmögliche Ergebnis bringt, dass Mensch und Natur oder Mensch und Kosmos in der *Elementarform Information* eins werden und jene Fragezeichen an der Spitze der Informationspyramide gelöst werden oder sich vom Bewussten über das Unbewusste zum Überbewussten, also in den Bereich des Geistigen vordringend, zu Rufzeichen wandeln, dann würde auch Popper sich veranlasst sehen, von einer *Welt 4* zu sprechen. Diese heute noch philosophische Theorie gilt es aber anzusprechen und mit Erkenntnissen aus möglichst vielen Wissenschaftsbereichen aufzufüllen. Um dieses Bemühen nicht von vornherein als Spekulation oder abstrakte Hypothese verurteilen zu lassen, darf neben der Informationsevolution (siehe Tabelle auf Seite 30) auf die Zeittafel verwiesen werden, die den Wissenschaftsfortschritt und damit die progressive Entwicklung sowohl des Informationsvolumens wie auch der Informationsqualität kennzeichnet.

Der Mensch ist ein soziales Wesen (aber auch alle Lebewesen agieren interaktiv; selbst die Zellteilung ist Interaktion). Die Abhängigkeit voneinander gewährleistet die Erhaltung der Gattung, also die Reproduktionsfähigkeit. Diese Interdependenz ist ohne Information(en) nicht möglich! Wir kennen die Gestalt, die Erscheinungsweise der Information als Elementarform nicht so, wie wir die Gestalt der Materie und der Energie kennen. Wir wissen nur, dass sie überall im Weltall ist. Wo sie uns trifft, sind wir berührt, beeinflusst. Wir nehmen sie – mehr oder weniger – auf, assoziieren sie und verändern – mehr oder weniger – unser Verhalten, das heißt, wir konditionieren uns. Diese Konditionierung hat uns (und allen Lebewesen) die Existenz gesichert und wird unsere Weiterentwicklung bestimmen. Bis zum *Punkt Omega?*

Das soziale Netzwerksystem ist ein Artefakt, also ein Konstrukt menschlicher Gehirne und stellt nur einen Teilaspekt einer ganzheitlichen Bedeutung des Begriffes Information dar. Die gängige Informationswissenschaft behandelt im Wesentlichen die beabsichtigte menschliche Information, ihren Austausch und ihre Wirkung. Schon eher im informationsphilosophischen Randbereich unterscheidet sie zwischen wahren und nicht wahren Aussagen (Botschaften, Informationen), verharrt jedoch ausschließlich auf der Ebene der sozialen Interaktion. Die ganzheitliche Auffassung des Informationsbegriffes wird Gegenstand der folgenden Kapitel sein.

Die große Menge anderer Informationen, die also etwa von der Umwelt, der Natur oder vom Kosmos auf den Menschen eindringen, werden nur indirekt und insoweit behandelt, als sie von Menschen interpretiert und zu Aussagen werden, welche entweder wahr (richtig) oder nicht wahr (unrichtig) sein können. Beispiele dazu sind Diskussionen über den Klimawandel, über grenzwissenschaftliche Fragen, über Phänomene oder über religiöse Glaubensfragen.

Nach dem abstrakten ganzheitlichen Informationsbegriff unterliegt die Information dieser Unterscheidung nicht, weil sie – losgelöst vom beschränkten menschlichen Empfangs- und Verarbeitungspotenzial – immer wahr ist. Diesem Aspekt wird aber auch schon deshalb wenig Bedeutung beigemessen, weil der Umgang mit und die Bewältigung der immer größer gewordenen und werdenden Informationsflut im sozialen Netzwerk zum schwer lösbaren Problem wird.

Der Mensch (von anderen Lebewesen wissen wir davon zu wenig) hat im Laufe seiner Evolution mediale Techniken entwickelt, die sich in einem hierarchischen Aufbau der Signalstrukturen (Informationsstrukturen, Codes) wie folgt darstellen lassen:

Strukturelle
Informationsevolution

Strukturierungsgrad
und Entwicklung
der medialen Technik

?

????????

Digitalisierung

Elektronische Datenverarbeitung

Film, Fernsehen, Video, Bildplatte

Radio   Zeitung, Zeitschrift, Plakat

                                                         Buch, Flugblatt

Schallplatte   Comics
Tonband

Theater

                            Ballett, Tanz

Rede   Werk, Lied
              Sinfonie   Handlung   Bild, Foto   Text
                                              Grafik   Brief
Satz   Satz, Thema   Bewegung   Bildelement   Satz
              Melodie

Wort   Motiv, Phrase   Gebärde, Pose Gestalt, Figur
              Akkord   Gesichtsausdruck

Phonem   Morphem
                                                             (Silbe)

Laut   Ton, Rhythmus   Gestik, Mimik   Form   Buchstabe

              Klangelemente: Handlungselemente: grafische Elemente:
              Geräusch, Lautstärke Position, Richtung   Linie, Fläche
              Tempo, Dauer   Tempo, Dauer usw.   Kontur, Helligkeit
              Klangfarbe usw.   Farbe

Massenmedien

Medien

Zeichen

Zeichenelemente

Codes   Sprache   Musik   Körper-   Bild   Schrift
                                     bewegung

Historisch kann die Erfindung des Alphabets und der Schrift als elementares Ereignis in der Entwicklung medialer Techniken angesehen werden, weil sie dem – akustischen – Zeichensystem Sprache eine zeitliche Verfügung gab. Die Erfindung des Buchdrucks stellte dem Informationssystem dann auch eine räumliche Verfügung bei, und durch Telegrafie, Rundfunk, Satellitentechnik, Television und elektronische Datenverarbeitung wurde schließlich ein hohes Maß an raum-zeitlicher Verfügbarkeit erreicht. Wenn man bedenkt, dass die letzte Entwicklungsstufe der praktisch unbegrenzten raum-zeitlichen Informationsverfügung im letzten Jahrhundert (das ist 1/250.000 der Menschheitsgeschichte oder 1/80 seit der Erfindung des Alphabets) eingeleitet wurde und sich der wissenschaftliche Fortschritt auch auf dem Gebiet der Informationstechnologie exponentiell entwickelt, gewinnen die Fragezeichen am Beginn der neben stehenden Tabelle an Bedeutung.

Zeittafel

Zeichenelemente:	ca. 10.000.000.000 Jahre (seit Beginn des belebten Universums)
	ca. 2.500.000 Jahre (seit der Entwicklung des *Australopithecus africanus*)
	ca. 100.000 Jahre (seit der Entwicklung des *Homo sapiens sapiens*)
Zeichen und Medien:	ca. 8000 Jahre (seit der Erfindung von Alphabet und Schrift)
Massenmedien:	ca. 500 Jahre (seit der Erfindung des Buchdrucks)
	ca. 100 Jahre (seit der Erfindung des Radios, Funks usw.)
	ca. 50 Jahre (seit dem Beginn der Digitalisierung)
	ca. 20 Jahre (seit der Umsetzung der Quanten- und Gentechnik)

Kommunikation entsteht – nach der herkömmlichen Auffassung – im Wechselspiel zwischen mehreren Menschen. Sie ist aber erheblich mehr als nur der Austausch von Informationen. *Informationsaustausch* (Kommunikation) erfolgt natürlich zwischen allen Lebewesen, und diese Lebewesen kommunizieren auch mit der Natur, mit dem Kosmos. Das wird klar, wenn man sich der Möglichkeiten des Informationsflusses bewusst wird:

Sender	Information	Medium	Empfänger
Wer? Was?	Inhalt, Bedeutung	Aussagemittel	Rezipient
Aussagendes Subjekt/ Objekt	Aussage, Mitteilung	Materie (Papier)	Konsument
Kommunikator	Signal, Symbol, Impuls	Energie (Wellen)	Kommunikant

Allein aus dieser beispielhaften Darstellung lassen sich unzählige Kombinationen und zahlreiche Kategorien ableiten. Es wird daher für die gegenständliche Themenbehandlung notwendig sein, sich von der ausschließlichen Menschbezogenheit zu lösen. Denn tatsächlich informiert alles und jedes alles und jedes: der Wind den Hund, die Sonne die Blume, die Natur den Menschen, die Hand das Gehirn, der Mensch den Menschen usw. Es stellt sich lediglich die Frage, in welcher Beziehung Sender und Empfänger zueinander stehen und ob es eine Reaktion auf die empfangene Information gibt oder geben soll bzw. ob eine solche erwartet wird. Man wird daher von Kommunikation nur bei einer gegebenen Wechselbeziehung sprechen können. Um in der menschlichen Kategorie zu bleiben: Eine einseitige Information etwa ist ein Monolog, eine Vorlesung, eine Ansprache und auch ein Massenmedium, ungeachtet der Tatsache oder der Möglichkeit, dass diese Art von Information natürlich auch eine gewollte, gezielte Reaktion hervorrufen kann oder soll. Aber für die höhere Ebene der Kommunikation, die mehr als Informationsaustausch bewirkt, ist Rückbeziehung, ist Feedback erforderlich, also Wirkung und Reaktion!

Die beinahe schon sprichwörtlich gewordene Formel des Amerikaners Harold D. Lasswell: „Wer sagt was durch welches Medium zu wem mit welcher Wirkung?" sagt zu wenig aus, weil der begrenzte Wortschatz, die Denkgewohnheiten, die Mentalitäten und Emotionen der Kommunikatoren und Rezipienten, sowohl bei der direkten wie auch bei der indirekten Kommunikation, die auszutauschenden Informationen unscharf, schwammig und oft sogar missverständlich werden lassen. Auf Beispiele dazu kann verzichtet werden, weil diese Tatsache fast täglich erlebt wird: Schon Diskussionen (Informationsaustausch) innerhalb einer Familie, innerhalb einer Gruppe oder Gesellschaft der gleichen Sprache und vollends bei Sprachunterschieden können zu Missverständnissen führen, weil das Gesagte, aber nicht selten auch das Geschriebene nicht mit dem Gemeinten übereinstimmt oder anders aufgefasst wird. Aber auch, weil die Begrenztheit der Sprache gewollte Bedeutungen vielfach nicht vermitteln kann.

Es wird also bereits aus diesen trivialen Beispielen klar, dass eine rationale Formel für die Beschreibung der sozialen Informations- und Kommunikationsprozesse nicht möglich ist. Zu viele Einflüsse (Informationselemente) beherrschen den Menschen, sowohl von außen (Umwelt im weitesten Sinne) wie auch von innen (Gefühlswelt im weitesten Sinne). Zwischen der Ratio und der Emotio besteht eine stark schwimmende Grenze. Ein Beispiel, wie sich diese Erkenntnis in der Wirtschaft, also in einem sonst durchaus der Vernunft ergebenen Lebens- und Wissensbereich, durchgesetzt hat, ist die Werbung – ein tägliches Erlebnis, wenn wir die Straßen entlanggehen, das Radio einschalten oder fernsehen: Im Zuge des betriebswirtschaftlichen Funktionalbereiches Leistungsverwertung, also der Aufgabe, Produkte und Dienstleistungen optimal am Markt abzusetzen, spielen Marktforschung, Marketing und Werbung eine bedeutende Rolle. Einerseits weiß man, dass die Nachfragemotive oft emotional (von Nebensächlichkeiten wie Aussehen, Verpackung, Design usw.) geprägt sind, anderseits versucht man gerade diese Emotionen zu wecken: Die Werbung (das Gleiche gilt im Übrigen auch für die politische Propaganda) bemüht sich zunächst, die Person, einen der fünf Sinne des Menschen anzusprechen, dann das Bewusstsein der Person zu erregen, also ins Gehirn einzudringen, und letztlich – und das ist der Erfolg einer guten Werbung – das Unbewusstsein zu aktivieren. Auch der vermeintlich Werbungsresistente wird zugeben, dass ihm sein Unbewusstsein dann und wann, unvermittelt und in entsprechender Situation in Erinnerung ruft, genau dieses Produkt jener Marke eigentlich zu benötigen. Das geht vielfach so weit, dass man von psychologischem Kaufzwang spricht. Die Marktforschung quantifiziert nüchtern, der Verkaufsprozess ist rational, der Kauf kann rational, aber durchaus auch irrational sein, und die Werbungswirkungsforschung kann zwar den Erfolg quantifizieren, nicht aber die Kaufentscheidungsgründe; man weiß lediglich, dass sowohl vernunft- wie auch gefühlsmäßige Motive, also sowohl bewusste wie auch unbewusste (oft auch spontane) Entscheidungen der Konsumenten eine Rolle spielen und sich beide Kategorien überlappen.

Das heißt nun aber auch, dass bewusste Entscheidungen sowohl durch vernunftmäßige wie auch durch gefühlsmäßige Informationen getroffen werden können („Ich muss das kaufen, weil ich es brauche"; „Ich kaufe das, weil mir das gerade gefällt"). Rationale Entscheidungen wiederum können sowohl durch bewusste wie auch durch unbewusste Informationen getroffen werden („Meine Frau hat mir gesagt, dass ich das kaufen muss" = Erinnerung bzw. bewusster Abruf aus dem Informationsspeicher; „Einer plötzlichen Eingabe zufolge kaufe ich das, weil es mir nützen kann").

In der Informationstheorie, in der Kommunikationswissenschaft und in der Ökonomie sind zwei Begriffe von Bedeutung, die den Informationsaustausch effizienter gestalten lassen: das *Feedback*, das zur Erhöhung der Informationsgenauigkeit dient, also das Hinterfragen des Gemeinten oder Gewollten, und die *Redundanz*, deren möglichste Vermeidung die Speicher- und Verarbeitungskapazität durch überflüssige, zusätzliche Informationen nicht unnötig strapazieren soll. Das heißt, dass durch gezieltes Feedback die Redundanz verringert und das Informationsvolumen auf ein vernünftiges Maß beschränkt werden können. Das ist genau das, was man in der sogenannten Informationsgesellschaft vielfach bedauernd zur Kenntnis nehmen muss, nämlich *overnewed and underinformed* zu sein.

Information ist das Alpha und Omega jeglicher Existenz. Das tägliche Leben des Menschen ist also geprägt von einem *ständigen Informationsfluss*, der auf ihn einwirkt, durch ihn fließt und von ihm ausgeht sowie sein und seiner Mitmenschen Verhalten bestimmt und seine Umwelt beeinflusst. Wie sich Informationen beim Menschen darüber hinaus durch sein Über- und Unbewusstsein, durch seine archaischen und genetischen Prägungen (im Genom gespeicherte Informationen) verhalten und auswirken, wird der späteren Behandlung vorbehalten. Die Information ist also unbestreitbar das A und O, das Alpha und Omega, jedweder Existenz: jener des Menschen jedenfalls, aber natürlich auch jener der belebten Welt und – wie noch auszuführen sein wird – auch jener der sogenannten toten Materie, worauf ebenfalls noch einzugehen sein wird.

Information und natur-
wissenschaftliche Theorien
und Erkenntnisse

0 0 1 1 0 0 1 0 0 1 1 1 1 1 0 0 0 0 1 1 0 0 0 0
0 1 0 0 1 0 0 1 0 1 1 0 1 1 1 0 0 1 1 0 0 1 1 0 0 1 1 0
1 1 1 1 0 1 1 1 0 0 1 0 0 1 1 0 1 1 0 1 0 1 1 0 0 0 0 1
0 1 1 1 0 1 0 0 0 1 1 0 1 0 0 1 0 1 1 0 1 1 1 1 0 1 1 0
1 1 1 0
0 1 1 1 0 1 0 1 0 1 1 0 1 1 1 0 0 1 1 0 0 1 0 0
0 1 1 0 1 1 1 0 0 1 1 0 0 0 0 1 0 1 1 1 0 1 0 0 0 1 1 1
0 1 0 1 0 1 1 1 0 0 1 0 0 1 1 1 0 1 1 1 0 1 1 0 1 0 0 1
0 1 1 1 0 0 1 1 0 1 1 1 0 0 1 1 0 1 1 0 0 1 0 1 0 1 1 0
1 1 1 0 0 1 1 1 0 0 1 1 0 1 1 0 0 0 1 1 0 1 1 0 1 0 0 0
0 1 1 0 0 0 0 1 0 1 1 0 0 1 1 0 0 1 1 1 0 1 0 0 0 1 1 0
1 1 0 0 0 1 1 0 1 0 0 1 0 1 1 0 0 0 1 1 0 1 1 0 1 0 0 0
0 1 1 0 0 1 0 1
0 1 0 0 0 1 0 1 0 1 1 1 0 0 1 0 0 1 1 0 1 0 1 1 0 1 1 0
0 1 0 1 0 1 1 0 1 1 1 0 0 1 1 0 1 1 1 0 0 1 1 1 0 1 0 0
0 1 1 0 1 1 1 0 0 1 1 0 1 0 0 1 0 1 1 1 0 0 1 1 0 1 1 1
0 0 1 1 0 1 1 0 0 1 0 1
0 1 1 1 0 1 0 1 0 1 1 0 1 1 1 0 0 1 1 0 0 1 0 0
0 1 0 1 0 1 0 0 0 1 1 0 1 0 0 0 0 1 1 0 0 1 0 1 0 1 1 0
1 1 1 1 0 1 1 1 0 0 1 0 0 1 1 0 1 0 0 1 0 1 1 0 0 1 0 1
0 1 1 0 1 1 1 0

In einem fiktiven Round-Table-Gespräch an der Universität in Cambridge ließ der Mathematiker John L. Casti unmittelbar nach dem Zweiten Weltkrieg den Physiker Snow, den Genetiker Haldane, den Philosophen Wittgenstein, den Mathematiker Turing und den Physiknobelpreisträger Schrödinger über die Frage diskutieren, wieweit sich menschliches Bewusstsein und maschinelles Denken nahekommen und decken lassen. Diese wissenschaftsspekulative Diskussion um die künstliche Intelligenz der damals noch in den Kinderschuhen steckenden Turing-Maschine (Alan Turing entwarf in seinem erfolgreichen Bemühen um die Entschlüsselung feindlicher Chiffriercodes im Zweiten Weltkrieg das logische Prinzip des Digitalcomputers) könnte – trotz des ungeheuren Fortschritts in der Digitaltechnologie – genauso heute noch stattfinden.

Der Computer hat das menschliche Gehirn in vielen Teilbereichen, etwa bezüglich der Speicherkapazität, der Rechen- und Abrufgeschwindigkeit, der Kombinatorik usw., bereits überflügelt, ob aber die Tatsache, dass er die besten Schachspieler der Welt besiegt, folgern lässt, dass er *denken* kann, ist infrage zu stellen bzw. ist eine Frage der Interpretation des Begriffes *Denken*. Wenn man darunter Informationsverarbeitung (Assoziieren) und Umsetzung versteht, muss man die Frage bejahen; wenn man Denken mit selbstbewussten und emotionalen Elementen in Zusammenhang bringt, muss man sie derzeit verneinen. Die Frage, ob diese Elemente – oder besser gesagt Fähigkeiten – einer Maschine eingegeben werden können oder ob sie diese in Form eines Selbstlernprozesses selbst entwickeln wird können, und auch die Frage, ob es ein logisches Hindernis für Maschinen gibt, die Kopien von sich herstellen und sich selbst reproduzieren können, bleibt offen.

Das als Turing-Test bekannte und noch heute ins Treffen geführte Experiment zur verlässlichen Bestimmung von Intelligenz ist die fernschriftliche Kommunikation mit je hinter einer verschlossenen Koje befindlichen Menschen und einem Computer. Die seitens des Kommunikators nicht mögliche Unterscheidung würde bedeuten, dass entweder der Computer intelligent ist oder der Mensch es nicht ist. Viele solche Experimente endeten – ähnlich wie beim Schach – mit einer Niederlage des Menschen. Wie in so vielen Fällen kommt es aber auch hier auf die Begriffsbestimmung an: Versteht man unter Intelligenz ein System, das sich von sich aus auf ändernde Situationen einstellt, dann kann man den Computer als durchaus intelligent bezeichnen; versteht man unter Intelligenz hingegen ein System, das nach dem Warum fragt, kann ihm diese Qualifikation nach heutigem Entwicklungsstand nicht zugebilligt werden.

Genauso wie die fiktive Cambridge-Tafelrunde unentschieden endete, weil Geistes- und Naturwissenschaftler ihren eher dogmatischen Standpunkt beibehielten und nur Schrödingers grenzwissenschaftliche Überlegungen einen Spielraum offenließen, genauso enden heute solche Dispute, obwohl die Forscher auf allen Gebieten zunehmend interdisziplinäre Kontakte pflegen. Die enormen Fortschritte auf dem Sektor der Informationstechnologie, auf deren Entwicklung in den letzten Jahrzehnten hier nur hingewiesen werden kann, sind aber an einem Punkt angelangt, der einer weiteren Wissenschaftsfiktion Raum gibt.

Riesen und Zwerge

Für den Menschen, der auch nur am Rande – wenn überhaupt – von den wissenschaftlichen Erkenntnissen tangiert ist und diese nicht mehr verstehen, geschweige denn nachvollziehen kann, werden die Welt, die Zeit und der Raum einerseits immer größer: Schon die Globalisierung auf unserer Erde macht ihm Schwierigkeiten; die Ausdehnung des Universums, die Milliarden Galaxien, die Schwarzen Löcher, die Millionen Lichtjahre, die Krümmung des Raums usw. sind Fakten, die kaum noch begreifbar sind. Anderseits wird er konfrontiert mit der Messung immer unbegreifbar kleiner werdender Zeit- und Raumeinheiten. Begriffe wie Attosekunden (trillionstel Sekunden) sind nicht mehr fassbar; 1000-mal so lang ist eine Femtosekunde (billiardstel Sekunde), die etwa einer sichtbaren Lichtwelle entspricht und damit der kürzesten Informationseinheit und vielleicht dem *Augenblick*, den der Mensch als konkrete Gegenwart erlebt. (Alles vorher sind Erinnerungen bzw. die Summe von gespeicherten und abrufbaren Informationen, alles danach sind Erwartungen bzw. künftige Informationen.)

Während Attosekunden Zeiteinheiten sind, die sich im Inneren von Atomen abspielen und die Geschwindigkeit der Elektronen um den Atomkern messen, sind Nanometer (millionstel Millimeter) Maßeinheiten der nicht mehr sichtbaren Längen von Atomen. Deren unmittelbarer Nutzen liegt in der Kontrolle chemischer Reaktionen, da Elektronen für die Bildung chemischer Verbindungen zuständig sind.

Die angewandte Forschung überträgt diese technologischen Erkenntnisse – unter anderem – auch auf die Informationstechnik: Die integrierten Schaltkreise auf Chips erlauben kleinere, schnellere und preisgünstigere Chipgenerationen und Informationsprozesse. Es ist schwer zu sagen, wo und wann die physikalischen Grenzen der Beschleunigung und Miniaturisierung (Zeit- und Raumgrenzen) gezogen sind und wo aus der jeweils aktuellen Sicht die sogenannte Science-Fiction beginnt. Fließend werden aber auch die Unterschiede zwischen organischer und anorganischer Materie, weil es diese im atomaren Bereich nicht gibt: Hier gelten die Gesetze der Quantenmechanik.

Biologie und Physik/Chemie werden in der wissenschaftlichen Forschung interdisziplinär betrieben. Weltweit beschäftigen sich Institute für Biophysik mit Forschungsaufgaben, die bereits Eingang in technische, medizinische und informationstechnische Nutzbereiche gefunden haben und eine weitere überaus dynamische Entwicklung gewährleisten. Die Integration lebender Organismen in die bislang künstliche Welt der Elektronik lässt faszinierende Vorstellungen entwickeln: Jede Zelle, jeder Mikroorganismus ist ein kleiner Computer, der eine Unzahl von Informationen gespeichert hat. Diese Informationen zu erkennen (lesen), zu nutzen – z. B. als Biochips – und diese Nanoteilchen so zu beherrschen, dass sie sich selbst reproduzieren, lassen in der Forschung vielfache Visionen für alle Anwendungsgebiete entstehen. Nano-Bio-Chips werden also als Informationsträger und Informationsverarbeiter die absehbare Zukunft nahezu aller Bereiche der Naturwissenschaft beherrschen. Wenn etwa organische Moleküle in synthetische Stoffe übertragen werden können, wenn also organischer Kohlenstoff und anorganisches Silizium (z. B. Bakterien zu Datenträgern für die Informationstechnik) verbunden werden können, fließen die Grenzen zwischen belebter und unbelebter Materie. Diese Grenzen wurden aber vom Menschen gezogen, denn die Natur hat die Entstehung des Lebens – in umgekehrter Weise – vorgeführt, nämlich von der unbelebten zur belebten Materie. Das Ziel der Forschung ist es, ein Maximum an Informationen auf kleinstem Raum und in einem Minimum an Zeit zu erhalten und zu verarbeiten – um letztlich auch dem Leben auf die Spur zu kommen.

Wenn in diesem Abschnitt die für den Laien verfügbaren Forschungsergebnisse kurz gestreift werden, dann erfolgt dies nur mit dem Zweck, die Bedeutung des Begriffes Information zu verdeutlichen. Keineswegs soll damit zum Ausdruck kommen, dass diese spezialwissenschaftlichen Erkenntnisse vom Autor begriffen oder nachvollzogen werden können.

Quantenmechanik

Theoretisch waren Atome als kleinste unzerlegbare Einheiten bereits in der Antike bekannt, aber erst 1905 lieferte Einstein den Beweis für die atomistische Struktur der Materie. In den letzten 100 Jahren bewegte die Wissenschaft das Innere der Atome; zuerst theoretisch, bis vor rund 60 Jahren die Zerlegung von Atomen auch praktisch gelang (verbunden mit einem Schrecken für die Menschen). Und ebenfalls seit einem Jahrhundert verfolgt auch die theoretische Mathematik (Planck, Bohr, Pauli, Heisenberg, Schrödinger und Folgende) das abstrakte Innenleben der Atome, also die quantenhafte Natur mikrophysikalischer Größen und Ereignisse: Die Quantentheorie bewies die – bislang und abgesehen von Wissenschaftsfiktionen (Strings, Quarks und dergleichen) – kleinsten Teilchen oder Wellen und deren Impulse, Veränderungen und Prozesse. Diese Vorgänge innerhalb dieses Spektrums, die *Unschärferelation* und die *Verschränktheit* der Teilchen (Wellen) – theoretisch bzw. mathematisch dargestellt – erschütterten zunächst die materialistische Weltauffassung.

Das Quantenverhalten entspricht nicht unserem kausalen Weltbild. Erst vor wenigen Jahren gelang erstmals der experimentelle Beweis der Quantentheorie, und es folgte ihre technologische Verwertung. Inzwischen jagen die Forschungsinstitute nach Ergebnissen, einerseits für die Bestätigung von Theorien (etwa das europäische Teilchenforschungszentrum CERN) und andrerseits für die praktische Umsetzung (z. B. der raum- und zeitlose Informationstransport mittels verschränkter Quanten). Dieses Forschungsgebiet lässt Ergebnisse erwarten, die unser Weltbild ähnlich verändern werden wie die Hirn- und Bewusstseinsforschung. Besonders dann, wenn man berücksichtigen muss, dass das wahrscheinlichkeits- oder zufallsbedingte Quantenverhalten der naturgesetzlichen Kausalität entgegensteht.

Weil sowohl die Quantenphysik wie auch das menschliche Bewusstsein noch sehr viele Rätsel aufgeben, entstehen Theorien auch renommierter Wissenschaftler, die durchaus spekulativen Charakter haben: etwa über einen Zusammenhang zwischen Geist und Quanten, weil sich Quantenprozesse in jeder Zelle und beim Abruf der Erbinformation DNA abspielen. Quantentheoretische Folgerungen gehen sogar so weit, dass man über diese subatomaren Teilchen die traditionelle Trennung zwischen Geist und Körper, zwischen Subjekt und Objekt und zwischen Mensch und Kosmos überwinden kann, weil Quanten alles mit allem verbinden und daher alles mit allem zusammenhängt. Vorerst möge dieser Hinweis jedoch nur als Ausblick auf eine notwendige und intensive Behandlung jener Disziplinen gesehen werden, die sich mit den physikalischen, biologischen, psychologischen und philosophischen Komponenten der Quantenwelt beschäftigen. Alle werden die zentrale Stellung des Begriffes Information unterstreichen.

Informationstechnologie

In der elektronischen Datenverarbeitung gelingt es derzeit, Entfernungsrekorde hinsichtlich der Distanz zwischen zwei verschränkten Photonenteilchen (beide haben auch über eine beliebig große Entfernung den gleichen Zustand, die gleiche Eigenschaft, die gleiche Information) aufzustellen und das *Quantenbit* (Qubit), die elementare Informationseinheit, wie ein herkömmliches Bit zur Herstellung von sogenannten Quantencomputern zu nutzen. Diese völlig neue Art von Rechnern arbeitet nicht mit herkömmlichen Chips, sondern mit subatomaren Teilchen und deren Eigenschaften. Die Welt der Datenübertragung und der gesamten Kommunikation wird sich dadurch grundlegend verändern.

Die *Teleportation* von Teilchen an ihr jeweils verschränktes Paar lässt verschlüsselte Informationen Bit für Bit auch über lange Distanzen (via Kabel oder Satellit) zeitlos übertragen. Die praktische Anwendung steckt erst in den Kinderschuhen, und wieder wird die Science-Fiction genährt, wenn die Frage gestellt wird, ob diese Technologie nur mit Photonen (Lichtteilchen) möglich ist. Bekannt gewordene Begriffe wie Klonen und Beamen rücken dabei in die Nähe des – noch theoretisch – Möglichen. Im Kapitel „Esoterik, Meditation und Parapsychologie" werden Meinungen beschrieben, die – wissenschaftlich und unwissenschaftlich – Teleportation auch für Materieteilchen für möglich halten. Für dieses Thema ist es aber von Bedeutung, dass die Informationstechnologie einen weiteren, bisher nicht für möglich gehaltenen Schritt getan hat; einen Schritt in eine neue Qualität und in eine neue Kategorie, die sich der physischen Messung entzieht und fast ein Tor zum Parapsychischen aufstößt: Die Teilchen entziehen sich dem Beobachter. Wohin diese Entwicklung führen wird, lässt sich vielleicht nur durch grenzwissenschaftliche Betrachtungen zwischen Natur- und Geisteswissenschaft beantworten. Die Konsequenz kann die Veränderung von Weltbildern sein, in denen aber mit Sicherheit die Information als die Elementarform eine überragende, übergeordnete und grundlegende Rolle spielt.

Quantenteleportation

Die erste erfolgreiche Teleportation eines einzelnen Photons gelang dem österreichischen Physiker Anton Zeilinger 1997. Durch die Feststellung (Messung) von gemeinsamen Merkmalen (Quantenzustand = Achsdrehung = Spin = Information) von verschränkten Photonen, die sich an verschiedenen Orten befinden, ist dann auch die Informationsübertragung möglich. Dies geschah – vom gleichen Team durchgeführt – 2004 in Form einer Geldüberweisung in Wien.

Die Arbeitsgruppe Global Scaling Communication beschäftigt sich in den letzten Jahren mit der Zweiwegkommunikation mittels Gravitationswellen (Gravitonen) und zeigt mit Experimenten zwischen Deutschland und Australien, wie Informationen auf diese Art mit wesentlich geringerem Energieaufwand über beliebig lange Strecken ausgetauscht werden können. Diese und ähnlich laufende Praxisnachweise auf dem Gebiet des Informationstransports mittels Quantentechnik lassen schließen, dass der damit verbundene wirtschaftliche Nutzen die Forschung weiter beflügeln wird.

Forschungen, Theorien, Fiktionen, Spekulationen – Zeitreisen, Beamen, Klonen

Es darf angenommen werden, dass die überaus dynamische Teilchenforschung – etwa auch die jüngste Entdeckung und Bestätigung des Tau-Neutrinos (das ein Millionstel der Masse eines Elektrons aufweist und das man – vorläufig – als den letzten Baustein der Natur bezeichnet) – weitere beachtliche Nutzanwendungen, vor allem in der Informations- und Telekommunikationsindustrie bringen wird. Jedenfalls spekulieren auch seriöse Wissenschaftler, dass die vollständige Erfassung aller Teilchen die Fähigkeit, das Universum zu erklären, näherbringt und die Weltformel öffnen könnte. Doch nicht nur diese euphorischen Gedanken beflügeln die Spekulation: Die Quantenphysik stellt auch die Absolutheit der Lichtgeschwindigkeit infrage, weil bei verschränkten Teilchen die Beeinflussung des einen den gleichzeitigen und identen Impuls des anderen verursacht, egal wie weit die beiden voneinander entfernt sind. Einerseits wird damit die Fiktion der sogenannten Zeitreisen, die die Vergangenheit einholen, wieder wach, und anderseits die gar nicht so utopische – weil schon praktizierte – Möglichkeit der Anwendung solcher Überlichtgeschwindigkeiten in der Informationstechnik. Theoretisch wären dadurch mögliche Informationen aus der Zeit vor dem Urknall zu erhalten.

Zeit und Raum sind menschliche Konstrukte. Ein Bereich der physikalischen Grundlagenforschung, der auch für den Informationstransport von Bedeutung ist, beschäftigt sich mit Feldtheorien: mit elektromagnetischen Feldern, Gravitationsfeldern, Feldern der Kernkräfte, Higgs-Feldern etc. Dies mit dem Ziel, die innersten Zusammenhänge der Natur kennenzulernen und Erkenntnisse über die Beschaffenheit von Raum und Zeit zu gewinnen.

Die Superstringtheorie versucht zu erklären, dass die kleinsten nachgewiesenen Teilchen von Atomen (Elektronen, Photonen, Quarks) aus winzigen Energiefäden bestehen, die 100 Milliarden Milliarden Mal kleiner sind als ein Atomkern und ganz bestimmte Schwingungsmuster aufweisen. Das sind natürlich mathematische Modelle, die sich der heutigen Experimentaltechnik entziehen. Aber das betraf vor einigen Jahrzehnten auch die Quantentheorie, bis man experimentell nachweisen konnte, dass das Universum Wechselbeziehungen (Informationsaustausch) zulässt, die nicht lokal sind, das heißt auch, dass das Universum nicht lokal ist: Etwas, was hier geschieht, kann mit etwas zusammenhängen, was dort geschieht, auch wenn zwischen dieser Verschränkung (Teilchenverknüpfung) Billionen Kilometer (auch auf jeweils entgegengesetzten Seiten des Universums) liegen und sich nichts – auch das Licht nicht – dorthin bewegt. Die Zeit scheint also ein neurobiologisches und/oder psychologisches Konstrukt des Menschen zu sein, obwohl es diesen Zeitfluss möglicherweise gar nicht gibt. Danach sind Gegenwart, Vergangenheit und Zukunft Fiktionen. Jeder Augenblick, jedes Jetzt ist immer und ewig.

Nach jüngsten Hypothesen der physikalischen Grundlagenforschung ist das gesamte Universum eine stehende Welle, permanent und unverändert vorhanden – ein als *Global Scaling* bezeichnetes Informations- und Konstruktionssystem, in dem symmetrische (elektromagnetische?) Kraftfelder wirken. Wenn – nach experimentell nicht nachgewiesenen Theorien – das gesamte Universum von einem Feld erfüllt bzw. durchzogen ist (dem sogenannten Higgs-Feld oder Higgs-Ozean, einem kalten Relikt des Urknalls), dann erinnert dies an den alten Begriff des Äthers, und es könnte bewiesen werden, dass die Begriffe *Leere* und *Nichts* mit Inhalten ausgestattet sind. Dann würde dies für viele Eigenschaften der Teilchen verantwortlich sein, aus denen die Welt besteht, wie wir sie sehen, und denen auch wir unsere Existenz verdanken.

Die elektroschwache Kraft (als gemeinsame Bezeichnung der elektromagnetischen Kraft und der schwachen Kernkraft) dieses Elektronenfelds bzw. dieser universellen Welle, hat nichts mit der Lichtbewegung und mit der Lichtgeschwindigkeit zu tun. Das Feld unterliegt sozusagen den quantenmechanischen Eigenschaften der Nichtlokalität (Fluktuation) der Teilchen und der Unschärferelation (Ungleichmäßigkeit) und ist verantwortlich für alle Impulse (= Informationen), die letztlich zu stofflichen Verbindungen der Atome führen.

Gleiche Gesetze für Makro- und Mikrophysik. Quantentheorie (Mikrophysik) und Kosmologie (Makrophysik) würden nach dieser Theorie also eine Vereinheitlichung erfahren. Dadurch könnte man dem wahrscheinlich größten Bedürfnis der Physiker näherkommen – der Weltformel, oder wie Stephen Hawking es ausdrückt: „The Theory of Everything."

Die Stringtheorie geht noch einen Schritt weiter und versucht, unter Einbeziehung der Schwerkraftteilchen (Gravitonen) die Frage zu stellen, was vor dem Urknall passiert ist. Danach bringen die unterschiedlichen Schwingungen der verschieden langen Fäden (Strings) unterschiedliche Teilcheneigenschaften hervor; dabei führen die quantenmechanischen Gleichungen der Stringtheorie zwingend zu zehn Raum-Zeit-Dimensionen. Man glaubt, dadurch nicht nur eine Vereinheitlichung der physikalischen Gesetze und die Überbrückung der Ungereimtheit zwischen der speziellen Relativitätstheorie (Konstanz der Lichtgeschwindigkeit) und der Quantenmechanik (Unschärferelation) zu erreichen, sondern auch den Schlüssel zur Lösung einiger der größten Rätsel des Universums (wie beispielsweise die Beschaffenheit von Raum und Zeit, die kosmischen Ursprünge etc.) liefern zu können.

Die Teilchen dieser mehrdimensionalen Branwelten, an denen deren Strings gleichsam kleben, sind der sogenannten Dunklen Materie bzw. Dunklen Energie zuzuordnen. Diese dunklen Teilchen machen zusammen 95 Prozent des Universums aus und sind – obwohl nachweislich vorhanden – unbekannt; es könnte sich etwa um Gravitonen (Botenteilchen der Gravitation), Neutrinos (Elektronen), Photinos (Photonen) oder dergleichen handeln. Jedenfalls sind diese Teilchen imstande, alles zu durchdringen und sich bekannten physikalischen Gesetzen zu entziehen.

Unsere kleine Weltsicht, die aus drei Raumdimensionen und einer Zeitdimension besteht, lässt uns solche mathematischen Modelle der physikalischen Grundlagenforschung natürlich nicht nachvollziehen. Der Grund für die doch etwas breitere Erörterung an dieser Stelle liegt in der Absicht, auf Möglichkeiten des Informationsflusses hinzuweisen, die die bislang bekannten bei Weitem übertreffen. Eine Brücke muss die Wissenschaft allerdings noch bauen: Erst wenn nachgewiesen wird, dass die Bedingungen im Teilchenbereich jenen im Makrokosmos (die jüngst entdeckte Galaxie ist rund 13 Milliarden Lichtjahre von der Erde entfernt und fast so alt wie der Urknall) entsprechen, wenn also die Einstein'sche Relativitätstheorie (die Raum, Zeit und Materie zu einem Ganzen verbindet) mit der Quantentheorie in Übereinstimmung gebracht wird, wird man von einer Weltformel sprechen können. Dieses derzeit ungelöste naturwissenschaftliche Problem kann aber durchaus einen weiteren Haken haben, weil alle herrschenden Theorien und eben auch Einsteins Relativitätstheorie von der absoluten Lichtgeschwindigkeit ausgehen.

Man kann heute die – offenbar auf das menschliche Beharrungsvermögen oder ein gewisses Scheuklappenverhalten zurückzuführende – Feststellung treffen, dass Physikwissenschaftsforscher den Kosmos entweder auf der Grundlage herrschender Naturgesetze oder durch die – den Naturgesetzen sich entziehenden – quantentheoretischen Erkenntnisse zu erklären glauben. Nach wie vor herrscht zwischen beiden Typen jene Abneigung gegeneinander, die schon Albert Einstein zum Ausdruck brachte: Der gegenseitige Zweifel, der durch die fehlende Nachweisbarkeit der Theorien noch verstärkt wird, lässt kaum Brücken bauen, die zu einem gemeinsamen Ufer führen. Vielleicht ist es aber auch nur das Beharren auf der Existenz von den nur zwei

Elementarformen Energie und Materie. Würde das Element Information verstärkt in die Forschung einbezogen werden, könnten sich möglicherweise überraschende Lösungen ergeben.

Ganz allgemein ist die Wissenschaftsforschung, trotz ihrer langsam zunehmenden interdisziplinären Arbeit, von einer ganzheitlichen Betrachtung der Dinge noch weit entfernt. Die in allen Bereichen vorhandene gegenseitige Abhängigkeit und Bedingtheit (alles hängt mit allem zusammen) lässt die Forderung laut werden, sich mehr eines holistischen Weltbildes zu bedienen. Ich erinnere mich in diesem Zusammenhang an meine Gymnasialzeit, in der jeder Gegenstand, für sich isoliert, von jedem Lehrer einzigartige Bedeutung beigemessen wurde. Ob sich auch auf diesem Gebiet bis heute Wesentliches geändert hat, ist zu bezweifeln.

Zufall, Intelligent Design oder Absolute Wahrheit? Ein nicht zu unterschätzendes Problem in der Theoriendiskussion tritt freilich dadurch auf, dass die Grundlagenforschung zunehmend mit mathematischen Modellen arbeitet, die sich der Experimentalphysik entziehen. Noch problematischer wird die Diskussion, wenn etwa die Theorie vom *Multiversum* oder *Megaversum* (Leonard Susskind), die unzählige bis unendlich viele Universen annimmt, die Frage von *Zufall* oder *Intelligent Design* aufwirft. Damit ist nämlich die Physik am Ende und nähert sich der Metaphysik oder Esoterik. Damit geht ein Grundpfeiler der Naturwissenschaft verloren, und zwar jener Leitsatz Poppers, dass wissenschaftliche Theorien so beschaffen sein sollen, dass man sie prinzipiell falsifizieren kann. Widerlegen kann man sie aber ausschließlich wieder nur durch mathematische Modellrechnung. Ob ihre Verifizierung durch eine Bestätigung der Richtigkeit (der Annahmen und Formeln) – natürlich wieder mittels mathematischer Modelle – den oben genannten Maximen entspricht, darf bezweifelt werden.

Es stellt sich also die Frage, ob dies noch Wissenschaft ist. Jedenfalls fällt es in einen Bereich, in dem Naturwissenschaft und Philosophie verschwimmen. Andererseits vergingen oft auch Jahrtausende, bis eine Theorie durch die Realität bewiesen wurde (zum Beispiel Platons philosophische Vorstellung von Atomen). Kein Zweifel hingegen kann jedoch an der Behauptung bestehen, dass der Kosmos eine unendliche Informationsmenge enthält, deren Quantität und Qualität uns nur marginal zugänglich sind.

Die Bedeutung für das Thema und eine Selbsteinschätzung des Autors. Auch wenn schon kurz nach der Niederschrift dieser Zeilen weitere sensationelle Forschungsergebnisse bekannt werden, ändert das nichts an der hier vertretenen Theorie, dass die Information jene selbstständige Elementarform ist, die das Universum und das Leben bedingt, in Gang setzt und erfüllt. Kaum werden etwa auch der Zusammenhang und der Einfluss der Information mit den und auf die Fragen des Alltags, der Gesellschaft und der Politik beachtet: Ohne Computertechnik und ohne auf der Quantenmechanik beruhende Informationsübertragung gäbe es keine globale Wirtschaft (Globalisierung), davon abgesehen wüssten wir nur einen Bruchteil dessen, was auf der Welt vor sich geht.

Noch weitergehend und schon Grundsatzfragen berührend ist die durch die Komplexität des Elements „I" ausgelöste Diskussion, ob die Welt mit Information gleichzusetzen ist (John Wheeler: „It from Bit"), weil damit das materialistische Weltbild und auch manche Erkenntnistheorien ins Wanken gebracht würden. Selbst die auf Kausalitätsprinzipien aufgebauten Naturwissenschaften geraten durch das Unschärfephänomen, die Nichtlokalität und die Verschränkung der Quanten in eine Art der Verwirrung. Die Frage, ob Information ein menschliches Konstrukt ist, wird von zumindest einer quantentheoretischen Schule verneint: Die Welt existiert letztlich nur in Form von Quanteninformation und ist unabhängig von menschlichen Beobachtern. Letztere Deutung ist – wie schon jetzt deutlich wird – auch meine Meinung, und diese Arbeit sollte durch Einbeziehung möglichst vieler Disziplinen zu diesem Schluss führen.

Auch darf ich in diesem Zusammenhang eine persönliche Bemerkung machen, weil die Rückbesinnung auf meine eigene Laufbahn ein Teilauslöser für den Entschluss war, mich mit diesem Thema auseinanderzusetzen. Erst am Ende des Studiums an der Hochschule für Welthandel in Wien (1960) wurde die maschinelle Lochkartentechnik als technischer Fortschritt für die bislang händische Buchhaltung gelehrt. Die ersten Tage im beginnenden Berufsleben begannen in der Spareinlagenabteilung einer großen Sparkasse, in der die Eintragungen in das Sparbuch händisch, noch mit einer Redisfeder mit Haar- und Schattenstrichen erfolgten. Zehn Jahre später, nach einem Wechsel in ein Druck- und Verlagshaus, als bereits Computer Einzug in die Wirtschaftsbetriebe hielten, wurden die Manuskripte von Redakteuren und Autoren teilweise im Handsatz und teilweise im Maschinensatz weiterverarbeitet – dies, obwohl bereits im 16. Jahrhundert der Druck mit beweglichen Lettern erfunden wurde.

Weitere zehn Jahre später setzte sich die Computertechnologie als bleiloses Satz- und Redaktionssystem durch. Noch einmal zehn Jahre später sitzen Buchhalter, Autoren und Redakteure, also Informationsverarbeiter jeglicher Art, vor ihrer Hardware, oft Hunderte Kilometer von ihren Arbeitgebern oder Partnern entfernt, bedienen sich immer besser werdender Software und benutzen das World Wide Web für ihren aktiven und passiven Informationsaustausch. Allein diese gewaltigen technischen Fortschritte innerhalb von 30 Jahren und zusätzlich die noch rasantere Entwicklung auf dem Gebiet der Informationstechnologie in den letzten Jahren lassen eigentlich keine Einschränkungen bezüglich künftig möglicher Entwicklungen zu.

Da ein Ökonom als Autor eines Themas, das generelle und spezielle Fachgebiete der Natur- und Geisteswissenschaften umfassen soll, sein Wissen darüber nur aus dem Studium von Literatur beziehen kann und sich mangels Grundwissens eher populärwissenschaftlichen Werken widmen muss, besteht die Gefahr, auch populistischer, euphorischer, falsch interpretierter oder entstellter Veröffentlichungen ausgesetzt zu sein. Ein Beispiel dafür könnte die als Sensation gefeierte Überwindung der Lichtgeschwindigkeit sein: Experimentalphysiker wiesen nach, dass die Lichtgeschwindigkeit unter bestimmten Bedingungen, z. B. in Gaskammern oder verengten Tunnel (1996 sendete Günter Nimtz in Köln die 40. Mozart-Symphonie mit 4,7-facher Lichtgeschwindigkeit durch einen verengten Hohlleiter), übertroffen werden kann. Dies würde Naturwissenschaft und Philosophie natürlich gewaltig erschüttern. Die Diskussion in der Fachwelt über die Möglichkeit, durch eine engpassbedingte Verformung der Lichtwelle Ausnahmezustände der Geschwindigkeit zu erreichen, hält an.

Aber die Absolutheit der Lichtgeschwindigkeit ist – wie erwähnt – durch quantenphysikalische Phänomene bereits infrage gestellt: Die zeitgleiche Information über den Zustand (Impuls, Spin = Information) von zwei (Licht-)Teilchen – unabhängig von deren Entfernung – bedeutet die Ausschaltung der Zeit und damit der Geschwindigkeit. Die theoretischen Überlegungen, dass solche Teilchenverschränkungen (Nichtlokalitäten) nicht nur bezüglich der räumlichen Entfernung, sondern auch bezüglich verschiedener Zeiträume denkbar wären, führten zu Schlüssen, dass Vergangenheit und Zukunft verbunden wären. Vielleicht hat es auch damit zu tun, dass alles mit allem anderen in jedem Augenblick verbunden ist – eine Weisheit des Fernen Ostens und eine Andeutung, die der Quantentheoretiker Wolfgang Pauli kurz vor seinem Tod 1958 machte.

Für konservative Wissenschaftler waren grundlegende neue Erkenntnisse oder die Falsifizierung bestehender Regeln immer unerträgliche Gedanken. So stand auch Einstein der Quantentheorie kritisch gegenüber. Die von ihm als „Geister mit spukartiger Fernwirkung" bezeichneten Phänomene der Quantenwelt sind jedoch heute wissenschaftlich als real nachgewiesen. Die rasante und oft unkonventionelle Forschung könnte aber durchaus schneller als in der bisherigen Menschheitsgeschichte bestehende Weltbilder infrage stellen.

Für das gegenständliche Thema sind diese Diskussionen allerdings deshalb irrelevant, weil die Information ein Element ist, das unabhängig von einem Träger und dessen Geschwindigkeit und eben auch unabhängig von einem Empfänger existiert.

Der mögliche Einwand, dass die Information für ihre Weitergabe Energie benötigt, lässt die Frage nach der Henne und dem Ei aufwerfen: War zuerst das Bit oder die Energie? Auch hier nur ein kleiner Hinweis auf jüngste Forschungsergebnisse: Im Vakuum wurden aus dem Nichts Bewegungen festgestellt, weil es auch im Vakuum Teilchen im subatomaren Bereich (Quanten) gibt, die und deren Eigenleben sich unserem Erfahrungshorizont entziehen. Physikalisch ist das Nichts also nicht nichts! Die *Schöpfung aus dem Nichts* (christliche Kosmologie) oder die *Begegnung mit dem Nichts* (Individualismus, Nihilismus) ist jedenfalls eine Schöpfung der und eine Begegnung mit der Absoluten Wahrheit.

Als im Sommer 2012 im Genfer Kernforschungszentrum CERN das in mathematischen Modellen festgestellte Higgs-Teilchen tatsächlich entdeckt wurde, sprach man überschwänglich sogar vom Schöpfungsnachweis (und vom *Gottesteilchen*), weil dieses masselose Quantum den anderen Teilchen jene Masse verleiht, welche die Entstehung des Universums ermöglicht hat. Nüchterne Physiker schränken dagegen ein, dass unser derzeitiger – wissenschaftlicher – Informationsstand nur einen geringen Bruchteil jener uns bekannten Welt erklären lässt.

Das weitgehend Unbekannte (etwa die Dunkle Materie und die Dunkle Energie in unserem Universum) führt natürlich zu theoretischen Überlegungen zur Entschlüsselung der rätselhaften kosmischen Phänomene. Eine der interessantesten Theorien ist die der Supersymmetrie, die annimmt, dass jedes Teilchen der Materie ein gleiches immaterielles Gegenstück im Kosmos hat. Diese würden die gleiche Information aufweisen (vergleichbar mit den verschränkten Lichtteilchen) und quasi eine geistige Gegenwelt darstellen. Mit dieser Theorie ließe sich eine bestehende Quantentheorie (Kopenhagener Deutung) verbinden, der zufolge die Welt letztlich nur in Form von Quanteninformationen besteht. Die Welt wäre demnach mit Information gleichzusetzen. Der Physiker John Wheeler prägte den Slogan „It from Bit", und Anton Zeilinger stellt sich die Frage, was Sein, Wahrnehmung und Wirklichkeit für uns als Beobachter sind sowie ob und inwieweit unsere Beobachtung Einfluss auf die Welt nimmt. In der weiteren Denkfolge kann sich die Frage Paul Watzlawiks „Wie wirklich ist die Wirklichkeit?" stellen und in jene bewusstseinstheoretische Annahme münden, dass die Welt als die erlebte Wirklichkeit nur ein Konstrukt unseres Gehirns ist. Wheeler drückt das wieder anders aus und sagt sinngemäß, dass das Universum den Beobachter geschaffen hat und dieser auch das Universum.

Dass die Quantenphysik zu geisteswissenschaftlichen und sogar zu theologischen Schlussfolgerungen führen kann, beweist, dass sie sich noch weitgehend einer endgültigen Erklärung entzieht. Dass sie jedoch eine zentrale Bedeutung für die Informationswissenschaft und für informationstheoretische Ansätze hat, bleibt wohl unbestreitbar.

2|2	**Biologie** Physiologie – Medizin – Gentechnik

Ähnlich wie auf dem Gebiet der Physikwissenschaft sind die Phänomene der Abwehrhaltung gegen Neues und Fremdes auch in der Biologie zu beobachten. (Phänomene deshalb, weil man gerade in der Wissenschaft und Forschung Aufgeschlossenheit erwarten könnte.) Bis zu Darwins Evolutionstheorie, die von der Wissenschaft auch erst ein halbes Jahrhundert später zur Kenntnis genommen wurde, und bis zur Entdeckung des Genoms rückte man von der jeweils herrschenden Lehre nur widerwillig ab. Die auch und vor allem von den Religionen beeinflusste Medizinwissenschaft berief sich auf die traditionellen Forschungsfortschritte und war mehrheitlich bemüht, alles Neue abzulehnen, was nicht in ihr System passte. Als Beispiel möge der Jahrzehnte dauernde und heute noch nicht beendete Konflikt zwischen der Schulmedizin, der Homöopathie und den fernöstlichen medizinischen Methoden (Akupunktur und dergleichen mehr) dienen. Die Erkenntnis über die Einheit von Körper und Geist und die folgerichtige Ganzheitsmedizin sind relativ jungen Datums.

Wie schnell die geradezu revolutionäre Gentechnologie ein weiteres Umdenken bewirken wird und wie letztlich die Einsicht gewonnen werden wird, dass ein Lebewesen ein Produkt der Elementarform Information ist, wird spannend zu beobachten sein. Die Argumente dafür liegen auf der Hand: Dabei ist es in diesem Zusammenhang unerheblich, wo und wodurch Leben entstanden ist. Die Wissenschaft forscht nach der Ursuppe an der Erdoberfläche und auch tief in der Erde, wo man trotz fehlendem Sonnenlicht und Sauerstoff Mikroben und Bakterien, also primitivste Lebensspuren, findet. Eine eindeutige Definition des Begriffes *Leben* gibt es eigentlich nicht. Die Aussagen der verschiedenen wissenschaftlichen Disziplinen lassen sich nicht übereinstimmen. Biologen definieren Leben anders als Chemiker und Physiker und die Naturwissenschaftler wieder anders als Philosophen und Theologen.

Zumindest nach der herrschenden biologiewissenschaftlichen Meinung verdankt das Leben seine Entstehung einer biochemischen Reaktion, der nachstehende Aufbaukette zugrunde liegt:

a. Atome sind die kleinsten Einheiten, die chemisch nicht mehr zerlegbar sind.
b. Der von Neutronen, Protonen und Elektronen umgebene Atomkern bildet – je nach Anzahl der Protonen und Elektronen – ein Element.
c. Der Zusammenschluss mehrerer Atome bildet – als kleinste Einheit einer chemischen Verbindung – ein Molekül.
d. Der Zusammenschluss von Molekülen bildet Molekülketten (Makromoleküle wie z. B. Proteine, Nukleine etc.)
e. Konzentrieren sich solche Molekülketten innerhalb einer sie umgebenden Membran, entsteht eine Zelle.
f. Chromosomen sind fadenförmige Gebilde im Zellkern, die die aus Desoxyribonukleinsäure (DNS) bestehenden Gene tragen und für die Übertragung der verschiedenen im Erbmaterial festgelegten Eigenschaften (Informationen) von der sich teilenden Zelle auf die beiden Tochterzellen verantwortlich sind.

Leben ist Information; ohne Information kein Leben. Diese chemischen Reaktionen bedürfen jedoch eines Impulses – einer Information. Dieser – auch experimentell – nachgewiesene Prozess soll zunächst einmal ohne Berücksichtigung jener Vorgänge, die sich innerhalb der Atome abspielen, das heißt ohne quantentheoretische Erkenntnisse, beschrieben werden:

Leben besteht aus:
Zellwachstum = genetische Information
Stoffwechsel = genetische Information
Fortpflanzung = genetische Information

Kürzt man diese Folgerungen, gelangt man zu der einfachen Formel:
Leben = Information.

Forscher haben den Beginn des Lebens aus der Ursuppe analysiert und ein Molekül gefunden, das Informationen aufnehmen, speichern und verarbeiten (ausführen) kann. Es handelt sich bei dieser Erstsubstanz um die der DNA sehr ähnliche chemische Struktur der Ribonukleinsäure (RNA).

Information ist das Ur-element für die organische und anorganische Welt.

Natürlich bleibt die Frage, woher diese erste Information stammt, die dann über die DNA und die Proteine die weiteren Informationen zur Steuerung der immer komplizierter werdenden Organismen und schließlich zum Gesamtbauplan der Lebewesen weitergegeben hat. Derzeit spricht viel für die Annahme, dass elektrische Spannungen (Energieentladung durch Blitze) zum Impuls für eine chemische Reaktion geführt haben, einem Impuls (einer Information), der die Grenze zwischen anorganischer und organischer Materie aufgehoben hat. Mit dieser Aussage könnte man dieses Kapitel eigentlich schließen, weil die Bedeutung des *Urelements Information* für die gesamte organische Welt und (wie die Quantenmechanik zeigt) auch für die Quantenstruktur der anorganischen Welt hinreichend zum Ausdruck gebracht wird.

Der weiteren Argumentation halber erscheint es angebracht, auf die Forschung und Entwicklung in der Medizintechnik und in der Biotechnik hinzuweisen, weil gerade die letzten Jahre eine revolutionäre Wende durch die Gentechnik gebracht haben. Vor rund 100 Jahren leiteten Gregor Mendel und Charles Darwin die Evolutionslehre ein, und vor etwa 50 Jahren erklärten James D. Watson und Francis Crick den Aufbau der DNS. Heute stehen wir kurz vor der vollständigen Entschlüsselung des menschlichen Genoms. Die Biotechnologie ist ein intensives und dynamisches Wissenschaftsgebiet geworden, dessen Erkenntnisse und Forschungsergebnisse und dessen Auswirkungen noch nicht abgeschätzt werden können.

Die aus DNS bestehenden Gene sind der Bauplan des Lebens. Sie sind jene Summe von Informationen, welche die Art, das Aussehen und die charakteristischen Eigenschaften eines Lebewesens bestimmen. Die Erbinformation ist – beim Menschen – in ca. drei Milliarden Basenpaaren, den Bausteinen der DNS, gespeichert. Ein Genom ist somit vollständige Information. Jede Zelle eines Lebewesens ist eigentlich ein kleiner (Nano-)Computer, der eine Vielzahl von Informationen enthält, die man auslesen kann. Das Leben funktioniert auch ähnlich wie ein Computer – es ist im Wesentlichen ein digitaler Rechenprozess, auch wenn der Code nicht binär (0/1), sondern quaternär (die Basen: Thymin, Cytosin, Adenin und Guanin) ist. Statt Bits und Bytes sind hier die kleinsten Informationseinheiten Qubits und Qubytes. Gene sind somit Sequenzen von Qubytes.

Nun ist es die Aufgabe der *Bioinformatik,* diese genetischen Buchstaben auf der Trägersubstanz DNS zu identifizieren und zu analysieren. Dies geschieht mittels Chips, die Tausende biologische Reaktionen parallel ablaufen lassen. Immer mehr Daten in immer kürzerer Zeit verarbeiten zu können, ist das Ziel der Nanotechnologie und Molekularbiologie, z. B. die Herstellung von kleinsten Computerschaltkreisen, Biochips und DNS-Chips.

Die *genetische Information* lesen zu können, bedeutet, das Leben in seinem gesamten Umfang und Inhalt zu verstehen: welche Gene für welche Körperteile, Organe und Funktionen zuständig sind und welche medizinischen Schlussfolgerungen zu ziehen sind. Diese Informationen geben aber nicht nur Auskunft über den Zustand und die Auswirkungen des Bauplans und des Betriebs und etwaiger Betriebsstörungen, sondern sie lassen sich auch duplizieren, korrigieren und verändern.

Die Genomforschung veränderte die Medizintechnik und führte zur intensiven Forschung auf dem Gebiet der molekularen Diagnostik und Pharmazeutik. Diese möglichen Eingriffe in die Lebensfundamente und die mögliche Korrektur natürlichen Lebens durch künstliche Maßnahmen warfen schon am Beginn dieser Entwicklung die Frage nach den ethischen Grenzen auf. Sind also die Suche nach und die Gewinnung von immer mehr Informationen ein Trieb des Menschen (Neu-Gier), durch den er sich selbst infrage stellt? Die Antwort wird wohl vom Selbsterhaltungstrieb beeinflusst werden, und dieser umfasst auch die Selbsteinschätzung: Was bringt noch Nutzen und wie weit kann man gehen, wie geht man mit verfügbaren Informationen um?

Therapie und
virtueller Mensch

Seit die medizinische Forschung mehr Informationen über den menschlichen Körper zur Verfügung hat, sind die notwendigen Korrekturmaßnahmen sprunghaft gestiegen. Waren bis etwa in die Mitte des vorigen Jahrhunderts chirurgische Eingriffe und die Verschreibung von Medikamenten übliche Therapiemaßnahmen, setzten in der Folge Organkorrekturen, -unterstützungen und -transplantationen neue Maßstäbe. Die neue Medizintechnik bedient sich aller naturwissenschaftlichen Forschung, vereint organische mit anorganischen Elementen und korrigiert quasi mit artefaktischen Mitteln die Natur. Im Übrigen natürlich nicht nur beim Menschen, sondern in der gesamten Biowelt. Solche Methoden und freilich immer schon die gesamte medikamentöse Therapie erreichen ihre Wirkungen dadurch, dass dem Organismus Informationen von außen zugeführt werden, wenn die körpereigenen Informationen die Selbsterhaltung oder Selbstkorrektur nicht mehr gewährleisten. Ein sehr einfaches, aber typisches Beispiel ist der Herzschrittmacher. Dieses künstliche Gerät generiert elektrische Impulse, oder anders ausgedrückt: Es sendet dem korrekturbedürftigen Herzen Informationen, schneller oder gleichmäßiger zu schlagen. Noch verständlichere Beispiele für technische Hilfsmittel, die dem Menschen zur Informationsverarbeitung schon lange zur Verfügung stehen, sind Brillen und Hörgeräte.

Heute kann die Medizintechnik Dinge vollbringen, die man vor einigen Jahren noch als Zukunftsvision betrachtet hat. Die Computertechnologie macht es möglich, den Menschen von Kopf bis zum Fuß zu scannen, zu analysieren, Ferndiagnosen zu stellen und, wenn nötig, computerunterstützte Eingriffe vorzunehmen. Grundsätzlich ist alles ersetzbar, was zerstört ist, nicht mehr funktioniert oder den Kommandos – den Informationen – des Gehirns nicht mehr gehorcht, meinen die Forscher. Implantate beschränken sich nicht mehr auf Zähne, Brust und Gelenke. Mittlerweile erzeugen kleinste Prothesen und Chips in Ohren und Augen künstliches Hören und virtuelles Augenlicht. Auf diese Weise werden akustische und optische Informationen durch implantierte Mikrofone und Kameras künstlich empfangen und über Hör- und Sehnerven zum Gehirn weitergeleitet. Mit Brain-Computer-Interfaces oder mit Brain-Gate-Systems wurden experimentell erfolgreich die Neuronenaktivitäten des Gehirns gemessen und die durch das Denken freigesetzten elektrischen Impulse von im Gehirn implantierten Chips an die Muskeln (zwecks gewollter Bewegung von Gliedern gelähmter Menschen) oder an Computer (zur Ausführung von Gedanken) weitergeleitet.

Ein sehr umstrittenes Forschungsprogramm ist das Human Brain Project, das sich zum Ziel setzt, das menschliche Gehirn naturgetreu und jede Zelle umfassend in einem Computerprogramm nachzubauen. So wie die Neurotransmitter Signale an das Gehirn transportieren und die Neuronen diese kleinsten Informationseinheiten milliardenfach durch die Synapsen in die einzelnen Gehirnareale feuern, verarbeiten eben auch Computer eingegebene (empfangene) Informationen binär, das heißt, in Form von Ein- und Ausschaltungen (0/1). Dieser anorganische Verarbeitungsprozess ist vielfach geschwinder als der organische, kann jedoch schwerlich von der Außenwelt stammende Informationen empfangen. Wie menschliche Gedanken, die der Gefühlswelt entstammen und auch durch äußere Einflüsse (Informationen aus der Umwelt) beeinflusst sind, in ein solches Modell Eingang finden können, wird intensiver Forschung unterzogen. Es stellt sich heraus, dass die sogenannte Gefühlswelt ebenfalls ein Konstrukt des Gehirns ist, das durch ein Zusammenspiel der von den Sinnesorganen auf die einzelnen Gehirnareale eintreffenden Informationen erzeugt wird.

Zellforschung, Molekularbiologie, Nanotechnologie und Informatik ergänzen einander in Forschungsinstituten, die weltweit und kooperierend agieren. Die dabei nur angedeuteten medizinischen Anwendungsmöglichkeiten lassen die Grenzen zwischen Phantasie und Wirklichkeit verfließen.

Ebenso zukunftsträchtig und spannend einzuschätzen ist die aus der Genforschung abgeleitete Gentherapie: Wenn Zellen aufgrund von Gendefekten nicht (erblich bedingt) oder nicht mehr (mutationsbedingt) funktionieren (falsche Informationen liefern), können Ersatzgene die gewünschte Geninformation wiederherstellen. Es ist dies ein sehr aufwendiger Prozess, da oft sehr viele kranke Zellen durch Reparaturzellen ersetzt werden müssen. Daher versucht man auf dem neuen Forschungsgebiet der synthetischen Biologie funktionsfähige Zellen mittels Bakterien (Einzellern) sozusagen am Reißbrett zu entwerfen. Auch in diese Forschung, mit dem Ziel, programmierbare Zellen zu bauen, wird weltweit sehr stark investiert. Weil aber damit die Spekulation einhergeht, mit solchen künstlichen Zellen dereinst einen künstlichen Organismus und letztlich das künstliche Lebewesen oder gar den künstlichen Menschen zu schaffen, stößt diese Entwicklung auf ethischen Widerstand. Diesbezügliche Einwände begannen bereits im Zuge der Genmanipulation bei Pflanzen (Baumwolle, Mais, Soja), doch konnte eine Gesundheitsgefährdung nicht nachgewiesen werden. Die noch anhaltenden Widerstände werden die weltweite Anwendung nicht aufhalten können. Genauso wenig wird die Forschung auf all diesen Gebieten der Biotechnologie gestoppt werden können.

Die etwa 30.000 menschlichen Gene bilden zwar den Bauplan, also die Grundinformation, aber die komplexen Informationsverschaltungen (Epigenetik), die dauernden Veränderungen und Neuorientierungen (Schaltinformationen) und die Art, wie die Gene miteinander kommunizieren, bilden das Einzigartige des jeweiligen Individuums. Eingriffe von außen, etwa zum Zweck der Reparatur gestörter Gene, verändern die Struktur des Informationsprozesses wiederum. Am Beispiel der Alltagsmedizin lässt sich der Einfluss von künstlichen und von außen gesteuerten Informationen einfach erklären: Medikamente, die eine bestimmte Information an das Nervensystem des Organismus geben sollen (etwa zur Blockierung des Schmerzzentrums), können Nebenwirkungen verursachen, das heißt, sie verändern den Informationsprozess. Beispiel: „Zu etwaigen Nebenwirkungen lesen Sie den Beipackzettel oder fragen Sie Ihren Arzt oder Apotheker." Sie erhalten also schriftliche oder mündliche Informationen bezüglich Ihres organischen Informationsprozesses.

    Die Komplexität macht es schwer, jene Langfristprognosen nachzuvollziehen, welche die Schaffung perfekter Körper für möglich halten, weil sich die Bioinformatik erst in den Kinderschuhen befindet und die Computerroboter noch geistige Würmer sind.

Ist das Gehirn ein Computer?   Die Grenzen zwischen der belebten und unbelebten Materie, also zwischen organischen Kohlenstoffmolekülen und anorganischen Siliziumverbindungen verfließen, wenn man die umgekehrte Anwendung betrachtet: Bakterien werden zu Datenträgern für die Informationstechnologie umfunktioniert. Computer, deren elementare Bauteile aus Molekülen bestehen, würden die Leistungsfähigkeit gegenüber den modernsten Chips um das Hunderttausendfache übertreffen. Weil die Molekularelektronik mit wesentlich kleineren Bauteilen arbeitet und den herkömmlichen Siliziumchips trotz Verdichtung Größengrenzen gesetzt sind, wird sie als Hoffnungsträger künftiger Informations- und Kommunikationssysteme angesehen. Dass durch ihren möglichen (gehirn-)physiologischen Einsatz auch die Trennlinie zwischen Gehirn und Computer verschwimmt, setzt Diskussionen in Gang, die sich weit in den Bereich der Philosophie, der Metaphysik und der Religion hineinziehen: Das Gehirn – ein Computer? Der Mensch – eine Maschine? Geht er in der Digitalwelt verloren? Fast gleicht dies einem Überlebenskampf zwischen den beiden: „Survival of the Fittest?"

Freilich wird es Aufgabe dieser Arbeit sein, zu solchen grenzwissenschaftlichen Themen eine Meinung zu vertreten und eine Theorie zu entwickeln. An dieser Stelle genügt es, auf spätere Kapitel zu verweisen und auch darauf hinzuweisen, dass der Zweck der Behandlung dieses Kapitels nun selbstverständlich nicht in der Beschreibung der Entwicklung, der Forschung und der Anwendungsmöglichkeiten der Biotechnologie liegt, sondern in der Feststellung, dass es dabei um die Entschlüsselung, die Analyse und die mögliche Veränderung von Informationen geht. Kurz gesagt: Die Biotechnologie, und hier besonders die Gentechnologie, ist eine Informationswissenschaft, die sich die Aufgabe stellt, die Informationseinheit *Leben* zu erklären und zu beeinflussen.

2|3	**Zwischenergebnis** Ein Überblick über die bekanntesten Informationstheorien

Es erscheint mir nun notwendig zu sein, ein Kapitel einzuschieben, das zu erklären imstande ist, dass sich meine – unwissenschaftliche – Theorie von allen bisher gängigen Theorien über den Begriff der Information wesentlich dadurch unterscheidet, dass er umfassender und elementarer ist. Mir kommt dabei eine im Jahr 1995 veröffentlichte Dissertation der Universität Bern von Daniel Federico Flückiger mit dem Titel „Beiträge zur Entwicklung eines vereinheitlichten Informations-Begriffs" entgegen, die eine Zusammenfassung der bekanntesten – wissenschaftlichen – Informationstheorien beinhaltet. Zudem bietet die Arbeit eine kritische Auseinandersetzung und den Versuch der möglichen Übereinstimmung all dieser Theorien und eine Neudefinition dieses so vielschichtigen Begriffes. Es wird danach zu beurteilen sein, wieweit mein Verständnis um dieses Faktum gegenüber allen – mir bekannten und im erwähnten Dokument erwähnten – Erklärungsversuchen differiert. Es wird sich überdies zeigen, dass die immer wieder geäußerte Kritik über die den verschiedenen Disziplinen anhaftende Engstirnigkeit zu Recht besteht, weil dadurch die Behandlung eines so derart grundsätzlichen Themas notgedrungen leiden muss. Ich werde im Folgenden auszugsweise die in der Dissertation besprochenen wichtigsten Informationstheorien, die alle etwa ab der Mitte des 20. Jahrhunderts entstanden sind, wiedergeben und neben der enthaltenen Kritik meine eigenen kritischen Kommentare hinzufügen. Diese Vorgangsweise erscheint mir auch nötig, um all jenen zu begegnen, die nach Durchsicht meiner ersten Kapitel den fehlenden Neuigkeitswert kritisieren, wobei ich ausdrücklich betone, dass sich alle, so wie ich, im nichtwissenschaftlichen Milieu befinden.

Das zitierte Werk stellt gleich zu Beginn fest, dass „Information sich heute offenbar nur durch eine Auflistung von Synonymen umschreiben lässt und nach wie vor einer tieferen Klärung harrt", und schließt mit dem Hinweis, dass „erst die Verträglichkeit der Aussagen solcher (diversen Informations-)Theorien mit dem neuen Informations-Begriff darüber entscheiden wird, ob dieser in Zukunft auch wirklich die angestrebte interdisziplinäre Anwendung findet."

Nach Norbert Wieners Ausspruch (1948): „Information ist Information, weder Materie noch Energie", der ein wesentlicher Anstoß für meine eigene Arbeit war, entwickelte sich eine Vielzahl von Informationstheorien, die, je nach Disziplin eingeschränkt, der Frage nachgingen, wieweit die Information als eine unabhängige Grundgröße der Naturwissenschaft postuliert werden kann. Entwicklungsgeschichtlich ist das vielfach gebrauchte Wort *Information* das Substantiv des lateinischen Verbs *informare*, das einformen, eine Gestalt geben, bilden bedeutet. Später wurde es im übertragenen Sinn als informieren, unterrichten, benachrichtigen verwendet und bekam dann jüngst in der Biologie (Erbinformation) wieder seine ursprüngliche Bedeutung.

Einen wichtigen Beitrag zu einer Informationstheorie lieferte (ebenfalls 1948) Claude E. Shannon („The Mathematical Theory of Communication"), indem er den nachrichtentechnischen Aspekt des Informationsbegriffs mit der Frage verband, wie möglichst viel Wissen in eine möglichst kurze Nachricht gesteckt werden kann. In den folgenden Jahrzehnten wurden dann auch in der Geisteswissenschaft fachwissenschaftliche Konzepte entwickelt: In der Psychologie (Seiffert 1968), in der Semiotik, Kybernetik und in der Philosophie (Nauta 1970, Titze 1971) wurden Begriffsdefinitionen versucht.

Für den Philosophen Hans Titze vollzieht sich die Information ausschließlich auf der geistigen Ebene durch Anhäufung von Nachrichten, während der Psychologe Helmut Seiffert auch dingliche Elemente, die durch bloße Anwesenheit Informationen tragen und auch geben können (was im Übrigen eben auch meiner Meinung entspricht), in die Begriffsdefinition einbezieht.

In der modernen Informationstheorie wird zwischen strukturell-attributiver (Information als Struktur, Vielfalt, Ordnung usw., also als Element der Kommunikation) und funktionell-kybernetischer Information (Information als Funktionalität, funktionelle Bedeutung, als Eigenschaft organisierter Systeme, also als Vorgang der Kommunikation) unterschieden. Einige fundamentale Fragen sind freilich bis heute unbeantwortet: Das Bit (basic indissoluble information unit) als kleinste Informationseinheit ist sicher nicht für sämtliche Wissenschaftsbereiche brauchbar; die Persistenz (Dauerhaftigkeit, Unzerstörbarkeit) der Information wird von jenen Theoretikern argumentiert, die die Information als einen Überbegriff des Wissens und nicht bloß als ein Werkzeug zur Wissensgewinnung auffassen; die Wahrheit als notwendige Eigenschaft der Information würde eher keine Bedingung für eine einheitliche Informationstheorie sein. (Falsche Annahmen haben Weltbilder geprägt!)

In der Folge beschränke ich mich auf eine kurze Zusammenfassung der in der erwähnten Dissertation beschriebenen Informationstheorien:

Die Informationstheorien von Norbert Wiener und Claude E. Shannon (beide 1948) beziehen sich rein auf die Nachrichtentechnik. Dementsprechend wird zwar die Information erstmals als selbstständiger Begriff abgegrenzt, in der Definition wird aber die Existenz eines Kommunikationssystems vorausgesetzt.

Warren Weaver (1969) entwickelt die Theorie weiter, indem er die Technik, die Semantik und die Wirkung der Information behandelt und fragt, wie genau Symbole (Zeichen) übertragen werden können, welche beabsichtigte Bedeutung diese Symbole haben und mit welcher Wirkung diese beim Empfänger eintreffen.

Alle drei Wissenschaftler sind der Meinung, dass die Informationseinheit die Auswahl aus zwei Möglichkeiten ist. Und weil sich jede Auswahl auf eine Sequenz von binären Entscheidungen zurückführen lässt, wurde daraus der Ausdruck *Bit* abgeleitet.

Für die deskriptive Informationstheorie nach Donald MacKay (1969) ist die Information eine Vergrößerung des Wissens. („Roughly speaking, we say that we have gained information when we know something now that we didn't know before; when ,what we know' has changed.")

Doede Nauta (1970) sieht die Information ebenfalls als Zeichenübertragung und konzentriert sich daher auf die für die Semiotik (Zeichenlehre) wesentlichen Begriffe Syntax (Zusammenführung, Verknüpfung von Zeichen und Aufbau von Bedeutungen), Semantik (Beziehung der Zeichen zu einem Objekt oder einer Situation) und Pragmatik (Beziehung der Zeichen zum Empfänger und dessen Reaktion). Wichtig ist ihm dabei der Begriff der *Semiose* (Zeichenprozess), das heißt die Tatsache, dass ein Zeichen von einem Individuum wahrgenommen wird und zu einer Reaktion führt. Er skizziert damit erstmals ein Konzept, in dem sich neben der kommunikativen auch die beobachtete und neben der adressierten auch die unadressierte Information darstellen lässt. (Meiner Meinung nach eine ganz wichtige, bis heute aber noch immer nicht genügend beachtete Feststellung!)

Helmut Seiffert (1968) übernimmt als Geisteswissenschaftler Shannons Theorie in sein psycho-soziologisches Umfeld und setzt sich mit dem stark diskutierten Begriff der *Redundanz* auseinander. Diesen Überfluss an Informationen erachtet er nicht als nutzlos, sondern sieht dessen Sinn in der besseren Fehlererkennung oder in der Wiederherstellung von bei der Übertragung verstümmelten Informationen.

Der Philosoph Hans Titze (1971) argumentiert gegen die These des selbstständigen Prinzips und meint, dass Information ohne Materie und Energie nicht möglich ist. Information ist für ihn nur Ursache, die zu Vorgängen führt. Ein neues philosophisches Denken und Weltbild wären dadurch entbehrlich. (Ich meine, dass dies ein Beispiel für das inhärente Beharrungsvermögen in vielen Disziplinen ist.)

Fred Dretske (1981) beschreibt in seinem Werk „Knowledge and the Flow of Information" seine informationsbasierte Theorie des Wissens – und auch des Glaubens. Informationen bestehen sowohl aus analogen Sinnesdaten wie auch aus digitalen Strukturen. In seiner Erkenntnistheorie haben allerdings unwahre und unadressierte Informationen keinen Platz. (Was, wie ich glaube, ebenso eine sehr eingeschränkte Definition darstellt.)

Der Philosoph Orman Quine (1980) vertritt hingegen eine ganzheitliche Auffassung: Die Bedeutung (der Zeichen) ist in gleicher Weise wie etwa Wissen und Geist Teil derselben Welt, mit der sie sich befasst, das heißt, sie ist stets als Reaktion auf Reize (Informationen) zu verstehen, die durch die Sinne wahrgenommen werden.

Jon Barwise und John Perry (1987) erweitern die Begriffsbestimmung um die realen Situationen der Wirklichkeit, mit denen die Lebewesen (!) in Interaktion treten. Als Situationen bezeichnen sie aber auch kognitive Zustände und sogar unwahre Informationen. Wichtig erscheint den beiden Wissenschaftlern, darauf hinzuweisen, dass Wissen als geistiger Zustand – im Gegensatz zu Glauben – eine faktengerechte Entsprechung in der Wirklichkeit haben muss.

Diese Situationstheorie steht allerdings im Widerspruch zur modernen Hirn-forschung, die die von den Lebewesen wahrgenommene Welt als ein Konstrukt des Gehirns sieht (siehe Seite 71ff.)

Schon hinein in den philosophisch-religiösen Bereich geht Johannes Peters, wenn er meint, dass der Ausspruch der Bibel „Am Anfang war das Wort" mit „Am Anfang war die Information" übersetzt werden müsste. Und Dretske (1981) drückt sich noch konkreter aus: „In the beginning there was information. The word came later."

Der Autor dieser Dissertation versucht nun, möglichst alle diese einschränkenden, zum Großteil fachspezifischen Informationstheorien zusammenzufassen und ein ein-heitliches Modell zu schaffen. Er geht dabei von der Erkenntnis (der Hirnforschung) aus, dass die wahrgenommenen Dinge der Außenwelt analog zu den Gedanken eines Organismus gleichsam Konstruktionen des individuellen Gehirns sind. Demnach sind Informationen eine konzeptionelle Schöpfung des (menschlichen) Gehirns.

Als Informationselement(-träger) definiert Flückiger das Bit in seiner zwei-fachen Bedeutung: als jene kleinste Menge, die noch eine echte Alternative zulässt (grundlegend unzerlegbare Informationseinheit), und als jene, die als Binärziffer (binary digit) den Wert 0 oder 1 beziehungsweise adäquate Code-alternativen (z. B. Ja oder Nein, Ein oder Aus) repräsentiert und als atomare Entität gleichsam die Letztentscheidung fällt. Ein solcher Informationsprozess spielt sich in der elektronischen Datenverarbeitung und im Gehirn eines Lebewesens ab: die Nervenzellen als die letzten und atomaren Informations-träger und die letzten Informationselemente als wechselseitige Beziehungen zwischen den Nervenzellen, repräsentiert durch die entsprechenden Synapsen. Festzuhalten ist dabei aber, dass die verketteten Kombinationen derartiger Informationen (Zeichen, Symbole) nur von interpretierenden Menschen (Le-bewesen) als Ganzheiten verstanden werden.

Die Fortschritte auf dem Gebiet der künstlichen Intelligenz (selbststrukturierende, denkende Computer) lassen jedoch leise Zweifel aufkommen.

Die Information ist also nach Auffassung des Autors – zusammenfassend und als Brücke über alle erwähnten Theorien gebautes Modell – die Menge aller von beliebigen individuellen Gehirnen konstruierbaren Dinge. Sie vollzieht sich auf der geistigen Ebene (Hirnkonstrukt) und ist persistent (weil sie Wis-sen vergrößert und durch Redundanz absichert). Das Modell bezieht auch

Falschinformationen mit ein, weil, wie zahlreiche Beispiele zeigen, dadurch sogar Weltbilder entstanden, die sich jahrhundertelang hielten (ptolemäisch-kirchliches, geozentrisches versus galileisch-heliozentrisches Weltbild).

Eine Schwachstelle in dieser Theorie ist zweifelsohne die Behandlung der unadressierten Information. Diese wird künstlich in der Form umgangen, als zwischen Informationsquelle und Destination eine *Geräuschquelle* in den Kanal eingebaut wird. Da aber sicherlich die Menge der unadressierten Informationen jene der adressierten weit übersteigt, erscheint die *Abqualifizierung* der ersteren als Geräuschquelle wenig plausibel und nachvollziehbar. Dem abschließenden Hinweis des Autors, dass er im Verlauf der Arbeit – die im Übrigen auch nicht einer wissenschaftlichen Notwendigkeit, sondern lediglich dem privaten Interesse entsprang – mehr der Idee Weizsäckers (Information als Überbegriff der Energie und somit letztlich alleiniges Element) zuneigte, kann ohne Einschränkung gefolgt werden.

Welche Rolle die Information für die Zivilisationsentwicklung spielte und welche unabsehbaren Folgen sie schon derzeit verursacht und in Zukunft vermehrt nach ziehen wird, behandelt der amerikanische Wissenschaftsjournalist und Bestsellerautor James Gleick in seinem Buch „Die Information".

Er beschreibt natürlich die Entwicklung der menschlichen Informationstechniken, angefangen von den Trommeln der Ureinwohner über die Sprache, die Schrift, die Drucktechnik, die Telegrafie und die elektronischen Medien und sieht die Wende und den Beginn einer revolutionären Phase der Informationstechnologie und einer allumfassenden Informationswissenschaft mit der Informationstheorie Claude Shannons, also mit der Reduzierung jeglicher Information auf die kleinste Einheit, das Bit. Damit glauben nicht nur Physiker und Quantenphysiker an die Möglichkeit, die physikalische Welt in der Sprache der Information verstehen und ausdrücken zu können. So etwa wurde die Zahl der Bits des gesamten Kosmos seit Anbeginn auf 10^{120} (0/1-Entscheidungen) pro Sekunde geschätzt. Auf diese einfache Weise ist das Nervensystem der Organismen, des Menschen, der Erde und des Kosmos aufgebaut, und so sollten alle Systeme und Prozesse im Makro- und im Mikrokosmos, im Universum und in den Atomen funktionieren. Dieser symbolischen Logik schlossen sich in der Folge auch die Philosophen und Mathematiker an und meinten damit unwiderlegbare Wahrheiten formulieren zu können. Beweisen ließen sich die Wahrheiten jedoch auch nicht, vor allem, wenn diese Informationstheorie auf Gebiete angewendet wurde, für die sie nicht geschaffen war.

Die Logik, in der man diese Systeme nun wähnte, wird nämlich durch zwei Eigenschaften beeinflusst, die allen Systemen ebenfalls inhärent sind: einmal durch die *Entropie*, wie sie auch in der Materie und in der Energie schon bekannt war, nämlich durch die Tendenz, sich von einem geordneten Zustand immer mehr zu einer wachsenden Unordnung hinzubewegen (Kopierfehler, Mutationen, Störungen, Zerstörungen); und zum Zweiten – und vielfach mit der Entropie zusammenhängend – mit der *Zufälligkeit* oder – quantenphysikalisch – der *Wahrscheinlichkeit*. Aus diesen Zusammenhängen entstand Leben, und auf diese Art finden die Prozesse in allen Systemen statt. Solche Veränderungen lassen eine logische Entwicklungskette nicht zu.

Jedes Gen jedes Lebewesens hängt von den Wechselbeziehungen zu anderen Genen und zu dem Ganzen ab und wird durch die Umwelt und auch eben dadurch beeinflusst.

Jacques Monod bezeichnet daher den Menschen als Zufallsprodukt, und Richard Dawkins sieht im *egoistischen Gen* die Information schlechthin, jenen Meister des Überlebens, der mit einer unscharfen Lebensdauer, auch über Generationen hinweg, von Körper zu Körper wandert und diese nach seinem Eigennutz manipuliert. Diese Summe der sich ständig selbst kopierenden Gene (Replikation) führt dann bis zu ihrem einzelnen sukzessiv möglichen Absterben zu jenen fortgesetzten oder veränderten individuellen Qualitäten des jeweiligen Lebewesens. Dafür wurde der Begriff *Mem* geboren, was sowohl dem individuellen (genetischen) Informationsbündel entspricht wie auch den durch Informationsaustausch entstehenden Ideen jeweiliger Gesellschaften. So sind etwa Brauchtum, Erzählungen, Kulturen, Religionen, Moden und – über soziale Netzwerke – auch Revolutionen entstanden. Daniel Dennett nennt die Meme „Informationspakete mit Selbstbehauptungskräften“. Slogans wie „Für ein Prinzip kämpfen“ oder „Für eine Idee sterben“ sind bekannt.

Weil aber Meme im Gegensatz zu den Genen keine physische Substanz haben und daher nicht messbar sind, konnte sich zu ihrer Erforschung kein Wissenschaftszweig entwickeln. Ihre Informationen sind zu labil und zu flexibel, weil sie sich selten exakt kopieren und daher viel leichter mutieren. Dennoch sind sie vorhanden und erzeugen eine Art Geisterwelt.

Alles entsteht und besteht aus Information. Wenn Gleick die Information als physisches Element bezeichnet und das Schlagwort „It from Bit“ für die Behauptung verwendet, dass jedes *Es* aus Bits besteht, und auch die Quanteninformationstheorie im Rahmen der physischen Betrachtungsweise sieht, stellt sich auch in Bezug auf die Meme die Frage, ob man die Information nicht auch *als metaphysisches Element* bezeichnen sollte. Damit könnte man auch jene weitgehend unerforschten Informationen mit einbeziehen, die den Kosmos durchdringen und auf unser Leben Einfluss haben. Ob die Grenze zwischen dem Physischen im Sinne des rational Seienden und den dahinterliegenden Phänomenen des Metaphysischen immer so klar ist, sei dahingestellt. Gerade die Quantenmechanik zeigt, dass die Gesetze der Physik nicht überall gelten (Unschärfe, Kausalität etc., siehe auch Seite 39f.). In diesem Zusammenhang fallen mir immer auch die unklar definierten Begriffe *Strahlung* und *Ausstrahlung* ein.

Wir leben in einer Welt, die von einer unsichtbaren Sphäre der Informationen (*Infosphäre*) umgeben ist, und das bedeutet, dass wir uns in einem Paralleluniversum befinden: in einem mit unseren Sinnen wahrnehmbaren (physischen) und in einem weitgehend unerforschten geisterhaften (metaphysischen).

Die ungeheure Informationsmenge wird mathematisch nur noch in Form von Potenzzahlen ausgedrückt. Um eine verständliche Mengenangabe der Bits (oder Bytes, das sind 8 Bits = ein Buchstabe oder eine Ziffer) machen zu können, bedient man sich für den täglichen Bedarf der bekannten Kilo-, Mega- und Giga-Größen und erfand für darüber hinausgehende Volumina die Kunstbegriffe Tera, Peta, Exa, Zetta, Yotta. Beispielsweise entspricht ein Yottabyte 1.000.000.000.000.000.000.000.000 Bytes. Dabei handelt es sich nur um effektive, messbare Daten; unerforschte Informationsmengen – in noch wesentlich größerem Umfang – finden in diesem Volumen natürlich keine Berücksichtigung. Weil diese Datenmengen auch in Großrechnern keinen Platz mehr finden, verfrachtet man sie bezeichnenderweise in die Wolken. So spielt sich etwa das Big-Data-Volumen der Wirtschaft der ganzen Welt in der intelligenten Datenwolke, im sogenannten Cloud Computing ab.

Die Informationsmenge ist jedoch nicht nur für die Computerkapazitäten ein Problem geworden, sondern zunehmend auch für den Menschen, der sich einer Informationsflut ausgesetzt fühlt und Informationsüberlastung, -angst und -müdigkeit verspürt. Um die Redundanz (unnötige, bedeutungslose und wiederholte Informationen) zu vermeiden und das Finden der bewusst angesteuerten Information zu erleichtern, wurde die Strukturierung der Datenmengen immer notwendiger. Durch Filtern, Suchmechanismen und Rechenvorgänge (Algorithmen) wurde die Lösung für das Auffinden der Stecknadeln im Heuhaufen gefunden. Google, Wikipedia, Files und Links sind heute Begriffe der Alltagssprache.

Nachdem wir den festen Boden unserer Erde mit dem Ausflug in die Wolken verlassen haben, scheint mir ein weiterer Schritt in den Himmel nicht unangebracht. Das Urelement Information kennt allein schon begrifflich keine Grenzen. Es ist daher verständlich, dass Theorien entwickelt wurden (und werden), die über das Physische hinausreichen und den transzendentalphilosophischen Bereich berühren –

durch Wissenschaftler, die bereit sind, ihr Fachgebiet zu überschreiten, und durch Querdenker, die bestehende Denkmuster bewusst verlassen. (Ich selbst würde mich in der Reihe jener – nichtwissenschaftlicher – Theoretiker sehen, die unorthodoxe Denkansätze nicht scheuen.)

Informationstheorien an den
Grenzen der Wissenschaft

Wenn der Physiker Erwin Schrödinger die Frage „Was ist Leben?" stellte, wollte er die Verträglichkeit von physikalischen Gesetzen mit biologischen Prozessen ansprechen. Ähnlich wie schon Niels Bohr (1927) wollte er einen erkenntnistheoretischen Zusammenhang zwischen Leben und Atomphysik (Quantenmechanik) in irgendeinem Verhältnis zueinander betrachten. Aber weder Gene noch Quanten konnten damals sichtbar gemacht werden. Die Wissenschaft stieß wieder einmal an ihre Grenzen, beschäftigte sich aber zunehmend mit dem Problem der physikalischen Struktur der genetischen Information. Viele Wissenschaftler scheiterten an diesem Thema, und einige sahen den Ausweg in der Metaphysik bzw. in der Transzendenz und damit im wissenschaftlich nicht beweisbaren Bereich. Zu ganz entscheidenden Erkenntnissen führten diese Forschungen jedoch, als James Watson und Francis Crick (1953) die Doppelhelix entdeckten und damit das gewaltige Feld der Genforschung einleiteten.

Schrödinger sieht zunächst den Widerspruch zwischen der zunehmenden Unordnung (Entropie) als Zweiten Hauptsatz der Thermodynamik in der Physik und der offenkundig zunehmenden Ordnung in der Biologie (Evolution) und schließt daraus, dass sich Leben von negativer Entropie, sozusagen durch Ausschluss der Unordnung ernährt.

Manfred Eigen (1976) konnte dann nachweisen, dass ein System, das genügend Energie und Materie zuführt, sich selbst mit geringer Fehlerrate zu reproduzieren imstande ist und eine maximale (optimale) Größe annehmen kann. Dieses Maß ähnelt der negativen Entropie und kann als Information bezeichnet werden. Die Idee der *Information* wurde damit geboren und fand von nun an Eingang in die Biologie.

Die Frage nach dem Ursprung des Lebens (Information) stellt der klassische Physiker Schrödinger nicht, aber er überschreitet die Grenzen seines Fachgebiets, ohne sich – wie er entschuldigend hinzufügt – „lächerlich zu machen".

Jedenfalls verlangt das Funktionieren eines Organismus exakte physikalische Gesetze. Die klassische Physik vermochte dieses Prinzip nicht zu erklären, wohl aber die Quantentheorie, die als eigentliche Grundlage des Vererbungsvorganges angesehen werden muss.

Die die Physik revolutionierende Entdeckung der Quantentheorie war die Unstetigkeit, also der Quantensprung, der Übergang von einem Zustand in einen anderen. Genau dies geschieht auch bei der Mutation in belebten Körpern. Die Verhinderung des Unordnungsgesetzes (Entropie = Zerfall der unbelebten Materie) erfolgt bei belebter Materie durch Zufuhr von Energie (Essen, Trinken, Atmen), also durch Austausch (Stoffwechsel). Dabei folgt auf Ordnung Ordnung. Diese einem Maximum zustrebende Größe würde Schrödinger – falls er den Begriff verwendet hätte – als Information bezeichnet haben.

Unter dem Titel „Ordnung der Wirklichkeit" baute Werner Heisenberg (ab 1942) – angeregt durch den Begründer der Quantentheorie, Max Planck, und den Atomphysiker Niels Bohr – seine Unbestimmtheitsrelation in einen philosophischen Kontext ein. Im Versuch, eine Einheit des physikalischen Weltbilds zu entwerfen, und sich der Grenzen der jeweiligen Fachgebiete bewusst, widmet er sich unter anderem auch erkenntnistheoretischen Problemen. Eine bedeutende Rolle spielt bei ihm dabei die Sprache im weitesten Sinn, die wie auch die Wissenschaft, die Kunst, das Denken und letztlich alles Geistige auf der Verwendung und auf der Kraft von Symbolen beruht, aus denen für den Menschen das Abbild der Welt (der Wirklichkeit) besteht. *Symbole* sind für ihn also quasi die Information über die Wirklichkeit. Heisenberg vergleicht die Frage „Wie oder was Wirklichkeit eigentlich ist" mit der Frage, wie lange die Ewigkeit dauert: „Am Ende der Welt steht ein Berg, ganz aus Diamant, und alle hundert Jahre fliegt ein Vögelchen dorthin und wetzt dort seinen Schnabel, und wenn der ganze Berg abgetragen ist, dann erst wird eine Sekunde der Ewigkeit vergangen sein." Es ist anzunehmen, dass Heisenberg hier mit dem Begriff Wirklichkeit die Absolute Wahrheit meint.

Heisenbergs Schüler, Carl Friedrich Weizsäcker, studierte zwar auch zuerst Physik, widmete sich dann aber mehr und mehr der Philosophie. In seinem Werk „Die Einheit der Natur" interpretiert er den antiken Begriff der Form (= Symbol; siehe Heisenberg) zeitgenössischer als *Information*. Im Bereich des Konkreten gibt es nach ihm keine Form ohne Materie (und umgekehrt). Die physikalischen Gesetze geben nun an, wie sich Materie unter gegebenen Umständen bewegt. Diese bewegende Kraft liegt in der Materie selbst und wird mit dem Begriff Energie bezeichnet. Energie ist also die Erhaltungsgröße und steht in Äquivalenz zur Materie (Masse): $E (W) = mc^2$. Energie und Materie sind also eine einheitliche Substanz, wie auch schon nach der Feldtheorie Heisenbergs, nach der alle Elementarteilchen nur verschiedene quasistationäre Zustände sind.

Die Information wird als ein Maß der Menge einer Form bezeichnet, und das, was als Form genannt wird, ist Information. Voraussetzung ist jedoch das *objektive Verstehen*, das heißt, dass der Adressat in der Lage sein muss, die Information (Form) zu begreifen. Dies setzt ein Vorwissen voraus (z. B. die Sprache von den Menschen, die diversen Laute von den Tieren, die in einer DNS-Kette enthaltenen Informationen von den Organismen, die Bits von einem Computer, die Form eines Photons und der Ort vor und nach seiner Bewegung vom Messapparat weg etc.).

Informare = Form geben = symbolisieren = informieren. Genau wie Materie und Energie nur existieren, wenn sie bewegt werden (sich bewegen), existiert Information nur, wenn sie fließt. Ohne Fluss (Bewegung), das heißt ohne Wechselwirkung wären Objekte (Formen, Begriffe) Objekte für niemanden. Weizsäcker folgert also: Materie ist Form; Bewegung ist Form; Masse ist Information; Energie ist Information. Kurz: Materie und Energie sind Information. Das Urobjekt (Urinformation) ist die einfachste Form. Es ist das Quant der Bewegung, es ist Form für andere Formen, es ist selbst bewegt in der Welt, von der es bewegt wird. Mit dem notwendigen Informationsfluss (Bewegung) ist natürlich auch die zeitliche Betrachtungsweise verbunden.

Das Problem seiner Theorie sieht Weizsäcker in der Endlichkeit der Welt und in der Endlichkeit der wissbaren Information für den Menschen. Das Wachstum der wissbaren Formmenge (Zugewinn von Information) interpretiert er als Expansion des Universums und das Wachstum des Raumes in diesem Sinn als Offenheit der Zukunft.

Weil die wissbare Informationsmenge auf die Menschen bezogen wird, wird meines Erachtens aus seiner These, dass Information Verstehen vorausetzt, der Schluss gezogen, dass Weizsäcker die sogenannte unadressierte Information nicht als Information sieht. Ich bin der Meinung, dass dies ein semantisches Problem ist: Information (Objekt) für niemanden suggeriert nämlich ein Jemand (ein Lebewesen oder noch mehr: einen Menschen). Naheliegend scheint, dass er mit niemandem Nichts gemeint hat. Ich würde behaupten, dass jede Information wiederum Information erzeugt, ungeachtet an wen oder was immer sie gerichtet ist. Die beobachtbare Wirkung ist dabei unerheblich. Es stellt sich mir sogar die Frage, ob eine Information, die keine Information erzeugt (keine Wechselwirkung) eine Information für Nichts ist. Oder anders gefragt: Ist eine Information ohne Adresse Selbstzweck? Und in der Folge: Ist Selbstzweck nicht auch eine Information? Ich bin mir bewusst, dass ich dabei ein glattes Parkett betrete und von philosophischer Seite sofortigen Widerspruch zu erwarten hätte.

Weil der Informationsbegriff in den letzten Jahrzehnten bezüglich seiner ganzheitlichen Betrachtung von der Wissenschaft – aus mangelndem Interesse, wie mir scheint – wenig behandelt wurde, erwähne ich nur noch eine Theorie eines Wissenschaftlers, der den Begriff in der Bibel wiederfindet. Werner Gitt ist ein zeitgenössischer Informatiker, der sich das Ziel gesetzt hat, informationswissenschaftliche Fragestellungen mit biblischen Leitlinien zu verbinden. Sein 2002 erschienenes Werk „Am Anfang war die Information" trägt einen vielversprechenden Titel, eine Behauptung, der gefolgt werden kann, wenn und weil die Information als Urprinzip wissenschaftliche Gültigkeit besitzt.

Gitt stellt an den Beginn seiner Ausführungen einen durchaus logischen Satz: „Wer Auskunft geben kann über die Herkunft der Information, der hat den Schlüssel in der Hand, um diese Welt deuten zu können." In der Folge unternimmt er den Versuch, Naturgesetze, die ausschließlich für die materielle Welt gelten, auch für die geistige Größe der Information zu definieren, und sieht das Problem darin, dass dafür keine geeignete *Sprache* existiert (etwa wie für die Naturgesetze die Mathematik, für Musikstücke die Noten oder für die Datenverarbeitung die Programmiersprachen). Aus seinen Behauptungen lässt sich in der Folge aber eine Tendenz herauslesen:
„Information ist eine geistige Größe!
Information entsteht nur durch Wille (Absicht)!
Information muss Semantik enthalten, von jemandem ausgesendet und an jemanden gerichtet sein!"

Sodann definiert er zehn Naturgesetze über Information:
„1.   Eine materielle Größe kann keine nicht-materielle, geistige Größe hervorbringen.
2.   Information ist eine nicht-materielle fundamentale Größe.
3.   Information ist die nicht-materielle Basis für alle programmgesteuerten technischen Systeme und für alle biologischen Systeme.
4.   Es gibt keine Information ohne Code.
5.   Jeder Code ist das Ergebnis einer freien willentlichen Vereinbarung.
6.   Es gibt keine neue Information ohne einen intelligenten und mit Willen ausgestatteten Sender.
7.   Jede Information, die am Ende einer Übertragungskette empfangen wird, kann solange zurückverfolgt werden, bis man auf eine intelligente stößt. (Dabei handelt es sich immer um ein mit Willen und Bewusstsein ausgestattetes Individuum).

8. Die Zuordnung von Bedeutung zu einem Satz von Symbolen ist ein geistiger Prozess, der Intelligenz erfordert.

9. In statistischen Prozessen kann keine Information erfolgen.

10. Zur Speicherung von Information bedarf es eines materiellen Trägers."

Schließlich kommt Gitt – unter Einbeziehung der Bibel – zu folgenden Schlussfolgerungen:

„Gott existiert! Gott ist allwissend, allmächtig und ewig! Gott ist Geist!

Kein Mensch ohne Seele!

Urknall unmöglich!

Keine Evolution!

Kein Leben aus der Materie!"

Zusammengefasst sind all diese Thesen ein Plädoyer gegen die materialistische Denkweise der Naturwissenschaft und gegen den Atheismus. Was man allgemein daraus ableiten kann, ist, dass selbst eine so enge Fassung des Informationsbegriffs zu Definitionsschwierigkeiten führt. Ein einheitlicher Informationsbegriff muss selbstverständlich über die Sprache hinausgehen. Die Behauptung, dass Information Semantik enthalten muss und dass Information ohne intelligenten und mit einem Willen ausgestatteten Sender nicht möglich ist, setzt schon von vornherein eine Grenze, innerhalb der das Denken verboten ist. Ich werde in meiner Arbeit dieses Thema natürlich auch unter dem Titel „Religion" behandeln, der holistischen Zielsetzung meiner Informationshypothese wegen aber besonders auf Universalität und Objektivität achten.

Information ist ein ganzheitlicher Begriff und als Teil der Absoluten Wahrheit zu verstehen. Während Norbert Wiener also Information neben Energie und Materie sieht, ist Carl Friedrich von Weizsäcker der Ansicht, dass Materie eine Sonderform der Energie ist und Energie sich als eine Form der Information erweisen könnte. Dann wäre Information ein Prinzip aller Wirklichkeiten. Meine Hypothese geht noch weiter und sieht die Information als Prinzip und Teil der Absoluten Wahrheit.

Lieber Betz (diesen Namen trage ich seit meinem sechsten Lebensjahr, als ihn mir meine Schulfreunde gaben),

danke für den bisher vierten Teil deiner Informationstheorie oder -hypothese. Die Zusammenfassung der zu diesem Thema vorhandenen Literatur war für mich sehr interessant, ebenso deine kursiven Anmerkungen dazu. Mir ist dadurch noch klarer geworden, worauf du hinauswillst. Ich bleibe Advocatus Diaboli und stelle Folgendes fest: Einige der Autoren gehen bei ihren Betrachtungen von einem Empfänger der Information aus, die erst dadurch zu einer solchen wird. Also von der adressierten Information. Anhand von zwei Beispielen erheben sich bei mir zwei Fragen:

Beispiel 1:
Stell dir bitte einmal vor, du siehst in der Zeitung einen Mann abgebildet. Dieser Mann ist ein Mörder. Das erfährst du aber erst, wenn du den dazugehörenden Artikel gelesen hast. (Es könnte auch auf der Straße sein, wo du ihn siehst, und jemand erzählt dir dazu seine Geschichte.) Die unadressierte Information sagt dir nur, dass es sich um einen Mann handelt, der in der Zeitung abgebildet ist. Erst durch den darunter stehenden Artikel erfährst du, dass dieser Mann ein Mörder ist. Jetzt ist es eine adressierte Information geworden. Diese kam aber nur durch einen Absender und einen Empfänger zum Vorschein, und sie ist viel umfassender als die unadressierte. Frage: Ist die unadressierte Information wirklich eine Information? Sollte man anstelle des Wortes „Information" nicht ein anderes dafür setzen? Gibt es eines?

Beispiel 2:
Wir beide gehen durch den Wald und finden einen Stein. Wir heben ihn auf und sagen: „Aha, ein Stein!" Ein Geologe kommt des Weges und fragt uns, woher wir diesen herrlichen Quarz hätten. Er schlägt mit seinem Hammer ein Loch in den Stein, und siehe da: In dessen Innerem blüht ein Garten von Quarzkristallen. Es war offenbar eine unadressierte Information für uns beide. Nicht für den Geologen, den Empfänger, für den war es mehr: Aus seinem höheren Wissens- oder Erfahrungsstand heraus war es für ihn eine adressierte Information.
Oder liege ich hier falsch in der Auslegung von adressierter und unadressierter Information? Irgendwie scheint mir die unadressierte Information eine unvollständige Information zu sein, die adressierte eine qualitativ höhere. Meines Erachtens müsste

es für eine der beiden Informationsarten ein anderes Wort geben. Beide können nicht „Information" sein, wenn sie durch Sender oder Empfänger qualitativ so stark verändert werden können. Leider fällt mir kein Synonym dazu ein, aber jetzt bist du wieder einmal dran, deine Ganglien in Bewegung zu setzen.

Liebe Grüße,
Heinz

—

Lieber Heinz!

Wenn mir jemand, der das humoristische Genre der Schriftstellerei so wie du beherrscht, Kränze flicht, muss das zwangsläufig meine Dankbarkeit auslösen. Daher – und nur daher – unternehme ich einen weiteren – und in diesem Jahr letzten –, aber diesmal hoffentlich erfolgreichen Versuch, dir den Begriff „Information" als Urelement zu erklären. Vielleicht versuche ich es vorher mit dem – deiner Meinung nach möglicherweise besser geeigneten – Begriff „Signal".

Als Eisenbahnerkind weiß ich, dass mein Vater (Lokführer) den Zug anhalten musste, wenn das Signal einen Winkel von 90 Grad hatte, und er den Regler erst wieder aufmachen konnte, wenn das Signal auf einen Winkel von 135 Grad gestellt war. Das war dann für ihn das „Signal" (die „Information") weiterzufahren. Auch wenn er inzwischen eingeschlafen wäre, hätte die Information ihm gegolten, war an ihn adressiert. Leider konnte er sie wegen seines Schlafs nicht empfangen. Er hätte ein Disziplinarverfahren erwarten müssen. Ähnlich wird es auch dir ergehen, wenn du mir die Einsicht weiter verweigern solltest. Das obige Beispiel kannst du auch als Autofahrer ausprobieren: Grün heißt Fahrt, Rot heißt Halt!!! Ungeachtet, ob du es rezipierst oder nicht.

Noch ein paar Beispiele gefällig? Angenommen, ich würde dir dieses Mail auf Slowenisch schreiben; es würde klar an dich adressiert sein, jedoch würdest du – ähnlich wie mit deinem Stein, der ein Quarz ist – damit nichts anfangen können. Für dich wäre es daher keine Information, nur weil deine geistige Beschränktheit zum Empfang nicht in der Lage ist!?!? Ich lese keine Zeitung, obwohl ich sie abonniert habe; die an das p. t. Volk adressierte Information über die Koalitionsverhandlungen wachsen mir beim Hals heraus. Ist diese Information weniger wert (wert ist sie ohnehin nichts), weil ich sie nicht gelesen habe? Waren es adressierte oder unadressierte Informationen, die die Amöben, die Affen, die Urmenschen und die Homines sapientes in sich aufgenommen haben, um sich zu konditionieren?

Ist unser Gehirn nicht durch – keinesfalls adressierte – Informationen größer geworden? Durch die ständige Aufnahme – meist unadressierter – Informationen haben sich die Synapsen vergrößert und vermehrt, der Cortex und der Hippocampus ließen das menschliche Gehirn von ca. einem halben Liter auf etwa einen Dreiviertelliter wachsen. Würden wir im Laufe der Menschheitsgeschichte nur auf adressierte Infos angewiesen gewesen sein, hätten wir die Entwicklungsstufe der Neandertaler nicht überschritten. Würden wir nur auf adressierte Infos warten, könnten sämtliche Forschungsbudgets gestrichen werden. Denn wer adressiert schon (bewusst) Infos an uns?

Ich bleibe daher bei meiner Meinung und glaube auch nicht, dass unadressierte Infos als qualitativ geringer zu bezeichnen sind. Dass die Qualität des Rezipienten ausschlaggebend ist, steht außer Frage, weil er das Gesendete ja schließlich verstehen muss. Aber auch für ihn – noch – nicht verständliche Infos sind Infos!
Schlussendlich bin ich auch – trotz der Gefahr, dass wir streiten – nicht bereit, meine Arbeit etwa „Signalhypothese" zu nennen, nur weil du dich weigerst, den Begriff „Information" anzuerkennen.

Betz

—

Lieber Betz,

Es heißt ja, der Gescheitere gibt nach, und ich habe nachgegeben. Allerdings nicht, weil ich der Gescheitere bin, sondern im Gegenteil: Ich habe mich geschlagen gegeben, und deine Argumente haben mich nun wirklich und endgültig überzeugt, dass auch eine unadressierte Information eine Information ist und nicht unbedingt einen Empfänger braucht. Einen Sender schon, aber das kann sie ja auch selbst sein.
Gespannt warte ich nun auf dein nächstes Kapitel! Es wird immer interessanter!

Liebe Grüße,
Heinz

—

Der Briefwechsel wird weitergehen, weil neue Interpretationsdiskrepanzen entstehen werden, nicht allerdings wegen der Frage, ob die Information einen Sender braucht oder sie das auch selbst sein kann. Letzteres würde zweifellos der Logik widersprechen. Ein

Element kann nicht ein Element seiner selbst sein. Information bedarf eines Senders – wer oder was dieser auch sein mag. Die philosophische Frage nach der ersten Information bleibt bestehen.

2|4   Hirnforschung
Denkende, selbst-bewusste, selbstbewusste Computer

Wissenschaft ist erklärbar und nachvollziehbar, Spezialwissen ist nach eingehendem Studium natürlich auch zu verstehen, immer weniger allerdings zu *be-greifen*. Schwierig wird die Wissenschaft – auch für Wissenschaftler selbst – an ihren Grenzen. Daher werden viele Naturwissenschaftler letztlich Philosophen. Andere werden Visionäre und wieder andere spekulative Futurologen.

Schon die zuvor erwähnte fiktive Diskussion in Cambridge brachte die krassen Unterschiede in der Frage, ob Computer dereinst denken werden können, zum Ausdruck. Einige Jahrzehnte später, nach der unglaublich rasanten technologischen Entwicklung auf diesem Gebiet, wird diese Frage erneut gestellt. Weil es gelingt, immer winzigere und schnellere Chips und Schaltkreise zu bauen, stellen Experten – auch Wissenschaftler – Entwicklungsszenarien in den Raum, die naturgemäß auf massive Widerstände stoßen. Die Frage dabei ist, ob man das Denken programmieren kann. Während der Computer erwiesenermaßen schon heute dem menschlichen Gehirn in puncto Geschwindigkeit, Speicherkapazität und Assoziationsvermögen überlegen ist und die medizintechnologischen Möglichkeiten eine Unzahl von Anwendungen und künstlichen Unterstützungen für den menschlichen Organismus bereitstellen, bleibt das Vermögen des selbstständigen Denkens bislang noch dem Menschen vorbehalten.

Denkende und fühlende Computer. Zwischen den Grenzen allerdings ist nicht mehr viel Niemandsland: Wenn die Vorgänge im menschlichen Gehirn vollständig erforscht sein werden, wird man sie auch programmieren können. Wenn Schaltkreise im menschlichen Gehirn, zur Unterstützung oder Ergänzung seiner Funktionen, eingepflanzt werden können, werden die Unterschiede zwischen *Intelligenz* und *künstlicher Intelligenz* verschwimmen. Wenn den späteren Computer- und Robotergenerationen menschliche Wahrnehmungs-, Denk- und Bewegungsfähigkeiten vorausgesagt werden und nicht mehr der Körper, sondern der Geist allein die Herrschaft über den Cyberspace übernimmt, würde es um die Existenz des Menschen schlecht aussehen. Eine Informationsrevolution würde die Folge sein, und die Grundlagen für das Denken wären nicht mehr Kohlen-wasserstoffverbindungen und Zellteilung, sondern etwa verschränkte Lichtteilchen.

Das Argument der menschlichen Gefühlswelt, die einem Computer niemals einprogrammiert werden könnte, wird weggeschoben. Was diese Emotion eigentlich ist, die den Menschen mehr als die Ratio zum Handeln und Entscheiden veranlasst, kann auch die Psychoanalyse nicht klar definieren. Wenn sozusagen der Bauch Informationen im Gehirn auslöst, ergeben sich unerwartete Aktionen und Reaktionen. Sigmund Freud analysierte und beschrieb mögliche Ursachen und Wirkungen, ein exaktes (Strick-)Muster lässt sich aber nicht darstellen, weil Milliarden Impulse (Informationen) und Impulsvernetzungen ein zufallsbedingtes Ergebnis auslösen.

Würde man einem Computer mit einem der Hirnstruktur ähnlichen Programm befehlen, eine konkrete Entscheidung aus einer Unzahl von Möglichkeiten zu treffen, würde er aus einem solchen Chaos wahrscheinlich auch ein zufallsbedingtes Ergebnis liefern. Ähnlich wie in der Psychoanalyse müsste eine Entscheidungs-Grundlagen-Forschung angestellt werden. Nun ist die Einschätzung, ob künstliche Intelligenz, denkende oder sogar *selbst-bewusste* Maschinen (für derartige Artefakte hätte Karl Popper eine Welt 3a oder 3+ definieren müssen) in Zukunft möglich sein werden, für die überwiegende Mehrheit der User nicht leicht.

Folgende, durchaus nicht übertrieben konstruierte Situationen aus meinem eigenen Erfahrungsschatz – als zugegebenermaßen Primitivnutzer eines PCs – mögen das veranschaulichen: Wenn ich vor meinem PC sitze, weiß ich, dass er eine Maschine ist. Ich weiß aber auch, dass er mehr kann als ich, und wenn dieses Tierchen voll Verachtung die Augen verdreht, weil ich Mist gebaut habe, und mich fragt, ob ich Hilfe brauche, dann beschimpfe ich es; was mir leichtfällt, wissend, dass es – noch – nicht antworten kann. Während ich mit meinem Computer per Du bin, ist er gut erzogen und siezt mich, allerdings einigermaßen zynisch: „Sie wollen doch offensichtlich …" Diese verachtende Reaktion auf dem Schirm mir gegenüber kommt mir vor wie ein Spiegel am Morgen, und ich sage ihm: „Mach das doch gleich selbst", wieder nicht zu laut, weil ich irgendwie doch Angst habe, dass er seine programmierte Höflichkeit und das „Sie" vergisst und mir entgegnet: „Okay, du Banause!" Und dann frage ich mich schon, wie lange es noch dauern mag, dass ich ihm wirklich sagen kann: „Sammle alle wissenschaftlichen Erkenntnisse über die Bedeutung von Information, verschränke sie, ziehe die Conclusio und gib mir ein auf 150 Seiten zusammengefasstes Dokument, das ich veröffentlichen kann, weil dieses Thema in dieser Form noch nie veröffentlicht wurde. Zehn Prozent meines Autorenhonorars bekommst du." Falls ich das erleben sollte, würde mich aber wieder die Angst vor seiner Antwort über-kommen, die da lauten könnte: „Erstens, seit wann sind wir per Du? Zweitens, die zehn Prozent kannst du dir abschminken. 90 Prozent, sonst gebe ich mir nur einen einzigen Befehl, mit dem ich das Dokument ins Web stelle, dann bin ich selbst am Markt und du verhungerst; aber mit deinen geistigen Fähigkeiten hast du ohnehin keine Lebensberechtigung!"

Werden wir Cyborgs?   Völlig anders würde sich mein Computer allerdings verhalten, wäre ich – schon – ein Cyborg, jenes übermenschliche Wesen aus organischen und anorganischen Teilen, das Chips, Detektoren und Prozessoren im Gehirn sowie Schnittstellen zwischen diesem so komplettierten Organ und Computern hat. Dann hätte mein PC nur noch zu gehorchen, laut meinem Diktat via Spracherkennung zu schreiben und den Druckbefehl zu geben. Jedes Spezialwissen wäre den integrierten Speicherchips entnommen; lediglich der Aufbau des Buches wäre vielleicht noch meine Arbeit. Science-Fiction? Die mögliche Entwicklung des Menschen in Richtung solcher Automatenmonster deutet am Schluss seines interessanten Werkes „Eine kurze Geschichte der Menschheit" der Israeli Yuval Noah Harari an und stellt die Frage, wo die Grenze zwischen Biotechnik und Bioethik zu ziehen ist. Gegenwärtig hätte meine Maschine mit ihrer Beschimpfung nicht ganz so unrecht; weil sie jedoch immer noch auf meinen Input wartet, entschließe ich mich, mich mit der seriösen Hirnforschung auseinanderzusetzen.

Von der Psychologie
über die Physiologie zur
Mikrobiologie

Das Hirn ist vielleicht das typischste Beispiel dafür, wie man an ein Forschungsobjekt herangeht. Hier begegnen sich Geistes- und Naturwissenschaften in ursprünglich – teilweise bis heute noch – kontroverser, zunehmend aber doch übereinstimmender Weise.

Wahrscheinlich seit Beginn, aber spätestens mit der Entwicklung seines *Selbst-Bewusstseins*, beschäftigt sich der Mensch mit sich selbst und seiner Beziehung zur Welt. Zwischen dem Subjekt Mensch und dem Objekt Welt empfand er immer eine Verbindung in Form einer gedachten Geisterwelt, die ihn in einem hohen Maße beeinflusste. Die ersten naturwissenschaftlichen beziehungsweise physiologischen Versuche und Erfahrungen waren wahrscheinlich die Schädeloperationen, die man bereits in der frühen Antike (in Ägypten und China) nachweislich durchführte. Die ersten Analysen führten dabei zu der Feststellung, dass das Gehirn aus einer eigenartigen gallertartigen Masse besteht. Die ersten brauchbaren Aufzeichnungen stammen von chinesischen und griechischen Denkern im 5. vorchristlichen Jahrhundert.

Die verschiedenen Herangehensweisen an das Problem der Beziehung zwischen Gehirn und Geist manifestierten sich einerseits in der Auffassung von Hippokrates, jenes ersten Arztes, der sich – jeglichen Aberglauben beiseitelassend – ganz auf klinische Beobachtungen verließ und meinte, dass alle geistigen Prozesse im Gehirn entstehen, und Platon anderseits, der von Beobachtungen und Experimenten nichts hielt und glaubte, dass sich der Mensch nur deshalb über seinen sterblichen Körper Gedanken machen kann, weil er eine immaterielle und unsterbliche Seele besitzt. Diese unsterbliche Seele fand dann auch Eingang in das christliche Denken.

Im 13. Jahrhundert bezeichnete Thomas von Aquin die Seele – als die Begründerin des menschlichen Bewusstseins – als einen vom Körper getrennten Hauch göttlichen Ursprungs. Viele, vor allem christliche Denker folgten diesem Gedanken, und es entstand das – bis heute noch vielfach vertretene – Denkmodell von Körper, Seele und Geist. Das die westliche Welt prägende Christentum beherrschte in der Folge jahrhundertelang mit dieser geisteswissenschaftlichen Theorie die Denkschulen, auch weil zwischen Kirche, Staat und Wissenschaft bewusst kein Trennstrich gezogen wurde.

Erst im 17. Jahrhundert entwickelten sich wieder neue Ideen, die jedoch auch von der Überzeugung der göttlichen Basis der Seele geprägt waren: Die These René Descartes' von der dualen Natur des Menschen, nämlich einen materiellen Körper zu besitzen und einen immateriellen Geist, der sich aus der spirituellen Beschaffenheit seiner Seele herleitet, führte zur Auffassung, dass nur die vom Körper an das Gehirn gelangenden Informationen beeinflussbar und der wissenschaftlichen Forschung zugänglich sind. Die Seele hingegen ist unsterblich, und der Geist ist heilig und entzieht sich daher jeder wissenschaftlichen Analyse.

Der menschliche Geist ist das Produkt des Gehirns. Die Erkenntnisse dieser auf das Gehirn bezogenen Forschungen lassen sich natürlich trefflich für alle Überlegungen und Thesen verwenden, die sich mit der nun immer unbestreitbarer werdenden elementaren Bedeutung der Information an sich beschäftigen. Der scherzhafte Dialog mit dem PC im vorigen Abschnitt mag möglicherweise auch nachdenklich stimmen, wenn man die Struktur und die Funktionsweise des Gehirns sowie den Prozess der Informationsaufnahme, der Informationsspeicherung und der Informationsverarbeitung beobachtet und Vergleiche mit den Prozessen bei der elektronischen Datenverarbeitung anstellt.

Die treibende Kraft hinter dieser neuen wissenschaftlichen Forschung war natürlich Charles Darwins These der natürlichen Selektion und der Evolution – nicht nur der Körper, sondern auch des Geistes. Es war eine Theorie, die die Welt in Umbruch und Aufruhr versetzte, und die Vorstellung, dass menschlicher Geist von einem materiellen Organ, dem Gehirn, erzeugt wird, war – und ist für viele heute noch – schwer zu verkraften. Die jahrtausendealte Überzeugung vom geheimen Einfluss einer spirituellen Kraft musste zumindest insofern korrigiert werden, als der Geist als Produkt der Leistungsfähigkeit und Komplexität des informationsverarbeitenden Gehirns und aus der Unzahl der Interaktionen seiner Nervenzellen zur Kenntnis zu nehmen ist.

Mit dem 20. Jahrhundert begann eine intensive und systematische Untersuchung des Gehirns, und die Entwicklung dieses Forschungsgebiets war spannend, weil sich letztlich alles auf die Frage konzentrierte, wie der Mensch Informationen aufnimmt, speichert und verarbeitet.

Nun kann es nicht Aufgabe dieser meiner Arbeit sein, wissenschaftliche Erkenntnisse im Detail wiederzugeben; eine auszugsweise Darstellung der Ergebnisse, die ja unmittelbar das gegenständliche Thema betreffen, scheint jedoch zweckmäßig. Im Folgenden werde ich daher stichwortartig die Erkenntnisse der letzten 100 Jahre, die Wissenschaftler und deren Entdeckungen anführen, wobei ich die ausgezeichnete chronologische Darstellung in Eric Kandels Werk „Auf der Suche nach dem Gedächtnis" als Grundlage verwende.

Nach Santiago Ramón y Cajal (Nobelpreis für Medizin 1906) funktioniert die Hirnorganisation (die Entdeckungen machte er mittels mikroskopischer Arbeiten an Affen, Ratten und Menschen) nach vier Prinzipien:
Die Nervenzelle (das Neuron) als elementare Signaleinheit des Gehirns besteht aus dem Zellkörper, den Dendriten (Empfangselementen) und den Axon-Endigungen (Sendeelement). Das Axon eines Neurons kommuniziert mit den Dendriten eines anderen Neurons nur an speziellen Regionen, den Synapsen. Ein Neuron kommuniziert nur mit ganz bestimmten anderen Neuronen, nicht mit allen. In einem Neuron bewegen sich die Signale nur in eine Richtung (neuronaler Schaltkreis). Die Neuronen erzeugen elektrische Signale, sogenannte Aktionspotenziale, die sich entlang dieser Nervenzelle über beträchtliche Entfernungen ausbreiten können. Die Kommunikation mit anderen Neuronen erfolgt durch die Freisetzung eines chemischen Stoffes (Neurotransmitter), durch den die empfangende Zelle über den Rezeptor an ihrer äußeren Membran reagiert.
Aufgrund seiner mikroskopischen Studien an toten Zellen lieferte Ramón y Cajal erste detaillierte Erkenntnisse über die Zellanatomie des Gehirns und damit die Basis für die moderne Erforschung des Nervensystems. Im Unterschied zu den meisten anderen Körperzellen, die eine einfache Gestalt

haben, sind Nervenzellen von unregelmäßiger Form und haben eine Vielzahl extrem feiner (ein Hundertstel eines Haares) Fortsätze und dendritische Verzweigungen. Das Gehirn ist also ein Netzwerk von organisierten Schaltkreisen, die sich auch kartieren lassen.

Ramón y Cajal unterschied dann auch zwischen sensorischen Neuronen, die sich z. B. in der Haut und in verschiedenen Sinnesorganen befinden, auf Reize der Außenwelt reagieren (Druck, Licht, Schallwellen, chemische Stoffe) und diese Informationen an bestimmte Gehirnneuronen senden, motorischen Neuronen, die mit Effektorzellen (z. B. Muskeln) in Verbindung stehen und diese steuern, und Interneuronen, die als Umschaltstationen im Gehirn zwischen sensorischen und motorischen Neuronen dienen. Auf diese Weise konnte man den Informationsfluss von den sensorischen Neuronen (z. B. in der Haut) zum Rückenmark und von dort zu den Interneuronen und weiter zu den Motorneuronen, die den Muskelzellen Bewegung signalisieren, verfolgen. Wichtig war dabei auch die Feststellung, dass jede Nervenbahn immer eine Einbahnstraße ist und dass die Richtung des Nachrichtenflusses unumkehrbar ist.

Charles Sherrington und Edgar Douglas Lord Adrian (Nobelpreis 1932) entdeckten dann in der Folge, dass nicht alle Nervenzellen ihre synaptischen Endigungen dazu benutzen, die nächste Empfängerzelle in der Reihe zu stimulieren, damit diese die Information weiterleitet, sondern dass einige Zellen hemmend sind. Solche Zellen verwenden ihre Endigungen dazu, deren Empfängerzellen an der Weiterleitung der Informationen zu hindern. Dies wurde als Mittel zur Koordinierung von Prioritäten erkannt, also als eine Methode, die Zielstrebigkeit der Organisation sicherzustellen.

Durch die Aufzeichnung der elektrischen Signale (Aktionspotenziale), die die Nervenzellen zur Kommunikation verwenden, stellten sie fest, dass es sich um *Alles-oder-Nichts-Signale* (0/1) handelt, die mit einer Geschwindigkeit von bis zu 30 Metern pro Sekunde weitergeleitet werden. Die Intensität oder Stärke ergibt sich aus der Häufigkeit, mit der Signale ausgeschüttet werden. Die Natur der übermittelten Informationen hängt davon ab, welche Nervenfasern aktiviert werden. Welche Art von Information ein Neuron also weiterleitet, wird durch die Bahn bestimmt, zu der sie gehört: In einer Sinnesbahn wird die Information von dem ersten sensorischen Neuron, einem Rezeptor, der auf einen Umweltreiz (Berührung, Schmerz oder Licht etc.) reagiert, an spezifische und spezialisierte Neuronen im Rückenmark oder im Gehirn übermittelt. Visuelle Informationen unterscheiden sich also von akustischen, weil sie verschiedene Bahnen aktivieren.

Wie die neuronale Informationsübertragung funktioniert und wie die elektrischen Signale an- und abgeschaltet werden (0/1, Ja/Nein), wer oder was der Träger des Aktionspotenzials ist, hatte schon um die Jahrhundertwende Julius Bernstein mit der Entdeckung beantwortet, dass das Axon von einer Membran umgeben ist und dass zwischen Innen- und Außenseite dieser Zellmembran ein stetiges Spannungsverhältnis (Potenzial) herrscht. Die Membran ist reich an elektrisch geladenen Atomen (Natrium, Kalium, Chlorid). Die positiv und negativ geladenen Ionen zu beiden Seiten der Membran befinden sich in Gleichgewicht. Spezielle Öffnungen der Membran (Ionenkanäle) erlauben den Fluss elektrischer Ladungen.

Darauf bauten Alan Hodgkin und Andrew Huxley (Nobelpreis 1963) auf: Durch Experimente am Riesenaxon eines Tintenfisches – das ca. einen Millimeter Durchmesser aufweist (rund 1000-mal so dick wie die meisten Axone im menschlichen Körper) – gelang es ihnen, das Aktionspotenzial sowohl innerhalb wie auch außerhalb der Zellmembran aufzuzeichnen und dadurch herauszufinden, wie es erzeugt wird. Die Aktionspotenziale sind die Schlüsselsignale zur Übermittlung von Sinneswahrnehmungen, Gedanken, Emotionen und Erinnerungen von einer Region zur anderen. Sobald in einer Region des Axons ein Aktionspotenzial hervorgerufen wird, regt der dadurch erzeugte Strom die Nachbarregion zur Auslösung eines weiteren an. Diese Kettenreaktion sorgt dafür, dass sich das Aktionspotenzial über die gesamte Länge des Axons ausbreitet, und zwar bis zu den Endigungen in der Nachbarschaft eines anderen Axons oder einer Muskelzelle. Auf diese Weise wird z. B. ein Signal für ein visuelles Erlebnis, eine Bewegung, einen Gedanken oder eine Erinnerung von einem Ende des Neurons zum anderen gesandt. Hodgkin sagte später einmal, dass eigentlich dem Tintenfisch der Nobelpreis verliehen hätte werden müssen.

Als man die Molekularbiologie auf die Hirnforschung anwendete, zeigte sich, dass die Ionenkanäle eigentlich Proteine sind, in jeder Zelle des Körpers vorhanden und mit einem im Prinzip gleichen Mechanismus agierend. Die Ionentheorie lieferte schließlich auch den endgültigen Beweis dafür, dass sich die Nervenzellen anhand physikalischer Grundsätze verstehen lassen. Sie war Basis für die Erforschung der Mechanismen neuronaler Informationsübertragung auf molekularer Ebene.

Wie elektrische Signale in Neuronen erzeugt werden, war also nun klar; es blieb aber die Frage, wie die Signalübertragung zwischen Neuronen stattfindet. Ein Neuron kann mit den nächsten in der Reihe nur dann kommunizieren, wenn es ein Signal über die Synapse – den Spalt zwischen den Zellen – schickt. Welcher Art dieses Signal ist, wusste man zunächst nicht.

Es entwickelten sich Lehrmeinungen, die einerseits von der elektrischen, anderseits von der chemischen Natur dieser Signale überzeugt waren. Diese Kontroverse „Suppe contra Funke" war eigentlich eine Diskussion über die Art des Informationsträgers; die Information selbst wurde inhaltlich nie anders verstanden als ein Durchlassen/Hemmen, ein Alles/Nichts oder eben als ein 0/1, Ja/Nein.

Otto Loewi und Henry Dale (Nobelpreis 1936) lieferten den Beweis, dass die Signale, die im autonomen Nervensystem über Synapsen von einem Neuron zum anderen gelangen, von spezifischen chemischen Transmittern übermittelt werden.

Als die Methoden der Aufzeichnung (Medizintechnik) präzisere Beobachtungen erlaubten, belegte John Eccles (Nobelpreis 1963) die Bedeutung elektrischer Signale. Heute weiß man, dass das Nervensystem durch beide Signalarten bewegt wird und dass teilweise elektrische Signale chemische Signale (und umgekehrt) auslösen. Darauf genauer einzugehen, würde ein Studium erfordern und das gegenständliche Thema sprengen.

Einfache binäre Systeme bestimmen den Lebensprozess. Das Bild, der Gedanke, die Erinnerung, die Handlung in der den Menschen (bzw. allen Lebewesen) jeweils erscheinenden Gesamtheit der Botschaft setzt sich also aus einer milliardenfachen neuronalen Feuerung solcher oben beschriebenen Signale zusammen. Die Erkenntnis, dass die Hirnfunktionen und letztlich die Fähigkeit, wahrzunehmen, zu denken, zu lernen und Informationen zu speichern, chemischen und elektrischen Signalen zu verdanken ist, sorgte für eine Erweiterung des Forschungsfeldes, an dem sich nun neben den Anatomen auch Elektrophysiologen und Biochemiker beteiligen.

Die Informationstheorie, die Mitte des vorigen Jahrhunderts von Claude E. Shannon im Zuge nachrichtentechnischer Forschung entwickelt wurde, erfasste nun auch die Physiologie, indem man erkannte, dass das Gehirn Informationen wie ein Computer verarbeitet: Die Gehirnzellen befinden sich zu jedem Zeitpunkt in einem von zwei Zuständen: Sie sind entweder aktiv und feuern (Einschaltung = 1), oder sie sind passiv und befinden sich in einem Ruhezustand (Ausschaltung = 0). Diese Erkenntnis, dass dieses einfache binäre System auch für den Lebensprozess in Organismen bestimmend ist, kann als ein Wendepunkt auf dem umfassenden Gebiet der Physiologie und der Wissenschaft des Geistes betrachtet werden.

Interessant in diesem Zusammenhang und für dieses Thema ist die Bedeutungsveränderung innerhalb des Körper-Geist-Seele-Komplexes, der jahrtausendelang – und im Dualismus (Körper-Seele) zumindest jahrhundertelang – das wissenschaftliche Denken beherrschte. Mit immer tieferen Erkenntnissen der Hirnforschung schärfte sich die Gewissheit, dass der menschliche Geist ein Produkt der Biologie ist und dass das, was wir als Bewusstsein verstehen, aus dem Gehirn hervorgeht. Dennoch gab es Forscher, die bis vor wenigen Jahren den Dualismus vertraten und überzeugt waren, dass die unsterbliche Seele vom Gehirn unabhängig ist, unter ihnen der Neurobiologe John Eccles und der mit ihm befreundete Wissenschaftsphilosoph Karl Popper.

Obwohl er die Meinung vertrat, dass das Lösen von starren Konventionen und das Befreien von restriktiven Dogmen die wissenschaftliche Forschung ganz neue Perspektiven eröffnen lässt, blieb Eccles bis zuletzt von der Körper-Geist-Trennung überzeugt und stellte zusammen mit Popper erkenntnistheoretische Theorien zum Gehirn-Geist-Problem aus seiner neurologischen Sicht auf.

In der Folge gebe ich einige Aussagen aus jenen Werken wieder, die ich früher mit großem Interesse gelesen habe:

John Eccles war, wie erwähnt, ein überzeugter Bekenner des Dualismus. In seinem Werk „Das Rätsel Mensch" bezieht er sich auf Wissenschaftler, die es für unmöglich hielten, dass der materialistische Mechanismus der biologischen Evolution Wesen mit *Selbst-Bewusstsein* und Werten hervorbringen kann; unter ihnen Schrödinger, Polanyi, Henfield, Thorpe und vor allem Sherrington.

Eccles zitiert Schrödinger: „Im physikalischen Weltbild fehlen alle Sinnesqualitäten … Aus diesem Grund mangelt der Welt der Naturwissenschaften alles, was eine Bedeutung in Bezug auf das bewusst anschauende, wahrnehmende und fühlende Wesen hat; von alledem enthält sie nichts und vor allem denke ich an die sinnlichen und ästhetischen Werte, Werte von jeder Art, auf alles, was auf Sinn und Zweck des ganzen Geschehens Bezug hat. Nicht nur fehlt dieses Alles, sondern es kann von einem rein naturwissenschaftlichen Standpunkt aus überhaupt nicht organisch eingebaut werden."

Und Eccles zitiert Thorpe: „Jedes Menschen Weltbild ist eine Konstruktion seines Geistes, doch der bewusste Geist selbst bleibt ein Fremdling in diesem Gebäude … daraus folgt, meine ich, dass Geist und Körper in einem gewissen Sinne zwei Dinge sind und dass es eine Außenwelt ‚ein nicht Ich', gibt, die eine Realität ist, so unvollkommen meine Kenntnis von ihr auch sein mag."

Und er zitiert vor allem aus Sherringtons Gifford-Vorlesungen (über natürliche Theologie), der auf die Frage, warum der Geist einen Körper besitzen sollte, antwortete: „Um zwischen ihm und einem anderen Geist zu vermitteln."

Vor allem richtete sich Eccles gegen den monistischen Materialismus (Jacques Monod: „Zufall und Notwendigkeit"), für den der einzige Wert, der als authentisch anzuerkennen ist, die durch wissenschaftliche Methoden bewiesene Wahrheit darstellt.

In seiner Arbeit vertritt Eccles die dualistische Theorie, indem er dem bewussten Ich das Materie-Energie-System, aus dem Körper und Gehirn bestehen, gegenüberstellt und meint: „Keine Energiemerkmale scheinen im geistigen Prozess zu finden zu sein. Dieses Fehlen behindert die Erklärung der Verbindung zwischen Gehirn und Geist. Wo das Gehirn mit dem Geist in Wechselwirkung steht, entdeckt man weder mit mikroskopischen noch mit physikalischen oder chemischen Mitteln irgendeinen drastischen Unterschied zwischen dem Gehirn und anderen Nervengeweben, ohne diese Wechselwirkung. Was auch immer ich tun mag, die zwei bleiben hartnäckig getrennt. Sie erscheinen mir grundverschieden; nicht gegeneinander auswechselbar; das eine nicht in das andere übertragbar. Zwischen diesen beiden, dem nackten Geist und der wahrgenommenen Welt, gibt es da also nichts Gemeinsames? Sie haben Folgendes gemeinsam: Sie sind beide Begriffe, sie sind beide Teile des Wissens eines Geistes. Sie sind daher verschieden, aber nicht voneinander getrennt. Indem die Natur uns entwickelt, macht sie sie zu zwei Teilen des Wissens eines Geistes und diesen einen Geist zu dem unseren. Wir sind das Bindeglied zwischen ihnen. Vielleicht ist das der Zweck unserer Existenz."

Unbestritten ist aber, dass mit Eccles wesentliche Fortschritte in der Hirnforschung erzielt wurden. Er untersucht, auf welche Weise in den ersten Lebensjahren eines Menschen die motorische Kontrolle und die Beziehung zur Umwelt erlernt werden, und folgert, dass das wichtigste Lernen in sprachlicher Kommunikation besteht. Die beim Sprechen wirksamen Gehirnmechanismen werden erörtert, und er weist nach, dass bei fehlender Kommunikation die Entwicklung des Menschen negiert wird. Er bezieht sich auf Popper und stellt dar, wie im Laufe von Jahrtausenden die *Welt 3* von der ununterbrochenen schöpferischen Tätigkeit des Menschen aufgebaut wird. Bei der Schaffung des Selbst jedoch ist es völlig rätselhaft, auf welche Weise jeder von uns mit einer einzigartigen Eigenpersönlichkeit, mit seiner eigenen Individualität ausgestattet wird; und er argumentiert wiederum, dass es keine materialistische Erklärung gibt und dies daher ein Thema für die natürliche Theologie darstellt.

Eccles versucht, dem *Geheimnis Mensch* durch zwei verschiedene Problemlösungen auf die Spur zu kommen: Zum einen durch die Neurobiologie, das heißt durch die Beschäftigung mit den strukturellen und funktionellen Veränderungen, die die Grundlage des Gedächtnisses bilden (hierbei unterscheidet er zwischen Kurzzeit- und Langzeitgedächtnis), und er vermutet mikrostrukturelle Veränderungen in Synapsen durch kurze oder lang anhaltende Erregung (Feuerung), wobei er auf die Verknüpfung (Liaison) der verschiedenen Hirnareale hinweist.

Getrennt davon behandelt Eccles jedoch die Rolle des selbstbewussten Geistes, der mit bestimmten aktivierten Modulen der Hirnrinde in eine effektive Beziehung tritt und quasi als Schiedsrichter in Bezug auf die Richtigkeit oder Relevanz der auf Verlangen freigegebenen Informationen fungiert. Nach Eccles umfasst der Rückruf einer Erinnerung z. B. zwei verschiedene Vorgänge im selbstbewussten Geist: erstens das Einleiten eines Abrufs aus den Datenbanken im Gehirn und zweitens das *erkennende Gedächtnis*, das seine Richtigkeit beurteilt.

Aus seinem gegebenen Wissensstand folgert er, dass im Neocortex keine spezifischen strukturellen oder physiologischen Eigenschaften entdeckt worden sind, durch die sich das menschliche Hirn deutlich von dem Hirn eines Menschenaffen abhebt. Der ungeheure Unterschied der Leistung ist kaum der bloßen Tatsache zuzuschreiben, dass das menschliche Hirn das Dreifache an Modulen besitzt: „Wir kennen keinerlei qualitative Entwicklung, die die supreme Leistung des menschlichen Hirns erklären würde." Daher glaubt er, dass außer den materialistischen Geschehnissen der biologischen Evolution und über sie hinaus eine göttliche Vorsehung wirksam ist. Er hat aber auch die Hoffnung, dass sich die Wissenschaft herausgefordert fühlen möge, in eine neue wissenschaftliche Ära einzutreten, in der Struktur und Funktion des menschlichen Neocortex mit den fortschrittlichsten Techniken erforscht werden.

Es bleibt also nun die Frage, inwieweit sich die dualistische Theorie Eccles', die er in seinen Schriften „Gehirn und Seele", „Das Rätsel Mensch" und „Die Psyche des Menschen" in den letzten 25 Jahren bewahrheitet hat, oder das zum gleichen Thema mit Karl Popper im gemeinsamen Werk „Das Ich und sein Gehirn" aufgestellte Theorem falsifiziert werden konnte. (Popper werde ich im philosophischen Abschnitt zu diesem Thema gesondert behandeln.) Den aktuellen Wissensstand entnehme ich dem Buch von Eric Kandel „Auf der Suche nach dem Gedächtnis".

*Liegt dem menschlichen
Geist eine mechanistische
Struktur zugrunde?*

Vorher jedoch noch eine Abhandlung aus Erik Dammann „Erkenntnisse jenseits von Zeit und Raum". Dabei geht es um die Frage, ob die Naturwissenschaften an die Grenzen der Materie und des mechanistischen Weltbildes gestoßen sind und das menschliche Bewusstsein nicht mehr als das physische Hirn ist. Im letzten Viertel des 20. Jahrhunderts setzte sich eher der Materialismus beziehungsweise die materialistische Auffassung durch, die manche Wissenschaftler so weit vertraten, dass sie der Meinung waren, künstliche Intelligenz kann produziert werden, weil der Geist nur als die höchste Form der Materie in Bewegung betrachtet werden kann, also als Resultat von mechanischen Hirnprozessen.

Zwei Richtungen beherrschen bis heute die Diskussion – auch zwischen den Hirnforschern: So etwa sieht David M. Armstrong eine Identität von Verstand und Gehirn: „Der Mensch ist ganz und gar ein materielles Objekt und hat nichts anderes als physikalische Eigenschaften. Die Wissenschaft kann eine vollständige Erklärung des Menschen aufgrund rein physikalisch-chemischer Bedingungen liefern." Diese materialistische Auffassung ging vom sogenannten Reduktionismus aus, der die Ganzheit dadurch versteht, dass sie in kleine Teile zerlegt wird und komplizierte Zusammenhänge von den einzelnen Teilen ausgehend erklärt.

Anders Roger Sperry (Nobelpreis 1981), der den menschlichen Geist als etwas Ganzheitliches betrachtet, das über dem Mechanismus des Gehirns steht und in diesen hineinwirkt. Sperry und andere große Wissenschaftler vertreten die Auffassung, dass innere bewusste Erfahrung in sich selbst eine verursachende Rolle von höchstem Niveau in den Hirnfunktionen spielt, dass also der Geist die Materie im Gehirn bewegt und dass die höheren mentalen Programme die niedrigen Nervenaktivitäten bestimmen.

Die Auseinandersetzung um die Frage, ob der Geist das Gehirn steuert oder umgekehrt, sieht der Neurowissenschaftler Karl Pribram unentschieden. Er verweist auf Philosophen, die behaupten, dass das Mentale und das Materielle ganz einfach verschiedene Ausdrücke ein und desselben Prozesses sind: „Beide Realitäten entstehen durch die zugrunde liegenden Strukturen." Eine solche Auffassung entspricht auch der Einstellung des Physikers David Bohm, der meint, dass die Ganzheit in jedem Teil zugegen ist. Pribram stellt sich daher das Gehirn wie ein Hologramm vor, in dem die Sinneseindrücke sich als Wellen ausdehnen und in Form von Interferenzmustern im ganzen Gehirn präsent sind. Nach diesem holografischen Prinzip können Gedankenbilder später als Erinnerungen von allen Teilen des Gehirns hervorgerufen werden.

Er schließt von den Psi-Wellen der Quantenphysik, die sich als immaterielle Möglichkeiten und auch durch manifeste materielle Teilchen ausdrücken können, auf die Zweiseitigkeit der mentalen und materiellen Natur des Bewusstseins, und Bohm entwickelt diese Gedanken zu einer Art gemeinsamer Supertheorie, die davon ausgeht, dass Geist und Materie, Ganzheit und Teil Ausdruck eines alles verbindenden universellen Prinzips sind.

Aus dieser Sicht seien auch die Beschreibungen von Mystikern über die Grundlage religiöser und paranormaler Phänomene zu sehen: „Die Überschreitung der Grenzen von Zeit und Raum, das holografische Prinzip, dass jeder Teil das Ganze repräsentiert, ist die Transformation von der impliziten (laut Bohm eingebauten oder eingefalteten Ordnung) zur ausgedrückten (expliziten) Ordnung des außerhalb der gewöhnlichen menschlichen Erfahrung Liegenden, die auf das täglich wahrnehmbare Newton'sche Universum begrenzt ist."

Man könnte dies auch als die ständig vorhandene Brücke zwischen der relativen Wirklichkeit und der Absoluten Wahrheit betrachten.

Beide Wissenschaftler bezeichnen sich als Deterministen und sind der Meinung, dass individuelle Geschehnisse zwar unabhängig sind (freier Wille), doch dass sie innerhalb einer mehr oder weniger determinierten Struktur geschehen. In ihrer deterministischen Auffassung beziehen sie sich auf die unbestimmbare Bestimmtheit der Quantenphysik und bezeichnen das Bild der Wirklichkeit als Quantenpotenzial.

Eine interessante Erkenntnistheorie stellte der Physikochemiker Ilya Prigogine, der im Jahr 1977 den Chemienobelpreis erhielt, auf: Er bestätigt die Hauptideen der Quantenphysik nicht nur mit Hilfe der Chemie, sondern führt sie auch in Richtung eines neuen Weltverständnisses weiter. Laut Prigogine ist die Entwicklung keine Linie von zusammenhängenden Ursachen und Wirkungen, sondern besteht aus Perioden der Ordnung und Regelmäßigkeit mit eingeschobenen Intervallen von Chaos und Unordnung, in denen die feste Gesetzmäßigkeit gebrochen wird, um durch eine neue und nicht vorausbestimmte Ordnung ersetzt zu werden. Weder die Zufälligkeit des Chaos noch die Ordnung, aus der es entspringt, ist bestimmend für die neue Ordnung. Das Ziel – oder der ordnende Sinn – ist das, was den Prozess in dieser Situation festlegt. Die Identität dieser so selbstorganisierenden Strukturen mit dem Prinzip des Hologramms oder der Quantenphysik ist erstaunlich: Die Teile beinhalten das Ganze. Ganzheit und Teil sind eins. Prigogine meint, dass es vielleicht eine subtilere Form der Wirklichkeit gibt, die sowohl die Gesetzmäßigkeit als auch den Zufall umfasst und sowohl die Zeit wie auch die Ewigkeit.

Hier scheint eine Idee entstanden zu sein, die sich mit meiner vermuteten Verbindung zwischen der relativen und der Absoluten Wahrheit deckt.

Die mechanistischen Entwicklungsgesetze können nicht allein das unendlich komplizierte Wechselspiel von unzähligen Einheiten erklären, die einen neuen komplexen Organismus nach einer Periode eines instabilen biologischen Milieus bilden; ebenso wenig wie mechanische Prozesse die Ursache für das ordnende Prinzip sein können, das abgetrennte Moleküle veranlasst, spontan eine neue selbstorganisierende oder dissipative Struktur zu bilden. Prigogine meint, dass die universell ordnenden Prinzipien in Betracht gezogen werden müssen. Er legt dar, dass jede Entwicklung in offenen, komplexen Systemen einen Wechsel zwischen stabilen Perioden linearer Ketten von Ursache und Wirkung und Intervallen von Chaos und Auflösung bedingt, wo die Zukunft durch die Vergangenheit nicht bestimmt wird. Für den Einzelnen wie auch für die Gesellschaft ist dies der Augenblick der Wahl, also die Möglichkeit der Freiheit. Eben das Chaos, das die stabile Ordnung ablöst, ist der Punkt der Entwicklung, der jede Voraussage unmöglich macht. Das Chaos löst die systematische Reihenfolge der Dinge auf und bricht jede gesetzmäßige Verbindung mit der Vergangenheit.

Die fraktale Welt der Chaostheorie zeigt eine Struktur, die den Zusammenhang zwischen dem Universum und seiner Teile abbildet. Wie gemäß des physikalischen Gesetzes aus Ordnung Unordnung entsteht und in dieser Phase sowohl Kausalität oder Zufall, oder anders ausgedrückt Bestimmtheits- oder Freiheitssituationen herrschen, bevor wieder eine nicht vorausbestimmte neue Ordnung entsteht.

Wenn man das Chaos, also die Unordnung, als *Umordnung* versteht, würde auch das universell ordnende Prinzip, die Ganzheitsstruktur oder eben die *Absolute Wahrheit* besser zu verstehen sein.

Der Hirnforscher und Computerexperte Donald MacKay befasst sich mit der immer wieder gestellten Frage, ob etwas so Unbegreifliches und Allumfassendes wie der menschliche Geist innerhalb von wenigen Sekunden vernichtet werden kann, und meint, dass mit dem Erlöschen des physischen Lebens das Bewusstsein keine Verbindung mehr mit seinem materiellen Apparat im

Gehirn und im Körper hat. Doch das liefert an und für sich keinen Beweis dafür, dass der menschliche Geist damit aufhört zu existieren. Inwieweit dies der Fall ist, hängt unter anderem davon ab, ob das Bewusstsein durch die Hirnprozesse, die ja an die Sinnesempfindungen, Gedanken und Gefühle gebunden sind, ausreichend erklärt werden kann. Die Hirnforschung erklärt das Zusammenspiel des physischen Apparats und der materiellen Wirklichkeit, doch sie erklärt – noch – nicht, inwieweit der physikalische Hirnapparat auch mit unserem offensichtlich immateriellen Geist zusammenhängen kann. MacKay sagt: „Logischerweise gehören Maschinen der gleichen Kategorie an wie Gehirne, jedoch nicht Geist; und Geist ist auch kein Gehirn. Die Annahme, dass der Geist Gehirn sein könne oder eine Maschine, wäre eine Verwechslung der Kategorien."

Doch wenn Geist und Gehirn zwei verschiedenen Kategorien angehören, ist es dann nicht möglich, dass der Geist eine Existenz besitzt, die vom Gehirn unabhängig ist? Zu dieser Frage ist es wichtig, zu wissen, ob unser tiefstes Bewusstsein eine Reichweite hat, die über Zeit und Raum hinausgeht, also in eine Dimension jenseits von Zeit und Raum.

Endet die Existenz des menschlichen Geistes mit dem biologischen Tod des Gehirns?

Diese Forschungen über ein Bewusstsein außerhalb des Körpers werden im Kapitel „Esoterik" behandelt. Ich habe dieser Diskussion über den menschlichen Geist deshalb so viel Raum gegeben, weil diese Frage die Menschen seit jeher bewegt. Seit Jahrtausenden beherrscht sie die Philosophie und natürlich die Theologie und seit Jahrhunderten die Psychologie. In der Hirn- und Bewusstseinsforschung spielt sie natürlich seit Jahrzehnten eine zentrale Rolle und erreicht gerade in Verbindung mit anderen naturwissenschaftlichen Disziplinen und in jüngster Zeit auch in – nachvollziehbar – kontroversiellen Disputen mit den Religionen (siehe Seite 74f.) ein großes öffentliches Interesse.

Mein Interesse an diesem Problem des Dualismus und meine – laienhafte – Verfolgung der weiteren intensiven Forschungen auf diesem Gebiet (besonders der Bewusstseinsforschung) führten mich zunehmend zu der Meinung, dass sich alles, was wir *Geist* oder *Seele* nennen, neurobiologisch erklären lässt. Dies scheint heute auch die Überzeugung der meisten Wissenschaftler zu sein. Dennoch ist unser Wissen noch zu gering und unsere Unsicherheit daher zu groß, um jenseits der Grenzen unserer relativen – keinesfalls verifizierbaren – Wahrheiten etwas ausschließen zu können, was ich schon in der Einführung als *Absolute Wahrheit* oder in Fortführung von Poppers 3-Welten-Theorie als *Welt 4* bezeichnet habe.

Stellen Sie sich eine der vielen Situationen vor, in der Sie keiner bestimmten Tätigkeit, die Ihre Konzentration erfordert, nachgehen. Sie sitzen und lassen Ihren Gedanken freien Lauf, vielleicht haben Sie die Absicht, etwas auszuspannen und möglicherweise kurz zu meditieren. Folgen Sie bewusst Ihren Gedanken und Gefühlen (also Ihren gegenwärtigen Bewusstseinszuständen), und wenn Sie die Augen schließen, werden Ihnen Bilder aus Ihrem Inneren erscheinen, und wenn Sie die Augen öffnen, werden diese Bilder ersetzt werden durch das, was Sie gerade sehen. Weil Sie dies aber gar nicht sehen wollen (Ihre Umgebung, Ihr Zimmer, die Einrichtung), kehren Sie zu Ihren früheren Gedanken und Bildern zurück. Die Bilder verschwimmen, tauchen wieder deutlich auf, wechseln mit völlig anderen, und wenn Sie sich nicht einen Ruck geben und sich auf etwas Bestimmtes konzentrieren, können Sie dieses Spiel fortsetzen, so lange Sie wollen. Probieren Sie es einmal ungefähr 30 Sekunden lang aus, und Sie werden beobachten, dass in Abständen von Millisekunden eine nicht verfolgbare und zählbare Abfolge von Bildern und Gedanken (eine ungeheure Menge an Informationen) durch Ihr Gehirn rast. Jede einzelne Sequenz ist aber einer Ihrer Bewusstseinszustände. Halten Sie zwischendurch einen solchen Moment fest und Sie werden das feststellen.

Lassen Sie uns einen beliebigen Versuch starten: Ich beende eine körperliche oder geistige Tätigkeit, setze mich auf ein Sofa und lasse meinen Gedanken freien Lauf: ... ich sehe den Raum, die Einrichtung, die Vase ... ich denke an die Blumen, die gestern noch in der Vase waren ... mir erscheint die Blumenhandlung und unmittelbar eine Blumenwiese ... im Frühling werde ich eine Reise nach Italien machen ... die Bilder eines typischen italienischen Dorfes in der Toskana stehen vor mir ... die Erzählung eines Freundes über seine Eindrücke lassen mich erinnern, dass er mir 50 Euro geliehen hat ... ich muss mir vom Bankomaten Geld holen ... die Aktien sind gestern gefallen ... ich sehe das Parkett der New York Stock Exchange vor mir ... zurück zur Toskana ... apropos, Fiorentina hat den teuersten Transfer im Fußball gemeldet ... mein Fuß schmerzt noch immer von der Flasche, die mir vor drei Tagen hinuntergefallen ist ... *von draußen höre ich ein Geräusch und schaue zum Fenster (bewusst)* ... es schneit ... die Landschaft ist in zartes Weiß getaucht ... Weihnachten war schön ... ich sehe die Augen meiner Tochter auf ihr Geschenk gerichtet und leuchten ... der Ring ... Opernkarten habe ich für morgen, die Szenen sehe ich vor mir ... dort werde ich übrigens den Manager eines Investmentfonds treffen, der ... *durch irgendeinen physikalischen oder chemischen Vorgang löst sich eine Haarspitze an meinem Bein und berührt ein anderes Haar – es juckt und ich muss mich kratzen (bewusst)* ... der Teppich hat ein eigenartiges Muster, es erinnert mich an jenes im Nomadenzelt im

Iran ... die Mullahs verfolgen die gleichen Ziele wie die Christen vor 400 Jahren ... wer hat recht ... *ich hänge wieder einmal metaphysischen Gedanken nach.*

Unscharfe Bewusstseins-prozesse in der Quantenwelt des Gehirns. *Wollte man all das, was sich in dieser kürzesten Zeit im inneren Auge aufgetan hat, schriftlich genauso exakt wiedergeben, wie man es erlebt hat, die Bilder beschreiben, die man gesehen hat, die Gefühle, die man dabei empfunden hat, würden ein Buch und ein Film nicht ausreichen. Was aber ist passiert? Neuronen haben gefeuert! Durch Myriaden von Einzelimpulsen (Informationseinheiten) sind wahrscheinlich Millionen von Sequenzen, Bilder, Kartografien, assoziierte und erinnerte Gedankenkomplexe entstanden, die bewusst so nicht beabsichtigt waren, obwohl es sich dabei um einen Bewusstseinszustand gehandelt hat. Der Zufall oder die Unschärfe hat Regie geführt. Die Quantentheorie kennt diese Phänomene. Sind beide vergleichbar oder sind es überhaupt die gleichen, weil das Gehirn eine Art Mikrowelt ist, in der sich unscharfe Prozesse abspielen?*

2|5   Bewusstseinsforschung

Ich beschränke mich bei diesem Thema weitestgehend auf Eric Kandel (Nobelpreis für Physiologie 2003), der in seinem beeindruckenden Buch „Auf der Suche nach dem Gedächtnis" die hirnbiologischen Prozesse des Lernens, Speicherns und Abrufens von Informationen beschreibt. Dieses Werk ist eine außergewöhnliche Mischung aus Autobiografie, Wissenschaftsgeschichte und biologischem Grundlagenwerk. Kandel schildert, wie sich die moderne, neurobiologisch fundierte Wissenschaft des menschlichen Bewusstseins entwickelt hat.

Er schreibt einleitend: „Vor der Entwicklung der Molekularbiologie hatten sich drei voneinander unabhängige Ideen durchgesetzt: die darwinistische Evolutionslehre, nach der Menschen und andere Tiere sich allmählich aus einfacheren, ihnen vollkommen unähnlichen tierischen Vorfahren entwickelt haben; die Vorstellung, dass die Vererbung von Körperformen und geistigen Merkmalen auf genetischer Basis vonstatten geht, und die Theorie, dass die Zelle die Grundeinheit aller Lebewesen ist. Die Molekularbiologie vereinigte diese drei Ideen, indem sie die Funktionsweise von Genen und Proteinen in einzelnen Zellen untersuchte. Sie erkannte, dass das Gen als Erbeinheit die treibende Kraft der evolutionären Veränderung darstellt und dass die Produkte des Gens, die Proteine, den Zellfunktionen zugrunde liegen. Indem die Molekularbiologie die Grundelemente von Lebensprozessen untersuchte, förderte sie zutage, was allen Lebensformen gemeinsam ist. Die Molekularbiologie fasziniert uns noch stärker als die Quantenmechanik und die Kosmologie – die beiden anderen Forschungsfelder, die im 20. Jahrhundert tief greifende Umwälzungen erlebten –, weil sie unmittelbar in unseren Alltag hineinwirkt. Sie hat mit dem Kern unserer Identität zu tun, mit der Frage, wer wir sind."

Und weiter: „Die neue Biologie des Geistes ist möglicherweise noch verstörender, weil sie davon ausgeht, dass sich nicht nur unser Körper im Zuge der Evolution aus unseren tierischen Vorfahren entwickelt hat, sondern auch unser Geist mitsamt der spezifischen Moleküle, die unseren höchsten geistigen Prozessen zugrunde liegen – dem Bewusstsein von uns selbst und anderen, dem Bewusstsein von Vergangenheit und Zukunft. Ferner wird in der neuen Biologie die Ansicht vertreten, dass Bewusstsein ein biologischer Prozess ist, den wir irgendwann durch molekulare Signalbahnen erklären können, die von interagierenden Nervenzellpopulationen benutzt werden.

Die meisten Menschen haben keine Probleme damit, die Ergebnisse der Experimentalforschung zu akzeptieren, sofern sie sich auf andere Teile des Körpers beziehen. Mit der Erkenntnis, dass das Herz nicht der Sitz der Gefühle ist, sondern ein Muskelorgan, das Blut durch das Kreislaufsystem pumpt, können wir beispielsweise gut leben. Doch die Vorstellung, dass menschlicher Geist und Spiritualität von einem physischen Organ – dem Gehirn – erzeugt werden, ist für einige Leute neu und befremdlich. Es fällt ihnen schwer zu glauben, dass das Gehirn ein informationsverarbeitendes Organ ist, dessen wunderbare Leistungsfähigkeit nicht aus seinem Geheimnis, sondern aus seiner Komplexität erwächst – aus der ungeheuren Zahl, Vielfalt und Interaktion seiner Nervenzellen."

Für Biologen, die sich mit dem Gehirn befassen, verliert der Geist nichts von seinem Vermögen oder seiner Schönheit, nur weil man experimentelle Methoden auf das menschliche Verhalten anwendet.

Kandel unterstreicht, dass die biologische Analyse unsere Achtung für die Fähigkeiten und die Komplexität des Geistes noch erhöhen wird. Tatsächlich kann sich die neue *Wissenschaft des Geistes* durch die Vereinigung von behavioristischer und kognitiver Psychologie mit neuronaler Wissenschaft und Molekularbiologie nun mit philosophischen Fragen auseinandersetzen, mit denen ernsthafte Denker seit Jahrtausenden ringen: Wie erlangt der Geist Kenntnis von der Welt? Inwieweit wird Geist vererbt? Legen angeborene geistige Funktionen fest, wie wir die Welt erfahren? Welche physischen Veränderungen vollziehen sich im Gehirn, wenn wir lernen und uns erinnern? Wie wird aus einer Erfahrung, die nur Minuten dauert, eine lebenslange Erinnerung? Bislang die Domäne der spekulativen Metaphysik, können Fragen wie diese jetzt mit den Mitteln der Experimentalforschung auf fruchtbare Weise untersucht werden.

Mikrobiologische Experimente sind natürlich beim Menschen aus ethischen Gründen nicht erlaubt. Der Grund, warum sich Kandel in seiner Forschungsarbeit auf die Meeresschnecke *Aplysia* konzentrierte, liegt darin, dass dieses Tier nur eine kleine Anzahl von Gehirnzellen aufweist (rund 20.000 gegenüber ca. 100 Milliarden beim Säugerhirn und rund einer Billion beim Menschen). Außerdem zählen einige Zellen der *Aplysia* zu den größten im Tierreich, sodass man relativ leicht Mikroelektroden einführen kann, um die elektrische Aktivität dieser Zellen aufzuzeichnen, die neuronalen Verbindungen Zelle für Zelle zu kartieren und dadurch einen exakten Schaltplan eines Verhaltens auszuarbeiten. Diese Meeresschnecke ist etwa 30 Zentimeter lang und wiegt mehrere Pfund. Manche Zellen sind etwa einen Millimeter stark und mit freiem Auge zu sehen. Die ersten Versuche bezogen sich auf das einfachste Verhalten dieses Tieres, das sein lebenswichtiges und empfindlichstes Organ, die Kieme, die es zum Atmen benötigt, vor einer möglichen Schädigung schützt: Eine leichte Berührung dieser Zelle ruft einen Rückziehreflex hervor, und die Kieme zieht sich in die Mantelhöhle der Schnecke zurück. Dabei verursachen wiederholte leichte Berührungen mit der Zeit eine Gewöhnung (Habituation): Der Reflex schwächt sich progressiv ab, während das Tier erkennen lernt, dass der Reiz harmlos ist.

Sensitivierung hingegen wurde durch einen starken Elektroschock am Kopf oder in der Schwanzregion ausgelöst: Das Tier empfand den starken Reiz als schädlich und unangenehm und löste in der Folge einen übermäßigen Kiemenrückziehreflex aus. Durch solche wiederholte Übungen kam es zu einer Habituation, die zunächst nur kurz anhielt und sich steigerte, je länger diese Übungen vorgenommen wurden. Als zwischen den Übungen Ruhepausen eingelegt wurden, steigerte die *Aplysia* die Fähigkeit, Langzeiterinnerungen zu speichern.

Nach mehr als 15 Jahren Forschungsarbeit konnte Kandel demonstrieren, dass ein einfaches Verhalten bei der *Aplysia* durch verschiedene Lernformen modifiziert werden kann. In der Folge konnte er die Möglichkeit ins Auge fassen, der Frage nachzugehen, wie Lernen stattfindet, wie Erinnerungen im zentralen Nervensystem gespeichert werden und in welcher Beziehung verschiedene Formen von Lernen und Gedächtnis auf zellulärer Ebene zueinander stehen. Dabei interessierte ihn besonders, wie eine Kurzzeiterinnerung im Gehirn in eine Langzeiterinnerung verwandelt wird.

Was Ramón y Cajal, die Verhaltensforscher Konrad Lorenz, Iwan Pawlow und der Psychoanalytiker Sigmund Freud vermutet hatten, konnte Kandel nun mit seinen mikrobiologischen Experimenten beweisen: Lernen und Gedächtnis sind biologische Prozesse, die durch eine tatsächliche Veränderung bzw. Verstärkung der Synapsen herbeigeführt werden. Die Veränderungen der synaptischen Stärke, die dem Lernen eines Verhaltens (Konditionierung) zugrunde liegen, sind mitunter so gravierend, dass sie zum Umbau eines neuronalen Netzes und seiner Fähigkeit zur Informationsverarbeitung führen. Lernen und Gedächtnis werden also durch die Stärke der Verbindungen und auch durch die Bildung neuer Synapsen zwischen bestimmten Zellen des für das Verhalten verantwortlichen neuronalen Schaltkreises gewährleistet. Damit wird aber auch die Kommunikation zwischen den Zellen wirksamer.

Die Dauer dieser anatomischen Veränderung bestimmt dann auch die Nachhaltigkeit des Lernens, also das Langzeitgedächtnis bzw. die Erinnerung. Die sensorischen Neuronen schütten also je nach Notwendigkeit der Speicherung der Informationen mehr oder weniger Neurotransmitter aus, um die Synapsenbildung und die Verbindungen zwischen sensorischen und motorischen Neurone zu verstärken. Diese Neurotransmitter sind eine chemische Substanz, ein Botenstoff, der von einem Neuron abgesondert wird, an Rezeptoren eines anderen Neurons bindet und dadurch den Elektrizitätsfluss oder die inneren chemischen Vorgänge in der nachgeschalteten Zelle verändert. (Es würde im Rahmen dieser Arbeit zu weit gehen, die verschiedenen Neurotransmitter und ihre Zusammensetzung genauer zu erläutern bzw. wiederzugeben.)

Die Grundlage der weiteren Forschung war die Erkenntnis, dass Serotonin als modulatorischer Transmitter wirkt, um die Glutamatausschüttung an den präsynaptischen Endigungen des sensorischen Neurons zu erhöhen. Die Zusammenarbeit mit Biochemikern ließ in der Folge die molekulare Informationsübermittlung – die sogenannten biochemischen Signalwege – genau erforschen und beschreiben.

Die Zusammenarbeit mit Physikern bezüglich der Speicherung biologischer Informationen (und vor allem Schrödingers „Was ist Leben") sowie der Übertragung von einer Generation auf die nächste war Wegbereiter für ein weiteres Forschungsfeld, das sich mit der Frage befasste, wie Informationen umgewandelt, das heißt wie Informationen in der Zelle kopiert, übermittelt und modifiziert werden. Damit erwies sich also das als richtig, was die Genforscher vermutet hatten: Fast jedes Gen des Genoms ist in jeder Zelle des Körpers vorhanden, aber nicht alle Gene sind in jeder Zellenart angeschaltet.

Die sogenannten Regulatorproteine bewirken ein Schaltsystem (Aktivatoren und Repressoren = 1/0-Entscheidungen). Diese mühevolle Arbeit führte schließlich zur Erkenntnis, dass andauernde synaptische Veränderungen auf Gentranskription beruhen, die im Zellkern stattfindet und die Herstellung neuer chemischer Substanzen (Proteine) bewirkt. Damit aber diese neuen Proteine nicht zu allen synaptischen Endigungen eines Neurons gelangen und dort als Langzeitgedächtnis gespeichert werden, gibt es einen genetischen Ein-und Abschaltmechanismus.

Dieser nun experimentell nachgewiesene Prozess ist für das Gedächtnis ganz wesentlich, weil sich Lebewesen – und das kann jeder einzelne Mensch gut nachvollziehen – nicht an alles erinnern sollen – und auch nicht können –, was sie gelernt oder erfahren haben. Die sogenannten Supressorproteine bilden eine sehr hohe Schwelle für die Umwandlung von Kurz- in Langzeiterinnerungen: Die meisten Dinge, Erfahrungen und Informationen werden einfach vergessen (siehe den Papierkorb oder die Löschtaste beim Computer!).

Während diese einfache Speicherung dieser Informationen das sogenannte *implizite Gedächtnis* (eine Gedächtnisform, bei welcher der Abruf nicht bewusst erfolgt und die nur für einfache Wahrnehmungs- und Bewegungsfertigkeiten verantwortlich ist) gewährleistet, ist das sogenannte *explizite Gedächtnis* weit komplizierter und hängt von den komplexen neuronalen Schaltkreisen im Hippocampus und im Stirnlappen ab. Es besitzt viele mögliche Speicherorte, kann bewusst abgerufen werden und wird in der Regel durch Bilder oder Worte ausgedrückt. Dieses explizite Gedächtnis ist außerordentlich individuell.

Die Erforschung dieser Komplexität war dann vor rund 25 Jahren Gegenstand der Zusammenarbeit der Neurowissenschaft mit der kognitiven Psychologie (siehe Seite 77ff.). Diese Disziplin der kognitiven Neurowissenschaft befasst sich mit der Biologie der inneren Repräsentationen und vor allem mit den geistigen Hirnprozessen. Elektrophysiologische Untersuchungen lassen erkennen, welche Zellen feuern, und daraus ist abzulesen, was das Gehirn wahrnimmt. Welche Strategie das Gehirn jedoch anwendet, um sich dann sozusagen selbst zu lesen, ist aber bis heute noch eines der vielen ungelösten Rätsel der neuen Wissenschaft des Geistes. Es geht also dabei um die Frage, wie dieses höhere, komplexere explizite Gedächtnis Bewusstseinszustände schafft. Und es geht um die Frage, worin der Aufmerksamkeitsmechanismus im Gehirn besteht, wie er zur nachhaltigen Gedächtnisspeicherung einer Information, z. B. über den Raum, eine Karte oder über ein Bild, und zu ihrem mühelosen Abruf nach längerer Zeit beiträgt. Nun ist Aufmerksamkeit nicht eine rätselhafte Kraft im Gehirn, sondern ein modulatorischer Prozess, der durch eine von den Gehirnzellen hergestellte chemische Substanz (Dopamin) vermittelt wird. Diese und ähnliche Erkenntnisse begründeten schließlich die Annahme, dass alle geistigen Prozesse biologischer Natur sind – sie hängen alle von organischen Molekülen und Zellprozessen ab, die sich im Gehirn oder, wie Kandel schreibt, buchstäblich „in unserem Kopf" vollziehen.

Auch Gefühle sind Reaktionen auf Informationen. Selbst Emotionen sind bewusste Reaktionen auf Informationen über Körperzustände, die großteils vom autonomen Nervensystem vermittelt werden. Was zunächst unerklärbar war, ist das schwierige Problem des Bewusstseins – das Rätsel, wie neuronale Aktivität subjektive Erfahrung hervorbringt. Zum ersten Mal wurde bei der Erforschung der visuellen Wahrnehmung erkannt, dass die Einheit des Bewusstseins eine Spielart des Bindungsproblems ist, nämlich ein Prozess, diese separaten Hirnareale in irgendeiner Weise zu verknüpfen und zu integrieren. Die Schwierigkeit in der empirischen Forschung ist es, diese kleinen Populationen von Nervenzellen zu finden, die die Einheit des Bewusstseins vermitteln.

Damit unmittelbar verbunden ist aber auch die Frage nach der Natur des freien Willens; nämlich in Anbetracht der Tatsache, dass ein Großteil unseres kognitiven Lebens unbewusst ist, die Frage, was an persönlichem Entscheidungsspielraum und an Handlungsfreiheit bleibt (dazu später ab Seite 98 und 117ff. mehr).

Abschließend betont Kandel ausdrücklich, dass sich die Gedächtnis- und Bewusstseinsforschung erst am Anfang befindet, sich aber letztlich die biologische Grundlage des Bewusstseins erkennen lassen wird. Die Zusammenarbeit der Biologie mit der Physik und der Chemie, die Kooperation mit Informatikern, Mathematikern und Ingenieuren hat in den letzten 50 Jahren jedoch zu einer phänomenalen Synthese geführt. Aus der Kenntnis über die zellulären und molekularen Mechanismen der Gedächtnisspeicherung und aus dem Studium elementarer Prozesse – einzelner Proteine, einzelner Gene und einzelner Zellen – wird die Forschung sich auf die Ebene des neuronalen Schaltkreises begeben und bestimmen müssen, wie Aktivitätsmuster in verschiedenen neuronalen Schaltkreisen zu einer kohärenten Repräsentation zusammengeschlossen werden.

Und um zu erkunden, wie wir komplexe Erfahrungen wahrnehmen und in Erinnerung rufen, muss herausgefunden werden, wie neuronale Netze organisiert sind und wie Aufmerksamkeit und Bewusstsein die Neuronenaktivität in diesen Netzen regulieren und rekonfigurieren. Dann wird es auch möglich sein, in biologisch sinnvoller Weise jene Theorien über bewusste und unbewusste Konflikte und Gedächtnisprozesse zu bestätigen, die die Psychoanalyse aufgrund von Verhaltensforschung aufgestellt hat.

Zum Schluss dieses Kapitels möchte ich auszugsweise die Rede Eric Kandels wiedergeben, die er anlässlich der Nobelpreisverleihung am 10. Dezember 2001 hielt:

> „Über dem Eingang des Apollotempels von Delphi standen in Stein gemeißelt die Worte: Erkenne dich selbst.
>
> Seit Sokrates und Platon erstmals über die Beschaffenheit des menschlichen Geistes spekulierten, ließen es sich Denker aller Zeiten – von Aristoteles bis Descartes, von Aischylos bis Ingmar Bergman – angelegen sein, sich selbst und das eigene Verhalten zu verstehen … Unsere Generation von Wissenschaftlern (hat) versucht, die abstrakten philosophischen Fragen nach dem Geist in die empirische Sprache der Biologie zu übersetzen. Dabei folgte unsere Arbeit einem wichtigen Prinzip: Der Geist ist eine Klasse von Operationen, die vom Gehirn ausgeführt werden, einem erstaunlich komplexen Informationsverarbeitungssystem, das unsere Wahrnehmung der Außenwelt konstruiert, unsere Aufmerksamkeit ausrichtet und unsere Handlungen steuert … Wir bestimmten, in welcher Beziehung die Biochemie der Signalübertragung in und zwischen den Nervenzellen zu geistigen Prozessen und geistigen Störungen steht …
>
> In Hinblick auf die Zukunft ist unsere Generation von Wissenschaftlern zur Überzeugung gelangt, dass die Biologie des Geistes für das gegenwärtige Jahrhundert die Bedeutung haben wird, welche die Biologie des Gens für das 20. Jahrhundert besaß … Die Biologie des Geistes ermöglicht den Brückenschlag zwischen den Naturwissenschaften – die, wie ihr Name schon sagt, mit der natürlichen Welt befasst sind – und den Geisteswissenschaften, deren Gegenstand die Bedeutung menschlicher Erfahrung ist. Erkenntnisse, die sich aus dieser neuen Synthese ergeben, werden auch … zu einem vertieften Verständnis unserer selbst führen. Wir wissen, dass das eingangs zitierte Motto heute zwar nicht mehr in Delphi in Stein verewigt ist, dafür aber in unserem Gehirn."

Diese Erkenntnis des Sich-selbst-Erkennens oder des *Selbst-Bewusstseins*, das den Menschen von anderen Lebewesen – zumindest nach der (noch) gültigen Lehre (weil auch in sehr eingeschränkter Form bei manchen Affenarten von der aktuellen Verhaltensforschung festgestellt) – unterscheidet, bedarf natürlich einer umfassenderen, weitergehenden Forschung: Bis vor wenigen Jahren konnte etwa die Hälfte der

Gene des *Aplysia*-Gehirns erkundet werden, wobei – wie erwähnt – es nur etwa 20.000 Nervenzellen besitzt, von denen eine einzige wiederum Tausende aktive Gene hat. Dagegen hat der Mensch rund eine Billion Nervenzellen im Gehirn (50 Millionen Mal mehr!). Das Prozessprinzip aber bleibt gleich, es ist keine Frage der Qualität, sondern (nur) eine der Quantität! Die Entschlüsselung ist letztlich ein rechnerischer Vorgang, der mit Hilfe der elektronischen Datentechnik überwindbar ist. (Vor rund 50 Jahren hatte ein Rechner mit der Leistung eines heutigen Speicherchips in Zündholzkopfgröße die Größe eines Wohnzimmers!)

Die Komplexität und die ungeheure Leistungskraft des menschlichen Gehirns sollen und dürfen auch nicht infrage gestellt werden; es mit einem Computer zu vergleichen, ist zwar im technischen Sinn, nach der Art der binären Informationsaufnahme, -speicherung, -verarbeitung und -vernetzung zulässig und sinnvoll, aber seine Fähigkeit, Bewusstsein und Selbsterkennen zu bewirken, stellt es in eine andere qualitative Kategorie.

Was bedeuten jedoch die Erkenntnisse der Mikrobiologie oder – wie Kandel diese Disziplin nennt – der neuen Wissenschaft des Geistes für die gegenständliche Informationshypothese? Das menschliche Gedächtnis, das menschliche Bewusstsein und der menschliche Geist sind ein Produkt des Gehirns, dessen Struktur und Komplexität die Verarbeitung einer zwar ungeheuer großen, aber infolge seiner eingeschränkten Kapazität doch limitierten Informationsmenge gewährleisten. Diese Informationsmenge besteht aus (und ist zerlegbar, weil nur so entstanden) Myriaden von binären Informationseinheiten, einem Konzert von An- und Abschaltungen, also von Ja/Nein-Entscheidungen oder 0/1-Signalen.

Der menschliche Geist ist daher – einfach ausgedrückt – einerseits von der Qualität der sensorischen Neuronen (Nervensysteme der fünf (bis sechs) Sinne) und von der Größe und der biologischen Entwicklungsmöglichkeit der Synapsen als Informationsempfänger und -speicher und anderseits von der molekularen Gehirnstruktur, also der Qualität und der Organisation des neuronalen Schaltkreises im Gehirn, als Informationsverarbeiter abhängig. Das Prinzip ist das gleiche wie in der elektronischen Datenverarbeitung.

In der Biologie erfolgt die Informationsaufnahme durch Sehen, Hören, Riechen, Schmecken und Tasten (und gegebenenfalls durch etwas, was man den sechsten Sinn nennt) der diesbezüglichen Nerven und die Weiterleitung in bioelektrischer oder biochemischer Form (Neurotransmitter). Die Speicherung und die Verarbeitung der Informationen erfolgen – wie eben experimentell nachgewiesen – ausschließlich im Gehirn, je nach individueller Struktur. Im Computer erfolgt die Informationsaufnahme durch elektrische Signale (auditive Signale, z. B. durch Diktat, oder visuelle

Signale, z. B. durch Scanner, werden in elektrische umgewandelt), die Weiterleitung in elektronischer Form in Speichermedien (Chips) und die Verarbeitung im Rechner.

Qualitativer Unter-
schied zwischen Gehirn
und Computer.
Der Unterschied in der Behandlung dieser Informations-einheiten (binären Signale) besteht in der Kategoriedif-ferenz zwischen Biologie und Physik: Biologie gewähr-leistet Individualität, Bewusstsein und Geist, schränkt aber Speicherkapazität und Verarbeitungsgeschwindigkeit ein. Physik gewährleistet Vereinheitlichung (Standards), bietet aber im Hinblick auf Speichervolumen und programmierte Verarbeitungsgeschwindigkeit ungeahnte und unvergleichbare Ent-wicklungsmöglichkeiten (wenn man von etwa künftigen molekularbiologischen Ein-griffen in das menschliche Gehirn absieht).

Vielleicht ist es eindrucksvoller und besser verständlich, wenn man die Identität der biologischen und elektronischen Datenverarbeitungssysteme aus der Alltagspraxis sieht, mit der jeder Mensch konfrontiert ist: Digitale Uhren sind schon lange bekannt, digitale Fotoapparate und Kameras lösen analoge Filmapparate zunehmend ab, digi-tales Fernsehen wird gerade eingeführt und ersetzt Film- und Magnetbandaufzeich-nungen. Der Computer verdankt seinen Siegeszug im Alltag der Digitaltechnik: Das binäre Signalsystem zerlegt die traditionellen analogen Zeichen in 0/1-Botschaften, also in die kleinsten Informationseinheiten (ein Buchstabe oder eine Zahl = 1 Byte = 8 Bits), und wir rechnen eigentlich nur noch in Mengen von Megabytes (= 8 Millionen binary digits oder eben 8 Millionen An- und Abschaltentscheidungen). Für unsere Kinder ist diese Informationsmenge bereits zur Selbstverständlichkeit geworden.

Viel weniger klar ist uns, dass auch unser Körper und unser Geist so funktio-nieren: Die Sehnerven (sensorische Neuronen) unserer Augen zerlegen das Bild, das sie von der Außenwelt erhalten, in millionenfache Informationseinheiten (Ein/Aus-, 0/1-Befehle, also Bits) und liefern diese an unser Gehirn zur Speicherung und/oder zur Verarbeitung. Die Hörnerven wandeln Schallwellen in Bits um und transportieren sie zum Gehirn weiter. Ebenso fungieren die Geschmacks-, Geruchs- und Tastnerven. Und auch unsere motorischen Neuronen werden auf die gleiche Weise vom Gehirn gesteu-ert und organisieren unsere Bewegungen, Handlungen, Gesichtsausdrücke und unsere Sprache, mit deren Hilfe wir mit der sozialen Außenwelt kommunizieren und ohne die wir (und jedes Lebewesen) nicht existieren könnten. Auf einen Nenner gebracht heißt das, dass die Kommunikation zwischen den sensorischen Neuronen, den Gehirnnerven und den motorischen Neuronen sowie die Kommunikation zwischen den Organen, Or-ganismen und Organisationen und das Zusammenleben in und von (nicht nur mensch-lichen) Gemeinschaften letztlich nur durch den Austausch von 0/1-Signalen bestehen.

Während in den Gehirnzellen, wie bereits erwähnt, Supressorproteine (der genetische An- und Abschaltmechanismus) verhindern, dass zu viele Informationen gespeichert werden und damit der Verarbeitungsprozess gestört wird, versucht man umgekehrt in der Elektronik, die Übertragungs- und Aufnahmegeschwindigkeit laufend zu erhöhen: Eine dieser Möglichkeiten ist es, die über Glasfasern mittels Lichtwellen geleitete Informationsmenge auf auch mit Lichtwellen arbeitenden Computerchips wesentlich schneller verarbeiten zu lassen. Dies gelingt einerseits durch die Nanotechnik und anderseits durch neue Forschungsergebnisse auf dem – hier nicht näher einzugehenden – Gebiet der Nanophotonik und der weltweit explodierenden Plasmonik.

Ob es in der Zukunft möglich sein wird, Eingriffe in das molekularbiologische (genetische) Schalt- und Steuersystem des Gehirns – zwecks Erhöhung seiner Aufnahme- und Verarbeitungsgeschwindigkeit – vorzunehmen, ist wahrscheinlich kein medizintechnisches Problem, sondern eine ethische Frage.

Noch eine Bemerkung scheint mir hier nötig: Es ist völlig unerheblich, wie die Signale (Informationseinheiten) transportiert werden; ob elektronisch, durch Lichtwellen, ob bioelektrisch oder biochemisch, ob also Energie oder Materie als Transportmittel eingesetzt wird, um Informationen weiterzuleiten. Das inhaltlich Entscheidende, das zu Bewegende und das Bewegte ist die Information, das Urelement, das den Menschen leben lässt und ihn mit dem Universum verbindet. Das gilt für die Stammzellenforschung (z. B. die Entnahme körpereigener Zellen und Manipulation der Gene) genauso wie für medizintechnische Verfahren zur Reparatur von Organen. Insofern sind Berichte über gelungene Verbindungen von motorischen Neuronen mit Hightech-Apparaten zwar Beschreibungen von hochkomplizierten medizintechnischen Abläufen, aber keine Sensationen. Die Headline „Nur Gedanken steuern Armprothese" drückt wissenschaftlich übersetzt nur aus, dass Informationen vom Gehirn zunächst an die motorischen Nerven der Arm- und Handgelenke und – soweit diese nicht mehr vorhanden sind – an die Elektroden im Prothesenschaft weitergeleitet werden.

Die Ergänzung der Informationsverarbeitungssysteme Mensch und Computer befruchten jedenfalls die Welt 3 nach Popper: Die Summe aller dem Menschen zugänglichen Informationen – das Wissen – nimmt progressiv zu. Sie wird die Weltformel („Theory of Everything") nicht finden lassen und wird natürlich endlich bleiben. Der Abstand zur unendlichen Summe aller Informationen, also zur Absoluten Wahrheit wird folglich kleiner werden – ob er sich nennenswert verändert, bleibt eine philosophische Frage.

Die Folge der Erkenntnisse dieser neuen Wissenschaft des Geistes, die das Bewusstsein als einen biologischen Prozess feststellt, war die konsequente Frage nach der Freiheit des Menschen. Wenn nämlich alle Informationen im Gehirn (die von der Außenwelt aufgenommenen und die gespeicherten archaischen oder Erbinformationen) eine genetische Grundsubstanz im menschlichen Rechenzentrum sind, zusammen einem notwendigen oder zufälligen Verarbeitungsprozess unterliegen, wird der freie Wille des Menschen zu einem Thema, das sich einer wissenschaftlichen Forschung noch weitgehend entzieht.

Ein anderes Thema, das immer wieder als Argument gegen die oft als mechanistisch bezeichnete Informationsverarbeitung im geistigen System Mensch mit seiner individuellen Entität verwendet wird, ist der Bereich der *Gefühle*. Auch dieser eher abstrakte und kaum beschreibbare Begriff, der so vage Inhalte wie Stimmung, Glück, Ausstrahlung, Angst, Freude, Wut, Liebe, Kummer etc., etc. widerspiegelt, wird einer wissenschaftlichen Analyse in einer weiterentwickelten Bewusstseinsforschung unterzogen. Ich beziehe mich wieder auf ein Werk Eric Kandels, der die Entstehung von Emotion und Empathie bei der Betrachtung von Kunstwerken zu erklären versucht.

> Unter dem Titel „Das Zeitalter der Erkenntnis" beschreibt Kandel das Gehirn als Kreativitätsmaschine, die zur Rekonstruktion der Außenwelt fortwährend Schlussfolgerungen und Vermutungen anstellt. Sensorische Informationen ermöglichen dem Geist damit gleichsam die Wirklichkeit zu erfinden. Dies funktioniert, indem das Gehirn empfangene Informationen mit früheren Erfahrungen (gespeicherten Informationen) abgleicht und ein inneres Bild erzeugt. Eine riesige Menge von Neuronen feuert dabei ständig sehr kurze Alles- oder Nichts-Signale, die zudem durch die variable Kombination der Schaltkreise zu komplexen Mustern führen, wenn etwa der Anblick eines lächelnden Babys, eines wunderbaren Gemäldes, eines Sonnenuntergangs am Meer oder der Eindruck eines ruhigen Abends im Kreise der Familie *erlebt* wird. Das im Gehirn erzeugt *geistige Auge* geht also weit über das Bild hinaus, das auf die Netzhaut unseres eigentlichen Auges geworfen wird.
> Kandel beschreibt neue Forschungsergebnisse, die die physiologischen Grundlagen der Informationsverarbeitung und die Entstehung von Emotionen untersuchen und feststellen, dass unsere Gefühle in einem bestimmten Hirnareal repräsentiert werden und über deren Verbindungen mit anderen Hirnregionen die Emotionen dirigiert werden.

Auf die Funktion der sogenannten Spiegelneuronen und über die Komponenten des komplizierten Netzwerks in unserem Gehirn näher einzugehen, würde nicht nur den Rahmen dieser Arbeit, sondern auch das eigene Verstehen bei Weitem überschreiten.

Kandel stellt eine Verbindung zwischen der wissenschaftlichen und der angewandten Forschung dar, die unmittelbare Auswirkungen auf das Wohlbefinden und den Gemütszustand des Menschen haben:

> Die für die Emotionen verantwortlichen Systeme im Gehirn (Bottom-up-Regulierungssysteme) funktionieren durch die Verknüpfung neuer Informationen mit alten (genetisch festgelegten) Mustern und den im Laufe des Lebens gemachten, gespeicherten Informationen. Dabei setzen die verschiedenen Regulierungssysteme unterschiedliche Neurotransmitter mit jeweils anderen Wirkungen frei. Das dopaminerge System (mit der neurogenen Aktionssubstanz Dopamin) und das Endorphinsystem rufen positive Gefühle, Freude und Wohlbefinden hervor, das Oxytocinsystem Vertrauen, Empathie, Altruismus, Freundschaft und Liebe, aber auch Risikobereitschaft (z. B. bei ökonomischen Transaktionen), das noradrenerge System (Adrenalin) z. B. Angst (als Folge von Stress) und das serotonerge System (Serotonin) etwa Sicherheit, Glück, Ruhe etc. Pharmazeutische Stoffe mit gleichen Substanzen, aber auch Drogen können die Gefühlswirkungen erheblich verstärken.

Künstliche Intelligenz. Nun steht die Erforschung der für die Gefühlswelt zuständigen Regulierungssysteme im Gehirn erst am Anfang und schon sind die Informationstechnologie und die Forscher aus dem Bereich der künstlichen Intelligenz der Überzeugung, die analysierte Kreativität des Gehirns auf die Programmierung von Computern zu simulieren. Natürlich wird es möglich sein, komplexe Netzwerksysteme in Nanocomputern mit riesiger Rechenleistung zu programmieren und eine selbst lernende, *denkende* Ultraintelligenz zu schaffen, die dem menschlichen Gehirn in vieler Hinsicht überlegen sein wird; ob aber, z. B. ohne Hormonrezeptoren, eine Art von Gefühlswelt auf Maschinenbasis erzeugt werden kann, bleibt – noch – fraglich. Da, wie schon mehrfach erwähnt, der größere Anteil der Informationen im Gehirn von instabileren Neuronenverknüpfungen (man kann dies auch den Bereich des Unbewusstseins nennen) stammt, tritt bei komplexen Entscheidungen das Phänomen (das man auch als Problem bezeichnen könnte) der Unschärfe, der Unbestimmtheit der Wahrscheinlichkeit oder des Zufalls ein.

Freier Wille versus Determiniertheit. Die Unbestimmtheit und daher die nicht gegebene Voraussagbarkeit der Teilchen (Informationseinheiten) in der Quantenphysik gelten, wie erwähnt, auch in der Molekularbiologie. Wo aber Notwendigkeit und Zufall regieren, gibt es keinen Platz für eigenständige Regie. Dies ist auch das Argument der Deterministen, die das Denken (Bewusstsein) und Handeln des Menschen als natürlichen (biologischen) Zwang betrachten und damit seine Freiheit ad absurdum führen. Dieser Fragenkomplex gehört aber zweifellos nicht mehr in dieses naturwissenschaftliche Kapitel. Ich werde ihn aber nicht unbehandelt lassen und im Abschnitt „Philosophie" darauf eingehen.

Mit der Bemerkung, dass es eine vielfältige, sehr oft übersehene Wechselwirkung und gegenseitige Abhängigkeit der Fachgebiete gibt, möchte ich dieses Kapitel schließen. Wenn der Informationsfluss und dessen Prozess und Wirkung die Konsequenz haben, dass der Mensch *bestimmt* ist, würden philosophische, theologische und gesellschaftspolitische (z. B. das Strafrecht) Grundpfeiler einstürzen.

| 2\|6 | Zusammenfassung |

Im sogenannten Informationszeitalter auf die Bedeutung des Begriffs der Information hinzuweisen ist müßig. Dass dieser Begriff ein Urelement bezeichnet, ist nicht meine Hypothese allein, sondern wurde von Wissenschaftlern, die sich von mehreren Disziplinen her mit dieser Grundsatzfrage beschäftigt haben, aufgestellt. Ich habe lediglich versucht, nachzuweisen, dass die zwei bislang als einzige Urelemente geltenden Begriffe Materie und Energie nur die Träger des Elements Information sind und dass es möglich sein kann, den Informationsfluss, also einen geistigen Stoff, auch auf andere als energetische oder materielle Weise zu befördern.

Sender und Empfänger von Informationen (wobei dieser Begriff alle Signale, Codes, Zeichen und Botschaften und vor allem natürlich die binären Befehle 0/1 oder Ein/Aus umfasst) sind nicht nur Menschen und andere Lebewesen, sondern Dinge der Makro- und Mikrowelt, die man gemeinhin als unbelebte Materie bezeichnet, und – was wissenschaftlich umstritten ist – auch geistige Ebenen.

Aus der Darstellung des hierarchischen Aufbaus der Codestrukturen ist die elementare Bedeutung der Information für die Menschheit unbestreitbar. Die zeitliche Beschleunigung der dem Menschen bisher bekannten (von ihm entdeckten und/oder erzeugten) Zeichenelemente und die steil progressive Kurve von Forschung und Entwicklung lassen mit Sicherheit erwarten, dass naturwissenschaftliche Erkenntnisse den Wissensstand (die Summe der jeweils aktuellen objektiven, relativen Wahrheit) in einer Weise erhöhen, die nicht nur zu technologischen Fortschritten führen, sondern auch ungeahnte Überraschungen und Umwälzungen – die Philosophie nennt solche Ereignisse *Kränkungen* – nach sich ziehen können. Die Erde als Kugel statt Scheibe, die Sonne statt der Erde als Mittelpunkt unseres Systems, die natürliche Evolution statt der einmaligen Lebensschöpfung, die Quantenmechanik und die Entschlüsselung des Genoms waren solche Ereignisse, deren zeitliche Abfolge sich enorm verkürzt hat.

Ohne nun die Entwicklung des menschlichen Gehirns bis zur heutigen Kapazität im Zuge der zwei bis drei Millionen Jahre Menschwerdung mit der der Computertechnologie der letzten Jahrzehnte vergleichen zu wollen, scheint mir ein Hinweis auf die Konkurrenz Hirn versus Computer doch angebracht. Fortschritte auf dem Gebiet der Informationstechnologie (Computertechnik und Quantenmechanik) scheinen jedoch die Zweifel an der Möglichkeit und Machbarkeit einer künstlichen Intelligenz zu zerstreuen.

Der Mensch wird über sich hinauswachsen; Theorien, Fiktionen und Spekulationen können sich bewahrheiten; die Weltformel allerdings wird ihm in der Absoluten Wahrheit verborgen bleiben. Als Wissensstand und als relative Wahrheit kann jedenfalls die Aussage gewertet werden, dass Leben Information bedeutet oder – weniger provokant ausgedrückt – dass Leben ohne Information nicht möglich ist.

Die Molekularbiologie, die Biotechnologie und die Bioinformatik haben bewiesen, dass das Lesen der genetischen Informationen, also des menschlichen Bauplans, zum Verständnis des Lebens in seinem gesamten Umfang und Inhalt führt.

Die Hirnforschung und die interdisziplinär forcierte Bewusstseinsforschung haben die biologische Funktion des menschlichen Gehirns als einen informationsverarbeitenden Apparat analysiert. Die fünf Sinne und das Nervensystem als Informationen aufnehmende und an das Gehirn weiterleitende Organe und das Gehirn als Informationen speichernde und verarbeitende Zentrale konnten als Prozess bis in die kleinsten Details verfolgt werden und zum Nachweis führen, wie die Bilder, das Gedächtnis, das Lernen und das Bewusstsein entstehen. Das biologisch Einzigartige am menschlichen Gehirn ist, dass es auf die Informationen innerhalb jedes Prozessors zugreifen und diese allen anderen zur Verfügung stellen kann. Es verschaltet Milliarden von Neuronen zu einem Netzwerk, das eine hohe Zahl an verschiedenen Möglichkeiten durchspielt und zu einer passenden Lösung führt. Genau diese Struktur wird auch für die Weiterentwicklung in der Computertechnologie herangezogen: Ein dem Neuronenprozess nachempfundenes Netzwerk aus vielen kleinen elektronischen Bausteinen wird ungeahnte effiziente Rechenprozesse möglich machen, die wiederum für die Behebung von Störungen des organischen menschlichen Gehirns eingesetzt werden können. Die gegenseitige Befruchtung wird hier evident.

Ob das menschliche Sensorium nur auf die fünf bekannten Sinne beschränkt ist, um Informationen zu empfangen, entzieht sich – derzeit – der naturwissenschaftlichen Kenntnis. Dass das menschliche Bewusstsein und der menschliche Geist ein Produkt des Gehirns sind, gilt als unzweifelhaft.

Die bislang gültige Behauptung vom Triumvirat Körper, Geist und Seele wurde damit ad absurdum geführt. Seele ist ein Begriff, der jahrtausendelang als das undefinierbare Selbst oder Ich und das Körperlose im Körper verstanden wurde. In der

Wissenschaft wird dieser Begriff – weil nicht erklärbar – nicht mehr oder nur noch durch die Nomenklatur der traditionellen Psycho-Disziplinen verwendet.

Der Frage, inwieweit der menschliche Geist durch Informationen anderer, unbekannter Art, die über nicht bekannte Empfangsstellen in das Gehirn einfließen könnten, mit beeinflusst wird, entschlägt sich die Naturwissenschaft. Der Redlichkeit halber schließt sie dies nicht aus, bleibt aber als Erfahrungswissenschaft im Rahmen des Nachweisbaren.

Dort, wo Physik (im weitesten Sinne) aufhört und Metaphysik und Transzendenz beginnen, liegt die Grenze zu den Geisteswissenschaften. Diese zu überschreiten ist dem Naturwissenschaftler nur in Form seiner philosophischen oder auch spekulativen privaten Folgerungen erlaubt.

Faktum und State of the Art ist, dass der Information jene zentrale Rolle zukommt, die eine spezielle Theorie geboten erscheinen lässt.

0 0 1 1 0 0 1 1 0 1 1 1 1 1 0 0 0 0 1 1 0 0 0 0
0 1 0 0 1 0 0 1 0 1 1 0 1 1 1 0 0 1 1 0 0 1 1 0 0 1 1 0
1 1 1 1 0 1 1 1 0 0 1 0 0 1 1 0 1 1 0 1 0 1 1 0 0 0 0 1
0 1 1 1 0 1 0 0 0 1 1 0 1 0 0 1 0 1 1 0 1 1 1 1 0 1 1 0
1 1 1 0
0 1 1 1 0 1 0 1 0 1 1 0 1 1 1 0 0 1 1 0 0 1 0 0
0 1 1 0 0 1 1 1 0 1 1 0 0 1 0 1 0 1 1 0 1 0 0 1 0 1 1 1
0 0 1 1 0 1 1 1 0 1 0 0 0 1 1 0 0 1 0 1 0 1 1 1 0 0 1 1
0 1 1 1 0 1 1 1 0 1 1 0 1 0 0 1 0 1 1 1 0 0 1 1 0 1 1 1
0 0 1 1 0 1 1 0 0 1 0 1 0 1 1 0 1 1 1 0 0 1 1 1 0 0 1 1
0 1 1 0 0 0 1 1 0 1 1 0 1 0 0 0 0 1 1 0 0 0 0 1 0 1 1 0
0 1 1 0 0 1 1 1 0 1 0 0 0 1 1 0 1 1 0 0 0 1 1 0 1 0 0 1
0 1 1 0 0 0 1 1 0 1 1 0 1 0 0 0 0 1 1 0 0 1 0 1
0 1 0 1 0 1 0 0 0 1 1 0 1 0 0 0 0 1 1 0 0 1 0 1 0 1 1 0
1 1 1 1 0 1 1 1 0 0 1 0 0 1 1 0 1 0 0 1 0 1 1 0 0 1 0 1
0 1 1 0 1 1 1 0

.

Die Wissenschaft des Geistes muss eine interdisziplinäre Behandlung erfahren.

Bereits in den letzten – den naturwissenschaftlichen Theorien zugeordneten – Kapiteln wurde der fließende Übergang zwischen Natur- und Geisteswissenschaft deutlich: Wo Hirn und Geist analysiert werden, ist eine Trennung nicht mehr möglich. Die Grenze wird durch eine Brücke überwunden, und die interdisziplinäre Behandlung und Forschung werden künftig die Phänomenologie des Geistes beherrschen und zu weitreichenden Ergebnissen und Schlüssen führen.

Der Begriff der Geisteswissenschaft ist weit gefasst. In dieser Arbeit werde ich mich jenen Wissensgebieten zuwenden, die auf Denken und Beobachten beschränkt sind, weil sie keine oder nur geringe Möglichkeiten haben, ihre Theorien durch Experimente zu verifizieren. Es sind dies die geisteswissenschaftlichen Disziplinen Psychologie und Philosophie. Zwischenschalten werde ich aber die Esoterik und die Parapsychologie, weil diese nichtwissenschaftlichen Bereiche meine Informationshypothese ergänzen und unterstützen werden. Zuletzt werde ich mich in einem weiteren Kapitel mit der Theologie beschäftigen und versuchen, die Gültigkeit dieser Hypothese auch für transzendente, metaphysische Theorien nachzuweisen.

Es ist mir dabei durchaus bewusst, dass sich diese Bereiche – streng wissenschaftlich betrachtet – durch ihre Methoden unterscheiden: Natürlich liefert die Psychologie, namentlich die Psychoanalyse, auf den Menschen anwendbare wichtige Erkenntnisse, die zum Teil auch durch medizinisch-technische Geräte (Hirnstromanalysen, Magnetresonanz, Computertomografie) nachgewiesen werden können. Die Esoterik und die Parapsychologie hingegen verweisen auf Fakten, die zur Kenntnis zu nehmen sind, die sich aber weitestgehend (bis jetzt) einer wissenschaftlichen Untersuchung entziehen. Die Philosophie wiederum hat keinen eingeschränkten Fachbereich: Sie wird zwar als die älteste Wissenschaft überhaupt bezeichnet und bedeutet nach dem griechischen Wortstamm „das Streben nach der Weisheit", versteht sich aber als Diskussionsplattform für buchstäblich alles, ist also eine Wissenschaft von den Prinzipien „des Seienden als solchen" (Aristoteles). Sie befasst sich sowohl mit der Logik des Denkens, und laut Hegel ist sie die Wissenschaft der Vernunft; sie sieht ihre Hauptaufgabe von Beginn an in erkenntnistheoretischen und metaphysischen Überlegungen. Und seit 2500 Jahren bezieht sie sich auch heute noch auf Platon und Sokrates („Bewusstsein des Nichtwissens"). Die Theologie wiederum sieht den Sinn und die Auflösung des Lebens in der Transzendenz.

Für die Informationstheorie können diese Disziplinen nur sehr bedingt herangezogen werden, weil die kleinsten Informationseinheiten in komplexen Informationsgrößen

(Begriffe, Modelle, Typen, Kategorien) schlummern und die diesbezüglichen für richtig und wahr gehaltenen Lehrsätze nicht weiter zerlegbar sind. Beobachtungen und Forschungsergebnisse werden kategorisiert, Denken wird modellhaft dargestellt, und Vermutungen werden in mehr oder weniger folgerichtige Hypothesen gekleidet. Das soll natürlich keine Abwertung dieser Wissenschaften sein, aber ihre Behandlung im Rahmen dieses Themas kann nur bedingt zu konkreten Schlüssen führen; insofern unterstützen sie die gegenständliche Informationshypothese, und das macht ihre Behandlung in den folgenden Kapiteln erforderlich.

Nicht behandeln werde ich jene geisteswissenschaftlichen Disziplinen, die man als erklärende, auslegende, historische Wissenschaften und als systematische Handlungswissenschaften bezeichnen kann, obwohl gerade diese sich nahezu ausschließlich mit Informationen beschäftigen. Historiker, Kunsthistoriker, Archäologen, Anthropologen suchen und empfangen Informationen, bearbeiten, interpretieren, modifizieren und verdichten sie und senden sie weiter. Die nahezu ausschließliche Beschäftigung mit Informationen prägt die Tätigkeit der Lehrer in allen Schulstufen. Die Bildungswissenschaft im weitesten Sinn ist der Fokus einer Gesellschaft, die als Informationsgesellschaft bezeichnet wird. Es handelt sich dabei um die Vermittlung eines aktuellen und jeweils verfügbaren Wissensstandes, also um den Umgang mit einer relativen Wahrheit.

Mit einer relativen Wahrheit gehen auch Journalisten – oft allzu sorglos – um. Sie sind stets auf der Suche nach Informationen, die sie bearbeiten und durch ihre Medien weitergeben. Aus den Medien beziehen dann die Menschen ihrerseits Informationen über alle Bereiche des gesellschaftlichen Lebens. Über den Einfluss der Massenmedien wurden bereits Bibliotheken gefüllt. Die Betonung, das Weglassen, die Interpretation und die Manipulation von Informationen können Stimmungen erzeugen, die das Verhalten der Rezipienten beeinflussen.

Wirtschaftswissenschaftler und Soziologen sammeln ebenfalls Informationen, bündeln sie und ziehen Schlüsse, die der Gesellschaft zur Information und als Basis für Entscheidungen dienen, wobei ich – als ein dieser Gattung Angehöriger – durchaus einschränkende Bemerkungen zur Kenntnis nehme.

Weil diese Themenbehandlung zeitlich mit der wahrscheinlich größten Finanz- und Wirtschaftskrise seit nahezu 100 Jahren zusammenfällt, füge ich einen Exkurs aus einer anderen Arbeit ein, der die Bedeutung der Information im Kontext mit der Krisenbewältigung deutlich macht.

Ich möchte hier nur kursorisch drei Subsysteme gegenüberstellen, die sich im gesellschaftlichen Gesamtsystem treffen und dessen Harmonie empfindlich stören:

1.   Das ökonomische System

Dieses System wird durch verschiedene ökonomische Modelle geprägt, die jeweils von herrschenden Machtstrukturen und/oder Ideologien beeinflusst sind. Wir haben den Staatskapitalismus, die Planwirtschaft, den Liberalismus, Neoliberalismus, die soziale Marktwirtschaft und Mischformen jeglicher Art kennengelernt und auch die verschiedenen ökonomischen Modelle zur optimalen Steuerung eines Marktes, an dem alle teilnehmen und an dem sich ein maximaler Wohlstand für alle ergeben soll. Grob wird man heute weltweit – nach der Überwindung kommunistischer Ideen – nicht mehr vom Gegensatz staatlicher Planwirtschaft versus Wettbewerbswirtschaft sprechen, sondern von angebots- und nachfrageorientierten Wirtschaftsmodellen oder eben vom völligen laissez faire eines Liberalismus in Reinkultur und einem – mehr oder weniger notwendigen – staatlichen Interventionismus (Keynesianismus).

   Nun lehrt uns die Wirtschaftsgeschichte bis zur gegenwärtige Phase, dass die extremen Ideologien und Modelle allesamt zusammengebrochen sind (der Kommunismus Chinas scheint mit seiner schrittweisen Liberalisierung einen vernünftigen und bis dato halbwegs erfolgreichen Weg zu gehen; den Resozialisierungen in einigen südamerikanischen Staaten wird man kaum einen Erfolg zumuten können), und es gibt weltweit derzeit keine ökonomischen Modelle, die eine Bewältigung der globalen Wirtschaftskrise zu versprechen imstande sind. Weder Wirtschaftstheoretiker (ausgenommen vielleicht Paul Krugman und Joseph Stiglitz) noch Konjunkturforscher sehen sich derzeit in der Lage, Erfolg versprechende Maßnahmen zu nennen, wie die Finanz- und Wirtschaftskrise überwunden werden kann. Alle bekannten Modelle bauen auf Informationen (Erfahrungen) auf, die die Marktteilnehmer (Produzenten, Lieferanten, Kunden) liefern, und auf Maßnahmen, die sich in der Vergangenheit bewährt haben – genauso wie jedes Modell eben ein Konstrukt von Informationsbündeln und Erfahrungs- und Prognosewerten ist. Die Ökonomie ist eine Wissenschaft, die in erster Linie auf Information und auf Informationsaustausch (Kommunikation) aufbaut, wobei ein vernunftmäßiges Verhalten aller Marktteilnehmer unterstellt wird.

2.   Das System Mensch

Der ihn von anderen Lebewesen unterscheidende Mensch hat seinen natürlichen und vernunftmäßigen Selbsterhaltungstrieb hypertrophiert. Er hat – soweit man dies bis zur Urphase des Nomadentums und des Jäger- und Sammlerdaseins nachverfolgen kann – aus diesem natürlichen Existenzkampf Eigenschaften entwickelt, die über die reine Selbsterhaltung hinausgehen und – möglicherweise durch die Angst, seine Existenz zu gefährden – Misstrauen, Neid, Hass, Machtlust, Eifersucht, Gier etc. evolviert. Es sind dies Eigenschaften, die dem Menschen archaisch anhaften und im genetischen Bauplan eingeprägt sind. Diese archaischen Informationen (Ur- und Basisinformationen) sind im menschlichen Gehirn gespeichert und bestimmen – meist unbewusst – das menschliche Verhalten.

Nun wird sicher auch zu Recht behauptet, dass eben genau diese Eigenschaften die menschliche Evolution begünstigt haben und dass letztlich alle Fortschritte darauf zurückzuführen sind, dass der Mensch immer nach mehr strebt. Diesen positiven Ausflüssen (biblisch: „die Erde untertan machen") stehen aber natürlich die negativen Wirkungen entgegen, und die Herdenabhängigkeit (der Mensch als soziales Wesen) führt nicht zwangsläufig zur Solidarität. Der Abruf der oben genannten Eigenschaften ist eher unbewusst und nicht messbar. Das Verhalten ist demnach unwägbar und schon überhaupt kaum voraussagbar.

Verstößt eine dieser Qualitäten extrem gegen die jeweiligen Normen, dann wird – wenn im Gehirn der Mechanismus der Strafantizipation nicht funktioniert (solche Erfahrungen sind als Information natürlich ebenfalls gespeichert) – seitens der Gesellschaft geahndet. Das Normalverhalten impliziert jedoch jeweils nur eine schwache Erscheinungsform dieser Eigenschaften und ein menschliches Verhalten, das uns aus zahllosen Fällen bekannt ist. Ohne hier auf die vielen Beispiele aus unseren alltäglichen Erfahrungen einzugehen, verweise ich auf die dem Thema zugrunde liegende Eigenschaft der Gier und behaupte, dass zwischen der Großmutter, die für die möglichst hohe Verzinsung ihrer 1000-Euro-Einlage mehrere Geldinstitute abklappert, und Mister Madoff, der durch den gleichen Trieb vielen Menschen in Summe Milliardenverluste beschert hat, kein grundsätzlicher, sondern lediglich ein methodischer und quantitativer Unterschied besteht.

In diesem Zusammenhang stellt sich auch die Frage, wie weit der Mensch durch seine im Gehirn gespeicherten Informationen (dieser und jeglicher Art) überhaupt frei zu handeln imstande ist oder ob diese oben genannten Urinformationen – natürlich in Verbindung mit den Informationen, die er im Laufe seiner Erziehung und aus seiner Umwelt gespeichert hat – nicht Determinanten seines Handelns sind. Mehrere wissenschaftliche Disziplinen diskutieren heftig über dieses Thema: Willensfreiheit oder Determiniertheit?

3.   Ethik

Ohne das System Mensch in seinem vollen Umfang zu berücksichtigen, wird ein ökonomisches System nicht funktionieren können. In jeder Position und Funktion ist der Mensch Marktteilnehmer, und jedes Marktmodell kann nur bestehen, wenn es auf dessen – unwägbares – Verhalten tunlichst Rücksicht nimmt. Ob Angst, fehlendes Vertrauen, Herdentrieb und die überzüchteten Selbsterhaltungsreflexe einschätzbar sind, muss bezweifelt werden. Natürlich können die experimentelle Ökonomie, die Soziologie und die Psychologie mit Feldversuchen Verhaltensweisen grob kategorisieren; wie deren Verschränkung mit ökonomischen Standardmodellen erfolgreich gestaltet werden kann, ist allerdings fraglich. Und auf Vernunft und Ethik der Marktteilnehmer zu hoffen wird trügerisch sein. Auch wenn man sich von der aktuellen Krisensituation eine heilsame Rückbesinnung der Menschen und einen Wertewandel erwarten könnte, würde man nach einer gewissen Zeit eine Wiederholung ähnlicher Entwicklungen feststellen müssen. Der Mensch wird sich nicht ändern, und die grundsätzliche Frage ist, ob er sich überhaupt ändern kann. Die mittel- und langfristige Strategie sollte daher diese Möglichkeit zweckmäßigerweise ausschließen und sich mehr damit befassen, Ethik in das politisch-ökonomische System einzubauen. Rechtsstaatliche, oder noch besser übernationale Ordnungskräfte sind also wieder gefragt, die dem Markt sinnvolle Regeln geben: Rahmenbedingungen für den Finanz- und Wirtschaftsprozess, deren Einhaltung sorgfältig kontrolliert wird. Denn der Mensch benötigt offensichtlich Normen, nach denen er sein Verhalten ausrichten kann. Dadurch funktionieren schließlich auch jeder Rechtsstaat und jedes soziale Beziehungssystem.

Wenn die gespeicherten archaischen Informationen mit aktuellen, die Realität betreffenden Signalen im Gehirn um die Verhaltenspriorität ringen, werden in Abwägung der Vor- und Nachteile (Sanktionen) überwiegend die letzteren siegen. Ein ethischeres System zu etablieren wird mehr Erfolg haben, als auf eine höhere Ethik der Menschen zu warten. Wild gewordene Herden brauchen wieder Hirten!

3|2   Psychologie

Wenn – wie im vorigen Kapitel behauptet – der menschliche Geist und das menschliche Bewusstsein ein Produkt des Gehirns sind, muss der Inhalt dieses Produkts noch einer genaueren Betrachtung unterzogen werden. Anders ausgedrückt: Das Innenleben des Bewusstseins beziehungsweise die Konsistenz des Geistes müssen näher analysiert werden. Der Begriff *Psyche* – im herkömmlichen Sinn als *Seele* verstanden, ist obsolet. Wie und aus welchen Quellen leiten sich das menschliche Denken, das menschliche Handeln oder – mit einem Wort – das menschliche Verhalten ab?

Oder informationstheoretisch ausgedrückt: Welche Informationen werden empfangen, gespeichert und verarbeitet, um eben dieses Verhalten zu steuern und die jeweilige Individualität zum Ausdruck zu bringen? Die im letzten Kapitel geschilderten Vorgänge im Nervensystem sind nachgewiesen. Die sinnlichen Erfahrungen (Informationen) sind jedoch begrenzt, da aus dem großen Strom der Umweltreize nur ein kleiner Teil ausgefiltert und bewusst gemacht wird. Die Begrenztheit dessen, was unsere Sinne vermitteln und unser Verstand erfassen kann, verglich schon Platon mit einer Höhle, in der wir zeitlebens gefangen bleiben: Wir versuchen, uns durch den Schatten, der auf die Höhlenwand geworfen wird, vorzustellen, was außerhalb der Höhle liegen mag. Der Eingang zur Höhle liegt im Gehirn, betreten können wir ihn allerdings nicht.

Wahrnehmen, Erinnern, Denken, Sprechen und Handeln sind untrennbar an neuronale Vorgänge gebunden. Dies alles lässt sich physikalisch und biologisch messen, beobachten und feststellen. Wie das Gehirn jedoch das komplexe Produkt Bewusstsein erzeugt und wie die Innenwelt des Bewusstseins aussieht, ist durch Experimente nicht mehr nachzuvollziehen. Aber genau dieses Unwissen um diese Innenwelt des Bewusstseins und um das Verhältnis von geistigen Vorgängen und zerebralen Funktionen führte und führt noch immer zur dualistischen Leib-Seele-Theorie und wurde damit Gegenstand philosophischer Betrachtungen.

Das Gehirn –
eine Phantommaschine? Natürlich ist das Hirngewebe für sich genommen ohne Gefühl und Empfinden. Die meisten seiner physiologischen Prozesse verlaufen, ohne dass Bewusstsein sie begleitet. Wie erwähnt, übertragen seine elektrischen Aktionsimpulse Information nicht wesentlich anders als dies auch der Impulscode elektronischer Rechenautomaten tut, aber „das Hirngewebe ist eine vielseitige ‚Phantommaschine‘, die einen inneren Raum anstelle des physikalischen setzt, den sie mit Lichtern, Tönen und taktilen Empfindungen füllt, die alle zusammenkommen, als seien sie auf einen einzigen Punkt der Raumperspektive bezogen. Wenn diese Phantommaschine außerdem Bewegungen und Handlungen eines Organismus steuert, erweist sich, dass der innere Raum den äußeren, physikalischen durchdringt und seine Phantome sich mit den Gegenständen der Außenwelt decken. Diese Phantommaschine … arbeitet nach bestimmten Gesetzen. Die Evolution hat Kombinationen ihrer neuronalen Elemente ausgewählt, welche die Gegenstände der Außenwelt in Phantombildern hinreichend genau wiedergeben.“ (Alfred Meier-Koll, Wie groß ist Platons Höhle?) Würde dieses sogenannte Phantombild nicht dem Weltbild gleichen, wäre eine Existenzgefährdung schon sehr früh eingetreten.

Die Psychologie versucht nun, der Frage nachzugehen, wie das Gehirn als Phantommaschine oder der Hippocampus als Kartenarchiv entstanden ist. Die naturwissenschaftliche (biologische) Theorie des Bewusstseins muss nun um eine Theorie psychobiologischer Prozesse ergänzt werden. Man bezweifelt in der Wissenschaft nicht, dass Nervensysteme biologisch vorbestimmte *Weltbildapparate* sind, und man weiß auch, dass das Gehirn des Menschen seine heutige Form im Laufe der zwei bis drei Millionen Jahre währenden Evolution erhalten hat. 99 Prozent dieser Zeitspanne verbrachte die biologische Gattung Mensch auf der sozio-ökologischen Stufe des Jägers und Sammlers; die Vorratswirtschaft entsprang erst einem weiteren Denkprozess, und die Arbeitsteilung – außer der zwischen Mann und Frau – ist noch viel jünger. Lebewesen, die sich im Raum bewegen, Nahrungsquellen ausspähen, Gefahren entfliehen und schützende Orte aufsuchen müssen, könnten aber nicht bestehen, wenn sie nicht über einen Mechanismus verfügten, der ihnen die Umwelt in den jeweils wesentlichen Ausschnitten vermittelt und aus häufig wiederkehrenden Situationen (Informationen) ein verlässliches Weltbild zeichnet.

Unbewusstseinsforschung

Wenn man also das Verhalten des Menschen analysieren will, müsste man eigentlich auf die Anfänge der Entstehung der Organismen vor rund drei Milliarden Jahren und auf die Entstehung der Arten zurückgehen und feststellen, dass die unbestreitbare Voraussetzung für das Leben – von Beginn an – der Wille zur Selbsterhaltung ist. Diese Eigenschaft ist aber selbstverständlich keine bewusste Handlung, sondern eine unbewusste Reaktion auf Informationen (Versuch und Irrtum), auf welche Weise etwas (zum Beispiel das Fortleben) möglich oder nicht möglich ist. Es waren also laufend, in ganz kleinen Schritten vorgenommene Konditionierungen (Informationsverarbeitungsprozesse), die sich automatisch eingeprägt haben.

Im Abschnitt „Biologie" habe ich Zellwachstum, Stoffwechsel und Fortpflanzung als genetische Information (Erbinformation) bezeichnet und bin zu der einfachen Formel gelangt, dass Leben eigentlich Information ist.

Charles Darwin hat den Existenzkampf der Lebewesen in seinem Werk „Die Entstehung der Arten" und mit seiner Folgerung des „Survival of the Fittest" den Selbsterhaltungstrieb nachdrücklich beschrieben. Verfolgt man nun diese unbedingte Existenzvoraussetzung von der Entwicklung der Art *Homo sapiens sapiens* vor vielleicht zweieinhalb Millionen Jahren an, sieht man einen Erfolg dieses Selbsterhaltungstriebs, der sich in einer räumlichen Ausdehnung des Gehirns niedergeschlagen hat. Die Vergrößerung des Gehirnvolumens von etwa 500 cm^3 beim *Australopithecus* vor rund zweieinhalb Millionen Jahren auf das Dreifache beim *Homo sapiens sapiens* entspricht einer enormen Speichererweiterung, und man wird davon ausgehen können, dass durch diese Entwicklung die beherrschende Stellung des Menschen über alle anderen Lebewesen gewährleistet wurde. Dafür verantwortlich war aber nicht nur die Entwicklung des Hirnvolumens (die Neandertaler hatten mit rund 1750 cm^3 ein noch größeres Hirn als der Mensch heute), sondern natürlich auch die kontinuierliche Verbesserung seiner Struktur und Vernetzung.

Unauslöschbare
Informationen.
In der Frühphase der beschreibbaren Menschheitsgeschichte konnte man also jene Informationen feststellen, die dieses urtümliche Verhalten der Menschen auf der Suche nach Nahrung geprägt haben. Das Denken war bildhaft und hatte, bedingt durch die notwendige Beobachtung der oft rätselhaft erscheinenden Natur, vielfache magische Züge. Die magische Naturverehrung ist unter diesen gegebenen Voraussetzungen verständlich. Als diese ursprünglich kleinen Gruppen, auf Nahrungssuche nomadisierend, mehr und mehr zusammenstießen, waren Konflikte natürlich vorprogrammiert. Es ist sehr wahrscheinlich, dass sich gerade in dieser Phase der auch dem Menschen inhärente Selbsterhaltungstrieb schließlich zu hypertrophieren begann und der pure Überlebenskampf zunehmend – und bis heute – in jene Formen dieses Triebs ausartete, die unter allen Lebewesen den Menschen prägten: Der Speicher- und Verarbeitungsprozess im menschlichen Gehirn musste sich also erweitern, und zwar um jene Informationen, die notwendig waren, um der Verdrängung und dem Wettbewerb standzuhalten. Und es ist nur logisch, dass sich daraus jene Eigenschaften entwickelten, die man als Neid, Gier, Eifersucht, Hass oder eben als Konfliktbereitschaft bezeichnet. Diese Attribute prägen die Menschheitsgeschichte bis heute. So ist es sicher folgerichtig, wenn man das gegenwärtige Konsumverhalten und den Materialismus als Ausfluss dieser urtümlichen und in Jahrtausenden abgespeicherten Informationen und den daraus konditionierten Eigenschaften sieht. Es ist dies jenes kollektive Unbewusste, das ich als *archaische Information* bezeichne.

Vielleicht kann man die Funktion und den Unterschied von Bewusstsein und Unbewusstsein mit dem Arbeitsspeicher (temporären Speicher) und der Festplatte eines Computers vergleichen. Im bewussten Zustand bilden, wie im temporären Speicher, die gegenwärtigen und gespeicherten Informationen, deren Abruf, Verarbeitung und Ausgabe einen prozessualen Vorgang. Im Computer bedarf es zur Einfügung zusätzlicher Informationen eines Befehls, um etwa auf die Festplatte oder aber auf andere Datenspeicher zuzugreifen; die Struktur und der Schaltkreis im menschlichen Gehirn steuern solche zusätzlichen Informationen oft ohne ausdrücklichen Befehl und vielfach zufällig, weil die neuronalen Verbindungen nicht grundsätzlich getrennt sind.

Es gibt keine Seele. Die Philosophie, die Psychologie und natürlich auch die Theologie waren bis ins 21. Jahrhundert – und sind es teilweise heute noch – überzeugt, dass es eine substanzielle Seele gibt. Erst ab der zweiten Hälfte des 19. Jahrhunderts begann sich langsam eine Psychologie ohne Seele zu entwickeln. Diesbezügliche Weltanschauungen, etwa der Materialismus oder die naturwissenschaftlichen Erkenntnisse, konnten keine rationalen Überlegungen liefern, die den Geist und die Materie beweisen oder leugnen könnten. All diese Begriffe wie Materie, Energie und Geist sind Symbole für mehr oder weniger unbekannte Faktoren, deren Zusammenspiel unter anderem auch das Produkt Mensch erzeugt. Die Psyche kann sowohl für ein kompliziertes psychochemisches Phänomen und damit in letzter Linie für ein Elektronenspiel gehalten werden, wie die quantentheoretische Gesetzlosigkeit des Atominneren für ein geistiges Leben erklärt werden kann. Versucht man allerdings einen informationstheoretischen Ansatz, lassen sich möglicherweise und mit allen Einschränkungen diese alten und von der Metaphysik getragenen Konflikte besser lösen. Dies ist die eigentliche Aufgabe, die sich diese Arbeit stellt.

Die zunächst kühne Behauptung ist, dass der *Stoff*, der unsere Materie und unseren Geist beherrscht, die Information ist. Es gilt also, hier eine Brücke zu schlagen zwischen Naturwissenschaften und Geisteswissenschaften, oder konkreter, was unser Gehirn betrifft, zwischen der Physiologie und der Philosophie. Diese Brücke scheint mir die Psychologie sein zu können, die bisher in einem fast unauflösbaren Zusammenhang mit der Philosophie bestand, einem Zusammenhang, der durch die Verknüpftheit ihrer Gegenstände gegeben war: Das Objekt der Psychologie ist die sogenannte Seele, das Objekt der Philosophie ist die Welt; beide entzogen sich der Erfahrung und konnten daher vom empirischen Verstand auch nicht gebührend erfasst werden. Dies war natürlich auch der Grund für sehr viele spekulative Theorien.

Carl Gustav Jung versuchte, sich erkenntnistheoretisch der alten Anschauung anzuschließen, dass die Seele ein selbstständiges höheres Wesen ist, und begründet im Gegensatz zu der damals eher herrschenden Lehre eine „Psychologie mit Seele". Er bezieht sich dabei auf die Tatsache, dass das Unbewusste über subliminale Wahrnehmungen verfügt, deren Reichweite ans Wunderbare grenzt, und stellt richtigerweise fest, dass auf primitiver Stufe der Menschheit die Träume und Visionen als wichtige Informationsquelle benutzt wurden und dass im Zuge dieser Quellen uralte Kulturen wie die indische und die chinesische entstanden, die beide den inneren Erkenntnisweg philosophisch bis ins Feinste ausbildeten. Diese Magie, die Träume und Visionen als wichtige Informationsquellen benutzt, ist aber wiederum (und dies scheint mir ein

Widerspruch zu sein) auf Erfahrungen zurückzuführen, die sich festgemacht haben, beziehungsweise auf Informationen, die sich im Laufe der Menschheitsgeschichte eingeprägt haben (gespeichert wurden) und dann als Unbewusstsein zum Ausdruck gekommen sind. Es enthält auch das menschliche Unbewusste, wie er meint, die ganze vererbte Lebens- und Funktionsform der Ahnenreihe, sodass bei jedem Kind eine angepasste psychische Funktionsbereitschaft schon vor allen Bewusstseinszuständen vorhanden ist.

Daher ist diese unbewusste instinktive Funktion auch im erwachsenen bewussten Leben beständig vorhanden und tätig. Die Funktionen der bewussten Psyche sind also vorgebildet mit dem Schatten der Vergangenheit und versteckt. Jung schreibt: „Nur in einer Hinsicht besteht ein ganz wesentlicher Unterschied zwischen dem bewussten und dem unbewussten Funktionieren der Psyche: Während das Bewusstsein zwar intensiv und konzentriert ist, ist es bloß ephemer und auf unmittelbare Gegenwart und Nächstes eingestellt; auch verfügt es natürlicherweise nur über ein individuelles Erfahrungsmaterial, das sich über wenige Jahrzehnte erstreckt. Ein weiteres Gedächtnis ist künstlich und besteht wesentlich aus bedrucktem Papier. Ganz anders das Unbewusste! Dieses ist zwar nicht konzentriert und intensiv, sondern dämmerhaft bis dunkel, es ist äußerst extensiv und kann die heterogensten Elemente in paradoxester Weise nebeneinanderstellen, verfügt jedoch neben einer unbestimmbaren Menge unterschwelliger Wahrnehmungen über den ungeheuren Schatz der Niederschläge aller Ahnenleben, welche durch ihr bloßes Dasein zur Differenzierung der Spezies beigetragen haben. Könnte man das Unbewusste personifizieren, so wäre es ein kollektiver Mensch, jenseits der geschlechtlichen Besonderheit, jenseits von Jugend und Alter, von Geburt und Tod, und würde über die annähernd unsterbliche Erfahrung von ein bis zwei Millionen Jahren verfügen. Dieser Mensch wäre schlechthin erhaben über den Wechsel der Zeiten. Gegenwart würde ihm ebenso viel bedeuten wie irgendein Jahr im hundertsten Jahrtausend vor Christi Geburt, er wäre ein Träumer säkularer Träume und er wäre ein unvergleichlicher Prognosesteller aufgrund seiner unermesslichen Erfahrung. Denn er hätte das Leben des Einzelnen, der Familie, der Stämme und Völker unzählige Male erlebt und besäße den Rhythmus des Werdens, Blühens und Vergehens im lebendigsten inneren Gefühle. Leider, oder vielmehr glücklicherweise, träumt er …"

Diese kollektive Menschheitserfahrung im Laufe der Evolution ist auch Grundlage für die Theorie des kollektiven Unbewussten, die Jung mit seinem Modell der *Archetypen* beschreibt. Ob man dieses kollektive Unbewusstsein nun der einfachen und nachvollziehbaren Informationsspeicherung aufgrund langer Erfahrungen (Konditionierung) zuordnet oder es *Grundmotiv* oder *Imagination* nennt, ist unerheblich. Es handelt sich um Elementar- oder Urgedanken oder – wie ich es nennen möchte – um archaische Informationen.

Natürlich war die Psyche der Menschen früher in einem hohen Grad mythenempfänglich, weil sie die Natur und ihre unerklärbaren Erscheinungen geprägt haben und daraus die diversen Götterwelten und Mythen entstanden sind (siehe auch Seite 197ff.). Und auch die heutigen Begriffe Sippe, Stamm, Volk, Nation, Patriotismus und Nationalismus sind kollektives Unbewusstsein, das sich weitgehend rationalen Argumenten entzieht. Das Tausendjährige Reich wurde von einem Mythos eingerahmt (siehe dazu auch die Wege der Arier, Seite 198); der Kosovo-Konflikt beruht ebenso auf einem Mythos, wobei völlig gleichgültig zu sein scheint, ob es sich um glorreiche oder schmerzliche Erinnerungen (eingeprägte Informationskomplexe) handelt, die ein ganz spezielles Kollektivverhalten determinieren.

Die Bedeutung des individuellen Unbewusstseins

C. G. Jung zählt zusammen mit Sigmund Freud und Alfred Adler zu den drei Wegbereitern der Tiefenpsychologie. Er widerspricht aber Freud, der das persönliche Unbewusste im Wesentlichen auf die Verdrängung infantiler Tendenzen zurückführt. Diese Kritik ist deshalb zu unterstützen, weil das individuelle Unbewusste sicher nicht nur die – durch Erziehung und den moralischen Einfluss in der frühen Kindheit – verdrängten Inhalte (Triebe) umfasst, sondern alle psychischen Inhalte (Informationen), die den Schwellenwert des Bewusstseins nicht erreichen, die aber im ständigen Unruhezustand Quelle späteren Bewusstseins sein können. Dazu zählen auch jene genannten archaischen Informationen, die als komplexe Eigenschaften zum Zwecke der Selbsterhaltung und mit dem Wachsen des Gehirns und dem damit zusammenhängenden Entstehen eines *Selbst-Bewusstseins* gespeichert sind.

Meiner Meinung nach zählen ferner dazu:

- Die Archetypen und jenes kollektive Unbewusstsein, das im Zuge des Existenzkampfes zwischen Geburt und Tod und deren unverrückbarer Kenntnisnahme entstanden ist, sowie die Bilder von Mythen, Märchen und Glauben, hervorgegangen durch die ständige Konfrontation mit der Natur;
- die sich im Laufe der Sozialisierung entwickelten ethischen Normen aufgrund der Erkenntnis der sozialen Existenzbedingtheit. Sozialisation heißt

ja, dass der Mensch sich als soziales Wesen erkannt hat und durch Abruf von gespeicherten Informationen eine etwaige Strafe bei Fehlverhalten antizipiert. In der Folge normiert er sich und unterlegt sich – zumindest weitgehend – dem Recht, dem Gesetz, den Benehmens- und Etiketteregeln etc.;

- die Vererbung oder die individuelle Abhängigkeit vom genetischen Bauplan (Charakter, Typ etc.);
- die individuelle biologische Hirnstruktur als Determinante (Organisation und Schaltkreis, Kapazität und Funktionalität);
- die Informationsspeicherung im Zuge des Erziehungsprozesses und der Ausbildung;
- die komplexen Informationspakete durch Massenhysterie, Indoktrination und Massenmedien;
- die Informationsverarbeitung (die Ausprägung des damit zusammenhängenden Verhaltens) durch die geokulturelle, geosoziale und geoökonomische Voraussetzung und das unmittelbare Milieu (Freundes- und Bekanntenkreis);
- die persönlichen Erfahrungen aus Notwendigkeit und Zufall und deren unbewusst gespeicherte Informationen.

Universale Urinformationen. Alle diese Determinanten sind Informationspakete, die das Spektrum des Unbewussten im Individuum Mensch umfassen. Nicht die biologisch nicht vorhandene Seele ist der Speicherplatz, sondern das Gehirn. Der beispielhaften Auflistung der im Gehirn gespeicherten vor- und nachgeburtlichen Informationen ist meiner Meinung nach jene Urinformation hinzuzufügen, die mit dem Urknall mit in die erste Zelle eingespeichert wurde und gleichsam das Universum elementar repräsentiert. Es ist dies zweifellos eine spekulative Meinung, die keiner wissenschaftlichen Betrachtung standhält, die aber nicht unerwähnt bleiben kann, weil auch die Hirnforschung Phänomene festgestellt hat, deren Ursachen bislang unbekannt sind. Ich werde diesen Teilaspekt des Unbewussten, der wie alle anderen Determinanten Information ist, in den Kapiteln „Esoterik, Meditation und Parapsychologie" und „Metaphysik, Spiritualität, Religionen" behandeln, weil sich damit möglicherweise eine Verbindung zwischen dem Gehirn (Geist) und dem Universum, oder anders ausgedrückt: zwischen der relativen und der Absoluten Wahrheit herstellen lässt.

Was sich nun die Psychoanalyse zur Aufgabe stellt, ist, diese verborgenen Informationen hervorzuholen und bewusst zu machen. Ich fürchte, mit dem Vorschlag, die Psychologie und die Psychoanalyse als ein Teilgebiet der Hirnforschung zu bezeichnen, geradezu ein Sakrileg zu begehen, aber mittlerweile gilt innerhalb der Wissenschaft des Geistes die Trennung in bewusst und unbewusst als eine Frage der Informationsverarbeitung. Genauso wie das Gehirn unbewusste Informationen abrufen kann, schiebt es alle Denkprozesse, die automatisiert werden können, möglichst rasch ins Unbewusste ab.

Ebenso geradezu frivol muss meine Meinung klingen, dass die Psychologie durch die Erkenntnisse der Wissenschaft des Geistes ihren Namen nicht verdient und dem Begriff *Seelenkunde* widerspricht, weil die Existenz einer Seele wissenschaftlich nicht zu rechtfertigen ist. Viel entsprechender ist es, vom menschlichen Geist zu sprechen, ein Ausdruck, der vielfach auch schon von Psychologen verwendet wird.

Die Hirnforschung gibt Freud aber natürlich in vielerlei Hinsicht recht, nämlich wenn er feststellt, dass das Unbewusste mehr Einfluss auf das Bewusste hat als umgekehrt, dass das Unbewusste zeitlich vor den Bewusstseinszuständen entsteht und dass das bewusste Ich wenig Einsicht und Durchblick in die Grundlagen seines Verhaltens und seiner Handlungen hat.

Der menschliche Geist, das Bewusstsein, das Selbst und das Ich sind ein Konglomerat aus Informationen.

Der individuelle menschliche Geist, sein Selbst, sein Ich sind also weitgehend ein Konglomerat aus Informationen, die einerseits aus universalem (urtümlichem), kollektivem und persönlichem Unbewussten, also aus Determinanten bestehen, für die er zunächst nicht verantwortlich ist, weil er auf sie zum Teil gar keinen Einfluss hat, und die er nur schwer verdrängen oder löschen kann, und anderseits natürlich aus bewusst wahrgenommenen und abgerufenen Inhalten. Wie ein roter Faden zieht sich also das Unbewusste, geparkt in verschiedenen Arealen, durch unser Gehirn, ist ständig abrufbar und ruft sich vielfach selbst ab. Und wenn schon die Wissenschaft feststellt, dass unser Geist in einem Ausmaß von 95 Prozent durch das Unbewusste beherrscht wird, lässt sich folgerichtig die Frage stellen, ob denn unser Entscheidungsspielraum groß genug ist, um unser Handeln und unser Verhalten einem freien Willen (unserer vollen Verantwortung) zuzuordnen.

Das Selbst, das Ich und der freie Wille

Wenn man den Menschen hinsichtlich der Unterscheidungsmerkmale von anderen Lebewesen die Qualität des *Selbst-Bewusstseins* zuschreibt (bei bestimmten Affenarten hat man dieses in einer sehr eingeschränkten Form aber auch schon festgestellt), dann stellt sich die Frage, was dieses „Ich bin mir meiner selbst bewusst", was also dieses *Ich* und dieses *Selbst* eigentlich sind. Was ist Selbstverständnis, Selbstbild und Selbstentscheidung?

Diese Fragen gehören in das Fachgebiet der Philosophie, weil sie Kriterien der Menschenwürde darstellen. Ob die Hirnforschung jemals in der Lage sein wird, Antwort darauf zu geben, ist noch nicht entschieden; neue Einsichten in die Funktionsweise unseres kognitiven Systems, aber auch in den Ablauf von Willens- und Entscheidungsprozessen wird die jetzt sehr dynamische Forschung mit Sicherheit gewinnen. Dieses Selbst steht also auch für das immaterielle Ich, das auf irgendwelchen geheimnisvollen Wegen durch das Gehirn dirigiert wird.

Der Philosoph Michael Pauen bezeichnet in seinem Buch „Illusion Freiheit?" die Merkmale, die das Selbst ausmachen, als personale Merkmale und unterscheidet in personale Fähigkeiten, die grundsätzlich vorhanden sein müssen, damit eine Person sich selbst bestimmen und selbstbestimmte Entscheidungen treffen und diese in dazugehörige Handlungen umsetzen kann. Bei personalen Präferenzen dagegen handelt es sich um spezifische Überzeugungen, Wünsche und Dispositionen, die eine Person als ein ganz bestimmtes Individuum gegenüber anderen Individuen auszeichnen. Es sind also jene Merkmale, die man einer Person wirklich zuschreiben und sie dafür auch verantwortlich machen kann. Er schränkt diese personalen Merkmale natürlich auch ein, indem er externe Faktoren, wie z. B. soziale und genetische Determinanten erwähnt, die die Autonomie des Autors und Urhebers beeinflussen. Aus dieser Sicht versucht er, sich einem Hauptthema der Psychologie beziehungsweise der Philosophie zu nähern, nämlich ob Selbstbestimmung und Determiniertheit sich ausschließen oder aber vereinbar sein können, und kommt schließlich zur heute vielfach diskutierten Frage der Willensfreiheit.

Pauen spricht auch die in der modernen Psychologie immer wieder erwähnten sogenannten Libet-Effekte an: Schon in den 80er-Jahren des vorigen Jahrhunderts stellten Benjamin Libet und später andere Neurowissenschaftler durch Experimente und genaue Messungen der Gehirnströme fest, dass zwischen der bewussten Entscheidung zu einer Bewegung eines Menschen und der Einleitung dieser Bewegung auf der neuronalen Ebene eine Zeitdifferenz von mehreren Millisekunden besteht. Daraus wird nun gefolgert, dass das Gehirn mit der Vorbereitung z. B. einer Bewegung bereits vor der bewussten Entscheidung beginnt (Bereitschaftspotenzial). Neuere Versuche haben nachgewiesen, dass zwischen neuronaler und bewusster tatsächlicher Entscheidung eine Zeitdifferenz von bis zu 15 Sekunden besteht!

Interessant ist dabei die Frage nach den kausalen Abhängigkeiten, das heißt, ob es der bewusste Wille oder neuronale Prozesse sind, die unserem Bewusstsein und unserem Einfluss entzogen sind. Es folgt daraus der Schluss, dass Handlungsentscheidungen längst gefallen sind, bevor die bewusste Absicht gestartet wird, und dass man solche Bewegungsimpulse daher nicht als freie Entscheidungen bezeichnen kann. In Fachkreisen wird daher die Möglichkeit diskutiert, dass das Gehirn lenkt, lange bevor wir zu denken beginnen. Pauen bestreitet nicht die Freiheit des Willens, sondern meint, dass allein die Vorstellung, wir hätten einen bewussten Willen, illusorisch ist: Es ist lediglich unser Empfinden, etwas zu wollen oder gewollt zu haben. Was fehlt, sind bewusste Willensakte, von denen tatsächlich abhängt, wie wir handeln.

Würde diese spektakuläre These zutreffen, dann hätten wir in letzter Konsequenz keine Willensfreiheit und kein Selbstverständnis.

Eine andere Erklärung findet der Neurowissenschaftler António Damásio: Seine Theorie der *somatischen Marker* geht davon aus, dass rein rationale Entscheidungen auf der Basis eines Vergleichs der einzelnen Optionen viel zu zeitaufwendig wären und zudem unsere kognitiven Kapazitäten bei Weitem überfordern würden, daher bilden diese somatischen Marker eine Vorauswahl der bestehenden Entscheidungsmöglichkeiten und helfen, sich auf die aussichtsreichsten bzw. besten Optionen zu konzentrieren. Sie sind schließlich auch eine Hilfe, sich etwa gegen eine aktuelle Präferenz und zugunsten einer künftigen Vorteilswirkung zu entscheiden, also eine Qualität, auf kurzfristige Belohnungen zugunsten größerer, aber erst später zu erreichender Ziele zu verzichten.

Dass dies nicht immer funktioniert, weiß ich aus eigener Erfahrung: Rational müsste ich den Rauchgenuss zugunsten einer nachhaltigen Gesundheit opfern; weil sich aber entscheidungsrelevante Relationen häufig dem Bewusstsein entziehen, dokumentiere ich ständig an mir selbst den Zweifel an der Existenz freier Handlungen bzw. an der tatsächlich vorhandenen Willensfreiheit. Wie sehr die Handlungsfreiheit auch unter dem Einfluss sozialer und kultureller Rahmenbedingungen steht, wird mit diesem Beispiel ebenfalls sichtbar: Zunehmend werden Rauchverbote in Lokalen, öffentlichen Gebäuden und Verkehrsmitteln verhängt und führen daher zur Antizipation der Strafe und daher zur Zurückhaltung. Warnungen allein und eine militante Antiraucherwerbung werden teils bewusst, teils unbewusst als Informationen gespeichert und sorgen so dafür, dass gesellschaftliche Konventionen verantwortlich sind, dass wir uns der illusorischen Vorstellung hingeben, wir seien frei.

Eine der vielen und sich teilweise widersprechenden Theorien über den Freiheitsspielraum einzelner Individuen ist ebenfalls nachvollziehbar: Sie macht gesellschaftliche Konventionen dafür verantwortlich, dass wir uns der Vorstellung von Freiheit hingeben. Sehr maßgebend für Handlungsentscheidungen ist also der jeweilige und vom spezifischen Kulturraum abhängige Common Sense (Informationsstandard).

Danach ist die Idee der Willensfreiheit ein mehr oder weniger politisches Konzept, das seine Wirkung in die Bereiche Moral und Recht einfließen lässt. Es besteht ja nämlich auch unzweifelhaft ein Zusammenhang zwischen dem Freiheitsbegriff des Individuums und seiner Verantwortung. Diese Diskussion über Schuld und Sühne zieht sich natürlich bis in den Bereich des Strafrechts, wo man die Rechtswidrigkeit einer handelnden Person zu beurteilen hat.

Grundsätzlich wird man sagen können, dass die Idee des Determinismus und auch noch so viele fremdbestimmte Einflussfaktoren auf die Freiheit des Individuums keine Maßstäbe für die Rechtsprechung sein können, weil diesbezügliche Rechtfertigungen zwangsläufig zum Zerfall von Gesellschaftssystemen und zu anarchischen Zuständen führen müssten. Als Maßstab müssten hier also ethische Normen gelten, die aber auch wieder von jeder Kultur und von jeder Gesellschaft gesetzt werden müssen.

Freiheit (Willensfreiheit) stellt eine unverzichtbare Grundlage des menschlichen Zusammenlebens dar. Daher ist es notwendig, das Verhalten der in einer jeweiligen Gesellschaft lebenden Menschen moralisch zu bewerten und ihnen auch die Freiheit zu unterstellen. Dieses notwendige Verhalten ist unabhängig von allen Diskussionen über Determinismus und Indeterminismus, weil es eine unbedingte Voraussetzung jeder sozialen Interaktion ist. Es ist auch unabhängig davon, ob man feststellt, dass die empfundene Freiheit des Individuums sich als Illusion erweist.

Pauen versucht nun, wie viele andere Philosophen des Geistes, eine Vereinbarkeit von Freiheit und Determinismus zu argumentieren. Er unterscheidet Urheberschaft des Handelnden und Autonomie des Handelnden, also die Grenzen der Zuschreibbarkeit bzw. die Bedingungen, die freies und verantwortliches Handeln überhaupt ermöglichen oder gegebenenfalls begrenzen. Er weist auch auf die Einflüsse der Neurowissenschaft auf die Rechtsprechung hin, etwa wenn bestimmte pathologische Dispositionen die Wahrscheinlichkeit drastisch erhöhen, dass eine Person eine Straftat begehen wird, und wenn etwa Personen mit einem niedrigen Serotoninspiegel statistisch eher zu gewalttätigem Verhalten neigen. Freiheit ist also keine Illusion, doch wird es noch eine Weile dauern, bis wir genauer wissen, unter welchen Bedingungen wir frei handeln können.

Zu erwarten ist, dass wir aus den Ergebnissen der Hirnforschung oder – allgemeiner gesagt – aus den Erkenntnissen der Wissenschaft des Geistes mehr über uns erfahren werden und dass wir besser verstehen werden, warum Menschen sich in bestimmten Situationen so und nicht anders verhalten. Ich bin mir sicher, dass auch noch so spektakuläre Erkenntnisse der Wissenschaft die Welt nicht aus den Angeln heben werden, genauso wie Darwin vor eineinhalb Jahrhunderten mit seiner Aufsehen erregenden und bis heute unwidersprochenen Theorie zwar zu teils heftigen kontroversiellen Diskussionen geführt, aber das Weltbild letztlich nicht sehr wesentlich verändert hat. Was aber eintreten wird, ist die laufende Korrektur unseres Selbstverständnisses: die Beschreibung des inhaltlichen Begriffes des Selbst und des Ich. Wenn auch meine Definition der beiden Begriffe, nämlich als ein *Konglomerat individueller Informationen* zu unwissenschaftlich und zu spröde klingen mag, werde ich nur an der Art und Vielzahl dieser Informationen und an deren Ordnung und Vorrangigkeit korrigieren müssen.

Der freie Wille ist Illusion, entbindet jedoch nicht die Handlungsverantwortung. Eine Übersicht über den aktuellen Stand der Diskussion über den freien Willen bietet auch die von der Deutschen Gesellschaft für Psychologie in ihrem 100. Bestandsjahr herausgegebene „Psychologische Rundschau", die sich im Heft 4 im Jahr 2004 ganz der Frage „Wie frei ist unser Wille" widmete. Die Standpunkte von fünf deutschen Wissenschaftlern aus den Bereichen Philosophie, Psychologie und Neurologie lassen erkennen, dass der Mensch eigentlich keinen oder – wenn überhaupt – einen nur sehr eingeschränkten freien Willen besitzen kann.

Der Psychologe Hans J. Markowitsch zieht aus neurologischen und psychiatrischen Fallbeschreibungen den Schluss, dass genetische Anlagen und vor- und nachgeburtliche Erfahrungen determinierende Prägungen implizieren, die einem freien Entscheiden entgegenstehen. Die Verhaltensentscheidungen fallen vielmehr auf Basis des Körpers, der genetischen Ausstattung und der Information (Außeneinwirkungen und physiologisch determinierte Denkprozesse), die im Hirn Spuren hinterlassen. Letztlich ist auch die Unterscheidung zwischen Handeln im Affekt und Handeln mit Bedacht und Vernunft nur eine Scheinunterscheidung, weil bei beiden jeweils nur andere Determinanten im Vordergrund stehen. Das Selbst stellt nur eine momentane Aktivitätskonstellation eines neuronalen Netzes dar. Er verweist auch auf Herms Romijn, der aus der neurologischen Determiniertheit radikale Konsequenzen zog und meinte, dass das menschliche Gedächtnis großteils nicht im menschlichen Gehirn beheimatet ist und dass das gesamte Universum von Anbeginn bis Ende schon determiniert ist. Aus dieser vorprogrammierten submanifesten Seinsordnung aktualisiert sich – nach dessen Meinung – ständig ein kleiner Teil zur manifesten Seinsordnung, die der Mensch als Alltagsablauf erlebt. Markowitsch sieht den freien oder bewussten Willen als Illusion, wenngleich auch als eine, die dem Menschen hilft, mit seiner Natur zurechtzukommen, weil er Illusionen liebt und nicht gerne desillusioniert wird.

Der Psychiater Henrik Walter definiert verschiedene Formen der Willensfreiheit, charakterisiert klassische Positionen (harter Determinismus = freier Wille kann nicht existieren, Kompatibilismus = Determinismus und freier Wille sind vereinbar, Libertarismus = freier Wille existiert) und diskutiert deren Konsequenzen für eine Verantwortlichkeit aus neurowissenschaftlicher Sicht. Er kommt zum Ergebnis, dass es Willensfreiheit im traditionellem Sinn nicht gibt und auch nicht geben kann, weil sie mit einem physikalischen Determinismus unvereinbar ist. Daran ändert auch der Indeterminismus der Quantentheorie (Entscheidungen können unter exakt gleichen Bedingungen auch anders ausfallen) nichts, weil man unter Willensfreiheit versteht, dass das Anderskönnen nicht zufällig sein soll. Walter sieht aber insofern eine Vereinbarkeit zwischen Determinismus und Handlungsfreiheit, als er die moralphilosophische Komponente einfließen lässt. Weil auch Werte und Normen im Gehirn repräsentiert sind, bildet die moralische Verantwortlichkeit die Grundlage für eine *kompatibilistische Freiheit*.

Im Zentrum der Überlegungen des Philosophen Holm Tetens steht die Rolle der *erlernten Selbstkommentierung* des eigenen Verhaltens bei der Entstehung von Intuitionen über dem eigenen freien Willen. Auch er verneint die Existenz einer Willensfreiheit und verweist auf das Libet-Experiment (siehe oben) und auf Wolfgang Prinz („Freiheit oder Wissenschaft?"): „Wir tun nicht, was wir wollen, sondern wir wollen, was wir tun." Seine Thesen sind zusammengefasst folgende: Als empirisch erforschbares Objekt ist der Mensch nicht frei, sondern einer durchgängigen Kausalität unterworfen. Handeln und Verhalten sind lückenlos gehirngesteuert (elektrochemische Aktivitäten der Nervenzellen) und werden begleitet von Selbstkommentierungen der handelnden Personen in der Sprache der Alltagspsychologie, die in Interaktion mit anderen Kommentatoren das Verhalten wiederum wesentlich beeinflussen.

Der Biopsychologe Thomas Goschke behandelt die Frage der Willensfreiheit im Zusammenhang mit Handlungsmotivation, Bedürfnisantizipation und Selbstkontrolle. Seine Interpretation der Willensfreiheit als Selbstdetermination ist vereinbar mit einem naturalistischen Weltbild und der Annahme eines kausalen Determinismus. Er löst als Anhänger des Kompatibilismus den Widerspruch zwischen Determiniertheit und Verantwortlichkeit durch jene Determinanten auf, die man als Wünsche, Ziele und Absichten bezeichnen könnte. Nachvollziehbar ist im Verlauf der Evolution das Reiz-, Instinkt- und Reaktionsverhalten (vergangenheitsorientiertes Verhalten) zu einem fluktuierenden Bedürfnis- und Motivationsverhalten (gegenwartsorientiert) und letztlich zu einer Bedürfnisantizipation und Selbstkontrolle (zukunftsorientiert) geworden, wobei immer alle diese Determinanten (Informationen) wirksam sind. In der Alltagspsychologie wird die Konkurrenz dieser Determinanten als Willensfreiheit insofern bezeichnet, als zum Beispiel die Unterdrückung aktueller Bedürfnisse zugunsten langfristiger Ziele (siehe das obige Beispiel betreffend den Suchtgenuss) als Willensstärke gilt. Diese Konkurrenzsituation wird nach verschiedenen theoretischen Modellen im Gehirn in Form einer Selbstkontrollstrategie aufgelöst. Diese Entscheidungen und Freiheitsgrade, die sich aus der Fähigkeit zur antizipativen Verhaltensselektion und Selbstdetermination ergeben, begründen nach Goschke die einzige Form der Willensfreiheit.

Der Kognitions- und Neurowissenschaftler im Max-Planck-Institut, Wolfgang Prinz, vergleicht die Thematisierung des freien Willens in der Psychologie mit der Behandlung des Einhorns in der Zoologie: Er betrachtet ihn nicht nur als theoretisches Konstrukt der Psychologie, sondern bezeichnet die Idee des freien Willens – wie die Idee des Einhorns – als Produkt kollektiver Konstruktion und geht eher kulturgeschichtlich der Frage nach, wie Freiheitsintuitionen entstehen können (wie Menschen sich frei fühlen können, obwohl sie es gar nicht sind). Seine drei Thesen sind kurz gefasst: Für die Idee des freien Willens ist in der wissenschaftlichen Psychologie kein Platz; Freiheitsintuitionen sind das Produkt sozialer Kommunikation und Interaktion; sie sind verhaltenswirksam und erfüllen wichtige psychologische und soziale Funktionen.

Prinz trennt Freiheit in der Wahrnehmung (was wir wahrnehmen, ist nicht die Wirklichkeit selbst, sondern ein Resultat von Konstruktionsprozessen – hochgradig selektiv, hochgradig transformiert und hochgradig kategorial überformt) – und Determinismus in der Wirklichkeit. Dieses wahrnehmende Selbst verdankt – ähnlich wie das Einhorn – seine Existenz nicht der natürlichen Evolution, sondern der kulturellen Konstruktion (Kultur-, Sprach-, Rechts-, Moral-, Religionsgemeinschaften, Common Sense). Demnach ist der freie Wille eine soziale Institution, von Menschen für Menschen gemacht. Institutionen bringen Intuitionen hervor und anderseits wirken Intuitionen zugleich als Institutionen. Auf die Frage, ob der Mensch nun einen freien Willen hat oder nicht, meint Prinz: „Eigentlich nicht, aber praktisch doch." Freier Wille ist als Artefakt für den Menschen aber keinesfalls fiktiv, sondern real, denn er bestimmt – wie andere Artefakte auch – seinen Handlungsspielraum in der gleichen Weise wie die natürliche Umgebung, in der er lebt.

Der Grazer Philosoph Peter Strasser thematisiert die Themen Gehirn, Computer und das wahre Selbst in seinem Werk, das den gut verkaufbaren Titel „Gibt es ein Leben nach dem Tod?" trägt, und widerspricht den Deterministen – und mit ihnen den aggressiven Atheisten – mit der plakativen Aussage: „Ich bin nicht mein Gehirn!"

Ohne über Wesen und Herkunft des Bewusstseins selbst eine Erklärung zu finden, meint er – wie natürlich viele andere Philosophen auch –, dass das Bewusstsein etwas ist, das sich nicht mehr reduzieren lässt, also eine nicht nur durch das Gehirn allein zustande kommende Qualität des Menschen ist, die letztlich auch von der Hirnforschung nicht analysierbar sein wird. Er sagt, dass die personale Identität oder eben der Begriff des Ich („Ich bin, der Ich bin") nicht objektivierbar ist. In einer idealisierten Form schwingt dabei die Vorstellung einer Vollkommenheit mit, die nach dem Ableben transzendiert („Erlösung"; „Ich werde sein, was ich bin"). Diese Transformation vom Körperlichen zum Geistigen muss natürlich dann ohne biologisches Organ (Gehirn) auskommen. Aber erst dann wissen wir, wer wir wirklich sind. Wenn vielfach – auch missverständlich – das Gehirn mit einem Computer verglichen wird, zieht Strasser genau hier die Grenze: Keine künstliche Intelligenz wird zugeben können, nur eine Maschine zu sein.

Strasser stellt die von den Menschen so bezeichnete *wirkliche Welt* einer so bezeichneten *Scheinwelt* gegenüber und stellt ähnlich wie Watzlawik die Frage: „Wie wirklich ist die Wirklichkeit?" Er bezieht sich dabei auf die Erfahrungen aller Menschen mit der Welt der Träume, vieler Menschen mit den Illusionswelten im Drogenrausch oder in Ekstase und mancher Visionäre mit einer Offenbarungs- oder Enthüllungswelt in der Meditation und meint, dass die gelebte Alltagsrealität nur eine oberflächliche Form der Wirklichkeit ist und dass es eben mehrere Bewusstseinswelten gibt.

Eine Zerlegung des Ich in mehrere Ich-Zustände (nach physiologischer Auffassung: Teil-Ichs) und auch Eingriffe in das individuelle Genom (genetische Veränderungen) verändern das Ich seiner Meinung nach nicht, weil das Ich mehr ist als seine Teile. Die Meinung, Gehirn und Bewusstsein seien eins, bezeichnet er als eine gehirnspezifische Wahrheit, weil das Ich-Bewusstsein sich nach dem Tod einer empirischen Untersuchung entzieht.

Der nihilistischen Auffassung, dass mit dem Tod „alles aus ist", stellt er die simple Annahme entgegen, dass das Gehirn insofern Bewusstsein produzieren könnte, als es eine Empfänger- und Transformatorfunktion hat und bis zum Ableben des Bewusstseinswesens mit dem Körper verschmolzen ist. Wenn aber über ein Leben nach dem Tod nachgedacht wird, sind die Methoden und Begriffe der Naturwissenschaft natürlich nicht mehr anwendbar, sondern es muss ein neues, anderes Weltmodell entworfen werden, wenn man nicht unmittelbar in Glaubenslehren und in die Theorien vom Schöpfergott überführen will. Und Strasser sieht sich zwar als ein „transzendenzstrebiges Wesen", das sich an der Wirklichkeit und an der Wahrheit orientiert, aber den persönlichen Gott als Mythos empfindet; er tendiert eher zur Annahme, dass es eine Evolution des Gottesbegriffes gibt, die möglicherweise letztlich ein neues Weltmodell formen lässt. (Er erinnert mich dabei ein wenig an den *Punkt Omega* des Teilhard de Chardin.)

Strasser entwirft kein Modell, sondern spricht von einem Primat des Bewusstseins und von der Suche nach dem wahren Selbst, die alle Varianten des modernen Materialismus, vor allem auch alle Formen des gehirnneurologischen Fundamentalismus und auch Konzepte der künstlichen Intelligenz überwinden wird. Diese Suche entspricht der Würde des Menschen und seiner Fähigkeit zu denken: „Ich denke über mein Gehirn nach. Denkt mein Gehirn auch über mich nach?"

Vor einigen Jahren unterzeichneten elf führende Neurowissenschaftler ein Manifest über die Gegenwart und Zukunft der Hirnforschung, in dem einerseits das Geheimnis der Codes, mit denen die Milliarden Nervenzellen miteinander kommunizieren, Informationen bewerten und auslesen, als noch nicht gelüftet angesehen, andererseits aber festgestellt wird, dass Geist und Bewusstsein nicht vom Himmel gefallen sind, sondern dass sie sich in der Evolution der Nervensysteme allmählich herausgebildet haben. Nach ihrer Ansicht funktioniert das Gehirn nach den Gesetzen der klassischen Physik und ist durch das Genom, die Lerngeschichte und die momentanen Reizzustände determiniert. Versehen wird diese Behauptung allerdings mit der Einschränkung, dass es in seiner Komplexität niemals vollständig beschreibbar und verstehbar sein wird.

Allerdings hofft man, in einigen Jahren die räumliche und zeitliche Verteilung der Areale aller beteiligten Neuronen in diesem Mikroschaltkreis zu erfassen. Man wird dann die vorhandenen Beweise verstärken können, dass Geist, Bewusstsein, Gefühle, Willensakte und Handlungsfreiheit auf natürlichen Vorgängen beruhen, die auf biologische Prozesse zurückzuführen sind. Das Ziel ist es, in einer speziellen Sprache eine *Theorie des Gehirns* aufzustellen und damit Fragen der Erkenntnistheorie zu beantworten: Fragen nach dem Bewusstsein, der Ich-Erfahrung und dem Verhältnis von erkennendem und zu erkennendem Objekt. Das heißt, dass sich in diesem Moment das Gehirn ernsthaft anschickt, sich selbst zu erkennen. Es liegt auf der Hand, dass dies zu einem veränderten Menschenbild führen wird: Dualistische Erklärungsmodelle – die Trennung von Geist und Körper – werden ad absurdum geführt.

Wolf Singer, einer der weltweit führenden Hirnforscher, Mitverfasser des Manifests und Direktor am Max-Planck-Institut für Hirnforschung, sieht diese Erkenntnisse auf einer zwar höheren Ebene, aber wieder ganz am Anfang: Das Hirn ist ein derart komplexes dynamisches System, das sich selbst organisiert (und Informationen nicht wie ein Computer in adressierbaren Rechnern abspeichert, sondern Informationen nach Ähnlichkeitskriterien abrufen kann, auch wenn diese unvollständig sind).

In seinem Werk „Ein neues Menschenbild" schreibt er: „Das große Rätsel ist (noch), was die Großhirnrinde im Einzelnen macht, wie sie es macht, wie sie sich stabil hält und wie die vielen Teilfunktionen, die in ihren verschiedenen Teilarealen erbracht werden, letztlich gebunden werden." Und weiter: „Aus dem Zusammenspiel aller dieser verteilten Prozesse entstehen dann kohärente Wahrnehmungen, koordiniertes Verhalten und letztlich auch Bewusstsein." Dies alles geschieht ohne ein Koordinationszentrum und ohne eine Kontrollstelle. Der dafür zuständige neuronale Code ist allerdings noch nicht geknackt. Die Entschlüsselung wird schwieriger sein als jene des genetischen Codes. Singer schließt aber auch nicht aus, dass es für den Fall des dereinstigen Erfolges möglich sein kann – ähnlich wie beim Erbgut –, auch in Bewusstseinsvorgänge einzugreifen und Manipulationen vorzunehmen.

Dass dies möglich ist, zeigen ja auch Bewusstseinsänderungen durch Drogen, Indoktrination (Gehirnwäsche) und auch die im folgenden Kapitel behandelten parapsychischen Phänomene.

Ist die Wirklichkeit ein Konstrukt unseres Gehirns? Die Erkenntnisse der modernen Hirnforschung werden nach Meinung Singers „tiefgreifende Veränderungen unseres Menschenbildes bewirken, die folgenreicher sein werden als die kopernikanische Wende und die Darwin'sche Evolutionstheorie", wie er in seinem Buch „Der Beobachter im Gehirn" feststellt. Er sieht die objektive Wahrheit, die wir über die Welt empfinden, in der wir leben, als Ergebnis unseres Bewusstseins, das an eben diese makroskopische Welt angepasst ist (Wirklichkeit) und nicht an die Quantenwelt und auch nicht an die Welt kosmischer Dimensionen. Aus diesem Grund ist es auch schwer möglich – wenn nicht überhaupt unmöglich –, die Wahrheiten im Quanten- und im Astrobereich zu finden. Wenn man dazu auch noch die von den meisten Hirnforschern vertretene Meinung hinzufügt, dass selbst die erlebte Wirklichkeit nur ein Konstrukt unseres Gehirns ist, stellt sich die Frage nach der objektiven Wahrheit und vollends nach einer Absoluten Wahrheit wieder ganz anders.

Zur Kenntnis nehmen müssen wir Naturgesetze, Regeln und Normen, also Informationen, die unsere Evolution geprägt haben und die unser aktuelles Leben bestimmen. Unser Geist, unser Bewusstsein und die von uns erlebte *wirkliche* Welt sind also ein Konstrukt unseres informationsverarbeitenden Gehirns. Unser *freier Wille*, den wir ebenso real empfinden wie Glaubens- und Wertesysteme, ist eine im Laufe der Evolution entstandene kulturelle Konstruktion, also ein Konstrukt des Gehirns, eine Illusion.

Einen klaren Standpunkt vertritt Singer (auch Mitglied der Akademie der Wissenschaften in Rom, die den Vatikan in naturwissenschaftlichen Fragen berät) bezüglich der Seele: Wenn diesem Begriff die päpstliche Definition zugrunde liegt, entzieht sie sich dem Zugriff der Naturwissenschaften. Sie kann daher auf diesem Weg nicht gefunden werden und fällt in den Zuständigkeitsbereich der Metaphysik.

Dem von Philosophen oft erhobenen Einwand, dass das Beobachtbare und Erklärbare nur aus der Dritten-Person-Perspektive möglich ist und demzufolge das Gehirn sich nicht selbst erklären kann (der Beobachter im Gehirn), wird mit dem Hinweis begegnet, dass es möglich ist, „mentale Phänomene mit materiellen Vorgängen im Gehirn in Verbindung zu bringen und Theorien zu formulieren …", welche die Grenzen zwischen der materiellen und der geistigen Welt überbrücken. Singer spricht hier von der Notwendigkeit, eine Metasprache zu entwickeln, in der Begriffe für die neuen Bezüge dieses Phasenübergangs gefunden werden müssen. Er ist sich aber auch bewusst, dass solche Metatheorien, die versuchen, die Phänomene beider Welten miteinander zu verbinden, Irrtümern, Fehlinterpretationen oder unstatthaften Verallgemeinerungen unterliegen können.

Jürgen Habermas kritisiert diese von der Neurobiologen vertretene Auffassung der Determiniertheit, weil er das Ich zwar als soziale Konstruktion versteht, aber es deshalb nicht als Illusion sieht. Er meint, dass sich im Ich-Bewusstsein gleichsam der Anschluss des individuellen Gehirns an die Außenwelt reflektiert und dass die Individuen als verantwortliche Autoren überlegen und daher frei handeln können. „Wäre die Frage, wie zu entscheiden ist, nicht zunächst offen, bräuchten wir gar nicht erst zu überlegen. Ein Wille bildet sich, wie unmerklich auch immer, im Zuge von Überlegungen." Frei ist nach Habermas jedenfalls der überlegte Wille.

Gerade diese Bedenken begleiten mich auch im Zuge dieser Arbeit und bei dieser meiner Informationshypothese! Jedenfalls setze ich meine Arbeit jetzt fort und bilde mir ein, dies ohne Zwang und aufgrund meiner freien Entscheidung zu tun, egal, ob das diesbezügliche neuronale Signal – im Sinne des Libet-Effekts – schon einige Zehntelsekunden zuvor in meinem Gehirn gefeuert hat. Die Determiniertheit des Menschen würde anderseits aber ohnehin auch die Neugier nach Unentdecktem, den

Drang, uns und die Welt besser zu verstehen, einschließen, den Wissenschaftler zum unentwegten Weiterforschen und den Laien zum Denken zwingen und „Theorien und Modelle als Konstrukte begreifen lassen, die bestimmten funktionalen Kriterien genügen, jedoch keinen Anspruch auf absolute Wahrheit und auf immerwährende Gültigkeit erheben können".

Zwischenstück
Moral und Ethik und das
Gute im Menschen

Wenn ich im Zwischenstück „Ökonomie – Mensch – Ethik" über die negativen Auswüchse des menschlichen Selbsterhaltungstriebs geschrieben habe und damit den Eindruck vermittelt haben sollte, dass ich der uneingeschränkten Meinung von Thomas Hobbes („homo hominis lupus est") bin und den Menschen für grundsätzlich schlecht halte, muss ich das jetzt richtigstellen und relativieren. Es ist dies ein philosophisches Thema, und ich werde im Abschnitt „Philosophie" auch noch darauf eingehen, aber es ist natürlich auch eine Frage, die an die Bewusstseinsforschung – oder besser an die Wissenschaft des Geistes – gestellt wird.

Ich möchte zwei provokante Thesen voranstellen:
1.   Die Philosophen von der Antike bis fast zum Ende des 20. Jahrhunderts würden ihre jeweiligen Ansichten und logischen Schlussfolgerungen in Kenntnis des aktuellen naturwissenschaftlichen Wissensstandes wohl wesentlich geändert haben.
2.   Obwohl ich den Vergleich zwischen dem Gehirn und dem Computer schon mehr-fach strapaziert habe, möchte ich – wieder mit der Bitte um Nachsicht – auf eine weitere Identität hinweisen: In der Computertechnik herrscht Einvernehmen darüber, dass man aus diesen Apparaten nur das herausbekommt, was man ihnen eingegeben hat (auch selbstlernenden Computern muss das dafür erforderliche Programm importiert werden). Beim Gehirn ist dies nicht anders: Was nicht drinnen ist, kann nicht herauskommen (auch die augenblicklichen Umwelt- oder sonstigen Signale werden über das Gehirn verarbeitet). Die ausführlich beschriebenen Speicher- und Verarbeitungsprozesse im Gehirn sind für jegliche Art des menschlichen Verhaltens verantwortlich; das gilt auch für die qualitativen Verhaltenskategorien Gut – Böse, Moral, Ethik und anderes mehr.

Es war also nicht überraschend, dass Hirn- und Genforscher keine Seele, kein Gottesgen und kein Moral- oder Ethikgen gefunden haben, sondern die Frage nach religiösem, mora-lischem und ethischem Verhalten und Handeln des Menschen und seine Unterscheidung zwischen Gut und Böse mit seinem genetischen Grundbedürfnis innerhalb der jeweiligen gesellschaftlichen Konvention beantwortet haben.

Dies entspricht meiner These, dass sämtliche Informationen, die im Laufe der Evolution gespeichert wurden, in den Genen vorhanden sind und dass immer das kollektive Unbewusstsein des nur in der Gruppe überlebensfähigen Menschen (der Mensch ist ein soziales Wesen) eben gerade in den verschiedenen Kategorien des Sozialverhaltens zum Ausdruck kommt. Insofern stecken moralische und ethische Grundregeln schon von Geburt an in jedem Menschen, als ein fundamentales Normgerüst, das dann aber schon den Konventionen der verschiedenen Kulturkreise und auch deren etwaigen Veränderungen angepasst wird. Dass diese spätere Anpassung nur langsam vor sich geht, zeigt auch die Migrationsproblematik.

Meiner Ansicht nach sind auch neuere neuropsychologische Forschungsergebnisse (etwa die sogenannten Spiegelneuronen, die nicht nur bei eigener Sensitivierung feuern, sondern auch wenn die Empfindung eines anderen Menschen beobachtet wird und es dabei zu einem Mitgefühl kommt) kein Widerspruch zur Meinung Darwins („Das egoistische Gen"). Wenn nämlich – wie im Abschnitt „Biologie" ausführlich dargelegt – Leben ohne die genetische Information für Fortpflanzung nicht möglich ist, bildet der unbedingte Trieb zur Selbsterhaltung die logische Konsequenz. Dieser ist nun zwangsläufig egoistisch. Dass sich aus der evolutionären Kenntnisnahme des Gruppenerfordernisses notwendigerweise ein altruistisches Verhalten als zweckmäßig, ja als notwendig erwiesen hat, ist aber ebenso logisch.

Vorwegnehmend kann ich hier aber auch eine mögliche Interpretation der Kant'schen Philosophie, die – neben anderen – als Beispiel für das grundsätzlich Gute im Menschen angeführt wird, vornehmen. In der Formulierung seines kategorischen Imperativs „Handle so, dass du die Menschheit, sowohl in deiner Person als in der Person eines jeden anderen jederzeit zugleich als Zweck, niemals als Mittel brauchst" begreift Kant den Menschen als Mitglied in einem Reich der Zwecke und meint damit die systematische Verbindung verschiedener vernünftiger Wesen durch gemeinschaftliche Gesetze. „Handle nur nach derjenigen Maxime, durch die du zugleich wollen kannst, dass sie ein allgemeines Gesetz werde" entspricht dem Sprichwort „Was du nicht willst, was man dir tu, das trau auch keinem anderen zu". Dieser Altruismus, auf den Moral und Ethik aufbauen, hat seine Wurzel natürlich auf dem – zur Selbsterhaltung erforderlichen – Egoismus.

Zu den Begriffen Moral und Ethik, die beide als so unantastbare Grundpfeiler jeder menschlichen Gesellschaft hingestellt werden, scheinen kurz noch zwei Bemerkungen angebracht – auch weil sie die weitere Evolution betreffen: Diese beiden Normensysteme des menschlichen Handelns werden vielfach als synonyme Begriffe gesehen. Meiner Meinung nach ist die Ethik grundsätzlicher, Moral hingegen flexibler und sehr oft den gesellschaftlichen oder den gesellschaftspolitischen Veränderungen unterlegen. Dass weder Moral noch Ethik unverrückbare Säulen der Gesellschaft sind, begründe ich durch Verweise auf jüngste und auf zweifellos kommende Verrückungen, auch wenn diese von vielen beharrlich konservativen Kreisen als verrückt betrachtet werden. Galt etwa die Homosexualität bis vor Kurzem noch als ein moralischer Tabubruch, der sogar geahndet wurde, ist heute sogar eine Eheschließung zwischen Gleichgeschlechtlichen gesetzlich möglich. War die Genmanipulation verpönt und rief verschiedene Ethikkommissionen auf den Plan, kann man solche Methoden trotzdem weltweit – etwa bei Futter- und Lebensmitteln – zunehmend beobachten. Der Genforschung war und ist es – noch – aus ethischen Gründen verboten, embryonale Stammzellen zu verwenden, weil dadurch in Leben eingegriffen wird. Ich hege keinen Zweifel, dass sich diese Forschung behaupten wird und die Verbote aufgehoben werden (müssen). Warum? Das Streben nach mehr relativer Wahrheit, der nie endende Forschungsdrang des Menschen sind eben auch dem Selbsterhaltungstrieb inhärent und führen so zwangsläufig zur Verrückung der ethischen Grenzen. Ob man diese Eigenschaften nun negativ als egoistisch oder positiv als altruistisch bezeichnen will, ist Ansichtssache.

Der Philosoph Konrad Paul Liessmann schreibt dazu in seinem Werk „Lob der Grenze, Kritik der politischen Urteilskraft": „Grenzen zu überschreiten, gehört zweifellos zu den Dimensionen menschlichen Daseins, die mit der Kreativität, der Offenheit, dem Forschungsdrang des Menschen, aber auch mit seiner Aggressivität, seiner Gier und seiner Destruktivität zu tun haben."

Im Laufe einer Diskussion über diese meine Informationshypothese wurde ich einmal gefragt, ob ich dabei egoistische oder hehre altruistische Ziele habe. Es ist, nach dem Gesagten, nicht schwer, meine Antwort zu kennen: Selbst wenn ich keine materiellen Ziele verfolge (eine – ursprünglich nicht vorgesehene – Veröffentlichung dieses Manuskripts würde kaum pekuniäre Erfolge haben), leiste ich mir das egoistische Ziel der Selbstbestätigung. Altruistisch könnte meine Arbeit (so sie denn doch einem Publikum zugänglich werden sollte) schon deshalb nicht sein, weil meine Schlussfolgerungen wesentlich mehr Menschen verstören als ihnen nutzen würden.

Im Gegensatz zur weiter unten behandelten optimistischen Auffassung Jeremy Rifkins sehe ich die zivilisatorische Entwicklung pessimistischer und füge hier nur einen weiteren Exkurs ein, den ich im Zuge der Beobachtung der letzten Krisen und deren Bewältigungsversuchen geschrieben und einigen an solchen Diskussionen Interessierten übermittelt habe.

Angesichts der Ereignisse der letzten Monate stellt sich die Frage, ob der nahezu globale Sittenverfall eine Zeiterscheinung ist oder ob er lediglich durch die Medien transparent geworden ist. Unter Sittenverfall sind jene Ereignisse zu subsumieren, die ethische Grundsätze verletzen und entweder durch rechtsstaatliche Instanzen verfolgt und geahndet werden oder aber aus Gründen, die sich schwer einordnen lassen, absichtlich unterdrückt werden. Die Frage also, ob es sich um eine Erscheinung unserer Zeit handelt oder ob es dem menschenimmanenten Sozial- und Gesellschaftsverhalten zuzuschreiben ist, würde ich eindeutig beantworten: Es war immer schon so! Profiteure waren immer die Einflussreichen, Mächtigen und Führenden; bezahlt aber haben immer die Massen: früher mit ihrem Blut, mit ihrer Gesundheit, heute mit ihrem Geld. Täter und Opfer waren immer die gleichen gesellschaftlichen Gruppen. Das ist keine pessimistische Sicht der Dinge, und es ist auch nicht mehr Skepsis für die künftige Entwicklung angebracht, sondern diese Meinung gründet sich auf Pragmatismus, auf Lehren der Geschichte und auf Analyse der menschlichen Eigenschaften.

An anderer Stelle habe ich ausführlich beschrieben, wie sich die archaisch-genetischen Informationen im Gehirn als menschliche Ureigenschaften auswirken: in positiver Hinsicht als Neugier und das Streben nach Fortschritt und in negativer Hinsicht als Macht- und Habgier, als Eifersucht und Neid.

Von Beginn der Menschheitsgeschichte an, zumindest ab der ersten Gruppenbildung (weil die Menschen erfuhren, dass sie allein nicht lebensfähig waren) kam es zur Verdrängung dort, wo der Lebensraum der Gruppe zu klein wurde. Eher als eine Integration von und/oder mit anderen Gruppen geschah die Vertreibung oder Vernichtung anderer – schwächerer – Gruppen. Sippen und Stämme wurden größer und bildeten Reviere und Grenzen. Ethnien und Völker entwickelten ihre eigene Mentalität, ihre eigene Ideologie und Religion und ihre eigene Kultur. Sie wurden selbstbewusster und verteidigten diese ihre Eigenheiten und natürlich ihren Lebensraum gegen Einflüsse von außen. Innerhalb der Gruppen, Sippen, Stämme, Ethnien und Völker herrschte strenge Hierarchie: Die klügsten, raffiniertesten und/oder stärksten Mitglieder waren immer die Herrscher, welchen Namen sie auch immer trugen. Und mehr und mehr bezogen sich diese Führer auf überirdische Kräfte, die dem jeweiligen Glauben entsprachen, und wurden dadurch geradezu sakrosankt und unantastbar. Ein notwendiger, enger Kreis bildete den Schirm um sie und kam dadurch in den Genuss von Privilegien. Die restlichen Mitglieder dieser

Gesellschaften waren immer Abhängige, aber natürlich auch Geführte und – soweit Gefahr von außen drohte – auch Beschützte. Für einen solchen Schutz waren sie aber als Krieger und Verteidiger selbst zuständig. Während die Führer anfangs noch selbst und an vorderster Front kämpften, zogen sie sich zunehmend in ihre Hauptquartiere zurück und gaben Befehle. In Friedenszeiten hatten die Abhängigen die ihnen zugeteilte Arbeit zu verrichten und – in welcher Form immer – ihren Obolus zu entrichten.

Wurde die Gesellschaft größer und der Lebensraum enger, wurden Eroberungskriege geführt. Diese Mittel könnten noch unter dem Begriff der Selbsterhaltung subsumiert werden und auf ein gewisses Maß an Verständnis treffen. Die meisten Kriege wurden allerdings aus Machtgier geführt: Weil die Nachbargesellschaft etwas hatte, was die Herrscher auch begehrten. Über das dunkle Mittelalter und die Gottesstaaten breitet man am besten den Mantel des Schweigens. Die Inquisition und der sich auch auf göttliche Fügung berufende Feudalismus waren Machtinstitutionen, die nur einem sehr kleinen Teil der Bevölkerung Einfluss, Macht und Wohlstand gewährleisteten. Die Masse musste sich in ihr ärmliches Schicksal fügen.

Kriege zwischen entwickelten Großvölkern wurden schon seit dem ersten Jahrtausend v. Chr. geführt; die Ziele waren immer die gleichen: Machterweiterung und Habgier. Betroffen war immer das gemeine Volk. Die Konflikte über die Nachbargrenzen hinaus wurden mit zunehmender geografischer Globalisierung erdumspannend; die Kolonialisierung von Gebieten in Amerika, Afrika, Australien und Asien durch europäische Staaten konnte durch überlegene Transport- und Waffensysteme gelingen, und in allen Fällen führte dies zur Ausbeutung und sogar zur teilweisen Vernichtung der dort lebenden Urbevölkerung. Es handelte sich um Diebstahl und Sklavenhandel. Auch die Eroberer bedienten sich ihrer niederen Klasse, indem sie diese in den Kampf schickten. Das Diebesgut (Menschen und Werte) wurde fast ausschließlich an die jeweils Mächtigen (weltliche und kirchliche Institutionen) verteilt.

Mit dem Rückzug aus den Kolonien (oder sogenannten Protektoraten) zogen die Eroberer meist künstliche Grenzen, oftmals mitten durch ethnisch gewachsene Gebiete, oder siedelten fremde Völker in einem vermeintlichen Niemandsland an. Genau diese oft unüberlegten und in Unkenntnis der ethnischen, stammesgeschichtlichen und kulturellen Gegebenheiten gefassten willkürlichen Entscheidungen, die in den Machtzentren der (europäischen) Staaten getroffen wurden, führten und führen zu jenen Problemen, mit denen sich die Weltpolitik dauernd konfrontiert sieht: Der Freiheits- und Selbstständigkeitsdrang und die Ablehnung von Fremden (Minoritäten) im Stammgebiet der jeweiligen Gesellschaften führen zu Konflikten, Kriegen und Völkermorden. Die Beispiele sind zahlreich. Um nur einige zu nennen, für die hauptsächlich die Franzosen und die Briten verantwortlich sind und die seit Jahren die Weltpolitik in Atem halten: Israel und Palästina, Kurdistan und die Türkei, Kaschmir, Afghanistan, Pakistan. Auch die österreichischen

Grenzen wurden nach dem Ersten Weltkrieg übrigens willkürlich und in Unkenntnis der Verhältnisse gezogen (angeblich hatte der US-amerikanische Präsident Wilson keine Ahnung von der geografischen Lage des Brennerpasses).

Was brachten die Systemänderungen am Beginn des 20. Jahrhunderts, die in den meisten Staaten (Europas) das Ende der Monarchien bedeuteten? In Russland den Kommunismus, in Österreich den Bürgerkrieg und in Deutschland den Nationalsozialismus und den Zweiten Weltkrieg.

Ab der Mitte dieses 20. Jahrhunderts glaubte man, den grauenvollen und zerstörerischen Eroberungskriegen, die sich neben der Machtgier auch noch durch Rassenhass auszeichneten, ein Ende durch eine Neuordnung gesetzt zu haben. Im Osten Europas entstand aus einer vermeintlich idealen Ideologie der Verteilungsgerechtigkeit ein System, das neben einer brutalen polizeistaatlichen Gewaltherrschaft den Unterschied zwischen dem Volk und einer auf relativ wenige beschränkten Nomenklatura deutlich gemacht hat. Im Westen Europas begann ein – durch die Erfordernisse des Wiederaufbaus begünstigter – Demokratisierungsprozess, und es setzte sich eine von einigen klugen Staatsmännern propagierte Einsicht einer politischen und wirtschaftlichen Vereinigung von einstigen Gegnern durch. Diese Idee und deren Verwirklichung in der Europäischen Gemeinschaft können durchaus als ein einmaliges, positives Beispiel im seit Jahrtausenden zerrütteten Europa angesehen werden. Und dieser Prozess hätte auch durchaus reelle Chancen, einen Kontinent zu einen, zu befrieden und ihm eine für die Menschen gedeihliche Zukunft zu geben. Wäre da nicht das Urproblem, von Macht und Einfluss loszulassen, und würde da nicht ein die Gier befriedigendes Ersatzmittel die Rolle der Landnahme eingenommen haben. Wieder sind die Beispiele zahllos. Ich beschränke mich jedoch auf die für mich mittelbar wahrnehmbaren.

Der fehlende Verzicht auf Macht und Einfluss lässt in den Staaten der EU den Nationalismus wieder aufkeimen. Die sogenannten Souveränitätsrechte sinnvoll an andere Institutionen abzugeben, hieße natürlich, an eigener Bedeutung zu verlieren. Dies gilt gleichermaßen für dringend erforderliche und auch mehrfach versprochene Staatsrechtsreformen in Bezug auf die Aufgabenteilung zwischen Bund und Ländern (deren Existenzberechtigung ebenfalls zu hinterfragen ist) und für sinnvolle Bezirks- und Gemeindezusammenlegungen. Mit Scheinargumenten wird der jeweils eigene Machtbereich verteidigt. Der kulturelle Fortschritt besteht in der Wahl der Waffen.

Über den Kampf um Macht und Einfluss – und den letztlich pekuniären Vorteil – von internationalen Konzernen wurden bereits Bibliotheken gefüllt. Dass diese Kämpfe in der Wahl der Mittel nicht zimperlich waren und sind und Opfer gefordert haben, ist ebenfalls hinlänglich bekannt.

Eine neue Dimension ist allerdings durch den Missbrauch des Tauschmittels Geld ent-standen; es hat sich nämlich verselbstständigt: Es dient nicht mehr nur als Medium für den Waren- und Dienstleistungsaustausch, sondern nimmt immer mehr eine von der Realwirtschaft losgelöste Wett- und Spekulationsfunktion an. Die von den USA ausge-gangene Finanzkrise ab 2008 wurde von der Zentralbank, den Geschäfts- und Invest-mentbanken und Fonds sowie mit Hilfe der Ratingagenturen in kriminell-spekulativer Weise betrieben und konnte sich aufgrund der übertriebenen Renditesucht der Banken und sonstiger Investoren weltweit ausbreiten. Nur durch staatliche Eingriffe konnte ein Kollaps verhindert werden. Dessen ungeachtet kassierten – und kassieren schon wieder – die verantwortlichen Manager Bonuszahlungen in einer Höhe, welche die Masse der Steuerzahler wegen der Nullen nach dem Komma gar nicht mehr begreift. Wenige (und zwar die für das Desaster Verantwortlichen) profitieren, und alle zahlen letztlich für den entstandenen Schaden. Zur Rechenschaft werden in seltenen Fällen nur offensichtliche Betrüger gezogen. (Der amerikanischen Rechtsordnung etwa würde eine Aufteilung ei-ner 150- bis 200-jährigen Haftstrafe für einen Verurteilten auf lebensnahe Haftdauer für mehrere zu verurteilende Betrüger besser anstehen.)

Mit Beispielen kann aber auch durchaus Österreich aufwarten: Gröbste Spekulati-onen, Korruptionen und Betrügereien führten bei einer Landesbank zu einem Zusammen-bruch, dem nur durch eine Milliardenkapitalspritze und durch Verstaatlichung begegnet werden konnte. Für sämtliche Verantwortlichen und Involvierten gilt die Vermutung der Unschuld; für alle Staatsbürger gilt die unvermutete Sicherheit, für den Schaden aufkom-men zu müssen.

Habgier und Machtgier einiger weniger waren und sind immer die Ursachen für Zustände, deren Folgen dann alle zu tragen haben. Was also hat sich, seit menschliche Gesellschaften analysiert werden, geändert? Teilweise die Art der Waffen; Grundsätzliches jedoch nicht! Können daher Schlüsse auf die künftige Entwicklung gezogen werden? Ja!

Die archaisch-genetischen Informationen im menschlichen Gehirn werden sich nicht verändern, außer es tritt dereinst tatsächlich einmal eine Vergeistigung des Menschen ein (wie dies einer Theorie Teilhard de Chardins entspricht). Die positiven, zum Fort-schritt führenden Aspekte des strebenden Selbsterhaltungstriebs (Neugier) und dessen beschriebene negativen Seiten (Habgier) werden das Geschehen weiterhin beeinflus-sen. Zugegebenermaßen sind die Grenzen zwischen den beiden Seiten fließend, und die meisten mögen sich auch nicht betroffen fühlen, wenn sie der Vorwurf des Nicht-genug-Kriegens trifft. Einerseits lässt der strebende, rationale Trieb nach Selbsterhaltung z. B. die Wahl von angebotenen Sparbuchverzinsungen zwischen einem und zwei Prozent ohne Unterstellung von Gier und Spekulationsabsichten klar entscheiden; anderseits impliziert der Renditehandel weit jenseits orts- und zeitüblicher Dimensionen Gier und

Betrug. Die Frage nämlich, wann genug genug ist, ist schwer beantwortbar und bedürfte eines Philosophikums.

Es bleibt die Frage, ob der Macht- und Habgier durch gesellschaftliche Sanktionen begegnet werden kann, so diese überhaupt möglich sind, weil eine gewisse Interdependenz zwischen Führungsebenen in Wirtschaft und Politik nicht zu übersehen ist. Auch diese Frage ist zu verneinen: Sollten die – in der Auseinandersetzung immer weicher werdenden – Reglementierungen tatsächlich den Finanzjongleuren Riegel vorschieben, werden Findige schneller Ausweichmöglichkeiten finden, als solche Gesetze in Kraft treten. Eingangs wurde auch auf die Annahme hingewiesen, dass – aus Gründen, die sich schwer einordnen lassen – die Verletzung ethischer Grundsätze manchmal bewusst unterdrückt wird. Es kann dies aus eigennützigen Gründen des Selbstschutzes der Betroffenen, der Involvierten (Personen und/oder Institutionen) oder des Gesamtsystems (Staat) erfolgen. In solchen Fällen spricht man dann von Räson, um Aufklärung, noch mehr Schaden (etwa durch Reputationsverlust) und in manchen Fällen um Vertrauensverlust oder Panik zu verhindern. Beispielsweise geschieht dies bei Geldinstituten, in denen Betrug oder Unterschlagung durch eigene Mitarbeiter nicht angezeigt, sondern die möglichst öffentlich-unwirksame Entlassung gewählt wird. Wenn die öffentliche Politik (welches Herrschaftssystems immer) im Wissen um kriminelle Machenschaften im großen Feld ihres Einfluss- und Machtbereichs vertuscht und die Verfolgung verhindert, spricht man gerne auch von Staatsräson.

Wenn man nochmals die Frage stellt, ob man Lehren aus der Krise und aus all den bekannten und angeführten – und unbekannten, jedoch tatsächlichen – diesbezüglichen Ereignissen im Laufe der Menschheitsgeschichte ziehen kann, ergibt sich eine schlüssige Antwort: Ja, man hat gelernt, zur Kenntnis zu nehmen. Alle zahlen für die Vorteile von wenigen oder stehen für die Schäden, den diese verursacht haben, gerade.

Um zu früheren Wirtschafts- und Gesellschaftsprognosen zurückzublenden: Die bis zu 80 Prozent des Bruttoinlandsprodukts oder auf rund 250 Milliarden Euro steigenden Staatsschulden in Österreich (2014) werden eine für alle spürbare Belastung (Inflation) hervorrufen. Auf der Seite der Budgetausgaben werden zwar ein paar kosmetische Operationen vollzogen werden, von einer Verwaltungs- und/oder Staatsrechtsreform wird man aber wieder die Finger lassen, da das politische System eine Art Selbstschutzfunktion besitzt. (Der Begriff der Immunität ist mehrfach zu deuten.) Auf der Seite der Budgeteinnahmen wird man Kompromisse schließen: Neben einer (der vermeintlichen Gerechtigkeit dienenden) Vermögens(zuwachs)steuer, die jedoch keinen wesentlichen Beitrag leisten kann, werden Massensteuern und Abgaben erhöht werden müssen. Die für Finanz- und Konjunkturstützungsmaßnahmen erforderlichen Mittel wurden und werden zunächst durch Staatsanleihen aufgebracht. Deren später notwendige Tilgung wird dann durch inflationistisch wirkende Erhöhungen oben genannter Steuern erfolgen.

Bezüglich der gesellschaftspolitischen Entwicklung halte ich meine Prognose ebenfalls aufrecht: Der Trend nach sehr rechts wird durch die wirtschaftliche Entwicklung begünstigt: Weitere Firmenzusammenbrüche, steigende Arbeitslosigkeit, Unmut über die Politik und Skandale um Finanzjongleure, Profiteure, Spekulanten und Betrüger sowie zunehmende Kriminalität im (vermeintlichen oder tatsächlichen) Zusammenhang mit Asylanten und Ausländern werden vermehrt das herrschende politische System infrage stellen lassen. (Die Biertische werden zu Schimpf- und Protestzentren.) Der Ruf nach Ordnung wird lauter werden. Wie ernst Umfrageergebnisse zu nehmen sind, wonach sich mehr als 20 Prozent der Bevölkerung einen „starken Führer" wünschen, sei dahingestellt. Realität ist jedoch, dass vor allem die um ihre Zukunft besorgte Jugend politisch sehr stark nach rechts außen tendiert. Es entspricht dem Bedürfnis jeder sozialen Gruppe, einen Führer zu haben, unter dessen Schutz und Verantwortung sie sich sicher und wohl fühlen möchte. Es entspricht aber auch der Erfahrung, dass die Versuchung der führenden Schichten (in welchen politischen Systemen immer) vom Machterhalt zur Machterweiterung tendiert. Welche Formen dieses Bestreben annehmen kann, ist hinlänglich nachgewiesen.

Die Delegation der Verantwortung kostet und ist eben auch riskant. Die Struktur der Gesellschaft wird sich ebenso wenig ändern wie der Mensch und seine Eigenschaften. Das Risiko vergrößert sich mit jeder Ausnahmesituation. Das Sittenbild scheint die einzige Konstante zu sein.

Das böse Gen?

Die Gier als hypertrophierter Selbsterhaltungstrieb ist eine unauslöschbare Urinformation: Der Mensch bleibt Mensch.

Auch wenn ich mich mehrfach wiederhole, scheint mir dieses Problem, das die Menschen ständig begleitet, so wichtig, dass ein Hinweis auf den Zusammenhang zwischen Leben und Erleben der menschlichen Eigenschaften und der daraus entstehenden Zwänge und Umstände nötig erscheint: Man darf die Urinformation des Menschen nie außer Acht lassen. Leben ist in erster Linie Selbsterhaltung. Dieser unbedingte Trieb umfasst die genetischen Informationen zum Zellwachstum, zum Stoffwechsel und zur Fortpflanzung.

Eben diese Triebe haben beim Menschen im Laufe der Evolution zu jenen Eigenschaften geführt, die ich als Gier bezeichnet habe, wobei ich zwischen den positiven Aspekten der Neugier und den negativen Effekten der Habgier unterschieden habe. Beide Seiten der Gier, also sowohl das an sich positive Streben wie auch die negative Seite, führen im überzogenen Maße zu höchst negativen Ergebnissen: Das Gute im Zuge des Strebens (Neugier) kann sich zum Bösen entwickeln, wenn es die absehbaren Grenzen überschreitet. Grenzen zu überschreiten heißt, Entwicklung und Wirkung nicht abzusehen oder deren negatives (böses) Ausmaß bewusst in Kauf zu nehmen. Um nur einige von unzähligen Beispielen zu nennen: die Entdeckung des Feuers (segensreich bis zerstörerisch), des Schießpulvers (Hilfsmittel bis Mordwerkzeug), der Atomkraft (Energiealternative bis Supergau) oder – gegebenenfalls aus ethischer Sicht – die Genetik (Heilmethode bis Manipulation). Auf die über eine *gesunde* Selbsterhaltung hinausgehende Habgier muss nicht noch einmal eingegangen werden.

Es zeigt sich also, dass Gut und Böse keine scharf getrennten Begriffe sind, sondern dass das Gute das Böse implizieren kann. Extrem formuliert handelt es sich bei diesen Begriffen um ein Paar: Ohne Gutes gibt es kein Böses und umgekehrt.

In der Regel ahnen die Menschen, was gut und was böse ist, ihr Gespür dafür ist intuitiv, und vielfach sorgen selbst die egoistischen Gene dafür, indem sie den Organismus zum Zweck ihres eigenen egoistischen Überlebens zum Altruismus veranlassen (Mensch als soziales Wesen). Anderseits können sich unter bestimmten Bedingungen die moralischen Werte sehr schnell ändern und das sogenannte Gewissen außer Kraft setzen. Gehirnscans und Reihenuntersuchungen weisen nach, dass Gier, Aggression und Rache unter extremen Bedingungen herbeigeführt werden können. Schon das alte Sprichwort „Gelegenheit macht Diebe" besagt die Bedeutung äußerer Einflüsse auf Moral und Gewissen. Auf die vielen aktuellen Beispiele hinzuweisen, erübrigt sich.

Es ist eher eine philosophische Frage, aber ihre Behandlung scheint mir an dieser Stelle richtig zu sein: Was ist gut und was ist böse? Und in diesem Zusammenhang auch die Frage nach der Gerechtigkeit.

Der Wiener Philosoph Peter Kampits hat sich der ersten Frage in seinem Werk „Wer sagt, was gut und was böse ist?" gestellt und versucht, sie philosophisch, theologisch, evolutionstheoretisch und medizinwissenschaftlich zu behandeln. Ein kurzer Auszug daraus scheint mir auch im Hinblick auf das Thema „Religion" in meinem letzten Kapitel als zweckmäßig. Kampits weist auf die lange Auseinandersetzung zwischen Theologie und Philosophie über den freien Willen hin. Die zentrale Frage war dabei immer, ob Gott dem Menschen die Freiheit des Handelns gegeben hat oder ob, wie die meisten Wissenschaftler des Geistes heute meinen, der Mensch determiniert ist.

Eine auch heute in der philosophischen Theologiediskussion noch erörterte Frage stellte im 3. Jahrhundert ein nordafrikanischer Kirchengelehrter namens Laktanz: „Entweder will Gott das Böse aus der Welt entfernen und kann es nicht, oder er kann es nicht und will es nicht, oder endlich will und kann er es. Will er es und kann es nicht, so ist dies ein Unvermögen, was dem Wesen Gottes widerspricht; kann er es und will es nicht, so ist es Bosheit, die seiner Natur nicht minder widerspricht, will er es nicht und kann er es nicht, so ist es Bosheit und Unvermögen zugleich, will er es aber und kann es auch (was seinem Wesen entspräche), woher kommt dann das Böse auf Erden?"

Ein Jahrhundert später befasste sich Augustinus, auf den man sich in der Theologie immer wieder beruft, mit der Frage, ob Gott, als Schöpfer aller Dinge, nicht selbst der Urheber des Bösen war. Alle drei monotheistischen (abrahamitischen) Religionen beziehen sich auf die Genesis, der zufolge Adam und Eva von Gott verboten wurde, die Früchte vom Baum der Erkenntnis (des Guten und des Bösen) zu essen. Augustinus und alle Kirchengelehrten bis heute, auch der gültige „Katechismus der Katholischen Kirche" versuchten den Spagat, der sich zwischen Gott und Teufel auf der einen und der Willensfreiheit des Gottesgeschöpfs Mensch auf der anderen Seite auftat, zu lösen. Die Erbsünde (ich würde sie die Urinformation nennen) wurde als Missbrauch der Freiheit des Menschen bezeichnet. Bezeichnend in diesem Zusammenhang ist die Folgerung jener bösen Urtat Evas, sich von der diabolischen Schlange zum Pflücken des Apfels verführen zu lassen: In der Folge wurde die Frau selbst mit der Schlange identifiziert, selbst als Verführerin gebrandmarkt und als Ursache des Bösen bezeichnet. Die Hexenprozesse des Mittelalters finden – in natürlich zivilisierterer Form – in der Stellung der Frau und in ihrem Ämterausschluss (in den katholischen, jüdischen und islamischen Religionsgemeinschaften) ihre Fortsetzung.

Die Frage des Bösen im Menschen hat natürlich auch in der Philosophie, in der Psychologie und in der Soziologie zu allen Zeiten zu Diskussionen geführt. Dabei wurde immer auf die Untrennbarkeit mit der Frage der Freiheit und mit der damit zusammenhängenden Verantwortung Wert gelegt. Immer aber scheiterte man am *Drama der Freiheit*, welches das Böse zu einer Hauptfigur macht. Auch die Aufklärung konnte das Problem nicht lösen: Kants „Ich soll, also kann ich" verschiebt es auf die Vernunft, andere (wie Schelling, Hegel) sehen die Schöpfung als einen dauernden Prozess und die Menschheitsentwicklung und Weltgeschichte als Rechtfertigung Gottes. Wieder andere (wie Schopenhauer) sehen dieses Problem in den Naturgesetzen und die Willensfreiheit damit kausal bestimmt. Nietzsche etwa erklärt den Moralisten überhaupt den Krieg und meint, dass der Wille zur Macht nur durch den Übermenschen bezwungen werden kann, indem er der Erde ihr Ziel gibt, Gott und das Nichts besiegt und sich damit jenseits von Gut und Böse stellt. Die Theodizee, also die Rechtfertigung Gottes und die Ursache von Gut und Böse, verharrt im ungeklärten Zustand, weil die Frage Unmögliches zu beantworten sucht. Der jahrtausendelange Bestand der Religionen gründet sich im Wesentlichen auch auf die Hoffnung der Menschen, die Gerechtigkeit im Jenseits zu erfahren. Der gerechte Gott wird demnach für den Ausgleich sorgen: Arme werden reich beschenkt, Unglücklichen wird das Glück zuteilwerden usw. Aber gilt das auch umgekehrt?

Aktuelle naturwissenschaftliche Erklärungen seitens vieler Neurowissenschaftler und Hirnforscher sehen die Freiheit des Menschen, zwischen Gut und Böse zu unterscheiden, als eine Illusion und als ein kulturelles Konstrukt. Wenn etwa Wolf Singer sagt: „Keiner kann anders, als er ist", steht dies nicht nur im krassen Widerspruch zu Kant, sondern weist eine Determiniertheit des Menschen aus, welche die gestellten Fragen und erwähnten Probleme überhaupt obsolet macht. Da ich diese Thematik in den vorangehenden Kapiteln schon ausführlich behandelt habe, kann ich auf eine weitere Erörterung verzichten.

Kampits jedenfalls kommt zum Schluss, dass es ohne das Böse kein Gutes geben kann und ohne das Gute kein Böses, „denn überall dort, wo die Überzeugung herrscht, zu wissen, was das Gute und was das Böse sei, trägt der Wille zum Guten immer schon den Keim des Bösen in sich". Er schließt sich auch Wittgenstein an, der ebenfalls keine Begrifflichkeit finden konnte und meinte: „Was sie (die Kollegen) sein sollten, ist gut sein zu anderen. Nichts weiter."

Eine krasse, über die Determiniertheit hinausgehende Meinung vertritt Richard Dawkins in seinem Buch „Das egoistische Gen". Er meint damit die Urkraft des Selbsterhaltungstriebs und bezeichnet die Menschen als „Überlebensmaschinen, Roboter, blind programmiert zur Erhaltung der selbstsüchtigen Moleküle, die Gene genannt werden".

Wo bleibt die Gerechtigkeit? Mit der Gut-Böse-Thematik ist natürlich auch ein anderes Problem verbunden, das die Menschen nicht minder beschäftigt, nämlich das der Gerechtigkeit. Immer sehen sich die Menschen konfrontiert mit Leid, das entweder durch sie selbst verursacht wird, wie Kriege, Vertreibungen, Terrorakte, Raubüberfälle, Diebstähle und auch etwa Betrügereien, denen sie zum Opfer fallen, oder durch die Natur verursacht wird, wie Erdbeben, Tsunamis, Überschwemmungen und Trockenheit, Seuchen und daraus resultierende Armut und Hoffnungslosigkeit. Kampits verweist dabei auf die schon in biblischen Zeiten gestellte Frage, „warum Gott das Übel, das Leid und das Böse auf dieser Welt zulässt", eine Frage, die im Alten Testament Hiob gegen Gott rebellieren lässt.

Wieder also eine Frage, auf die es keine befriedigende Antwort gibt, weder durch die Theologie noch, was menschenverursachtes Leid anlangt, durch bestehende Rechtsordnungen. Weil es keinem Gesellschaftssystem gelingen kann, Ungerechtigkeit durch Gesetze zu vermeiden, bleibt zu allen Zeiten für die Menschen die bittere Kenntnisnahme, dass Recht und Gerechtigkeit zwei verschiedene Kategorien darstellen. Allein schon das Faktum des Ortes und des Zeitpunktes der Geburt, der genetischen Ausstattung und der Herkunft kann entweder als Gnade oder als Bestimmung und Schicksal bezeichnet werden, weil damit absolut jegliche individuelle Freiheit fehlt; der Lebensrahmen ab dem Alter der Handlungsfähigkeit des Menschen schließt sodann Gestaltungsverantwortung und eben äußere Einflüsse und Umstände ein, wobei auch die bestimmenden Anteile der beiden Faktoren dem Begriff der Gerechtigkeit nicht *gerecht* werden. Diesem Thema widmet sich auch der österreichische Mathematiker Rudolf Taschner in seinem Werk „Gerechtigkeit siegt …", bezeichnenderweise mit dem ironischen Untertitel „… aber nur im Film".

Der manipulierte Mensch. Geradezu ein Horrorszenario der Menschheit zeichnet der Mitherausgeber der „Frankfurter Allgemeinen Zeitung" und Schriftsteller, Frank Schirrmacher, in seinem im Jahr 2013 erschienenen Werk „Ego". Die Macht der Information(en), gepaart mit den genetischen (archaischen) Eigenschaften, also mit den Urinformationen, die ich – sehr verkürzend – als Gier bezeichnet habe, verwandelt das selbstbewusste Ich des Individuums zunehmend in ein fremdbestimmtes Wesen, das er die *Nummer 2* nennt. Aus Persönlichkeiten werden Personen (Nummern), informationsdirigierte Monster. Er begründet diese Wandlung mit der angeborenen Selbstsucht des Menschen, die für militärstrategische, technische und dann vor allem für ökonomische Theorien benutzt wurde und eine Lebensrealität geschaffen hat, die in ein allumfassendes System des Informationskapitalismus eingebettet ist. Der Erfolg dieses imperialistischen Systems liegt im Umstand, dass es nicht bemerkt wird, weil der egoistische Trieb, gleich einem Naturgesetz, ganz allgemein für selbstverständlich gehalten wird. Leben ist nichts anderes als der Austausch von Informationen, konstatiert Schirrmacher. Dieser Überzeugung und der sozialen Effekte des Egoismus (Belohnungs- und Selbstbefriedigungserwartung auch bei altruistischem Verhalten) haben sich machtvolle Informationssysteme bedient, um den Menschen – Optimierung, Effizienz und Profit vortäuschend – zu programmieren.

Es begann (wie vieles auf dem Gebiet der Informationstechnologie) in den militärstrategischen Zentren der USA in der Periode des Kalten Krieges. Es ging dabei um computergestützte Methoden, eigene Signale, Daten, Informationen zu verschlüsseln und jene des Gegners abzufangen und zu entschlüsseln, mit dem Ziel der Maximierung der eigenen Sicherheit. Diese komplexe Strategie, zu wissen, was der andere plant, der seinerseits weiß, was man selbst plant, ähnelt einem Schachspiel oder einem Poker, und diese Rechenvorgänge erhielten durch eine immer ausgefeiltere Software eine Wirkung und Entscheidungsgrundlage, die nur noch des Knopfdrucks bedurften. Es war dann nur eine Frage der Zeit, bis solche algorithmischen Methoden in anderen Bereichen mit anderen Informationen angewendet wurden. Dafür bot sich natürlich der ökonomische Lebensbereich an, der sich exklusiv durch egoistische Sicherheits- und Profitmaximierung auszeichnet. Computergesteuerte spieltheoretische Modelle beherrschten sehr bald alle Märkte und Börsen, und Entscheidungen wurden zunehmend von der so gesteuerten Nummer 2 übernommen. Märkte und Menschen wurden nur noch Informationen; der Big-Data-Computer ordnet und kategorisiert das soziale Netz und reduziert das menschliche Verhalten auf mathematische Modelle. Kein Science-Fiction-Autor konnte sich vorstellen, wie der Mensch in Bits zerlegt, kontrolliert und manipuliert wird. „Wenn der Mensch das ist, was er tut, dann gilt das auch umgekehrt: Man (Anmerkung: Big Data) weiß, was er ist, wenn man beobachtet, was er tut. Weiß man genug, weiß man, was ein Mensch tun wird, auch wenn der selbst es noch gar nicht weiß."

Das egoistische Gen – oder der hypertrophierte Selbsterhaltungstrieb, wie ich es genannt habe, und wie Darwin es nannte: „The Survival of the Fittest" – ist relativ leicht durchschaubar. Daraus entwickelten sich Verhaltenseigenschaften wie Angst, Risiko, Sicherheit, Belohnungserwartung, Profit(gier), und so sind die von Schirrmacher als Nummer 2 bezeichneten Wesen leicht programmierbar und ihre Spielzüge werden vom Individuum *Nummer 1* oft gar nicht bewusst wahrgenommen. Empfinden wir dieses Szenario als Horror, oder nehmen wir es gar nicht wahr, oder ist es uns zur Selbstverständlichkeit geworden? Der Mensch ist also nicht nur genetisch determiniert, sondern – was seine restliche Freiheit betrifft – auch noch manipuliert.

Dieser meiner Meinung von der Unauslöschbarkeit archaischer Informationen und demnach von der grundsätzlich unmöglichen Veränderung der urtümlichen menschlichen Eigenschaften steht die Auffassung Jeremy Rifkins fast diametral gegenüber. In seinem Werk „Die empathische Zivilisation" beschreibt er eine wahrscheinliche Entwicklung der Gesellschaft, die sich letztlich durch ein globales Einfühlungsvermögen auszeichnet. Er sieht die Entwicklung der Zivilisationen im Zusammenhang mit der Erschließung neuer Energiequellen (vom Wasser bis zu den erneuerbaren Energien), mit der Revolutionierung der Kommunikationsmittel (von der Sprache über die Schrift bis zur globalen Digitalisierung) und mit dem damit verbundenen höheren sozialen Bewusstsein. Daraus folgert er – für den Fall, dass der Mensch von Natur aus ein liebevolles Wesen ist – „die Erweiterung des kollektiven zentralen Nervensystems … eine Bewegung zu immer größeren Bahnen des Seins … um in immer reicheren und tieferen Sphären der Wirklichkeit einen Lebenssinn zu finden". Er geht also von einem von Natur aus liebevollen, nicht materialistischen, nicht egoistischen und nicht zweckbestimmten Menschen aus und meint, dass es möglich ist, letztlich zu einem globalen empathischen Bewusstsein zu gelangen.

Mich erinnert diese Schlussfolgerung an Teilhard de Chardins *Noosphäre*, eine irdische Phase der denkenden Substanz, also eine Art Vergeistigung (siehe Teilhard de Chardin: „Zukunft des Menschen", Seite 251ff.), und an James Lovelocks Gaia-Hypothese, welche die Natur als selbstregulierenden Organismus erkennt, der einer symbiotischen Beziehung mit dem Menschen bedarf.

Rifkin sieht die Menschheitsgeschichte sowie ihre zivilisatorische und kulturelle Entwicklung hauptsächlich von zwei Faktoren beeinflusst: einerseits von der Energie und der Fähigkeit der Energienutzung und anderseits von der Kommunikation, das heißt, von den Fortschritten der Informationsübertragung. Immer, wenn revolutionäre Neuerungen der Energienutzung und der Kommunikationsmittel aufeinandertreffen, hat sich das Leben auf lange Sicht verändert. Dann entwickelten sich – zumindest kurze – Phasen der Überwindung des Egoismus und des Entstehens einer altruistischen Einstellung, als deren reifste Ausdrucksform eben die Empathie, das gegenseitige Einfühlungsvermögen, bezeichnet wird. Interessant ist ebenso, dass sich parallel zu diesen Perioden auch die metaphysischen Formen entwickelten. Da sowohl Energie als auch Information der Entropie unterliegen, also zwar nicht verloren gehen, aber in Unordnung geraten und missbraucht werden können, wurden solche positive Phasen vom Menschen selbst wieder zerstört. Chronologisch versucht Rifkin nachzuweisen, dass es im Verlauf der Menschheitsgeschichte immer wieder zu Phasen der *Einfühlung*, des Miteinanderkönnens und des gegenseitigen Verstehens gegeben hat, und er glaubt an die zunehmende Verwirklichung des *Homo empathicus*.

Die Geschichte beweist schon die Richtigkeit dieser Zusammenhänge: In den schriftlosen Jäger- und Sammlergesellschaften ließen naturenergetische Erscheinungen Mythen und Naturreligionen entstehen. Die primitive Kommunikation war das Netz der Kleingruppen. Bewässerungskulturen ermöglichten größere Siedlungen. Wasser wurde Energieträger, und die beginnende primitive Aufzeichnung wurde zur Schrift und sehr langsam zum Kommunikationsmittel. Ein theologisches Bewusstsein löste das mythologische, die Naturreligionen, ab.

In den ersten großen Bewässerungskulturen in Ägypten, Mesopotamien, China und Indien entstanden Theokratien und Machtzentren der Gottkönige. Die schriftliche Kommunikation war der Oberschicht vorbehalten. Gebote, goldene Regeln, Botschaften, Bibeln wurden Basis für die gesellschaftliche Ordnung und leiteten jeweils eine empathische Phase ein; der Monotheismus begünstigte das Entstehen von Staatsreligionen, welche die folgenden Jahrhunderte prägten. Rifkin sieht in dieser Epoche den Übergang des theologischen in das psychologische Bewusstsein.

Der nächste Schub wurde energetisch durch Pferde-, Wasser- und Wind-kraft, kommunikativ durch die Kunst des Buchdrucks und geistig durch die Renaissance, den Humanismus und die Aufklärung begünstigt. Die effizientere Landwirtschaft führte zur städtischen, handwerklichen und kommerziellen Kultur; die schriftliche Kommunikation erreichte immer größere Teile der Bevölkerung, die Reformation ließ über tradierte Vorschriften nachdenken. Zunehmende individuelle Freiheit führte zu empathischen Wellen, trug je-doch auch den Keim der Unordnung in sich. Vielleicht entstand in dieser Zeit erstmals ein Gefühl des Selbstbewusstseins, das aber spätestens mit der ersten industriellen Revolution auf eine harte Probe gestellt wurde.

Massendruck und beginnende Telegrafie einerseits sowie Kohle, Dampf-kraft, Maschinen anderseits führten zu wirtschaftlichen Fortschritten, die sich vollends in der zweiten industriellen Revolution aufgrund weiterer Kommuni-kations- und Energieumwälzungen (Erdöl, Automobile, Elektrifizierung) auch rasant auf die sozialen Verhältnisse auswirkten. Wenn Rifkin die Solidarisie-rung und die Entstehung eines ideologischen Bewusstseins als empathische Erscheinungen bezeichnet, dann galt das wahrscheinlich nur innerhalb der jeweiligen Bevölkerungsschichten, die zusehends auseinanderdrifteten. Nicht nur die neuen Technologien (Telefon, Radio, Kino etc.) und die Mobilität (Auto), sondern auch der geistige Aufbruch und sein Einfluss auf die alphabethische Bevölkerung ließen in der modernen und postmodernen Welt den eigenen Geist erschließen und führten zu einem psychologischen Bewusstsein und zu einer Art der Freiheit, die eine neue Form des Einfühlungsvermögens bewirkte.

Die höchste globale Empathie erwartet Rifkin durch die Veränderungen, die sich durch die weltumspannenden ökonomischen, sozialen und politischen Strukturen ergeben; durch eine Kosmopolitisierung der Menschheit, durch das Zusammenrücken der Kulturen, durch weltweiten Tourismus und Migration und durch Überwindung von Religionen und Sprachbarrieren wird – seiner Meinung nach – ein neuer Menschentyp geschaffen, der Empathie auch ge-genüber bisher Fremden entstehen lässt.

Begünstigt wird diese Entwicklung durch ein zunehmendes Bewusst-werden über die Entropie der natürlichen Ressourcen: Versiegen fossiler Ener-gieträger, Abholzung großer Waldflächen, wachsender Kohlendioxidausstoß, Erderwärmung, Klimawandel, atomare Risiken (die japanische Reaktorkatastro-phe von Fukushima fand zwei Jahre nach dem Erscheinen des hier behandelten Buches statt), Risiken durch Genmanipulationen und ähnlichen, von einer der Ethik nicht mehr verpflichteten und die Grenzen der Beherrschbarkeit überschreitenden Forschung resultierenden Irrwegen.

Ein rasch fortschreitendes Umdenken und der Zweifel an der Wissenschaftsgläubigkeit einerseits und neue Energie- und Kommunikationstechnologien
andererseits lassen eine dritte industrielle Revolution entstehen: Alternative
und erneuerbare Energien aus Sonne, Wind, Wasser, Erdwärme und Biomasse
sowie Informationstechnologien vom Internet bis zum Cyberspace, „prädesti-
nieren diese Generation dazu, die empathischste aller Zeiten zu werden". Der
dezentrale Charakter dieser neuen Informations- und Kommunikationstechnologien und die sozialen Netzwerke schlagen sich in der kollektiven Psyche
eines Weltbürgertums nieder, das Lebensqualität vor persönlichen materiellen
Erfolg stellt. Es entsteht ein biosphärisches Bewusstsein. Mensch und Natur
werden wieder eins. Damit scheint auch der Widerspruch aufgelöst, „demzufolge zunehmende Empathie zum Anwachsen der Entropie führt".

Die Hoffnung stirbt zuletzt. Meine Hoffnung gilt der positiven Erwartung Rifkins. Die
Möglichkeit dazu ist gegeben, weil alle oben genannten
Voraussetzungen vorhanden sind, ob der Mensch jedoch in der Lage ist, diese Chance
zu nützen, ist mehr als fraglich, weil man seine Urprogrammierung nicht löschen
und seine Umprogrammierung und Manipulation schwer verhindern können wird.
Ich möchte beide Sittenbilder so stehen lassen und werte die Chancen – aus eigener
Beobachtung – großzügig mit 50 zu 50, obwohl ich die zentrale Bedeutung der Information – und damit die revolutionäre Entwicklung der Kommunikation – zum
Thema meiner Arbeit gewählt habe. Die Information ist zweifelsohne der Schlüssel
zu mehr Wissen und Wahrheit, ob sie jedoch geeignet ist, den sozialen und empathischen Menschen zu formen, möchte ich zunächst dahingestellt lassen. Wer die täglichen Informationen aller Medien über das Verhalten einzelner Menschen, Gruppen
und Gesellschaften verfolgt, wird kaum einen empathischen Trend erkennen können.
Eine grundsätzliche Antwort wird sich schon in einigen Jahren geben lassen, wenn
zu beurteilen sein wird, welche Lehren zum Beispiel aus der weltweiten Finanz- und
Wirtschaftskrise 2008 und der japanischen Atomkrise 2011 gezogen wurden. Haben
dann Moral, Vernunft und Angst die Gier besiegt?
Auf einen Umstand muss ich im Zusammenhang mit dem Entropievergleich
zwischen Energie und Information noch hinweisen: Für beide gilt der Grundsatz
der Erhaltung, und es ist richtig, dass beide Elemente der Entropie unterliegen;
Energie und Information können weder gebildet noch vernichtet werden (auch die
uns zugängliche Information – unser Wissensstand, unsere relative Wahrheit – ist als
Teil der universalen, Absoluten Wahrheit ewig vorhanden). Während die Entropie die
Erscheinungsform der Energie nur in eine – negative – Richtung (von geordnet in
ungeordnet, von verfügbar zu nicht verfügbar, von Wärme in Kälte, von konzentriert

zu verstreut) ändert, geschieht dies beim Element Information in beide Richtungen: Sie kann sie in Unordnung bringen, und sie kann sie zerstreuen, aber sie kann sie auch verdichten, konzentrierter, komplexer und verfügbarer machen.

Dieses hochinteressante und weit in die Philosophie hineinreichende Thema und die heikle Diskussion um den freien Willen oder die Determiniertheit des Menschen würden in der weiteren Verfolgung den Rahmen und auch das Ziel dieser Arbeit sprengen. Die ausführliche Behandlung scheint mir aber im Zusammenhang mit der zentralen Bedeutung des von mir umfassten Begriffes Information notwendig.

Hinlänglich wurde von der neuen Wissenschaft des Geistes nachgewiesen, dass unser Gehirn ein Informationsspeicher ist und dass es ein Programm besitzen muss, das Informationen – auch – strukturiert abrufen kann. Insofern kann man den Vergleich mit einem Computer anstellen. Ob durch die Fülle der Informationen und durch die Programmiertheit auch eine Determiniertheit des Menschen zu unterstellen ist und der freie Wille obsolet, eingeschränkt oder als Illusion definiert wird, ist für mein Thema nicht relevant. Ich bin aber jedenfalls auch der Meinung, dass eine etwaige – eher wahrscheinliche – Nichtexistenz des freien Willens keine Auswirkung auf die Verantwortung für unser Handeln hat, weil auch die Normen jener Welt und jener Wirklichkeit, in der wie leben, als Informationspakete gespeichert sind. Ob es nun ethische Grundsätze sind oder ob es eine Antizipation von Strafen ist, die uns Handlungsentscheidungen treffen lassen, macht keinen Unterschied.

Es mag nun fast einem zynischen Fatalismus gleichkommen, wenn ich dieses Kapitel mit der Bemerkung schließe, dass der freie Wille oder zumindest der Handlungsspielraum des Menschen jedenfalls durch *bös-artige* Gene eingeschränkt wird. Gesundheitliche Probleme aller Art sind weitgehend determiniert, und letztlich entzieht sich der Tod jeglicher Freiheit. Ob im genetischen Bauplan die Information über die Lebenszeit des einzelnen Menschen bereits festgelegt ist, kann vermutet werden. Neueste Forschungshypothesen sprechen von einer Art eingebauter Sanduhr.

Wissenschaft an der Grenze –
Grenzüberschreitung als
Lösungsansatz

Die östlichen Philosophien wie der Taoismus, der Konfuzianismus und vor allem der Buddhismus widmen sich weniger der physischen Welt und der belebten Natur, die die westlichen Wissenschaften zum primären Forschungsziel erklärt haben, sondern beschäftigen sich seit zweieinhalb Jahrtausenden sehr intensiv mit der Erforschung des Geistes. Es ist daher zu verstehen, dass diese auf so lange Erfahrungen aufbauende

Wissenschaft des Geistes eine Qualität erreicht hat, die an der Grenzschwelle zu den Phänomenen nicht mehr übersehen werden konnte und zunehmend Eingang in die westliche Forschung gefunden hat. Am deutlichsten kann man diese langsamen Verknüpfungen vielleicht im Bereich der Medizinwissenschaften verfolgen, wo die uralten Weisheiten Asiens (Meditation, Akupunktur etc., etc.) – noch vor wenigen Jahrzehnten von der Schulmedizin belächelt – inzwischen allgemeine Anerkennung und Anwendung gefunden haben.

Die Macht der Gedanken und die Qualität der sensorischen Neuronen werden im folgenden Kapitel die Rolle spielen, die den Begriff der Information auf jene Bedeutung ausdehnen, die meiner Hypothese zugrunde liegt. Spekulativ und die Grenzen alle Wissenschaftsdisziplinen überschreitend kann dabei auch die Quantenmechanik mit einbezogen werden, weil sie letztlich eine physikalische Erklärung für wissenschaftlich noch unerklärte Phänomene liefern könnte.

> Auch hier zeigt sich die Aufgeschlossenheit des philosophierenden Hirnforschers Wolf Singer, wenn er meint: „Die ohnehin fragwürdige Unterteilung der Phänomene in natürliche und unnatürliche taugt somit kaum als Grundlage für wertende Setzungen." Durch die Komplexität seines Gehirns verfügt der Mensch auch über die Fähigkeit, Vorgänge, die im Gehirn selbst ablaufen, zum Gegenstand bewusster Prozesse zu machen. Durch solche internen Reflektionen können diese (Informationen) wieder anderen Gehirnen mitgeteilt werden. Singer verweist – als Wissenschaftler – natürlich nicht auf jene im folgenden Kapitel beschriebenen mentalen, paranormalen oder parapsychischen Phänomene, schon aber auf die große Zahl und Art möglicher Inhaltsträger. Als Beispiel, wie diese reflexive Gehirnstruktur zu abstrakter Codierung führen und anderen Gehirnen mitgeteilt werden kann, nennt er die kreativen Prozesse, die bei allen Kunstarten (Musik, Malerei etc.) entstehen. Dabei macht es keinen Unterschied, ob diese Aktivierungsmuster selbst erzeugt oder empfangen werden. Dieser Austausch von Informationen, die über die üblichen Codes (Sprache und Schrift etc.) hinausgehen, ist aber nur einer sehr beschränkten Anzahl von Menschen zugänglich. Würden solche Kommunikationsverfahren mehr gepflegt und möglichst vielen geoffenbart werden, wären kompliziertere Sachverhalte auch erfahrbar und der Mensch könnte ein nächstes Entwicklungsstadium erreichen.

Es gilt daher, auch außerhalb der Wissenschaftsdisziplinen im engeren Sinn und über den aktuellen Stand der jeweiligen Forschungsergebnisse hinaus, jenen Fragen nachzugehen, die sich aus dem außersinnlichen Wahrnehmungsbereich ergeben.

Es ist allgemein bekannt, dass viele Lebewesen Sensorien besitzen, die imstande sind, Informationen zu empfangen – und auch zu senden –, die dem Menschen nicht zugänglich sind, weil er dafür keine geeigneten Empfänger und Sender, also eben kein entsprechendes Empfindungsvermögen besitzt. Dies betrifft zum Beispiel Informationen, die durch Schall- oder Lichtwellen außerhalb der üblichen vom Menschen wahrnehmbaren Bandbreite transportiert werden oder aber auch durch andere neuronale oder mediale Eigenschaften empfangen, gesendet und kommuniziert werden. Die – nicht sehr intensive – Forschung konnte eine Vielzahl und Vielfalt solcher Qualitäten bei Tieren nachweisen und entdeckt zunehmend auch im Pflanzenreich – also bei Organismen ohne Gehirn – Fähigkeiten, Informationen zu empfangen und zu verarbeiten. Dass das Empfindungspotenzial beim Menschen über die bekannten fünf Sinne hinausreicht, ist ebenfalls hinlänglich bekannt und führt deshalb zu jenen geheimnisvollen Beschreibungen, weil sie sich der wissenschaftlichen Erklärung entziehen.

Offensichtlich gibt es mehr als die fünf Sinne. Ich möchte dieses Kapitel mit einem einfachen Beispiel beginnen, das – aus eigener Erfahrung oder vom Hörensagen – allgemein bekannt ist: Ich habe die Absicht, auf einem Grundstück einen Brunnen zu errichten, unter anderem auch deshalb, um vom öffentlichen Wassernetz, das bei längerer Trockenheit manchmal nur eingeschränkt zu nutzen ist, unabhängiger zu werden und gerade in Trockenperioden in der Lage zu sein, die Pflanzen zu gießen. Ein guter Bekannter schneidet anlässlich eines Besuchs einen Weidenzweig ab, geht über das Grundstück und zeigt mir den Platz, der seiner Empfindung nach der optimale Standort für einen Brunnen ist. Derselbe Weidenzweig in meiner Hand verbiegt sich über der so georteten Wasserader um keinen Millimeter.

Es gibt also Menschen mit Fähigkeiten, Informationen zu empfangen, die sich außerhalb des üblichen Spektrums befinden. Obwohl diese verborgenen *Sender* schon in der Antike bekannt waren, ist es der Wissenschaft bisher nicht gelungen, eine schlüssige Erklärung für diese Radiästhesie, also das Potenzial mancher Menschen, sogenannte Erdstrahlen zu empfangen, zu finden. Dessen ungeachtet bedienen sich sowohl private wie auch öffentliche Bauherren solcher sensibler Personen und erhalten auf diese Weise Auskunft über die Lage und über die Tiefe von Wasseradern und sogar über deren Ergiebigkeit. Man baut keine Brunnen, ohne vorher durch aufwendige Bohrungen festzustellen, wo, in welcher Tiefe und wie viel Wasser gewonnen werden kann. Man setzt also auf Informationen, die sowohl bezüglich ihrer Codes wie auch bezüglich ihrer Empfangspotenziale wissenschaftlich – noch – nicht analysiert werden konnten. Aber auch die Wissenschaft weiß, dass es sie gibt.

Nicht anders sind Informationen zu beschreiben, die viele Menschen durch Erdstrahlen zu erhalten scheinen: Im Laufe vieler Reisen in alle Kontinente unserer Erde berührte ich Orte, die auf die Menschen dort sowie auf manche Mitreisende (nicht auf mich!) einen ganz besonderen Eindruck machten. Sie verspürten auf bestimmten Plätzen (die vielfach als heilig bezeichnet werden) eine Art besonderer Sensibilisierung, die sie nicht näher beschreiben konnten. Offensichtlich muss man gar nicht weit fahren, um solche Erfahrungen zu machen, denn es scheint viele Orte zu geben, die Erdstrahlen durch radioaktives Gestein senden. Seit Jahrhunderten wird die Geomantie (Erdweissagung) für den Bau von Kultstätten und Kirchen angewandt. Es handelt sich dabei um eine Art Erdakupunktur, also um das Finden von Kraftfeldern oder eben um die Wahrnehmung positiver Energieflüsse, die aufgrund ihrer Strahlenschwäche nicht – wie etwa elektromagnetische Felder – physikalisch gemessen werden können. Im privaten Bereich werden damit Arbeits- und Schlafplätze situiert, im professionellen Bereich verwendet man diese Methode vielfach – und trotz naturwissenschaftlicher Skepsis –, um den negativen Wirkungen solcher Erdstrahlen durch Ableitungen entgegenzutreten. So montierte die österreichische Autobahngesellschaft vor einigen Jahren an unfallträchtigen Stellen an der Pyhrnautobahn sowie an den Semmeringschnellstraße Leitschienen zur Ablenkung solcher schwachen Erdstrahlen, worauf die Unfallzahlen mehr als halbiert werden konnten. Für sensible Empfänger rezipierbar, von der Wissenschaft jedoch nicht erklärbar, ist diese Informationsart jedenfalls als existent anzuerkennen.

Außersinnliche
Wahrnehmung

Ich möchte hier nicht auf die unzähligen Berichte über unerklärbare Ereignisse eingehen, mit denen wohl alle Menschen aus ihrem Freundes- und Bekanntenkreis irgendwann einmal konfrontiert wurden, die in Medien aller Art beschrieben und Bibliotheken füllend Staunen, Ungläubigkeit, Skepsis oder Ablehnung hervorrufen. Es würde jedoch einer angestrebten Vollständigkeit dieser Informationshypothese nicht genügen, den sogenannten *sechsten Sinn*, der landläufig auch als Bauchgefühl bezeichnet wird, zu negieren. Auch weil diese Phänomene seit jeher auf ein allgemeines Interesse stoßen, werden zaghafte Versuche, wissenschaftliche Erklärungen zu finden, ebenfalls mit wachsamem Interesse verfolgt. Eine mögliche naturwissenschaftliche (biologische) Komponente könnte dabei ein bisher nicht entdeckter *Aufmerksamkeitsmechanismus* sein, der in allen fünf bekannten menschlichen Sinnen mehr oder weniger enthalten ist.

Der Bewusstseinsforschung ist bekannt, dass es auch ein subliminales Bewusstsein gibt, also Wahrnehmungen, die nicht bewusst sind, die das Gehirn aber eigenständig produziert und damit Einfluss auf die Sinnesorgane ausübt. Auch der Zusammenhang zwischen Sinneswahrnehmung und Hormonhaushalt (emotionsfördernde Stoffe) ist nachgewiesen. Ich beabsichtige nun jedoch nicht, auf jenes Gebiet einzugehen, das unter dem landläufigen Begriff der Esoterik verstanden wird, weil dabei nur schwer zu unterscheiden ist, wo okkulte Vorgänge aufhören und Scharlatanerie beginnt.

Zweifellos kann das Gehirn eines einzelnen Menschen auch Illusionen, Erscheinungen und andere übersinnliche Wahrnehmungen produzieren. Solche Ereignisse werden oft als Wunder bezeichnet und in einigen – bekannten – Fällen werden sie auch von den Kirchen als solche anerkannt. In vielen Städten finden Esoterikmessen statt, die sich großer Besucherzahlen erfreuen, in den Buchhandlungen existieren ganze Abteilungen, die Literatur zum Thema Esoterik anbieten, selbst Apotheken sind bestückt mit Kräutern, Wurzeln und Rezepturen, deren Wirkung Heil verspricht, und selbstverständlich widmet sich auch die Filmindustrie diesem Thema.

Psychedelika – Drogen –
Placebos

Es ist bekannt, dass sich Menschen in früheren Zeiten mehr und öfter in Trancezustände versetzten. Meist geschah dies aus Anlass von bestimmten Festen, die mit dem Konsum von drogenartigen Stoffen (Kräutern, Pilzen etc.) verbunden waren. Durch den Genuss solcher Substanzen, die über das Blut und die Nervenbahnen ins Gehirn eindringen, können neuronale Ströme verändert werden, die den Bewusstseinszustand manipulieren. Dadurch kann eine Entrückung in eine scheinbar andere Welt, ein gleichsam transzendenter Zustand empfunden werden, Illusionen und Halluzinationen können entstehen.

Im Zuge der Aufklärung, mit dem zunehmenden Verschwinden der Geisterwelt, der Entwicklung eines mehr naturwissenschaftlichen, materialistischen Weltbilds und letztlich durch Verbote, sind solche Gewohnheiten in den meisten Gesellschaften weitgehend verschwunden. Schamanismus, Voodoo-Zauber und ähnliche Praktiken, wobei sich Menschen durch Narkotika in Trance versetzen, genauso wie dies Derwische durch Tanz bewirken und damit eine *Seelenreise in den Himmel* antreten, sind in vielen Erdteilen bekannt. Ähnliches gilt aber auch für buddhistische Riten (z. B. die Fünf Tibeter) in einer schwachen Form, weil sie nicht mit Hilfe von Psychedelika praktiziert werden, sondern durch Bewegung und Konzentration eine Veränderung des geistigen Zustands hervorrufen sollen.

Über Drogen zu schreiben, hieße ein Sandkorn zum Strand zu tragen. Dass die in der Medizin eingesetzten Mittel eine Weiterentwicklung jener Stoffe sind, die sensorische Nerven über das Gehirn beeinflussen und zum Beispiel (Schmerz-) Bewusstseinszustände verändern, ist ebenfalls nur der Vollständigkeit halber zu erwähnen.

Informationen führen zu Einbildungen.

Darüber hinaus sind aber in diesem Zusammenhang jene Wirkungen zu erwähnen, die durch *Einbildung* entstehen und wo gesicherte Erfahrungswerte darüber berichten: In zahllosen Versuchen wurde festgestellt, dass die vermeintliche Einnahme von (z. B. ärztlich verschriebenen Schmerzmitteln) Medikamenten eine positive Wirkung erzielen kann, weil das Wissen um die Heilkraft des Mittels genügt, obwohl es sich um eine Scheinarznei gehandelt hat. Dieser Placeboeffekt kann in der Medizin eine immer größere Rolle spielen, wenn man erkennt, welche geistigen Fähigkeiten der Mensch hat und wie er selbst eine Veränderung seines Bewusstseinszustands herbeiführen kann. Der Informationsprozess im Gehirn scheint sich dabei zwischen bewussten und unbewussten Speichern abzuspielen und natürlich kann diese Autosuggestion in zwei Richtungen führen: Viele bekannte Möglichkeiten, wie die oben beschriebene, lenken in eine positive Richtung, andere, deren Wirkungen – zumindest aus meiner Sicht – einen negativen Pfad einschlagen lassen, können zu Krankheiten (z. B. Depressionen) führen. Dazu ist sicherlich auch der Aberglaube zu zählen, der in nicht seltenen Fällen krankhaften Zuständen gleicht, obwohl die Wissenschaft nachweist, dass man zur Erklärung scheinbar mysteriöser Phänomene nicht das Schicksal oder die Vorsehung bemühen muss, sondern dass dazu Logik und Wahrscheinlichkeitsrechnung ausreichen.

Weil zum Thema Suggestion die Erwähnung der Geisterwelt gehört, die das Weltbild des Menschen jahrtausendelang beherrschte und vielfach immer noch eine teilweise tiefe Verankerung in den Gehirnen besitzt, verweise ich hier nur auf den im Kapitel „Religionen" beschriebenen Entwicklungsprozess von Naturgeistern zum Monotheismus. Geister, Feen und Engel sind nach wie vor wahrscheinlich bei den meisten Menschen fester Bestandteil ihrer bewusst/unbewussten Informationsspeicher- und Verarbeitungsprozesse. Als Beispiel, wie damit auch vonseiten mancher Kirchen umgegangen wird, möge der noch immer geduldete Exorzismus dienen. Teufelsaustreibung und Engelwerk dürften jedoch selbst bei tiefreligiösen Menschen gehörige Zweifel auslösen.

Ich habe ausführlich dargelegt, wie Informationen im Gehirn gespeichert und im Verlauf der Evolution sowie durch die individuellen Erfahrungen angereichert werden. Dabei spielen das dauerhaft gespeicherte kollektive Unbewusstsein sowie die archaischen und genetischen Informationen eine eben nicht untergeordnete Rolle. Genforscher sind aber auch der Meinung, dass die Evolution keineswegs abgeschlossen ist und dass sich die menschlichen Gene in den letzten 10.000 Jahren schneller verändert haben als davor. Die heutigen Menschen sind also mit jenen von vor 2000 Jahren nicht vergleichbar: Künstlicher Ackerbau und künstliche Viehzucht, die Umstellung der Nahrungsmittel auf mehr kohlenhydrathältige Kost und später auch die Nahrungsergänzungsmittel haben, neben anderen Faktoren, Einfluss auf die Gene und damit auf das Verhalten der Menschen ausgeübt, und die Konditionierung auf eine veränderte Umwelt wird ebenfalls nicht ohne Wirkung sein. Die jeweiligen Auswirkungen auf die Geisteszustände (Bewusstsein) gehen natürlich – von den Generationen fast unbemerkt – langsam vor sich. In einem solchen Kontext wird auch jeder etwaige Wertewandel zu sehen sein.

Ob sich esoterische Praktiken (im positiven Sinne der wenigen Eingeweihten) und die Formen der übersinnlichen Wahrnehmung – zum allgemeinen menschlichen Nutzen – positiv herausfiltern und dann breiter anwenden lassen werden, ist fraglich, aber eher zu bejahen, weil die Forschung auf diesem Gebiet noch relativ jung ist und Ergebnisse sich erst im Versuchsstadium oder in sporadischen, wissenschaftlich begleiteten Übungen befinden.

Esoterik

Eine meiner ersten literarischen Erfahrungen – vor Jahrzehnten – über geheimnisumwobene Kräfte, die offensichtlich auf Information besonderer Art beruhen, waren die von der überwiegenden Mehrheit der Menschen und vor allem von der Wissenschaft belächelten esoterischen Schriften. Dem Begriff Esoterik wird im heutigen allgemeinen Sprachgebrauch nicht nur eine unwissenschaftliche, sondern eine doch eher spekulative, illusionistische und eher negative Bedeutung zugeschrieben. Die ursprüngliche Bedeutung umfasste ein Wissen, das nur wenigen Eingeweihten vorbehalten war. Natürlich liegt diesen romanhaft-dokumentarischen Werken über bestimmte Fähigkeiten – meist indischer – Weiser die Kraft der Gedanken durch Meditation zugrunde. Die Erzählungen darüber bewirken jedoch ein Gefühl, das sich vom anfänglichen Staunen bis zur Ungläubigkeit hinzieht. Dabei manifestierte sich aus diesen Schriften eine besondere Philosophie, die theosophische Weltanschauung (Auserwählte sind in der Lage, die Wahrheit zu erkennen), die in weiterer Folge zur anthroposophischen Lehre Rudolf Steiners führte (alle Menschen sind stufenweise in der Lage, mittels ihrer psychischen Fähigkeiten metaphysische Erkenntnisse zu erlangen). Die Anthroposophie entwickelte dann daraus sogar ein Schulmodell (Freie Waldorfschulen).

Ich behandle dieses Thema – als zweifelsfrei nicht Auserwählter –, weil ich darin einen gewissen Zusammenhang mit Phänomenen sehe, die zwischen Quantentheorie, Teleportation und Science-Fiction liegen (siehe auch Seite 41ff.), wobei mir durchaus bewusst ist, dass es zwischen Meditation, Askese, Mystik, Spiritismus, Magie und Okkultismus einerseits zu unterscheiden gilt, dass es andererseits aber dazwischen fließende Grenzen gibt.

Ist Okkultismus Scharlatanerie?
Ich beginne mit den unfassbaren Schilderungen okkulter Phänomene, die sich in den Jahren 1880 bis 1882 in Indien zutrugen und durch einen Briefwechsel zwischen zwei Mahatmas und einem englischen Journalisten dokumentiert wurden. Zusammengefasst erschienen diese Begebenheiten in dem Buch „Die Mahatma-Briefe" im Jahr 1977.

Alfred Percy Sinnett wurde nach journalistischen Tätigkeiten in London 1872 zum Chefredakteur der in Allahabad erscheinenden und damals bedeutendsten englischen Zeitung Indiens, „The Pioneer", bestellt. Den Zugang zum Spiritismus und zum Briefwechsel mit zwei eingeweihten Mitgliedern der tibetischen Mönchshierarchie verschaffte ihm die in Russland geborene, lange Jahre in Indien, Tibet und dann in den USA lebende Helena Petrowna Blavatsky. Die Originale der meisten Briefe befinden sich heute im Britischen Museum in London. Die Gesellschaft, die diese okkulten Phänomene beobachtete, bestand aus einem Dutzend Personen, unter ihnen ein Oberst und späterer Rechtsberater der amerikanischen Regierung und ein englischer Akademiker im Dienste der Ostindien-Kompanie. Die Glaubhaftigkeit der geschilderten Ereignisse, die ich hier nur kurz schildern kann, ist natürlich – so wie bei vielen spiritistischen Fällen – umstritten, weil die Beweise, die logische Erklärung und die wissenschaftliche Begründung fehlen. Die damals dokumentierten Vorfälle bezogen sich auf Antwortbriefe, die auf die Anfragen Sinnetts von den namentlich genannten Mahatmas unmittelbar auf seinem Schreibtisch landeten, obwohl die Zustellung der Schriftstücke auf dem Postweg in eine Hunderte Kilometer entfernte Gegend mehrere Wochen gedauert hätte.

Der Inhalt der „Mahatma-Briefe" besteht im Wesentlichen aus der Feststellung, dass es Eingeweihten möglich ist, durch geistige Mittel, nämlich durch die Macht der konzentrierten Gedanken, Materie zu überwinden. Dazu sind jedoch eine jahrzehntelange Schulung, die Aufgabe des üblichen – materialistischen – Lebensstils, die Hinwendung zum geistigen Inneren und schließlich die Einweihung durch die Meister erforderlich. Jedoch sind Erklärungen für diese spirituellen Fähigkeiten und eine Beweisführung für solche Potenziale den Adepten und Mitgliedern der großen Mönchsbruderschaft verboten, weil dadurch die geistig unreife – vor allem die westliche, naturwissenschaftlich ausgerichtete – Welt aus ihrem Gleichgewicht geraten und in panikartige Zustände versetzt werden könnte.

Aufgrund weiterer dringender Bitten Sinnetts konnte dieselbe Gesellschaft im Sommer im 2200 Meter hoch gelegenen Simla (Sommerresidenz des britischen Vizekönigs) andere okkulte Beispiele erleben, die eine Entmaterialisierung und eine Materialisierung von (ganz bestimmten und gewünschten) Gegenständen durch mystische Fähigkeiten lieferten. Der sogenannte „Broschenvorfall", der von neun Personen bestätigt wurde, wurde dann auch im „Pioneer" veröffentlicht: Eine der Damen dieser Gesellschaft hatte ihrer Tochter ein genau beschriebenes Familienerbstück geschenkt, das diese verloren hatte. Dieses Schmuckstück sollte nun durch Vermittlung der Kraft des Hunderte Kilometer entfernten Meisters wiedergefunden werden, was auch am gleichen Abend an einem genau beschriebenen Platz im Garten des Hauses geschah. Als geistige Korrespondentin und Mittlerin zu den eingeweihten Mönchsbrüdern fungierte in manchen Fällen Frau Blavatsky, die die Verbindung zu den Mönchen als eine von Gedankenwellen oder astralischen Strömen vom Gehirn zum Gehirn des anderen zustande kommende Kommunikation bezeichnete.

Helena Blavatsky selbst gründete ihre Theosophische Gesellschaft nach einer jahrelangen besonderen Schulung bei buddhistischen Mönchen in Tibet zunächst in New York im Jahr 1875. Von dort wurde der Sitz nach Bombay und später nach Adyar in Indien verlegt. Die spirituellen Geheimnisse der alten Kulturen, aber auch die Mystiker späterer Religionen beeinflussten ihre zahlreichen Werke, und die Themenkreise psychische Phänomene, Spiritismus, Magie, Hypnose, Träume und alle Bereiche der geistigen Wahrnehmung führten letzten Endes auch zu einem allgemeinen Interesse für die Parapsychologie, das immer wieder phasenförmig auftritt. Blavatsky war zweifellos eine der bedeutendsten Vertreter und Vermittler des Okkultismus des 19. Jahrhunderts. Ihre aus den esoterischen Geheimlehren gewonnenen Erkenntnisse fordern den Menschen auf, sich seiner spirituellen Fähigkeiten bewusst zu werden und durch seine psychische Verschmelzung mit der Natur zu den fundamentalen Wahrheiten zu gelangen. Vom Körper über die Seele zum Geist oder *Inneren Gott* emporzusteigen, muss das Ziel des Erkenntnisstrebens und der Sehnsucht nach Offenbarung sein. Im Mittelpunkt stehen die Macht der Gedanken und das allbewusste Selbst des Menschen, das durch sein organisches System, also durch die Materie seines Körpers, im irdischen Leben eingeschränkt ist. Der höchste spirituelle *Körper*, also ein unbegrenzter, formloser Zustand, wird infolgedessen (und der buddhistischen Lehre entnommen) nur durch Wiedergeburt und Reinkarnation erreicht. Unser Verstand und unser Bewusstsein sind von unserer Zivilisation und von unserem gesellschaftlichen Beziehungssystem ohne leiseste Beziehung zur Wahrheit.

Blavatskys bekanntestes und bald vergriffenes Werk ist zweifellos „Isis entschleiert", 1877 in New York publiziert. Ihr 1975 in der deutschen Übersetzung erschienenes Buch „Die Dynamik der psychischen Welt" schließt mit dem Satz: „Keine Religion ist höher als die Wahrheit."

Eine Fortsetzung dieser Lehren findet sich in der Anthroposophie. Von den zahlreichen Werken Rudolf Steiners erwähne ich „Die Geheimwissenschaft im Umriss" und „Die Philosophie der Freiheit". Steiner versucht durch ein lebendiges Seelenleben, durch eine Priorität des Psychischen, der Innenschau, eine moderne Weltanschauung zu vermitteln. Den Begriff der Geheimwissenschaft versteht er nicht esoterisch, als nur wenigen (Eingeweihten) vorbehalten, sondern er sieht ihn als Gegensatz zur Naturwissenschaft, als eine Geisteswissenschaft des geheimen Inneren, der unbekannten Psyche, der Biodynamik, des menschlichen Bewusstseins. Neben den bekannten Werken der Philosophen und Psychologen voriger Jahrhunderte beeinflussten Steiners Schriften aus dem beginnenden 20. Jahrhundert, obwohl damals wie heute noch vielfach als Scharlatanerie bezeichnet, das Denken dennoch nachhaltig.

Immer aber stieß die Befassung mit dem Übersinnlichen, mit dem Spirituellen, mit der Mystik und dem Okkulten an die Realität des wissenschaftlich Unbeweisbaren, sodass ständig naturwissenschaftliche – beweisbare – Erkenntnisse im Vordergrund des Forschungsgeschehens und der öffentlichen Aufmerksamkeit standen. Das hat sich – wie in den vorhergehenden Kapiteln beschrieben – erst in den letzten beiden Jahrzehnten geändert, als die Disziplinen sich immer mehr verschränkt haben.

Und wieder gilt es, eine notwendige Einschränkung zu machen: Gedankenübertragung oder gar eine auf Gedanken beruhende Fernübertragung von Materie wird wissenschaftlich für unmöglich gehalten, weil Gehirne weder als Sender noch als Empfänger von Gedanken fungieren können. Dennoch berichten Wissenschaftsmagazine („Science", „Nature") in Abständen immer wieder über die – spekulative – Machbarkeit des Unmöglichen, auch weil Behauptungen von namhaften Wissenschaftlern, wie „Das ist vollkommen unmöglich!" in der Vergangenheit schon mehrmals widerlegt werden konnten (z. B. hielt Einstein die Atomkraft für keinesfalls nutzbar und die Quantentheorie für Spuk: „Gott würfelt nicht!"). Oft setzt wissenschaftliche Forschung auch ein gewisses Maß an Spekulation voraus, und es wird schon die ernsthafte Frage gestellt, ob Quanteneffekte nicht nur in unbelebter Materie existieren, sondern ob die magische Verschränkung der Teilchen nicht auch für die Existenz des Lebens und letztlich für das Bewusstsein entscheidend ist.

Ich bin überzeugt, dass die noch relativ junge – interdisziplinäre – Forschung mit Überraschungen aufwarten wird, die die Vorstellungskraft des Menschen weiter übertreffen werden. In der Folge werde ich aber nur jene Phänomene behandeln, die sich zumindest im Vorstadium einer wissenschaftlichen Bewertung befinden oder deren Vielzahl empirische Nachweise ermöglichen.

Meditation

Früher ein esoterischer, heute ein gängiger Begriff.

Dieses Thema führt mich zu einem Wortspiel: Meditation bedarf zunächst einer Mediation! Also eines Übereinstimmungsvorgangs zwischen dem tiefen Sinn des fernöstlichen Begriffs mit dem noch flachen und unausgegorenen westlichen Sinninhalt. Der uns geisteswissenschaftlich und mentalitätsmäßig fremden buddhistischen und hinduistischen Religion und/oder Philosophie sind die bewusste Versenkung und Zuwendung zum Übersinnlichen und in der Folge zu einem besonderen Bewusstseinszustand seit Jahrtausenden eigen. In der sogenannten westlichen Zivilisation ist man sich dieser – auch im praktischen Alltag bestehenden – Potenziale erst seit einigen Jahrzehnten bewusst. Um daraus Nutzen und Mehrwert zu gewinnen, bedürfte es in einer naturwissenschaftlich und materialistisch geprägten Kultur eines längeren Lernprozesses. Eine Ausnahme bilden allerdings die Übungen der Mönche und die seit Jahrzehnten bestehenden Einrichtungen vieler Klöster, wo auch Besucher an solchen Meditationsübungen teilnehmen können. Ich selbst hatte während meiner Berufstätigkeit öfters das Bedürfnis nach Besinnung und Einkehr. Aus verschiedensten Gründen nahm ich diese Möglichkeit, einem tieferen Sinn des Lebens nachzugehen, bedauerlicherweise jedoch nicht wahr. Dass dies grundsätzlich möglich ist, weist auch die Hirnforschung, die sich noch im Anfangsstadium befindet, nach. Das Gehirn besitzt nämlich die erstaunliche Fähigkeit, sich nicht nur zu regenerieren, sondern sich auch neu zu bilden und umzustrukturieren. Wenn man etwa Gedanken immer wieder denkt, generiert man Gene und Proteine, die die Neuronenstruktur und die Zahl und Art der Zellverknüpfung im Gehirn erhöhen und verändern. Eine solche Neuverkabelung findet z. B. beim mentalen Training statt, das etwa im Spitzensport schon erfolgreich angewendet wird. Mit viel Übung kann man also Bewusstseinszustände konzentrieren (siehe auch Seite 86f.). Das Gehirn muss sich also seiner eigenen Funktion bewusst werden. Das Ziel ist, die Anregung von außen durch die Anregung von innen zu ersetzen. Meditation ist daher ein Unterdrücken aller Außeneinflüsse und ein In-sich-Gehen. Die Methoden dazu werden in der östlichen Hemisphäre seit rund zweieinhalb Jahrtausenden verfeinert. Durch Konzentration und Aufmerksamkeit ist es möglich, die Aktivität der Subsysteme im Gehirn (das Neuronenverknüpfungsprogramm), die für bestimmte Gefühlszustände verantwortlich sind, selektiv zu verstärken.

Grundsätzlich unterscheidet sich Meditation nicht von den Vorgängen, die beim Erlernen einer bestimmten (handwerklichen) Fertigkeit oder beim Lernen einer Sprache erforderlich sind. Ohne Informationen der Außenwelt und ohne Einbeziehung der dafür notwendigen Sinne (der sensorischen und motorischen Nerven) geht es bei der Meditation ausschließlich darum, mit seinen Gedanken umzugehen, ein Ich zu entwickeln, das in sich ruht und sich selbst genügt. Die so erzielbaren Bewusstseinszustände lassen andere Einsichten entstehen, andere Welten, als sie von den Augen wahrgenommen werden. Es können Wohlbefinden, Harmonie und Glücksgefühle erzeugt werden, die Gedankenkonzentration kann eine metaphysische Welt entstehen lassen, und man weiß von fernöstlichen Meistern solcher Meditationsschulen, dass ihnen Dinge offenbar werden, die wir gegebenenfalls nur aus unseren Traumwelten kennen. Die Kraft der Gedanken scheint also keine Grenzen zu kennen.

Parapsychologie

Wie wirklich sind Phänomene?

Dieses Kapitel behandelt jene phänomenalen menschlichen Qualitäten, die aus oft eigener Erfahrung, aus Erzählungen und aus einer Unzahl von Büchern und Filmen bekannt sind, Ungläubigkeit und Bewunderung hervorrufen, jedoch eine wenn auch noch nicht erklärte und wissenschaftlich bewiesene, so doch erklärbare Begründung im hochkomplexen Informationsprozess des Gehirns finden.

Rupert Sheldrake, Biochemiker und Zellbiologe, sieht in seinem Buch „Der siebte Sinn des Menschen" diese neuronalen Qualitäten im Zusammenhang mit der biologischen, tierischen Natur des Menschen, die im Laufe der Evolution verloren gegangen sind. Den Buchtitel begründet er damit, dass der sechste Sinn (bei Tieren) wissenschaftlich bereits untersucht wird.

Er glaubt an Einflussfelder, die über Gehirn und Körper hinausreichen, schildert umfangreiches Forschungs- und Beweismaterial über die Phänomene Telepathie, Vorahnung und „das Gefühl, angestarrt zu werden", und fordert von der Wissenschaft, sich dieser und der vielen anderen sogenannten *Anomalien*, welche die Menschen seit jeher bewegen, anzunehmen. Die Grenzen des *Normalen* wurden mit der Quantenmechanik auch schon im materialistisch – physikalischen – Weltbild *transzendiert* (wie Karl Popper dies ausdrückte), und „die fundamentalen Materieteilchen sind Energieschwingungen in Feldern geworden".

Zunächst erweitert Sheldrake die Vorstellung vom menschlichen Geist um die *Felder*, die zwischen Körper, Gehirn (= Geist) und Umwelt bestehen. Diese mentalen Felder sind seiner Meinung nach eine Art von morphischen Feldern, die neben den elektrischen, magnetischen Gravitations- und Quantenfeldern existieren. Diese Felder sind in der Lage, Informationen ähnlich weiterzuleiten wie dies etwa – unsichtbare – elektromagnetische Felder bei der Mobiltelefonie bewerkstelligen. Da solche Felder ganzheitlich sind, behalten auch ihre isolierten Teile die Eigenschaften des Ganzen (wie etwa Teile von Magneten sich wie ganze verhalten) und sind mit anderen Teilen, unabhängig von Zeit und Raum, in ständiger strukturierter Verbindung. Ihr immanentes Gedächtnis und ihre selbstorganisierenden Systeme interagieren mit den neuronalen Systemen der Organismen: mit dem menschlichen Gehirn genauso wie mit den Nervenzellen anderer Lebewesen. „Morphische Felder liegen (daher) auch unseren Wahrnehmungen, Gedanken und anderen geistigen Prozessen zugrunde ... Durch mentale Felder erstreckt sich der erweiterte Geist via Aufmerksamkeit und Absicht in die Umwelt hinein und stellt Verbindungen zu anderen Mitgliedern sozialer Gruppen her. Mit Hilfe dieser Felder lassen sich Telepathie, das Gefühl des Angestarrtwerdens, Hellsehen und Telekinese erklären. Vielleicht lassen sich damit auch Vorahnungen und Präkognitionen verstehen, nämlich durch Absichten, die in die Zukunft projiziert werden."

Sheldrake vergleicht die morphischen Felder von Wahrnehmung und geistigen Prozessen, die im Hirn verwurzelt sind, aber weit über das Gehirn hinausreichen, mit einem Mobiltelefon: Die Signale, die es ausstrahlt, sind in seinen Schaltkreisen und elektronischen Komponenten verwurzelt, doch die Funkübertragungen pflanzen sich in elektromagnetischen Feldern fort und gehen weit über die materielle Struktur des Apparats hinaus.

Die – messbare – Aktivität im Gehirn, das von Chaos durchtränkt und durch Bedeutungen und Intentionen modifiziert ist, wird durch die morphischen Felder in ein Ordnungsmuster gedrängt. Auf diese Weise versucht Sheldrake auch etwa die Phantomschmerzen (bei fehlenden Gliedermaßen) zu erklären, indem er behauptet, dass Phantome die Felder der fehlenden Glieder sind. Ähnliches gilt auch für jene Phänomene, die Menschen erleben, wenn sie sich außerhalb ihres Körpers wähnen. Wenn also der menschliche Geist über sein Gehirn bis in die Welt hinausreicht und mit allem in Verbindung ist, empfindet Sheldrake eine Art Befreiung von der Materie, ohne daraus weitere Schlüsse zu ziehen.

Während die Wissenschaft paranormale Phänomene weitgehend als Illusion, Zufall, Irrtum oder als Ergebnis von Schwindel und Betrug qualifiziert, bemühen sich doch einige Expertengruppen um theoretische Erklärungsversuche von möglichen Informationstransfers. Die Feldtheorie Sheldrakes ist natürlich ebenso vage und spekulativ wie andere Vorstellungen über die Art der Übertragung von Informationen. Die Information als fundamentale Kraft kennt auch Sheldrake nicht; die morphogenetischen Felder können wissenschaftlich nicht nachgewiesen werden.

Die Theorie des mehrdimensionalen Raum-Zeit-Modells kann sich vorstellen, dass zwei Regionen, die scheinbar weit voneinander getrennt sind, durch eine dieser zusätzlichen Dimensionen unmittelbar miteinander in Kontakt treten können. Die Chaostheorie sieht ein komplexes System, das sich auf ein Ziel (Attraktor) zu bewegt und unzählige Dimensionen haben kann. Auch die Superstringtheorie und die Bran-Theorie Hawkings kennen zehn oder elf Dimensionen, in denen sich Übertragungsmöglichkeiten ergeben könnten. Parapsychologen stellen die Hypothese auf, dass Menschen, die sich durch eine höhere Veränderungsbereitschaft und eine neuronale Variabilität auszeichnen (etwa die von der Hypnose her bekannten Medien), Psi-Effekte eher zulassen. Diese Labilität – im Gegensatz zur Stabilität (etwa des Hypnotiseurs) – begünstigt also eine Aufnahmebereitschaft für diese Art von Informationen.

Eine sehr interessante Erklärung könnte die Quantenphysik in Verbindung mit der Bewusstseinsforschung liefern: Die Verschränkung von Teilchen eines zerfallenen Atoms (siehe auch Seite 39f.) und die Nicht-Lokalität auf der Quantenebene bedeuten, dass ein Teilchen die Eigenschaften des anderen Teilchens besitzt und dessen Veränderung gleichzeitig und in beliebiger Entfernung annimmt. Diese von Albert Einstein als „gespenstige Fernwirkung" bezeichnete Quanteneigenschaft könnte nun – auf die Biologie und damit auf Bewusstseinsprozesse bezogen – eine Beeinflussung durch einen konzentrierten Geist auf einen anderen Geist oder – noch spekulativer – sogar auf Materie (siehe Seite 152f.) herbeiführen.

Es scheint mir jedoch wichtig, an dieser Stelle festzustellen, dass es sich bei all diesen Theorien immer nur um die Frage der Informationstransportmittel und nicht um die Information an sich handelt. Es sind die Botschaft, das Signal, der Inhalt, die – wie bei einem Telefonat – den Menschen berühren und beeinflussen, und nicht der Weg, den diese Botschaften nehmen, oder die Träger dieser Botschaften. Dies gilt, wie für alle Informationen, natürlich auch für solche, die auf phänomenale Weise transportiert werden.

Der Quantenmensch

Dass der Mensch ein ungeahntes Spektrum von Fähigkeiten besitzt, das weder die Psychologie noch die Philosophie genügend erfasst hat, und dass er in manchen Momenten der Einheit alles Seins gewahr wird, ist die Überzeugung von Forschern, die zur Gründung des weltbekannten Esalen-Institutes in Kalifornien in den 60er-Jahren des 20. Jahrhunderts geführt hat. Der Mitbegründer dieser das menschliche Potenzial untersuchenden Bewegung, Michael Murphy, beschreibt in seinem über 800 Seiten starken Buch „Der Quantenmensch", das ich als eines der ersten Standardwerke zu diesem Thema bezeichnen möchte, zunächst die Hindernisse und den weitverbreiteten Widerstand gegen mystische Wahrheiten und Versuchsergebnisse, die sich auf paranormale Phänomene beziehen, und stellt sich der Aufgabe, außergewöhnliches menschliches Verhalten zu beschreiben, zu erforschen, experimentell nachzuweisen und zu erklären. Dabei sind nachgewiesene Daten, die sich sowohl auf Natur- wie auch auf Geisteswissenschaften, auf psychische Forschung und Studien der verschiedenen Religionen beziehen, die Grundlage seiner Forschung. Wenn Murphy vom Transformationsvermögen des Menschen spricht, meint er das, was ich unter Informationsverarbeitung verstehe: das Potenzial des Menschen, wissenschaftlich – noch – nicht erfasste und nachgewiesene Informationen zu empfangen, zu verarbeiten, in andere Bewusstseinszustände zu gelangen und/oder sein Verhalten gegebenenfalls zu verändern.

Die Schwierigkeit des Nachweises paranormaler Phänomene liegt darin, die jahrtausendelangen diesbezüglichen Erfahrungen in allen Kulturkreisen mit gezielten Experimenten zu erhärten. Obwohl bei kontrollierten Versuchen in Laboren oft brauchbare Nachweise erbracht wurden, waren diese nicht so schlüssig wie in ebenfalls mehrfach untersuchten spontanen Situationen. Eine weitere Schwierigkeit besteht auch in der scharfen Abgrenzung zum Spiritismus, zum Aberglauben, Täuschung und Selbsttäuschung, zur Spekulation und zur gezielten Betrügerei.

Durch Sammlung und Forschung unzähliger, jeweils gleichartiger Fälle und durch Einbeziehung naturwissenschaftlicher und geisteswissenschaftlicher

Erkenntnisse ist man nun in der Lage, Beweise für paraphysische Vorgänge zu liefern. Dass es sie gibt, ist weitestgehend unbestritten. Unter welchen Bedingungen sie auftreten, ist nur teilweise zu erklären. Eine mögliche Übereinstimmung zwischen esoterischen Schilderungen von Welten außerhalb des Raumes, in dem wir uns bewegen, aus denen heraus sich Phantomgestalten, Lichtphänomene, außerkörperliche Erscheinungen materialisieren (Geistkörper), mit den mehrdimensionalen Modellen des Universums mancher Physiker und Mathematiker ist zu vermuten.

Murphy dokumentiert in seinem Werk nicht nur die inzwischen von der Psychotherapie und der Medizin, im Sport und in der Wirtschaft zur erfolgreichen Anwendung gelangenden Verfahren der Autosuggestion, des autogenen Trainings, des Biofeedbacks und des Placeboeffekts, also die Methoden der Konzentration und Umstrukturierung der Gedanken, sondern beschreibt breit auch die hypnotischen Phänomene und jene – vielfach als spekulativ bezeichneten – Erfahrungsberichte und Erscheinungen wie Stigmatisation, Bilokation, Seelenreisen, Dematerialisation, Verklärung, spirituelle Heilmethoden sowie die außergewöhnlichen Fähigkeiten religiöser Adepten und die Charismen katholischer Heiliger und Mystiker.

Obwohl ich paranormalen Phänomenen nicht grundsätzlich skeptisch gegenüberstehe, werde ich Murphys Darstellungen nicht ausführlicher behandeln. Eingehen möchte ich aber auf seine Erklärungsversuche: Er bezieht sich auf Aussagen über feinstoffliche Körper und Materie nahezu jeder spirituellen Tradition, wie auf das *Ka* der altägyptischen Überlieferung, die *Koshas* und *Dehas* des hinduistisch-buddhistischen Yoga, die griechischen *Ochemata*, das iranisch-sufistische *Jism* und die Geistkörper der taoistischen Alchemie, und meint, dass es sich bei diesen Wahrnehmungsphänomenen um außergewöhnliche Zustände von Energie und Materie handelt. Schließlich äußert er die Vermutung, dass eine Öffnung des menschlichen Geistes in Richtung weiterer Weltdimensionen, also hin zu einem außergewöhnlichen Leben nach dem Tode zu einer Fortsetzung in einer Art Geistkörper führen könnte.

Selbst Einstein hielt das Quantenverhalten noch für einen Spuk. Einen wissenschaftlichen Zugang zu diesen Phänomenen findet Arthur Koestler, der den Umgang mit der übernatürlichen Parapsychologie seitens der Wissenschaft mit den Problemen vergleicht, die sie mit der *okkulten* Quantenphysik hat. Während noch viele Wissenschaftler die Beschäftigung mit außersinnlichen Wahrnehmungen überhaupt ablehnen, bezieht sich Koestler auf namhafte Persönlichkeiten aller Disziplinen, die sich – wie er selbst – zur Existenz des Paranormalen bekennen. In seinem Buch „Die Wurzeln des Zufalls" kritisiert er das Argument der Gegner, dass es nichts geben kann, was den Gesetzen der Physik widerspricht, und weist auf unzählige, wissenschaftlich fundierte Versuche hin, die Zufallsergebnisse ausschließen lassen.

Koestler zitiert Norbert Wiener, den Vater der Kybernetik: „… dass wir es mit Phänomenen ohne jegliches physikalisches Korrelat zu tun haben", und Werner Heisenberg, den Bahnbrecher der Quantenphysik: „… dass es, wenn man bis zu den Atomen hinabsteigt, eine solche objektive Welt in Raum und Zeit gar nicht gibt und die mathematischen Symbole der theoretischen Physik nur das Mögliche, nicht das Faktische abbilden."

Die Quantenphysik setzte schließlich durch ihre Unschärferelation (Unbestimmtheit) dem kausalen Determinismus in der Wissenschaft ein Ende, und die Teilchenverschränkung wies einen Informationstransport – ohne Energie oder Materie – über unbeschränkte Entfernung nach. Und der Nachweis der tatsächlichen Existenz von Neutrinos, die keinerlei physikalische Eigenschaften, also keine Masse, keine elektrische Ladung und kein magnetisches Feld aufweisen und die milliardenfach, von jeglicher Masse ungehindert, durch das Universum, auch durch das Gehirn strömen, lässt die Zweifel an der Existenz außersinnlicher Wahrnehmung ebenfalls mehr und mehr verstummen. Vielfach wird dieser Geistesstoff mit anderen Einheiten (Materie, Energie, Magnetismus, Schwerkraft etc.) gleichgesetzt. Solche im subatomaren Bereich vorhandenen Elemente könnten die Grundlage für nicht erklärbare Vorgänge sein, und viele daraus entstandene Theorien über imaginäre Zeiten, virtuelle Prozesse und Potenziale suchen Erklärungen für das geheimnisvolle Außersinnliche. Allein schon das Geheimnisvolle an der Quantenphysik gehört laut Koestler wie die Löcher zum Schweizer Käse.

Zunehmend sieht sich die Wissenschaft mit der offensichtlichen Tatsache konfrontiert, dass es eben auch akausale Prinzipien im Universum gibt, dass also Ursache und Wirkung auch verkehrt auftreten können. Um die Vorstellung von Phänomenen, die sich der Kausalität entziehen, zu veranschaulichen, weist Koestler auf H. G. Wells' Buch „Land der Blinden" hin, in dem die Menschen ohne Augen die Behauptung der Sehenden, entfernte Gegenstände ohne direkte Berührung wahrnehmen zu können, als okkulten Unsinn ablehnen würden.

Koestler beschränkt sich aber nicht nur auf die klassischen Formen außersinnlicher Wahrnehmung wie Gedankenübertragung, Vorahnung und dergleichen, sondern bezieht in seine Überlegungen – mit dem gleichen Schluss

– auch etwa die Psychokinese, die Gedankenbeeinflussung auf die Materie, mit ein (siehe dazu auch Seite 152f.). Wenn auch dabei nicht unmittelbar quantentheoretische Potenziale Erklärungen liefern mögen, so schließt er – übrigens zusammen mit dem Neurophysiologen Eccles – nicht aus, dass „die Einwirkung des psychischen Willens" physikalische Veränderungen auslösen könnte.

Tatsache ist jedenfalls, dass parapsychologische Phänomene nicht – wie vielfach angenommen – auf Zufall beruhen, sondern dass Ereignisse dieser Art durch wissenschaftliche Untersuchungen seitens aller einschlägigen Disziplinen erklärt werden können. Ebenso wie man in der Vergangenheit Theorien, die später verifiziert und dem Wissens- und Erkenntnisstand hinzugefügt wurden, für absurd hielt, werden heute akausale und nicht-physikalische Faktoren oft als Okkultismus und Schwindel bezeichnet. Der Grund liegt darin, dass Kräfte, die man nicht kennt, abgelehnt werden, oder noch mehr darin, dass die Kausalität jene beruhigende Ordnung und Stabilität schafft, die das Leben scheinbar benötigt. Eine wahrscheinlich logische Erklärung, jene über die fünf Sinne hinausgehenden Wahrnehmungen als existent zu akzeptieren, ist eine Art Filter im Nervensystem, wodurch dem Gehirn und damit dem Bewusstsein nur selektierte informationshaltige Reize zugeführt werden und der paranormale, selten auftretende, launische oder unvorhersehbare Ereignisse ausscheidet.

Koestler bemerkt jedenfalls, dass es „durch die Ritzen des kausalen Denkgebäudes kräftig zieht" und dass „uns unsere biologische Ausstattung … dazu verdammt, nur durch das Schlüsselloch in die Ewigkeit gucken zu dürfen". Dieses Schlüsselloch sollten wir aber nicht auch noch verstopfen. Wenn man den Aufwand der Science-Fiction-Produktion, für die telepathische Kommunikation und psychokinetische Beeinflussung der Materie selbstverständliche Inhalte sind, als Beispiel für die Wissenschaft heranzöge, könnte die Parapsychologie zum bedeutendsten Forschungsgebiet werden.

Nach all dem bisher Gesagten würde ich die Erklärung für alle diese außergewöhnlichen Phänomene im Urelement Information finden, das durchaus durch – noch – nicht bekannte Formen transportiert wird. Gleich, ob wir Informationen in unserem Gehirn bewusst oder unbewusst strukturieren und abrufen oder ob sie uns aus – noch – unbekannten Dimensionen oder Welten erreichen, in die wir bewusst oder unbewusst eindringen, wird unser Geist ein Produkt unseres Gehirns sein: ein Konglomerat der individuellen Informationen! Es ist mir wichtig, festzuhalten, dass die Quellen der Informationen, die uns erreichen, die wir – bewusst oder unbewusst – verarbeiten und die unseren Geist und in der Folge vielleicht auch unser Verhalten formen, grundsätzlich keine Wertigkeit haben. Ihre Wertigkeit ist ebenfalls individuell bestimmt. Um auf die Frage einzugehen, ob wir die Fähigkeit besitzen, mehr als das zu erleben, was wir mit unseren fünf Sinnen aufnehmen und für die aktuelle Wirklichkeit halten, bemühe ich eine aktuell bewegende Antwort: „Yes, we can!"

Zurück zur
Naturwissenschaft

Unser Wissen wird weitere Kränkungen erfahren.

Geistes- und naturwissenschaftliche Forschungen befinden sich genau hier in jenem phänomenalen Grenzfluss, in dessen Mitte möglicherweise die Lösung vieler bisher unbeantwortbar scheinenden Fragen liegt. Die beschriebenen Phänomene der Psychologie, die auf Informationen aus unbekannten Quellen oder anderen Welten zurückgeführt werden, sowie die Phänomene der physikalischen Quantenwelt, deren akausale Erscheinungen und Abläufe mit den Naturgesetzen im Widerspruch stehen, befinden sich in der Mitte eines Grenzflusses und lassen sich – vielleicht – durch die Analyse seiner Strömung erklären. Nach all dem bisher Beschriebenen lässt sich vermuten, dass die Lösung im Urelement Information zu finden ist: die Information als Bindeglied zwischen Geist und Materie, oder noch mehr: als Ursache und Element von beiden. Als Folge weiterer Forschungsergebnisse ist zu erwarten, dass sich unser Weltbild wieder einmal verändern wird und nach der Kenntnisnahme des heliozentrischen Systems und der Evolutionslehre eine neue *Kränkung* stattfinden wird.

Nach der Relativitätstheorie hat das Licht die absolut höchste Geschwindigkeit und daher kann nichts, was Informationen transportiert, nach derzeitigem Wissensstand schneller als Licht sein. Aber schon die ersten Versuchsergebnisse im CERN-Teilchenbeschleuniger lassen die Frage aufwerfen, ob Neutrinos nicht doch schneller sind. Die Diskussion ist im Gange, genauso wie die über das als Gottesteilchen bezeichnete Higgs-Boson. Es ist dies jenes in mathematischen Modellen abstrakt entworfene Teilchen ohne Drehung (im Gegensatz zu den nach der Stringtheorie gedachten Fädenteilchen mit einem Spin), das allen anderen Masse verleiht. Nun wurde es im Sommer 2012 am Kernforschungszentrum in Genf erstmals durch die explosive Spaltung von Protonen im Teilchenbeschleuniger beobachtet. Ohne auf den komplexen Prozess in einem Atomkern einzugehen – was mir als quantenphysischem Laien auch nicht möglich wäre –, kann man daraus schließen, dass es sich bei diesen geisterhaften und flüchtigen Quarks, die das ganze Universum durchdringen, um jene kleinsten grundlegenden Einheiten handelt, die seit dem Urknall wesentlicher Bestandteil aller Elemente und Atome sind. Ob sie schon vor dem Urknall vorhanden waren, kann naturgemäß nicht nachgewiesen werden, ist aber wahrscheinlich. Das Feld dieser *Neutrönchen* ist nicht sichtbar und nicht spürbar, obwohl viele Milliarden von ihnen sekündlich jeden Quadratmillimeter unserer Haut durchdringen. Sie haben eine schwache Wechselwirkung mit der Materie, und daher sind nur kleinste Bruchteile in der Materie und damit eben auch mit unserem Körper verbunden.

Es stellt sich die Frage, ob diese immateriellen Einheiten, die den anderen Teilchen Masse verleihen, Informationsträger oder kleinste Informationseinheiten selbst sind. Jedenfalls verschmelzen in ihnen Geist und Materie, und in diesem Zusammenhang fällt mir immer der Anfang des Johannesevangeliums ein: „Im Anfang war das Wort ... und das Wort ist Fleisch geworden ..." Man könnte genauso gut sagen: Am Anfang war die Information, aus dieser (durch diese) ist schließlich *auch* Materie geworden. Kann man diese Geisterteilchen (Geistesteilchen) nicht auch im Zusammenhang mit psychologischen Phänomenen sehen?

Diese nun entdeckten Quanten als Gottesteilchen zu bezeichnen, entbehrt nicht einer gewissen Ironie. Je näher man durch neue Forschungsergebnisse der Schöpfung des Universums kommt, umso kleiner wird der Mythos von der Allmacht Gottes. Die Jagd nach der Weltformel, nach dem heiligen Gral der Physik, wird beschleunigt weitergehen; dafür sorgen nach wie vor die ungelösten Probleme bezüglich der Schnittstellen zwischen Quantenmechanik einerseits und physikalischem Standardmodell und Relativitätstheorie anderseits.

Eine Aufzählung der revolutionierenden Ideen, Versuche und Prototypen, die laufend in den Bereichen der Informationstechnologie, der Quantenphysik und der Bioinformatik präsentiert werden, würde Bücher füllen. Um nur ein Beispiel zu nennen, möchte ich die vielfache Übertragungs- und Verarbeitungsgeschwindigkeit von Informationen durch Verwendung einer wabenförmigen Kohlenstoffstruktur (Graphen) statt der herkömmlichen Siliziumchips oder die 1000-fache Speicherkapazität bei Verwendung von DNA-Chips erwähnen. Bildlich gesprochen könnte dadurch auf nur wenige Gramm eines (Bakterien-)Erbgutes das jährlich weltweit produzierte Datenmaterial gespeichert werden. Auch die Steuerung von Quantenprozessen und deren technologische Nutzung befinden sich erst in der Experimentierphase und lassen noch ungeahnte Anwendungsmöglichkeiten, wie etwa auch die Entwicklung von Quantencomputern, erwarten. So gesehen würde die laufende Beobachtung der neuen und zukunftsträchtigen Technologien den Abschluss meiner gegenständlichen Arbeit über die Bedeutung des Begriffes Information ständig hinauszögern. Eine nur kurzzeitige Verfolgung der neuesten Entwicklungen würde keine grundsätzlich neue Schlussfolgerung herbeiführen, sondern diese weiter untermauern. Ich bin mir sicher, dass die wissenschaftlichen Forschungsergebnisse der nächsten Jahre – die weltweit in den Wissenschaftsmagazinen „Nature" und „Science" publiziert werden – diese meine Überzeugung bestätigen werden. Ob es gelingen wird, in absehbarer Zeit die „Theory of Everything" zu finden, ist allerdings zu bezweifeln. Bis dahin zumindest wird Gott noch bemüht werden.

Ein schwerer Irrtum wäre es, zu glauben, dass die Wissenschaft an ihrem Ende angelangt sei. Ein markantes Beispiel etwa ist der Widerspruch namhafter Wissenschaftler gegen die Atomtheorie Ludwig Boltzmanns vor erst etwas mehr als 100 Jahren. Der österreichische Physiker wies im Zuge seiner thermodynamischen Ursachenforschung die molekularen Vorgänge nach und entwickelte daraus ein mathematisches Modell einer Atomtheorie. Und obwohl schon vor 2500 Jahren Hypothesen über die kleinsten unteilbaren Teilchen (Atomismus) aufgestellt wurden, brachte selbst deren Nachweis im 20. Jahrhundert zunächst kein Umdenken in der Physik. Innerhalb dieser kurzen Spanne der Menschheitsgeschichte von rund 100 Jahren überstürzten sich die physikalischen Erkenntnisse, und seit einigen Jahrzehnten brachte die *Zerkleinerung* der Atome nahezu revolutionäre Entwicklungen. Folgert man die progressive, interdisziplinäre Forschung der letzten 20 Jahre nach den kleinsten Einheiten unseres Universums weiter, wird man sehr wahrscheinlich schon in den nächsten zehn Jahren ein anderes Bild von unserer Welt haben, dem auch das natürliche Beharrungsvermögen kaum Widerstand leisten können wird.

3|4   Philosophie

Als Ökonom und als eher pragmatischer Mensch fällt mir die Behandlung dieses Kapitels besonders schwer. Dies auch deshalb, weil ich aus drei Gründen der rein philosophischen Betrachtung von Themen und Problemen kritisch gegenüberstehe: Erstens stellt sich mir die Frage, ob Denken allein zu einem schlüssigen Ergebnis führen kann und ob eine Theorie ohne experimentellen Nachweis als eine solche bezeichnet werden kann. Zweitens beobachte ich neue philosophische Aussagen, die sich vielfach auf jene vor zweieinhalbtausend Jahren beziehen. Es ist unbestritten, dass die griechische und – noch früher – die fernöstliche Philosophie als Basis des umfassenden und logischen Denkens gewürdigt werden, aber sich heute noch auf Platon, Aristoteles oder auf Laotse, Konfuzius und deren Zeitgenossen zu beziehen, würde gleichbedeutend sein mit dem Bezug heutiger Mathematiker auf Pythagoras. Und drittens ist offensichtlich, wie die Philosophie von naturwissenschaftlichen Erkenntnissen abhängt und sich bemüht sieht, daraus zu folgern und diese – oft im Gegensatz zu früheren Schlüssen – zu kommentieren. Insofern wäre es interessant, wie große philosophische Geister der Antike oder auch solche, die erst vor wenigen

Jahren wirkten, auf jüngste naturwissenschaftliche Erkenntnisse reagieren würden. Als *Königin der Wissenschaft* kämpft die Philosophie seit Jahrzehnten um Anerkennung, aber wenn man als *Wissen* nur das anerkennt, was bewiesen ist und wessen man sich absolut gewiss ist, dann haben weder die Philosophie noch alle anderen Wissenschaften eine Daseinsberechtigung. Folgerungen zu ziehen, Fiktionen zu zeichnen, Visionen zu haben und Theorien zu entwickeln, um der Wahrheit näherzukommen, sind zweifellos befruchtende geistige Tätigkeiten. Und auch die einsichtige Feststellung, sich geirrt zu haben, stellt Wissen dar. Erkenntnistheoretische Philosophie ist ein Beispiel für die sehr geringe Chance auf Erfolg. Die letzte Wahrheit wird sich nicht beweisen lassen. In diesem Kontext ist schließlich auch diese gegenständliche Arbeit zu sehen.

Eine gegenseitige
Befruchtung

Visionen und Theorien befruchten das Wissen.

Ein Beispiel der Auseinandersetzung zwischen den natur- und geisteswissenschaftlichen Disziplinen liefern der Bewusstseinsforscher Thomas Metzinger und der Philosoph Peter Strasser. Metzinger („Der Ego-Tunnel") behauptet, dass das vermeintliche Fakt, sich im eigenen Körper und in der erlebbaren Umwelt *selbst zu fühlen*, ausschließlich eine Schöpfung des Gehirns ist. Weil sich das Gehirn gleichsam eine Ich-Höhle (Ego-Tunnel) baut, findet sich der Mensch in der Komplexität zurecht. Es ist dies ein philosophischer Ansatz, der – wie schon in vorigen Kapiteln beschrieben – der Meinung vieler Hirnforscher entspricht; aber mit der Schlussfolgerung, dass auch die Existenz und die Realität eine Fiktion sind, stellt er eine exzessive Hypothese in den Raum, die natürlich nicht unwidersprochen bleiben konnte.

Strasser bezieht sich auf Descartes' „Ich denke, also bin ich" und dass das Bewusstsein des Selbst oder des Ich nicht bloß eine vom Gehirn erzeugte Illusion sein kann, weil es sinnlos wäre, aus der subjektiv empfundenen Existenz auf eine objektive Nichtexistenz schließen zu wollen. Überdies bliebe die Frage offen, ob es eine Realität denn überhaupt gibt und wie dann unsere naturwissenschaftlichen Erkenntnisse über die Wirklichkeit zu bewerten wären.

Man sieht nun daraus den nahezu unauflösbaren Knoten in dieser komplexen Thematik, aber man kann daraus – und aus ähnlichen Auseinandersetzungen – auch folgern, dass Philosophen über den Geist nicht nachdenken sollten, ohne sich mit dem Gehirn zu beschäftigen, dass aber auch umgekehrt Naturwissenschaftler bezüglich Begriffsschärfe, Logik, Fragestellungen etc. auch viel von Philosophen lernen könnten.

Ein weiteres Beispiel liefern die Theorien im Bereich der Quantenphysik: Mehr Wissenschaftler als je zuvor befassen sich mit mathematischen Konstruktionen von Theorien (z. B. die Stringtheorie oder die Theorien über Multiversen), die weit jenseits der Überprüfbarkeit sind, und stoßen damit in das Feld der Philosophie, der Spekulation und der Transzendenz vor. Die Verifizierbarkeit/Falsifizierbarkeit (im Popper'schen Sinn) stößt dabei auf die Schwierigkeit, mit heutigen Möglichkeiten empirische Nachweise zu schaffen. Über aktuelle Experimente wird derzeit heftig diskutiert: Die Existenz von Higgs-Teilchen, den Nachweis einer Dunklen Materie oder einer Dunklen Energie hofft die Physik durch milliardenteure Forschung – z. B. im Kernforschungszentrum in Genf – zu sichern. Gegenseitige Befruchtung und Grenzüberschreitungen sind also zweifelsfrei positiv zu werten, ob jedoch gesichertes Wissen durch ideenreiche Spekulationen zu ersetzen ist, muss zumindest bezweifelt werden. Da das menschliche Streben nach immer mehr Erkenntnis eine immanente Eigenschaft ist, der keine Grenzen gesetzt sind, bilden Hypothesen und Theorien eine notwendige und wertvolle Basis für die Forschung.

Auch wenn sich die Weltformel und eine allumfassende Theorie durch bloßes Nachdenken nicht finden lassen, nützt Denken zwar nicht unmittelbar, kann aber mittelbar helfen. Insofern hat Hermann Hesse nur eingeschränkt recht, wenn er meint: „Verzichten wir darauf, uns an unlösbaren Fragen müde zu grübeln. Unlösbar sind die Fragen nach dem Wesen Gottes oder des Weltgeistes, nach Sinn und Lenkung des Universums, nach der Entstehung der Welt und des Lebens. Das Denken und Debattieren darüber kann ein schönes und interessantes Spiel sein, zur Lösung unserer Lebensprobleme führt es nicht."

Möge man es als interessantes Spiel betrachten, wenn ich dennoch mit der Erläuterung meiner Hypothese fortfahre und den menschlichen Geist als Konglomerat individueller Informationen und als selbstständiges, vom materiellen Körper losgelöstes Produkt des Gehirns bezeichne. Oder auch wenn ich Adornos Aussage berücksichtige: „Wahr ist nur der Gedanke, der sich selbst nicht versteht." Denken ist in der Regel fruchtbar, aber nicht jedes Ergebnis dieser geistigen Tätigkeit muss fruchtbar sein; manchmal genügt die Verschiebung eines Konsonanten des Prädikats – und es wird furchtbar. Die Fähigkeit des Zweifelns und die ständige Frage nach dem Warum sind also die wichtigsten Kriterien der Intelligenz.

Eine ewige Herausforderung Dass es in diesem Kapitel nur darum geht, die Philoso-
und kein irdisches Erleben. phie auf ihrer Suche nach Wahrheit zu beobachten und
nach Theorien über Wissen, Bewusstsein, Erkenntnis und
Wege zur Wahrheitsfindung, liegt im Wesen und Interesse dieses Werkes begründet.
Obwohl der Begriff *Logos* zentrale erkenntnistheoretische Bedeutung in der griechischen Philosophie und später im Christentum hatte und die *informatio* der lateinische
Ausdruck für Nachricht, Mitteilung und Aufklärung ist, ist der Begriff Information
selbst nie Gegenstand der Betrachtung. Im Folgenden versuche ich, Ansatzpunkte
und philosophische Überlegungen in diese Richtung zu finden, wobei zu bemerken
ist, dass die Sprache, die oft vorsichtige Ausdrucksweise sowie vielfach auch Überset-
zungsprobleme die Aussagen einzelner Philosophen für die heute gängige Sprache
undeutlich zum Ausdruck bringen. Verschärft wird dieser Umstand dadurch, dass
philosophische Theorien sich jeweils nur auf den zeitgleichen naturwissenschaftlichen
Wissensstand beziehen konnten.

Die Philosophie beginnt immer dort, wo sich Lücken auftun, Zweifel wach
werden und krisenhafte Zustände zu Unsicherheiten führen. Am Anfang der Philosophie wird wahrscheinlich auch nicht das Staunen über den Kosmos und dessen Unergründlichkeit gestanden sein, sondern der Zweifel, dass die griechischen
Göttergeschichten die Welterklärung sind. Die *Liebe zur Weisheit* hat in der weiteren
Folge versucht, unversöhnliche Gegensätze zu überwinden und in einer Zusammen-
schau jeweils neuer Erkenntnisse aus allen Gebieten neue Orientierung zu geben.
Mit der Flut neuer naturwissenschaftlicher Erkenntnisse ist auch die Philosophie
komplizierter geworden. Sie wird zunehmend von den Naturwissenschaften – durch
deren Anspruch auf die Weltdeutung – bedrängt, und es wird zum geflügelten Wort,
„dass sie alles weiß, aber sonst nichts". Intelligente Philosophie muss sich bei ihrer
ständigen Frage nach dem Warum aber eben auch von sich aus auf ändernde Situationen einstellen. Mit Sicherheit machten sich schon die prähistorischen Menschen
Gedanken über die Naturgewalten und über ihre Schicksale, die sie nicht nur von
den unabänderlichen Naturgesetzen abhängig sahen, sondern auch von imaginären
Kräften, denen sie dann Namen und Inhalte gaben.

In den alten Mythen der Sumerer und der Ägypter finden sich zwar vorwiegend
staatspolitische und religiöse, aber auch philosophische Elemente. Die chinesische
Philosophie hat wieder eher ethische Elemente: Der Konfuzianismus ist eine rein
ethisch-moralische Gesellschaftstheorie (Doktrin), der Taoismus hingegen schon
ein Zusammenbau von Ethik und Metaphysik, er sieht das Ziel in der Harmonie

zwischen dem Menschen und dem Kosmos; das *Tao* ist dabei der Ursprung aller Dinge, das Universum, die Welt und das Absolute. Das Wirken des Tao und der Weg dorthin ist das *Te*, die Norm für das Handeln. Daraus mag man ableiten, dass das Relative des Menschen zum Absoluten streben soll. In diesem Zusammenhang würde ich auch den Buddhismus als Philosophie und nicht als Religion verstanden wissen: Der Gedanke des Nirwana als eine Auflösung des Materiellen und eine Erlösung je nach – das Karma bestimmenden – Lebensqualitäten des einzelnen Menschen ist dem Begriff des Absoluten, das durch die relative Lebensweise erreicht werden soll, ähnlich. Als (Welt-)Religion wird der Buddhismus wohl auch wegen des von Buddha begründeten Mönchsordens bezeichnet. Alle diese früheren Philosophien hatten natürlich auch Einfluss auf die westlichen, die in Griechenland ihren Ursprung haben und auf die sich zeitgenössische Philosophen immer wieder beziehen. Der Grund liegt wohl darin, dass die ewige Frage nach dem Woher, Wozu und Warum auch in zweieinhalbtausend Jahren keine schlüssige Antwort gefunden hat.

Auf der Suche nach Wahrheit und im Bemühen, bei der *Königin der Wissenschaft* Erkenntnisse zu finden, die meine Überlegungen beeinflussen und entweder unterstützen oder aber verwerfen, habe ich eine Zeitreise durch diese Disziplin unternommen. Da diese mir sehr wichtig erscheinende Behandlung einen zu großen Umfang angenommen hat, der den roten Faden meiner Folgerungen zu sehr verlieren hätte lassen, habe ich diesen Abschnitt ungekürzt in den Anhang gestellt. Die mir für mein Thema wesentlich erscheinenden grundsätzlichen Aussagen fasse ich im Folgenden zusammen. Es geht dabei um kosmische Fragen, um Welterklärungen, um ganzheitliche Ideen, um Wahrheitstheorien, die über die jeweils gültigen naturwissenschaftlichen Erkenntnisse hinausgehen, sowie um transzendentalphilosophische Ansichten. Die folgende Darstellung beschränkt sich auf ein Exzerpt des Anhangs, der wiederum nur eine chronologische Behandlung der westlichen Philosophie umfasst. Der Begriff Information entstand – und auch das nur in einschränkenden Bestimmungen – erst im 20. Jahrhundert, sodass bis dahin andere Ausdrücke für Einheiten zu finden sind, die in Summe eine Ganzheit repräsentieren.

Die starken Anfangsimpulse

Das freie Denken.   Die Erkenntnissuche in der westlichen Hemisphäre begann im damaligen Griechenland im 6. vorchristlichen Jahrhundert, und es ist erstaunlich, welche Ideen das damals weitgehend unbeeinflusste Denken der großen Philosophen entstehen ließ und wie sich diese über mehr als zweieinhalb Jahrtausende als richtungsweisend herausgestellt haben.

Anaximander glaubte, dass der Schleim der Ursprung alles Lebendigen ist und sich die Menschen aus primitiven Organismen entwickelt haben. Für Heraklit war alles, was wir wahrnehmen, nur durch Übereinkunft wahr. Die eigentliche Wahrheit sind die „Atome und das Leere". Der Kosmos ist eine dauerhafte Bewegung (panta rhei), und der Logos entspricht dem Weltgeist, dem ganzheitlichen Prinzip. Andere (wie Parmenides) meinten, dass der Weg zur Wahrheit von uns zu denken verlangt, „dass das Seiende ist". Die Wahrheit sei also nur die Wirklichkeit. Das wirklich Bleibende der griechischen Philosophen war aber die Forderung nach Theoriebegründung und logischer Argumentation, was bedeutete, dass man begann, bestehende Gesetze, selbst ernannte Autoritäten und charismatische Propheten infrage zu stellen. Es war dies der Beginn der Diskussionen. Und um diese zusammenfassend vorwegzunehmen, waren diese Dispute – wie auch heute noch – geprägt von den Begriffen des *Seienden*, der Wirklichkeit und der Wahrheit und von den Widersprüchlichkeiten dieser Begriffe.

Der heutige Bezug auf die griechische Philosophie und die Interpretationen der Aussagen eines Platon, Aristoteles und anderer Denker dieser Zeit sind Bemühungen, die Suche nach der Wahrheit fortzusetzen, weil das Vertrauen auf die Vernunft keine sichtbaren Erfolge zeitigt. Es gab immer schon die Überzeugung, dass es eine Wahrheit geben muss, und bis heute weiß man, dass wir sie nur insoweit finden können, indem wir erkennen, was sie nicht ist. Das war die Meinung der Philosophenschule der Skeptiker, während selbst die Stoiker, die eher der Logik und der Naturwissenschaft anhingen, eine göttliche Gegenwart ebenso als gegeben erachteten wie Platon und Aristoteles. Philosophie und Theologie waren also bei den Griechen weitgehend vermischt, wobei man Gott kein Gesicht gab. Es war der Gott der Moral und der Gerechtigkeit, nach dessen Gesetzen – und nicht nach jenen von Königen – sich das Leben richten sollte. Theologie war daher nur ein Denken über unbegreifliche Mächte und Urgründe der Welt. Wie ein roter Faden zieht sich also die Diskussion durch das Philosophieren, einerseits über die Atome und – später – über die Quanten und andererseits über Fiktionen und Illusionen, um die Begriffe Wahrheit und Wirklichkeit zu beschreiben. Vor allem geht es aber auch um das Wesen der Wahrheit, um die Frage, ob die Wahrheit wertfrei ist und sich einer Verhältnismäßigkeit entzieht (ob sie also – wie ich sie nenne – absolut ist).

Sokrates' Selbsterkenntnis, zu wissen, dass er nichts weiß, steht eigentlich im Gegensatz zu seinem Schüler, Platon, der glaubt, dass Menschen Wahrheiten erkennen können, weil sie die *Idee der Wahrheit* in sich tragen, und zwar vom Ursprung her, der auch der Ursprung der Welt ist. Der unsterbliche Geist und damit auch die unsterbliche Seele des Menschen, die nur vorübergehend in das körperliche irdische Leben verurteilt ist, sind eins. Die zeitlose Dimension liegt dem menschlichen Bewusstsein zugrunde. Platons Ideenlehre zeichnet die Wahrheit als höhere, zeitlose Dimension der Wirklichkeit. Beide Bewusstseinsebenen sind einem dauernden Fluss von Werden und Vergehen unterworfen. Aristoteles ist eher naturwissenschaftlich orientiert, untersucht die Dynamik der Wirklichkeit und sieht den Erfolg bei der Suche nach Wahrheit im Denken („Denken über das Denken"). Die drei großen griechischen Philosophen wenden sich zwar von der Vielgötterwelt der hellenistischen Mythologie ab, schaffen jedoch keinesfalls eine Ersatzreligion. Platon hat die Idee eines göttlichen Baumeisters (Demiurg), den er aber für nicht allmächtig und an der Menschheit uninteressiert hält. Aristoteles bezeichnet Gott als *Unbewegten Beweger*. Vernunft, Logik und Denken sind für sie der Inbegriff der Philosophie. Der Mythos, der zwar den Menschen Orientierung und Halt geben und ihre Kommunikation erleichtern sollte, wurde zunehmend durch den Logos ersetzt. Unter diesem Begriff verstanden die Griechen nicht nur das Wort oder die Aussage, sondern auch den Lehrsatz, das Gesetz und die Vernunft. Wenn man nun auch den biblischen Begriff des Logos („Im Anfang war das Wort") mit einbezieht, könnte man versucht sein, den Ansatz einer Informationstheorie zu sehen.

Neben der Philosophie – und dieser Hinweis scheint mir im Kontext mit der *Informations-Lehre* bedeutsam zu sein – prägten die Griechen mit ihren Mythen, Erzählungen, Dramen und öffentlichen Diskussionen oder – anders ausgedrückt – mit ihren Informations- und Kommunikationstechniken die europäische Kultur nachhaltig. In seinem Buch „Hellas sei Dank" schildert Karl-Wilhelm Weeber die Einflüsse dieser Medien auf die geistige Entwicklung dieses Kontinents, weil dadurch der Reiz des Staunens und Fragens und das Bedürfnis zum Nachdenken und Diskutieren ganz allgemein und natürlich besonders auf der wissenschaftlichen und philosophischen Bühne stimuliert wurden. Die Bedeutung des – zu jener Zeit noch unbekannten – Begriffs Information nahm zu.

Die theologische
Philosophie

Das eingeschränkte Denken.　　Mit der schnellen Ausbreitung der christlichen Religion in das westliche Europa in den ersten nachchristlichen Jahrhunderten und vollends durch die gottesstaatlichen Systeme im Mittelalter reduzierte sich die Philosophie auf Diskussionen um das Wesen eines monotheistischen Gottesbegriffs. In dieser Epoche erlebte diese Disziplin keine Hochblüte. Der menschliche Geist war von göttlichen Ideen, die er nicht fassen konnte, abhängig. Nur noch Mönche und Kirchenvertreter befassten sich mit der (theologischen) Philosophie. Darüber hinausgehende Theorien oder gar die Hinterfragung des fixierten Gottesbegriffs wurden als Häresie empfunden und mit Strafen belegt. Es gab keine Wahrheit außer Gott, und dieser war Vater des fleischgewordenen Sohnes, Jesus. Das unfassbare Transzendente erhielt nun die langersehnte Personalisierung, und die quälenden Fragen nach dem Woher, Wozu und Wohin konnten scheinbar einfach beantwortet werden.

Die prägenden theologischen Philosophen dieser fast eineinhalb Jahrtausende langen Phase – Augustinus im 4. Jahrhundert und Thomas von Aquin im 13. Jahrhundert – werden auch im Kapitel „Religionen" zu Wort kommen. Die Information war auf den Logos Gottes eingeschränkt. Offenbarung und Erleuchtung wurden nur einigen Menschen durch den Geist Gottes zuteil. Diese philosophische Einseitigkeit fand erst ab dem 16. Jahrhundert ihr Ende.

Der Neubeginn

Das befreite Denken.   Im Zuge der Renaissance und des Humanismus wurde der Gottesbegriff wieder hinterfragt und gegen die Lehrautorität der katholischen Kirche protestiert. Die Reformation führte über die Religion hinaus zur Wiederbelebung der Wissenschaft, und die Erfindung des Buchdrucks trug zur schnellen Verbreitung neuer Ideen bei. Die Philosophie erlebte gleichsam eine Neugeburt. Selbst noch im 17. Jahrhundert fürchtete Descartes, eingedenk des Schicksals Galileis, mit der Bibel in Widerspruch zu kommen, als er mit seinem berühmten „cogito ergo sum" die Wirklichkeit seiner Existenz seinem Bewusstsein zuschrieb und die bis heute vertretene dualistische Theorie formulierte. Die Trennung von Geist und Materie (Körper), die mögliche Unsterblichkeit des Geistes und die dem Menschen *angeborenen Ideen* (ich nenne sie archaische Informationen) haben die Entwicklung westlicher Erkenntnistheorien in der Folge beeinflusst.

John Locke und George Berkeley sahen die Idee im Zentrum dessen, was den Geist beim Denken beschäftigen kann: „Die Welt besteht nur aus Ideen und Ideen können nur in einem Geist existieren. Daraus folgt, dass es einen allgegenwärtigen Geist gibt, der alles kennt und erfasst." Und (erstaunlich, wie fast ident dies mit aktuellen Theorien ist): „Die Welt hat nicht einfach den Beobachter erschaffen, sondern dieser auch die Welt."

Wilhelm Leibniz bezeichnete in seiner ganzheitlichen Theorie die unsterbliche Seele als eine Welt für sich, als *Monade*, das heißt zusammengesetzt aus immateriellen und einfachen Einheiten, deren Zustand alles Übrige im Weltall widerspiegelt. (Information war für Leibniz noch kein Begriff.)

Zunehmend begannen Philosophen an der Existenz Gottes zu zweifeln: Baruch Spinoza vertrat eine deterministische Weltmeinung, die einen persönlichen Gott, einen freien Willen des Menschen und die Unsterblichkeit der Seele ablehnt. Noch atheistischer argumentierte David Hume, der in der Behauptung, dass jedes Entstehen eine Ursache haben muss, keine notwendige Wahrheit sieht.

Die oft gegensätzlichen philosophischen Diskussionen wurden dann jedoch von Immanuel Kant überschattet. Mit seiner „Kritik der reinen Vernunft" wies er auf die Unbeweisbarkeit der Transzendenz hin. Schärfere Kritik am Göttlichen wurde ihm vermutlich durch kirchlichen Druck untersagt. Mit Kant begannen jene Überlegungen und Folgerungen, die meiner informationstheoretischen Arbeit zugrunde liegen. Seine Unterscheidung zwischen den apriorischen Sinneserfahrungen, die mit transzendentaler Metaphysik zu tun haben, und den posteriorischen Erkenntnissen, die auf Erfahrung beruhen, zum Verstand führen und letztlich bei der Vernunft enden, entspricht meiner Diktion von archaischen (genetischen) Informationen und den im Laufe des Lebens empfangenen und verarbeiteten Informationen. Auch bezüglich der Vereinbarkeit von Freiheit und Determinismus und des von ihm entwickelten Begriffs des kategorischen Imperativ vertrete ich – wie ausführlich dargelegt – eine ähnliche Meinung (auch der determinierte Mensch hat den jeweiligen Normen entsprechend zu handeln). Kants Dilemma, Aussagen über Gott zu machen, habe ich in einer vor einigen Jahren erstellten persönlichen Niederschrift behandelt, die ich an dieser Stelle wiedergeben möchte.

Zwischenstück
Eine persönliche Bemerkung

Wenn man sich auf philosophisches Terrain begibt, kommt man an Kant natürlich nicht vorbei. Für mich mag es aber vielleicht auch ein zusätzlicher Anstoß anlässlich einer Ostsee-Kreuzfahrt und eines damit verbundenen Besuchs der Stadt Kaliningrad gewesen sein, mich näher mit ihrem berühmten Sohn zu beschäftigen. Nie werde ich vergessen, wie ein Mitreisender beim Anblick dieser einst so herrlichen Stadt Königsberg, in der er bis zum Zweiten Weltkrieg gelebt hatte, weinte. Die noch sichtbare Zerstörung, die schäbigen Plattenbauten, die verwahrlosten Plätze rund um den Dom, dessen Restbestand noch immer als provisorischer Konzertsaal benutzt wurde, und davor die große und ungepflegte Statue des Immanuel Kant raubten dem Mann die Fassung. Auch die örtliche Stadtführerin ging nur in Nebenbemerkungen auf die Bedeutung und Pracht der ehemaligen Hauptstadt Ostpreußens sowie auf den weltweiten und nachhaltigen Einfluss des großen Philosophen ein. Vielleicht waren es eben auch diese Erinnerung und dieser

Eindruck, mich mit Kant mehr als mit vielen anderen Philosophen auseinanderzusetzen, obwohl ich wusste, dass seine Sprache für einen philosophisch Ungebildeten schwierig ist. Daher widmete ich mich mehr den Schriften und Interpretationen über die Kant'sche Philosophie. Ausschlaggebend für mich und eine Rechtfertigung für meine Arbeit war dabei seine aufklärerische Forderung, der Vernunft Priorität einzuräumen. Für einen jahrzehntelang im Management eines Wirtschaftsunternehmens wirkenden Ökonomen war das eigentlich eine Selbstverständlichkeit (was nicht bedeutet, dass in der Ökonomie nicht auch emotionale und irrationale Handlungen geschehen). Für die über die Wirtschaft hinausgehende Weltsicht und vor allem für die grundsätzlichen Fragen nach dem Woher, Wozu und Wohin lassen sich Antworten nur durch eine Vermengung transzendentaler, empirischer und vernunftmäßiger Denkansätze finden.

Kant spricht von der Freiheit und Würde des Menschen, die ihren Ursprung jenseits der Erfahrungswelt haben und die ihn befähigen, in die ansonsten von Naturgesetzen beherrschte Welt einzudringen. Der Mensch stößt beim Versuch, den Ursprung zu ergründen, auf ein jeweils Letztes, das Ding an sich, das sich nicht mehr durch Erfahrungsbegriffe ausdrücken lässt. Würde ist Freiheit, sich durch Vernunftgründe zwanglos zu verhalten, und Vernunft ist nur möglich, wenn man sich seines Verstandes aus freien Stücken bedient. Das Transzendente, das Letzte, das Ding an sich, ist jenseits alles Seienden und für Kant ein Mysterium, das sich dem Verstand entzieht, das jedoch die Grenzen des wissenschaftlichen Weltbilds vor Augen führt.

Einerseits warnt er: „Wer über Dinge spricht, die jenseits aller Erfahrung liegen, wie zum Beispiel die Existenz oder das Wesen Gottes, begeht einen irreparablen Fehler." Andererseits schreibt Kant in seiner Schrift „Was ist Aufklärung?": „Wage zu wissen", und meint damit die Empfehlung, der persönlichen Wahrheitssuche durch den Einsatz von Verstand und Vernunft nachzugehen. Das bedeutet die Befreiung von jeglicher Verblendung und Ideologie und die Hingabe und Zeit für ideengesteuerte Hypothesen. Das bedeutet persönliche Freiheit, Unabhängigkeit und Selbstfindung. Genau unter diesem Motto soll auch mein Vorhaben stehen, die Information als Urelement, als alles umfassenden, als ganzheitlichen Begriff zu behandeln.

Kants „Reine Vernunft" wurde von den ihm folgenden romantischen Philosophen kritisiert und der Mensch wurde als Subjekt des Bewusstseins und der Selbsterkenntnis mehr als Visionär als ein auf den Verstand reduziertes Wesen angesehen. Das bloß Subjektive kann nämlich gar nicht in der Lage sein, eine raum-zeitliche und kausale – objektive – Welt zu konstruieren. Für Gottlieb Fichte hängt das *Ding an sich* von der Anschauung des selbstbewussten und selbstbestimmenden subjektiven Ich ab. Friedrich Schelling sieht in einer Synthese von Geist und Natur eine Möglichkeit, die Absolute Wahrheit der Welt ganz zu erfassen. Friedrich Hegels „Phänomenologie des

Geistes" sieht die eigentliche Wirklichkeit im Geist, der – im Gegensatz zur Metaphysik – zur Identität von Denken und Sein und letztlich zur Idee und zur Wahrheit führt. Transzendenzideen bezeichnet er als „pseudoreligiösen Hokuspokus". Diesen dialektischen Prozess, der den Menschen wieder zu sich selbst finden lassen soll, übernahmen die Freiheitsphilosophen (Engels, Marx) für ihre gesellschaftspolitischen Theorien und brachen mit jeglicher Metaphysik.

Kurzen Auftrieb bekam die Religion wieder durch Arthur Schopenhauers Entsagungstheorie, aber Nietzsches Übermensch, der Befreiung von allen Ketten, Selbstbehauptung und Eigenliebe fordert, führte zum Existenzialismus, zum Egoismus und mündete in Sartres „Die Hölle sind die anderen".

Das 20. Jahrhundert

Das neue Denken. Natürlich übten die äußeren Umstände, die politischen Situationen und vor allem die Lebensbedingungen der Menschen maßgebenden Einfluss auf philosophische Betrachtungen aus. Das war auch im durch zwei Weltkriege geprägten 20. Jahrhundert so, in dem die politische und ökonomische Philosophie der Wahrheitssuche wenig Raum gab. Die raschen naturwissenschaftlichen Erkenntnisse hellten den Nebel des Geistpotenzials zudem zunehmend auf, und die Erfahrungswissenschaften ließen die Philosophen wieder mehr über die Logik nachdenken.

Diese analytische Philosophie vertraten große Namen: Bertrand Russell („Jede uns verständliche Aussage muss ausschließlich Bestandteile haben, die wir unmittelbar kennen"), Ludwig Wittgenstein, der in seiner Sprachanalyse konsequente Logik fordert und sich gegen jegliche Metaphysik ausspricht, und Karl Popper, mit dem ich mich später näher beschäftigen möchte. Die Auseinandersetzung mit dem Problem der Begriffsinhalte beschäftigte Wittgenstein bis zu seinem Ende. Auch platonische Begriffe (Ideen) sind seiner Meinung nach nur leere Projektionen, und eine solche Metaphysik bietet nur ein Bild an, das selbst dem Problem ausgesetzt ist und es nicht löst.

Diese Philosophie der Logik ist jedoch einerseits für den praktischen Informationsaustausch nicht sehr nützlich und andererseits für das gegenständliche Thema wenig befruchtend, wenngleich der Behauptung, dass ein Satz nur entweder richtig oder falsch sein kann, nichts entgegengesetzt werden kann. Würde jeder um Verständnis ringende Kommunikator seine Aussage und die seines Gesprächspartners ständig in seine Bestandteile zerlegen, analysieren und diese nach dem Wahrheitsgehalt untersuchen, wäre die gegenseitige Verständigung zwar am Ende vielleicht klarer, aber praktisch würde der Zweck des Gesprächs persifliert. Auch die spätere, ganzheitliche

Auffassung Wittgensteins, dass nicht die Einzelteile einer Aussage, sondern ihre einem Bild gleichende Gesamtheit nach Wahrheit oder Falschheit untersucht werden muss, ändert nichts an der notwendigen Praktikabilität der Alltagssprache, derer sich schließlich auch die Wissenschaft und die Philosophie bedienen müssen.

Ich habe die Sprachkritik und Wittgensteins Theorien nicht wegen seiner Wahrheits- und Erkenntnissuche (im allgemeinen und höheren Sinne) behandelt, weil ich mir der Schwierigkeit der Sprache und der häufigen Unklarheit der Aussagen und der Begriffe bewusst bin. Mehrmals habe ich auch darauf hingewiesen, dass die Mehrfachbesetzung und damit die Verschwommenheit von Begriffen den beabsichtigten Inhalt von Aussagen erschweren. Dies ist auch der Grund, warum – auch in der Philosophie – die Interpretation von Theorien oftmals weit auseinandergeht.

Wenn man aber so weit geht, dass selbst bei der genauen Definition von Begriffen (wie dies für sachliche und fachliche Diskussionen erforderlich ist) die dafür verwendeten Wörter definiert werden müssen, würde das selbst die Herstellung von Lexika unmöglich machen. Selbst den Begriff „Wort" definiert etwa „Meyers Neues Lexikon" mit „kleinste (?) selbstständige sprachliche Einheit …" und verwendet dazu wieder Begriffe, die es zu definieren gälte. Oder: Wie will man jemandem den simplen Begriff Tisch erklären, der einen solchen noch nie gesehen hat, und jemandem, der vor mehr als 50 Jahren gelebt hat, die heute gängigen, abstrakten Begriffe Bit, Gen etc., etc.

Das Problem der Begriffsinhalte ist also für jede Aussage, für jede Diskussion und natürlich für die Behandlung auch dieses Themas virulent und erschwert die Verständigung und das Verstehen. Der Ausspruch „Wir leben zwar alle unter dem gleichen Himmel, aber unsere Horizonte sind verschieden" gilt nicht nur bezüglich der Intelligenz (für die er gemeint war), sondern betrifft den gesamten, jeweils individuellen Bewusstseinszustand.

Russell und Wittgenstein waren zweifellos zwei der bekanntesten Philosophen in der ersten Hälfte des 20. Jahrhunderts. Die zweite Hälfte dieses letzten Jahrhunderts rief in der westlichen Welt insofern ein revolutionäres Umdenken hervor, als sich Wissenschaftler aller Disziplinen letztlich mit philosophischen Fragen auseinandersetzten. Das neue Denken stieß dann auch immer wieder auf Widerstand bei den Vertretern traditioneller Ideen. Ursache waren zweifellos die Entdeckungen der Quantenphysik, welche die Idee der Ganzheit gebar: der menschliche Geist als Teil des immateriellen universalen Ganzen. Eine Idee übrigens, die schon Teilhard de Chardin (siehe Seite 251ff.) skizziert hatte. Diesem neuen Weltbild widmete der Physiker Fritjof Capra sein Werk „The Turning Point", und diese Wendezeit wurde von zahlreichen Wissenschaftlern begleitet. Um hier nur einige zu nennen: der Biophysiker Rupert Sheldrake, der Quantenphysiker Niels Bohr, der Physiker David Bohm, der Hirnforscher Karl Pribram, der Physikochemiker Ilya Prigogine und viele andere mehr.

Prigogine hält die Welt für ein universelles Wechselspiel von Sein und Werden, von Ordnung und Chaos, in dem Regel- und Gesetzmäßigkeiten ständig gebrochen werden. Weder die Zufälligkeit des Chaos noch die Ordnung, aus der es entsprang, ist bestimmend für die neue Ordnung. Der ordnende Sinn (das Ziel) ist das, was den Prozess in genau dieser Situation festlegt. Ganzheit und Teil sind eins. Er vermutet eine subtilere Form von Wirklichkeit, die sowohl die Notwendigkeit wie auch den Zufall umfasst: die Zeit und die Ewigkeit. Kausalität, lineare Evolution und Zielbestimmtheit werden in diesem Weltbild verworfen.

Nach dem neuen ganzheitlichen Welterklärungsmodell ist das Universum in jedem menschlichen Geist und in allen Teilen der Wirklichkeit vorhanden. Fast genau dieses Weltbild prägte vor nahezu 2500 Jahren Platon in seiner Ideenlehre, ohne dass er sich auf molekularbiologische oder Atomforschungserkenntnisse berufen konnte. Dies zeigt einerseits die Bedeutung der griechischen Philosophie, auf die sich die heutige immer wieder (mit Recht) bezieht, anderseits aber auch die vielen weniger geeigneten Versuche, der Wahrheit durch Denken allein näherzukommen. Weder Hirnforschung noch Quantenphysik werden diesen immateriellen Geist jemals vollständig erklären können, jedoch haben beide naturwissenschaftlichen Disziplinen die Grundlagen für die Anerkennung seiner Existenz geliefert.

Wenn ich mich früher der Meinung angeschlossen habe, dass das menschliche Bewusstsein (der menschliche Geist) ein Produkt des Gehirns ist, beziehe ich dies nicht auf den – materiellen – Hirnprozess allein, sondern halte die Verknüpfung mit dem Universum – im Sinne von Teil und Ganzheit – und die Existenz dieses Produkts über den Körper hinaus für wahrscheinlich, ja notwendig. Dies umso mehr, wenn man Zeit- und Raumbegrenzung aufhebt (wie das in der Quantenwelt der Fall ist) und wenn der Ganzheit Ewigkeit entspricht.

Nun nehme ich zum wiederholten Mal eine meiner Schlussfolgerungen vorweg:
- Das Produkt des menschlichen Gehirns (das Bewusstsein, der Geist) besteht aus einer bestimmten, individuell relativen Informationsmenge;
- der menschliche Geist ist Teil des universellen Geistes;
- alles Relative steht mit dem Absoluten, wie der Teil mit dem Ganzen, in Beziehung;
- die relative Wahrheit (das menschliche Wissen, die menschliche Informationsmenge, der menschliche Geist) ist also Teil der Absoluten Wahrheit (des ewigen universellen Geistes).

In exakt dieser Frage nach der Transzendenz des menschlichen Bewusstseins scheiden sich die Geister und bestehen philosophische Auseinandersetzungen zwischen den Vertretern des neuen Weltbilds. Viele versuchen, der traditionellen Schöpfergott-Theorie als letzte Wahrheit das immaterielle Ganzheitsprinzip durch eine selbstregulierende Kontrolle entgegenzustellen. Die Ordnung wird demnach durch wechselseitige Aufhebung von Abweichungen hergestellt. So etwa James Lovelock in seinem Buch „Gaia", in dem er das Leben auf der Erde als einen zusammenhängenden selbstregulierenden Organismus beschreibt. Dies ähnelt der Theorie Prigogines über das Wechselspiel von Chaos und Ordnung und wurde fortan in der Klimaforschung und Ökologie sehr ernst genommen.

Auch Sheldrakes Theorie der morphogenetischen Felder (siehe Seite 157f.) weist in die gleiche Richtung: Die Kontrolle *von oben* erfolgt durch immaterielle Formkräfte im Universum – ein Prozess, mit dem Ziel zu einer wirklichen Form (z. B. zu einem Organismus, zu einem System) zu kommen, die sich in einem immateriellen Feld widerspiegelt. Formen, Organismen, Systeme sind zugleich Ganzes und seine Teile. Ähnliche Überlegungen hatten auch schon Wilhelm Leibniz mit seiner Theorie der Monaden, Arthur Koestler mit der Idee der Holone und natürlich die Chaostheoretiker mit ihrer fraktalen Welt angestellt. Jedenfalls wurde dieser immaterielle Ganzheitsbegriff (jenseits von Zeit und Raum) in der modernen Forschung zu einer anerkannten Alternative zum Gottesbegriff.

Neben den quantenphysikalischen Erkenntnissen brachte sich rund um die Jahrtausendwende auch die überaus forcierte Hirnforschung in die philosophische Diskussion ein, wobei die Analyse des menschlichen Bewusstseins (die Forschungsergebnisse Eric Kandels habe ich ausführlich behandelt) zu teils unterschiedlichen philosophischen Folgerungen führten. Die Theorien zweier amerikanischen Philosophen werden im Anhang eingehend beschrieben, weshalb ich hier nur kurz darauf reflektiere: Dabei geht es mir um die Frage nach der Quantität und der Qualität der Bewusstseinsinhalte oder – anders ausgedrückt – ob und inwieweit der Informationsprozess im Gehirn von metaphysischen Phänomenen berührt ist.

Daniel C. Dennett lehnt, wie die meisten anglo-amerikanischen Philosophen, einen Einfluss auf den menschlichen Geist von außerhalb des durch die Sinnesorgane Wahrnehmbaren (Informationen von oben) ab. Er betrachtet den Geist also rein physiologisch, ja geradezu mechanistisch. „Aufgabe des Gehirns ist es, den Körper durch eine Welt sich dauernd sich ändernden Bedingungen zu führen, sodass es Informationen über diese Welt sammeln muss und schnell Zukunft zu produzieren hat …" Er vergleicht das Gehirn mit einer Software in Entwicklung, mit Myriaden Mikrosätzen und nähert sich den Theorien über die künstliche Intelligenz. Insofern hält er den Menschen für eine sehr komplizierte, evolvierte Maschine, die aus organischen Molekülen besteht.

Eine geradezu konträre Meinung vertritt sein Zeitgenosse Ken Wilber, der die Bedeutung der Spiritualität auf die gleiche Stufe wie die Natur- und Geisteswissenschaften stellt. Seine Theorie beschreibt drei Arten der Erkenntniserlangung: Das *Auge des Fleisches* nimmt die Welt des Raumes, der Zeit und der Dinge wahr (die empirische, sinnliche Erkenntnis), das *Auge der Vernunft* verschafft Zugang zur Philosophie, zur Logik und zum Geist (die geistig rationale Erkenntnis), und das *Auge der Kontemplation* führt zur Erkenntnis der transzendenten Wirklichkeit und zur höheren Erleuchtung (die kontemplativ spirituelle Erkenntnis). Er versucht nun, die transzendentale Wahrnehmung durch Daten aus der Innensicht, durch meditative Introspektion zu beweisen, schränkt aber ein, dass dies nur einem geschulten Auge möglich ist. Die Mystiker, die Weisen, viele Philosophen und die Erleuchteten in allen Religionen sind Beispiele für eine solche aufsteigende Bewusstseinsentwicklung, in der der Geist sich selbst in der Form des Geistes erkennt. Ähnliche Theorien finden sich bei Platon (Trachten nach dem Ganzen), bei Teilhard de Chardin (Punkt Omega), bei Hegel (geistiger Prozess des Werdens zum Absoluten) und natürlich im Buddhismus und Hinduismus. Das transzendente „Eine" ist dann nicht ein Relatives, nicht Teil, sondern das Absolute, das Ganze, der Gipfelpunkt des eigenen Bewusstseins, der Ur-Gott. Wilber vertritt die Meinung, dass diese Bewusstseinszustände bereits zu den ersterschaffenen Formen gehören, die sich im Laufe der Entstehung des Weltalls entwickelt haben, und dass sich dieses *Selbst-Bewusstsein* schließlich selbst erlöst.

Diese Theorie entspricht meiner Auffassung der Information als Ur- und Initialelement, und sein Auge der Kontemplation stimmt weitgehend mit meinem Verständnis über die Verarbeitung der archaisch-metaphysischen Informationen überein. Bezüglich der Selbsterlösung des Bewusstseins unterscheidet Wilber den *TOD des Ich*, der zur materiellen, regressiven Auflösung führt, und den *Tod des Ich*, der das Loslassen von der verstandesbetonten Ichhaftigkeit bedeutet und damit zum höheren *LEBEN* und zur Einheit im Geist führt.

Es gibt kein Nichts: eine Absage an den Nihilismus. Der Tod und die Frage nach der Transzendenz beschäftigen die Philosophie zwangsläufig. Dazu scheinen mir zwei Meinungen zeitgenössischer Philosophen bemerkenswert: „Philosophieren heißt weiterfragen", sagt der gläubige Christ Carl Friedrich von Weizsäcker und zieht in Anlehnung an die Ideenlehre Platons und im Sinne der Evolutionstheorie (Weiterentwicklung mit an Gewissheit grenzender Wahrscheinlichkeit) den Schluss, dass ein „Dokument seines Gewesenseins im aus ihm Gewordenen übrig bleibt".

Der österreichische Philosoph Konrad Paul Liessmann lehnt sich der neutralen Sicht Hegels an, beschäftigt sich nicht ausdrücklich mit der Transzendenz, nimmt aber Bezug auf den Kirchenlehrer Augustinus und meint, dass nachher nichts sein könnte, was vorher nicht war. Das ist insofern interessant, weil Augustinus auf die ihm immer wieder gestellte Frage, was Gott vor der Schöpfung gemacht hat, mit „Nichts!" geantwortet hat. Dieses „Nichts", das für Augustinus nur die Untätigkeit seines ewig und immer existierenden Gottes war, ist in der philosophischen Diskussion zentrales Thema, weil damit die Existenz oder Nichtexistenz einer Transzendenz argumentiert wird.

Schon meinen bisherigen Ausführungen ist leicht zu entnehmen, welchen Standpunkt ich in dieser sehr bedeutsamen Frage einnehme, und daher lege ich mich mit einer sehr einfachen Behauptung fest: *Aus Nichts kann nichts werden!* Und – vor allem, aber nicht nur – wenn es geistige Elemente (Information) betrifft: *„Nichts kann im Nichts enden!"*

„Nur wenn wir wissen, dass wir irren können, sind wir bereit, die Meinungen des Anderen zu respektieren", sagt der von mir überaus geschätzte Philosoph Karl Popper. Seine Maximen zur Verifikation/Falsifikation von Theorien und seine Erkenntnistheorie beeinflussten die ihm folgende Philosophie nachhaltig. Als Ziel der Wissenschaft sieht er das Finden der objektiven Wahrheit, die in der Übereinstimmung von Theorie und Wirklichkeit liegt. Diese Wirklichkeit teilt er in die *Welt 1*, die materielle Welt, in die *Welt 2*, die Welt der Sinneswahrnehmung, und in die *Welt 3*, bestehend aus den Produkten des menschlichen Geistes. Alle drei Welten entsprechen meiner Informationstheorie; seine Welt 3 besteht zwar auch auf das über den Menschen hinausgehende Denken, soweit es nicht als übermenschliches Bewusstsein aufgefasst wird. Darüber hinaus kann eine mögliche Wahrheit nur vermutet werden.

Mehrere Werke Poppers entstanden gemeinsam mit dem bekannten Neurophysiologen John C. Eccles, der das 3-Welten-Modell als Informationsfluss zwischen Außenwelt und Gehirn zeichnet und das bewusste Selbst mit der Seele (im nicht theologischen Sinn) identifiziert. Der offensichtlich gläubige Popper wagte hingegen keinerlei metaphysische Folgerungen. Im dritten Teil des gemeinsamen Werkes mit Karl Popper, „Das Ich und sein Gehirn", finden sich in den Dialogen zwischen den beiden Autoren die – mit Zugeständnis an den jeweils geschätzten anderen – zarten Widersprüche: Eccles sieht sich in der Position zu wissen, dass das Gehirn in seiner Entwicklung mit dem selbstbewussten Geist verknüpft wurde. Popper sieht darin die letzten Fragen, die nicht beantwortbar sind, gesteht aber zu, dass die Welt 3 einen möglichen Ansatz bietet, vernunftmäßig an bestimmte Dinge heranzugehen, die – derzeit – so aussehen, als wären sie ewige Geheimnisse.

Streng genommen dürfte ich als Popper-Anhänger meine eigenen theoretischen Überlegungen nicht mehr fortsetzen, weil sie die Grenzen der Vernunft zu überschreiten beginnen. Ich nehme mir aber die Freiheit, Poppers Begriffe der *Vermutung* und der *Wahrscheinlichkeit* zu nutzen, und beziehe mich auf die Zugeständnisse in seiner Erkenntnistheorie, wenn er zugibt, dass die Welt 3 über den Menschen hinausgeht, und meint, dass ewige Wahrheiten wahr gewesen sein müssen, bevor es Menschen gab, und dass die Wahrheit objektiv und absolut ist (siehe oben!). Meine Theorie würde die Absolute Wahrheit, die Transzendenz und alle möglichen *Gegenstände*, die noch nicht Erzeugnisse, Gedanken oder Erkenntnisse des Menschen sind und die auch nie geschaffen, erfasst oder begriffen werden (können), nach Poppers Diktion als *Welt 4* bezeichnen: als Summe der unendlichen Informationen, die uns schon zur Verfügung stehen, die uns noch zugänglich werden (durch wissenschaftliche Forschung und neue Erkenntnisse) und die uns verborgen bleiben werden, jedoch dennoch vorhanden und wahr sind. Diese Aussage ist zweifellos verifizierbar und wird nahezu täglich verifiziert, indem Theorien (Vermutungen) durch empirische Nachweise bestätigt werden. Diese und vor allem alle neuen, bisher – noch – nicht verfügbaren Informationen sind zweifellos mehr als Vermutungen und gehen über Poppers Welt 3 hinaus.

Vielleicht würde Popper meine Informationstheorie als einen Versuch werten, der Wahrheit näherzukommen. Vielleicht würde er auch die Bemühung schätzen, eine phantasievolle Kritik am *Gegebenen*, am Gewohnten, an Vorurteilen, an üblichen Annahmen und an von Philosophen so Beschriebenem zu üben und daraus die Idee einer neuen Theorie zu entwickeln. Vielleicht … Oder er würde darüber nicht diskutieren, weil diese Thematik zwangsläufig zu letzten Fragen führt, die er – weil nicht zu beantworten – nicht behandeln möchte.

Für Karl Theodor Jaspers, einen der herausragenden Vertreter der Existenzphilosophie, sind Darstellungen und Bilder von Gott lediglich Chiffren der Transzendenz. Offenbarungsreligionen hält er für obsolet, weil sie eine von Menschen formulierte Endlichkeit beinhalten. Er sieht ein vierstufiges Menschenbild: das biologische Dasein, das Bewusstsein, der Geist als Teilhabe an ganzheitlichen sinnstiftenden Ideen und schließlich die Existenz als das, was der Mensch sein kann, als nicht mehr fassbare Ebene des eigentlichen Selbstseins, des wahren Menschseins. Existenzielle Wahrheit liegt in der Freiheit des Menschen, durch Kommunikation mit der höheren Ebene zu sich selbst zu finden. Die großen Weisen der Achsenzeit (siehe Seite 197ff.) vermitteln ihm die Perspektive für eine interkulturelle Philosophie. Rückblickend betrachtet hält er jedoch die Philosophie für einen Bericht über eine Kette von Irrtümern und Widersprüchen sowie für ein vergebliches Bemühen um die ewig *eine* Philosophie, die *Philosophia perennis*.

Zwei zeitgenössische österreichische Philosophen entschlagen sich der Antwort auf die Frage nach einem transzendenten „Weiterleben": Peter Strasser (siehe auch Seite 124f.) lässt die Frage, ob es „einen Ort des wahren Selbst" gibt, offen und spekuliert mit den Möglichkeiten eines Lebens nach dem Tod, indem er die Bedingungen dafür auflistet.

Konrad Paul Liessmann behandelt diese Frage in seinem Werk „Zukunft kommt" im Zusammenhang mit der philosophischen Betrachtung der Zeit und bezeichnet die Zukunft (und damit ein etwaiges Leben nach dem Tod), weil sie sich außerhalb des Zeithorizonts befindet, als uneingelöste Versprechen, versunkene Utopien, vergessene Hoffnungen und ausgebliebene Erlösungen. Der Mensch lebt, weil er weiß, dass er sterben wird. Wenn er sich diesem Wissen stellen kann, ist er imstande, sich dem Leben, dem Hier und Jetzt, der Gegenwart zu widmen.

Der Schweizer Soziologe Jean Ziegler vertritt die Meinung, dass das erkenntnisfähige Bewusstsein die wesentlichen Funktionen der Selbstinterpretation des Ich und der Welt übernimmt. Dieses eschatologische Ich offenbart sich unmittelbar vor dem Tod und drückt sich im Gefühl der Hoffnung und der „Sehnsucht nach dem ganz anderen" aus. Der Mensch wie auch das Universum befinden sich im Zustand der Evolution, die mit dem Logos begonnen hat und mit der Apokalypse (griechisch: Enthüllung des Seins) enden wird. Der Tod begründet die Freiheit.

Zwischenstück
Eine persönliche Erfahrung

In jener Phase, in der ich die Frage nach einem Leben nach dem körperlichen Tod behandelt und die verschiedenen philosophischen Meinungen wiedergegeben habe – etwa auch Wilbers Unterscheidung zwischen dem TOD des körperlichen Individuums und dem Tod des Ich, der den Übergang in ein höheres Leben und in die Einheit im Geist bedeutet –, musste ich die zunehmende Krankheit meiner Frau beobachten und sie auf ihren therapeutischen Wegen begleiten.

Sie war als Lehrerin prädestiniert dafür, Korrekturen auszuführen, war an meiner Arbeit interessiert, las und – wo notwendig – verbesserte meine Manuskripte laufend. Auch noch als vor vier Jahren ein Mammakarzinom festgestellt wurde und sie operiert werden musste, überwog die Hoffnung auf Heilung, und wir konnten nach der ersten Chemotherapie ein weitgehend normales Leben führen, auch weite Reisen unternehmen, und ich konnte meine Arbeit – für die ich mir von vornherein kein Zeitlimit gesetzt hatte – fortsetzen. Nach der wegen der Metastasenbildung notwendigen zweiten Chemo- und Strahlentherapie zwei Jahre später reduzierte sich die Hoffnung auf Heilung trotz der Zuversicht der Ärzte, die alle immer wirksamer werdenden Medikamente und Anwendungen einsetzten und eine dritte Chemotherapie veranlassten. Als nach dreieinhalb Jahren Metastasen im Gehirn festgestellt wurden und eine weitere Strahlentherapie als ultima ratio der Medizin empfohlen wurde, schwand, zumindest bei meiner Tochter und bei mir, die Hoffnung fast vollends.

In den letzten Monaten nahm die körperliche Energie meiner Frau zunehmend ab, medizinisch war man am Ende angelangt, ein Krankenhausaufenthalt brachte keine Vorteile, sodass wir sie in unserem Kreise zu Hause, mit aller verfügbaren Pflege betreuten. Mit den physischen Kräften verringerte sich fast parallel auch das geistige Potenzial. Zeit ihres Lebens interessiert an der Gesellschaft rund um sie, an den Ereignissen in der Welt und an gesellschaftspolitischen Entwicklungen schwand ihr diesbezügliches Interesse. Ihre Welt wurde kleiner, ihr Bewusstsein immer öfter von ihrem Unbewusstsein überlagert. Auch bei einer Fahrt mit dem Rollstuhl rund um unser Sommerhaus nahm sie die Blumen auf der Terrasse und die blühenden Sträucher im Garten, die sie so sehr liebte, mit nur noch geringem Interesse wahr. Zunehmendes Schlafbedürfnis und rasch abnehmendes Ess- und Trinkbedürfnis ließen sie nur noch von ihrer Substanz zehren und ihre Kräfte vollends schwinden, sodass sie kaum noch in der Lage war, zum Galgen ihres Krankenbetts zu greifen. Die unter den gegebenen Umständen positive Seite war zweifellos ihre Schmerzlosigkeit; wahrscheinlich hatten die Läsionen im Gehirn das Schmerzzentrum zerstört. In den letzten Tagen wurde ein eher unruhiger Dauerschlaf nur durch wenige kurze Wachzustände unterbrochen, in denen sie uns gerade noch wahrnahm.

Der letzte Tag ihres irdischen Daseins wird uns in den kleinsten Details unvergesslich bleiben. Ich saß mit meiner Tochter am Krankenbett. Plötzlich machte sie die Augen auf, lächelte, hob ihren Arm mit letzter Kraft und winkte leicht mit ihrer Hand, ließ sie fallen, berührte unsere Hände und zog uns zu sich, lächelte weiter und schloss friedlich die Augen. Wir wussten, das war ihr endgültiger Abschied, ihr Loslassen von diesem Leben. In diesem verklärten Augenblick läutete das Handy, weil ein Arzt seinen Besuch ankündigen wollte; der Lärm stoppte den TOD. Erst zehn Stunden später machte sie den letzten Atemzug. Aber auch diese störende Verzögerung konnte ihren letzten friedlichen, entrückten, ja schönen Gesichtsausdruck nicht verändern.

Ihr Tod – und wie sollte ich nach all meinen bisherigen Ausführungen anderer Meinung sein – war der Übergang in ein höheres Leben, war die Verschmelzung ihres Geistes mit dem universalen Geist. Ihr Körper hat uns verlassen, ihr Geist wird uns jedoch ständig gegenwärtig sein.

Viele werden diese meine letzte Bemerkung nachvollziehen können, wenn sie diese auf den bewusstseinsbezogenen Begriff der Erinnerung einschränken. Ich meine jedoch die Aussage im vorletzten Satz, der meine Hypothese des metaphysischen Informationsaustausches zwischen individuellem und universalem Geist zum Ausdruck bringt. Dass diese Behauptung nicht beweisbar ist, weiß ich; sie befindet sich jedoch nicht außerhalb des Vernunfthorizonts. Der bekannte Aphorismus von Marie Ebner-Eschenbach „Wer nichts weiß, muss alles glauben" sollte daher so nicht ernst genommen werden; eher ist es dem Nichtwissenden überlassen, zu glauben, was er nicht weiß.

Alles abzulehnen und gar nichts zu glauben, was man nicht weiß – und damit bin ich bei meinen letzten zeitgenössischen Philosophen und bei einem anderen Aphorismus Ebner-Eschenbachs angelangt –, hieße aber, sämtliche Theorien ad absurdum zu führen: Es gibt zweifellos mehr Behauptungen, an die man glauben kann und die sich als richtig herausstellen als jene, dass „eine nicht funktionierende Uhr zweimal am Tag die richtige Zeit zeigt".

Die Berechtigung von Hypothesen ist also nicht grundsätzlich und von vornherein infrage zu stellen.

Ist also, wie es ja der Sinn meiner Theorie ist, das Modell einer alles umfassenden Antwort auf die letzten Fragen zu formen nicht gerade der Versuch, Vernunft und Glauben, Immanenz und Transzendenz, Wissenschaft und Metaphysik mit dem Urelement Information zu verbinden?

Im Anhang habe ich die Meinung von zwei großen zeitgenössischen Philosophen ausführlicher wiedergegeben, die eine transzendente Existenz entweder negieren (Habermas) oder das Metaphysische auf den Begriff der Ganzheit, der Allseele reduzieren (Sloterdijk). Jürgen Habermas schränkt im Sinne des Kant'schen Vernunftprinzips die Wahrheitsorientierung auf die Tatsachenfeststellung ein. Jeglicher Glaube an eine wie immer definierte Transzendenz widerspricht der Vernunft. Den Weltreligionen gesteht er nur zu, lehrreiche Intuitionen und prägende Traditionen in das kulturelle Bewusstsein eingebracht zu haben, und lehnt sich gegen politisierende Religionen und deren indoktrinierende Tendenzen auf. Wahr ist, was man rational akzeptieren kann. Religiöse Weltbilder mit ihren Ansprüchen auf Autorität und Interpretationsmonopol werden durch die Bedingungen der Säkularisierung des Wissens ohnehin obsolet.

Peter Sloterdijk widerspricht der Meinung, die eine Wiederkehr der Religionen oder eine Art der Spiritualität vertritt. Nicht nur durch solche traditionellen und neuen Glaubensbewegungen, sondern durch sämtliche nach Hierarchie strebenden Leistungsfelder und Statusklassen sieht er den Menschen gefesselt. Diese in allen Lebensbereichen herrschenden vertikalen Spannungen haben den Menschen angepasst, teilweise gefügig, träge und gleichgültig gemacht. Die Metaphysik wurde durch die Religionen immunisiert, indem Gott als eine „Version der Letztversicherung" angeboten wurde. Er nennt diese zur ständigen Wiederholung und Nachahmung zwingenden Systeme Anthropotechniken und fordert den Menschen – wie im Titel seines Buches – auf: „Du musst dein Leben ändern." Von Nietzsche übernimmt er den Begriff des Übermenschen und meint damit den übenden Menschen, das über sich Hinausgehen.

Diese Selbstformungsübungen, diese Selbstwerdung sollten dem Einzelnen, Gruppen und ganzen Gesellschaften gelingen. Eine solche Abspaltung verlangt allerdings Kontemplation, führt jedoch zur Befreiung und zu einer höheren ganzheitlichen Ebene. Es bedarf eines ethischen Imperativs, um aus „Marionetten des Kollektivs" und aus „Geiseln der Situationen", die „sich informieren lassen, sich unterhalten lassen, sich vertreten und beraten lassen und sich bis zur Selbstaufgabe ‚massieren' lassen", selbstständige, selbstbewusste und eigenverantwortliche Menschen zu befördern. Sloterdijk geht es also um eine bewusste Unterbrechung des Informationsstroms, der Anpassung fordert, um aufmerksame Selektion von Informationen und deren individuelle Verarbeitung. Denken kann dann auch über den Verstand und die Vernunft hinausreichen und höhere, metaphysische Ebenen erreichen, wo die „Identität von Einzelseele und Allseele" vollzogen wird.

Auch unbedarfte Nach-
Denker sollen nachdenken!
Hätte ich Sloterdijks Buch schon vor Beginn meiner Arbeit gelesen, könnte es durchaus auch den Anstoß gegeben haben, meine eigene Erkenntnissuche zu entwickeln und jene vielleicht fünf Prozent, die mir mein nicht determiniertes Bewusstsein für meinen freien Willen übrig lassen, für Erkenntnisübungen zu verwenden. Dieser seiner kritischen Haltung gegenüber dem tradierten Denken – ob es die theologische, metaphysische, nachmetaphysische oder die Philosophie der Vernunft, der Moderne und auch der Postmoderne ist –, gegenüber den jeweils ethischen und moralischen Zwängen und gegen das Treibenlassen oder Getriebenwerden schließe ich mich gerne an. Ohne Nietzsches Begriff des Übermenschen – weder in der gemeinten noch in der falsch verstandenen Deutung – überzustrapazieren, scheinen mir die Übungen des *Homo cogitans* sinnvoller als jene des *Homo ludens*. Aber vielleicht inspiriert mich dabei die auf meinem Schreibtisch stehende kleine Kopie der Skulptur des „Denkers" von Rodin.

Während die Naturwissenschaften forschen, beobachten, Erfahrungen sammeln, Theorien aufstellen, messen und schließlich beweisen (falsifizieren oder verifizieren), bleibt den Geisteswissenschaften der Beweis versagt. Das ist der entscheidende Unterschied. Die Geisteswissenschaften müssen mit der Dynamik der empirischen Wissenschaften Schritt halten, um ihren Theorien nicht die Basis zu entziehen. Sie interpretieren die naturwissenschaftlichen Erkenntnisse und ziehen logische Konsequenzen über die Tatsachenfeststellungen hinaus. Insofern kann eine befruchtende Folgerung natürlich auch durch die Verkettung vom logischen zum visionären Denken entstehen. Jedenfalls jedoch verschwimmen die Trennlinien zwischen Natur und Geist, zwischen materiellen und immateriellen Substanzen immer mehr. Deutlich beobachtbar ist dieses Phänomen in der so bezeichneten Wissenschaft des Geistes, die von der biologischen Grundlagenforschung über die Mikro- und Molekularbiologie zur Hirn- und Bewusstseinsforschung letztlich die Frage nach der *Selbst-Ständigkeit* des menschlichen Geistes als Produkt des menschlichen Organs Gehirn stellt.

Wiederum scheint mir dabei das Element Information die Brücke zu sein, weil es die Basis sowohl für das stofflich-organische Leben wie auch des dann selbstständig gewordenen immateriellen Bewusstseins, des Selbst, des individuellen Ich, eben des persönlichen menschlichen Geistes ist: jene komplexe Summe aus Myriaden Informationseinheiten.

Wenn ich die Psychologie etwas abwertend als eine Wissenschaft ohne eigentlichen Gegenstand bezeichnet habe, dann deshalb, weil alle aktuellen Forschungserkenntnisse die Existenz einer Seele als eine dritte menschliche Kategorie leugnen. Es gibt auch keinen Grund, sie nicht mit dem menschlichen Geist zu identifizieren – außer man will ihren traditionell-religiösen Begriff als Bindeglied zur Transzendenz aufrechterhalten. Die Verhaltensforschung, als die Hauptaufgabe der Psychologie, ist schließlich die Analyse des Nervensystems und der Gehirntätigkeit, jeweils bezogen auf individuelle Personen, aus deren gefundenen Parallelitäten Schlüsse und gewisse Gesetzmäßigkeiten, aber keine gültigen Formeln und Beweise gezogen werden können.

Die Ergebnisse der Forschung der letzten Jahrzehnte stellen fest, dass der Mensch durch einen evolutionären Informationsprozess geprägt ist. Sein geistiger Zustand oder sein gefühltes *Selbst* besteht einerseits aus archaischen, genetischen Informationen (jenen unauslöschbaren – mit dem Wachstum des menschlichen Gehirns entstandenen – hypertrophierten Informationsbündeln zur Selbsterhaltung) und anderseits aus den im Laufe seines Lebens durch Erziehung, Umwelt und Lernen empfangenen und/oder erworbenen Informationen. Dieses gefühlte

Selbst-Bewusstsein ist also ein Konglomerat aus universalen, urtümlichen, kollektiven und persönlichen Determinanten, die in einem Ausmaß von rund 95 Prozent unbewusst sind.

Daher stellt sich die Frage, inwieweit der freie Wille, das Selbstbild, das Selbstverständnis, die Selbstentscheidung und die Freiheit nicht nur eine Illusion sind und wie wirklich die Wirklichkeit ist. Wenn, wie vielfach behauptet, die Determiniertheit das Bewusstsein überwiegend beherrscht, stellen sich die Fragen nach der Handlungsverantwortung des Menschen, nach der Gültigkeit von Gesetzen und Normen, nach der – ohnehin relativen – Moral und nach der – eher grundsätzlichen – Ethik.

Obwohl ich mich eher der deterministischen Meinung anschließe, weil ich von einer gewissen Programmiertheit des Informationsspeicher- und verarbeitungssystems *Gehirn* ausgehe, betrachte ich das sich im Gehirn selbst entwickelte Subprogramm *Kontrolle*, das (Straf-)Sanktionen und Entscheidungskonsequenzen durch gespeicherte Erfahrungen antizipiert, für Verhalten und Verantwortung und eben für die Unterscheidung zwischen Gut und Böse für grundsätzlich ausreichend zuständig. Ob sich jeweils ein zwangsläufig egoistischer Trieb oder zufolge der sozialen Notwendigkeit ein altruistisches Verhalten durchsetzt, lässt sich aus der Beobachtung der Menschheitsgeschichte nicht klar ablesen. Man könnte geneigt sein, Darwins egoistisches Gen mit Kants kategorischem Imperativ im Einklang zu sehen und Rifkins Glauben an eine global zivilisierte Empathie als Hoffnung für den Menschen der Zukunft zu betrachten. Wenn aber trotz der Lehren der Vergangenheit Egoismen, Nationalismen, Rassismen nach wie vor zu Konflikten führen, ist es schwer, einen klar positiven Trend der Überwindung archaischer Eigenschaften auszumachen.

Nun hat der einzelne Mensch das geistige Potenzial, sich den ihn beherrschenden Einflüssen durch kontemplatives Denken zu entziehen; er ist imstande, sein Leben zu ändern (wie Sloterdijk es fordert), seine manipulierte Nummer 2 zu verdrängen und sein Verhalten den ethischen Normen anzupassen. Ob es aber auch Gesellschaften oder überhaupt der Menschheit gelingen kann, jenen generellen empathischen Zustand zu erreichen, den Rifkin prophezeit, ist zweifelhaft. Auslöser für Zusammenbrüche von Wertesystemen wie auch Katastrophen welcher Art immer sind nicht wünschenswert und – historisch betrachtet – auch keine Garantie, und die Hoffnung auf eine evolutionäre Vergeistigung des Menschen, wie sie Teilhard de Chardin sieht, hat keine absehbare Zeitdimension. Der menschliche Geist bewegt sich einerseits in einer Biosphäre ungeheurer – jedoch endlicher – Informationsvolumina wie ein Tropfen im Ozean; andererseits kann er sich auch in einer oberhalb der Wasserfläche befindlichen Sphäre wie ein verflüchtigender Tropfen bewegen, um mit der unendlichen Informationsganzheit in Berührung zu kommen. Das Sensorium des Menschen ist nicht nur auf seine fünf Sinne beschränkt. Auch die Wissenschaft nimmt sich zunehmend jener sogenannten außersinnlichen Wahrnehmungen an, die durch Informationen – noch – nicht bekannter Art hervorgerufen werden. Esoterische, meditative und parapsychische Phänomene werden nicht mehr einfach als Okkultismus und Scharlatanerie abgetan, sondern als mögliche Informationskategorien ernster genommen und vermehrt in die wissenschaftliche Forschung mit einbezogen. Vergleichbar ist diese Entwicklung etwa mit dem Umdenken, das die Quantentheorie in der naturwissenschaftlichen Kausalitätsgläubigkeit verursacht hat. Alle diese Überlegungen überschreiten aber auch den Bereich der Wissenschaft des Geistes im Sinne der Forschung am Menschen selbst und führen in den Zuständigkeitsbereich der Philosophie und der Metaphysik.

Die ursprünglich von mir in diesem Ausmaß nicht beabsichtigte Behandlung philosophischer Theorien ist unter dem Eindruck der Einflussfaktoren auf diese Disziplin (Informationsfluss von außen) umfangreicher geworden.

Die Suche nach der Wahrheit, nach dem Sinn des Lebens und die Frage nach dem Woher, Wozu und Wohin haben die Menschen seit jeher beschäftigt. Natürlich hatten die Mythen der Sumerer und Ägypter sowie die frühen Philosophien asiatischer Kulturen Einfluss auf das okzidentale Denken. Der Rahmen dieser Arbeit und meine eigenen mentalen Verständnisgrenzen würden aber mit der Behandlung all dieser Gedankenwelten gesprengt werden. Es ist natürlich auch unmöglich, der westlichen Philosophie in einem erforderlichen Umfang gerecht zu werden. Die behandelten Abschnitte mögen den für das gegenständliche Thema relevanten Einfluss vermitteln.

Vor zweieinhalb Jahrtausenden versuchten griechische Philosophen, sich von der herrschenden Mythologie der Kriegsgötter abzuwenden und eine von außen unbeeinflusste eigenständige, neutrale und objektive Denkrichtung zu entwickeln. Dies und die Komplexität ihres Weltbilds sind zweifellos auch der Grund für den Einfluss, den sie auf alle nachfolgenden Philosophen bis heute haben. Die Begriffe des Seienden der Wirklichkeit und der Wahrheit wurden analysiert, nach dem damaligen naturwissenschaftlichen Kenntnisstand definiert und in ein logisches Gedankengebäude eingebaut. So schafft etwa die Ideenlehre Platons ein Bild von der Verschmelzung des Geistes mit dem Ewigen. Göttliche Gedanken, die sich im Wort Logos ausdrücken, können auch als Synonym für die Urinformation begriffen werden. Der fleischgewordene Logos im Christentum beeinflusste die Philosophie in der Folge jahrhundertelang; die katholische Staatskirche benutzte ihre Macht zur Verdrängung aller Versuche, die zu Zweifeln am Gottesbeweis hätten führen können.

Zu denken wagte man erst wieder, als die kirchliche Hierarchie abwegige Formen annahm und im Zuge der beginnenden Aufklärung und der Reformation der Gottesbegriff hinterfragt wurde. Dennoch reichte der starke Einfluss der Idee oder

der Lehre von der einzigen Wahrhaftigkeit des persönlichen Gottes bis zum Ende des 18. Jahrhunderts; selbst Kants Vernunftprinzip konnte sich dem nicht ganz entziehen, und auch Descartes, der sich seines Seins aufgrund seines Denkens bewusst wurde und vielfach als Vater der modernen Philosophie bezeichnet wird, wollte die Existenz Gottes beweisen. Immer stärker wurden aber Ideen zum Gottesersatz: Geist, Natur, All und Ewigkeit wurden zunehmend als Einheit betrachtet.

Die Säkularisierung verdrängte die theologische Philosophie mehr und mehr, und die von „Gott eingehauchte Seele" wurde durch die Kenntnis der physiologischen Prozesse zum selbstbewussten Ich. Hegels Phänomenologie des Geistes und Nietzsches Übermensch bildeten einen Widerspruch zu metaphysischen Vorstellungen. Die raschen naturwissenschaftlichen Fortschritte mussten die Philosophen zum Neudenken zwingen: Die Evolutionslehre Darwins und vollends die Genetik haben die Bedeutung der informationsabhängigen Prozesse ins Rampenlicht gestellt.

Viele zeitgenössische Philosophen haben die Transzendenz bewusst aus ihren Überlegungen ausgeklammert, manche versuchen, den Geist (das Bewusstsein) als Sinneswahrnehmungen (Informationen) auf Erfahrung (gespeicherte Daten), auf Vernunft (logische Datenverarbeitung) und auf Spiritualität (Erkenntnis und Erleuchtung aus der Innensicht und der Wahrnehmung des Absoluten) zu beschreiben. Insofern sind Geist und Körper nur im immanenten Leben als Einheit zu sehen; die gleichzeitige Transzendenz des Geistes begründet die allgegenwärtige, ewige Existenz des Absoluten. Die ausdrückliche philosophische Forderung heißt: Denken.

In der Absicht, aus den bisher zusammengefassten Überlegungen natur- und geisteswissenschaftlicher Art die Suche nach Wahrheit fortzusetzen und informationstheoretische Folgerungen zu ziehen, bediene ich mich des grenzwissenschaftlichen Begriffes *Noetik*.

3|6	Noetik

Das Denken über das Denken.

Die westlich Philosophie fand nach 2000 Jahren, die ganz wesentlich von einem staatskirchlichen Diktat der exklusiven Wahrhaftigkeit Gottes geprägt waren, zu objektiven Ideenlehren zurück. Unter dem Begriff der Idee verstehe ich jedes komplexe, auf Vernunft und Logik aufgebaute Informationsbündel, eine Aussage, eine Schlussfolgerung oder eben eine Theorie, die versucht, Denken und Wissen zusammenzuführen. Erkenntnistheoretisch bedeutet dies einen Bewusstseinsvorgang, der – in Kenntnis des jeweils aktuellen naturwissenschaftlichen Wissens – geistig Wahrnehmbares einer logischen Folgerung zuführt. Unbestreitbar ist – wie aus den bisherigen Ausführungen hervorgeht – die zentrale Stellung der Information in der Naturwissenschaft. In der belebten Materie wird durch biologisch-physiologische Forschungsergebnisse die bestimmende Informationsfunktion hervorgehoben. Evolution und genetisches System bauen auf diesem Informationsprozess auf. Das Leben wird in jeder Beziehung und in allen Bereichen durch Information bestimmt.

Aber auch das Universum ist durch Informationssysteme bestimmt. Energie und Materie sind zwar die sichtbaren Elemente, dennoch sind sie bloß Träger von Impulsen, welche die Reaktionen hervorrufen. Am deutlichsten lässt sich der Informationsbegriff in der Mikrowelt beobachten. Die atomare Struktur der Elemente ist zwar unbelebt, aber eben nicht tot: Die Quantenmechanik weist deutlich nach, wie den Teilchen Informationen innewohnen. Die Verschränktheit dieser Quanten und ihre Unbestimmbarkeit lassen einerseits informationstechnologische Anwendungen ableiten, führen aber anderseits auch zu Parallelitäten mit philosophischen Fragen der Determiniertheit und des Zufalls.

In der Philosophie kommt zwar der Begriff der Information selbst nur am Rande vor, die Ideen und Theorien sind jedoch ein Konglomerat von Informationen, nämlich Botschaften in Form von verzahnten Inhalten (Informationen). Die Suche nach mehr Wissen, höherer Erkenntnis, wirklicher Wirklichkeit oder eben das Streben nach Wahrheit ist – mit einem Wort – ein Informationsprozess. Die Summe der erforschten, gefundenen, empfangenen, gespeicherten und verarbeiteten Informationen bildet die relative Wahrheit.

Die Frage, ob die Absolute Wahrheit, also die Summe der unendlichen Informationen, als Gott bezeichnet werden kann oder muss, wird mit der gegenständlichen Arbeit zu beantworten sein. Dass Gott auch als Absolute Wahrheit bezeichnet werden kann, wird – wie im nächsten Kapitel „Metaphysik, Spiritualität, Religionen" gezeigt – keine Religion oder religiöse Philosophie bestreiten.

Im Sinne von Aristoteles – und hier greife ich auch auf den großen Denker zurück – ist das Denken über das Denken (von noesis noeseos abgeleitet: Noetik) erforderlich, um höhere Dinge zu erkennen. Gemeint ist damit das über das Wissen hinausgehende Denken, das Eindringen in die Metaphysik. Und das beginnt dort, wo unser derzeitiges physikalisches Wissen aufhört und hinübergleitet in eine Ebene, die wir nur ansatzweise kennen und über die wir darüber hinaus Vermutungen anstellen.

Im Zusammenhang mit der bisher schon mehrfach erwähnten Quantentheorie lässt sich diese geistige Übung, die eine Idee (eine Hypothese oder eine Theorie) entstehen lassen kann, trefflich zeigen: Was wir von der Quantenphysik wissen, ist, dass das Licht eine Doppelnatur besitzt. Das Lichtteilchen (Photon) erscheint wie eine geisterhafte Welle, die zugleich überall und nirgends ist und mit anderen Photonen in Kontakt steht; es hat keine reale, sondern eine wahrscheinliche Existenz. Wird es jedoch beobachtet oder gemessen, zeigt es sich als manifestes Teilchen.

Ohne – auch aufgrund meines eigenen Unverständnisses (der Quantenphysiker und Nobelpreisträger Niels Bohr meint: „Wer von der Quantentheorie nicht schockiert ist, hat sie nicht verstanden.") – näher auf diese Wissenschaft einzugehen, scheinen mir Denkprozesse mit Folgerungen angebracht: Da sich dieser Quantenprozess in allen Atomen, deren aller Ursprung die Singularität des Urknalls war, abspielt, löst sich unser ganzes Universum im subatomaren Bereich in einer undefinierbaren Wahrscheinlichkeit auf, solange es nicht durch Beobachtung zur Realität wird. Demnach schafft offenbar der Geist des Beobachters die Wirklichkeit; er fixiert scheinbar die überlagerten Wahrscheinlichkeiten.

Da aber der – menschliche – beobachtende bewusste Geist ein Produkt seines aus Quantenprozessen bestehenden biologischen Gehirns ist, ist die Folgerung zulässig, dass Quanten auf andere Quanten einwirken. So entsteht ein holistisches Weltbild, das den Kosmos als eine Einheit betrachtet, in der alles mit allem zusammenhängt; eine ganzheitliche Totalität, in der Geist und Materie in Wechselwirkung miteinander verbunden sind. Dass diese Sichtweise der vor mehr als zweieinhalb Jahrtausenden entwickelten buddhistischen und taoistischen Philosophie gleicht, ist zumindest erstaunlich (siehe dazu auch im folgenden Kapitel). Im Gegensatz zu dieser Auffassung, der sich viele Physiker anschließen, stehen die Religionen, welche die Frage, was oder wer den menschlichen Geist Realität werden ließ, mit dem geistig höheren Beobachter (Gott), der sich damit auch seine eigene Realität geschaffen hat, beantworten.

Eine weitere Folgerung lässt die Information in den Mittelpunkt rücken: In der Quantenwelt gibt es Vorgänge, die eine raum- und zeitlose Verbindung der subnuklearen Teilchen aufweisen. Im sogenannten Doppelspaltexperiment konnte man nachweisen, dass sich ein Lichtteilchen (Lichtenergie hat auch eine atomare Dimension) gleichzeitig an zwei verschiedenen Orten befindet. Durch Beobachtung (Messung) ist ein Ort festzustellen, sein Paar hingegen kann sich beliebig weit wegbewegt haben, aber die beiden reagieren zeitgleich aufeinander; sie kommunizieren. Die Elementarteilchen jedes Atoms (Elektronen) haben einen bestimmten Spin (Drehrichtung). Wird diese Schwingung mit einem künstlichen Impuls bei dem einen Elektron geändert, ändert sich augenblicklich auch jene des anderen, egal wo es sich befindet. Eine wissenschaftliche Erklärung für dieses Phänomen gibt es – noch – nicht, aber es ist in vielfachen Experimenten bewiesen und wird auch in der Praxis angewendet (siehe Seite 255f.).

Ich habe den Begriff Information mehrfach definiert und als kleinste Einheit den Impuls, das Signal, das Bit oder den Aus/Ein-Befehl genannt. Jede Information jeden Umfangs und jeder Art besteht aus der Summe dieser Einheiten. Diese mysteriöse Verschränkung der Quanten, die im gesamten Kosmos vorhanden sind und einen direkten, unmittelbaren, raum- und zeitlosen (von der Lichtgeschwindigkeit völlig unabhängigen) Informationskontakt haben, eröffnet mögliche oder sogar wahrscheinliche Denkmodelle, die das derzeitige Weltbild sehr verändern würden. Das Denken über den derzeitigen Wissensstand hinaus – wobei die Eigenschaft der Quanten wissenschaftliche Erkenntnis darstellt – hat auch schon zu manchen Weltmodellen geführt. Dabei ist es interessant, festzustellen, wie naturwissenschaftliche Forscher zu metaphysischen (metà tà physiká, nach der Physik) und letztlich zu philosophischen Schlussfolgerungen gekommen sind. Vielfach werden solche Welttheorien eher abfällig als Science-Fiction bezeichnet, weil sie unserem traditionellen kausalprinzipiellen Denken widersprechen, aber Ursache und Wirkung haben in der Quantenwelt keine Gültigkeit. Eher scheint unsere Trennung zwischen Natur- und Geisteswissenschaft eine Fiktion zu sein; die Noetik kann sie auflösen, weil sie eine fruchtbare Verbindung der beiden Disziplinen befördert und eine Verschmelzung von Geist und Materie geradezu herausfordert.

Denken über das Denken führt zur Spiritualität. Das Denken über das Wissen hinaus ist eigentlich eine Art Spiritualität, ein geistiger Prozess, der gesicherte Informationen mit – noch – nicht verfügbaren – aber durchaus existenten – Informationen in Verbindung zu bringen versucht. Wenn sich unser Geist durch die kommunizierende Quantenwelt mit dem kosmischen Geist in einer Interdependenz befindet, beide sich also gegenseitig beeinflussen, kann man von einem ständigen, universalen Informations- und Kommunikationsprozess sprechen. Die Wahrheitsfindung ist dann das Streben, die uns verfügbare relative Wahrheit der Absoluten Wahrheit anzunähern.

0 0 1 1 0 1 0 0 0 1 1 1 1 1 0 0 0 0 1 1 0 0 0 0
0 1 0 0 0 1 0 0 0 1 1 0 1 0 0 1 0 1 1 0 0 1 0 1
0 1 0 1 0 0 1 0 0 1 1 0 1 1 1 1 0 1 1 0 1 1 0 0 0 1 1 0
1 1 0 0 0 1 1 0 0 1 0 1
0 1 1 0 0 1 0 0 0 1 1 0 0 1 0 1 0 1 1 1 0 0 1 0
0 1 0 0 1 0 0 1 0 1 1 0 1 1 1 0 0 1 1 0 0 1 1 0 0 1 1 0
1 1 1 1 0 1 1 1 0 0 1 0 0 1 1 0 1 1 0 1 0 1 1 0 0 0 0 1
0 1 1 1 0 1 0 0 0 1 1 0 1 0 0 1 0 1 1 0 1 1 1 1 0 1 1 0
1 1 1 0
0 1 1 0 1 0 0 1 0 1 1 0 1 1 1 0
0 1 1 0 0 1 0 0 0 1 1 0 0 1 0 1 0 1 1 0 1 1 1 0
0 1 0 0 0 0 1 0 0 1 1 0 0 1 0 1 0 1 1 1 0 0 1 0 0 1 1 0
0 1 0 1 0 1 1 0 1 0 0 1 0 1 1 0 0 0 1 1 0 1 1 0 1 0 0 0
0 1 1 0 0 1 0 1 0 1 1 0 1 1 1 0
0 1 0 0 1 1 0 1 0 1 1 0 0 1 0 1 0 1 1 1 0 1 0 0 0 1 1 0
0 0 0 1 0 1 1 1 0 0 0 0 1 1 0 1 0 0 0 0 1 1 1 0 0 1
0 1 1 1 0 0 1 1 0 1 1 0 1 0 0 1 0 1 1 0 1 0 1 1
0 1 0 1 0 0 1 1 0 1 1 1 0 0 0 0 1 1 0 1 0 0 1 0 1 1 1
0 0 1 0 0 1 1 0 1 0 0 1 0 1 1 1 0 1 0 0 0 1 1 1 0 1 0 1
0 1 1 0 0 0 0 1 0 1 1 0 1 1 0 0 0 1 1 0 1 0 0 1 0 1 1 1
0 1 0 0 1 1 0 0 0 1 1 1 0 1 0 0 1 0 0 0 1 1 1 0 1 0 0
0 1 0 1 0 0 1 0 0 1 1 0 0 1 0 1 0 1 1 0 1 1 0 0 0 1 1 0
1 0 0 1 0 1 1 0 0 1 1 1 0 1 1 0 1 0 0 1 0 1 1 0 1 1 1 1
0 1 1 0 1 1 1 0 0 1 1 0 0 1 0 1 0 1 1 0 1 1 1 0

Bevor ich dieses (Haupt-)Kapitel beginne, muss ich den gedanklichen Hintergrund mei-
ner Überlegungen voranstellen. Die Absicht, mich mit diesem Thema in einer größeren
Dimension auseinanderzusetzen, begann mit dem Übergang vom Berufsleben in den
Ruhestand, der nur noch durch ehrenamtliche Tätigkeiten und durch vermehrte Famili-
en- und Sozialkontakte sowie Hobbys geprägt ist. Die Lebensplanung konnte jene Phase
verwirklichen lassen, die ich in der Einleitung als die ideelle und sinngebende bezeichnet
habe; für Verinnerlichung, Kontemplation und Erkennen war einfach mehr Zeit. Die drei
„Nachtgedanken" haben schließlich den Ausschlag gegeben, jene grundsätzlichen Über-
legungen in schriftlicher Form festzuhalten und diesem gedanklichen Torso ein Korsett zu
verpassen. Es hat sich jedoch gezeigt, dass dieser komplexe Gegenstand mehr Wissen
in den einzelnen Disziplinen erfordert, das nur durch eine – ohnehin spärliche, aber den-
noch zeitaufwendige – Literaturlektüre erworben werden konnte. Das Ziel, die Information
als durchgängiges Urelement zu behandeln, musste daher zumindest vier Hauptkapitel
umfassen. Dieses vierte Kapitel führt nun in die Transzendenz und stellt zwangsläufig
die Gottesfrage. Dazu erscheint es mir notwendig, meinen eigenen Lebenshintergrund
nachzuzeichnen und meine Beziehung zu religiösen Dimensionen zu erläutern.

Ich wurde katholisch erzogen. Meine Mutter war Sudetendeutsche, stammte aus einer
streng religiösen Bauernfamilie in der Nähe von Troppau (Opava) und war eher monar-
chistisch angehaucht. Mein Vater war Oberrevident bei der österreichischen Eisenbahn,
Gewerkschaftsobmann, Mitglied des Gemeinderats in Mürzzuschlag und überzeugter
Sozialdemokrat. Nach der Volksschule musste ich nur acht Jahre lang von Mürzzuschlag
nach Bruck an der Mur ins Gymnasium pendeln, weil ich (im elften Lebensjahr) ein unmit-
telbares Nachkriegsjahr in einem katholischen Internat in Graz verbrachte. Dortselbst und
dann auch danach noch in Mürzzuschlag ministrierte ich bei Messen. Die Sonntagsmes-
sen besuchte ich fast regelmäßig. Mit Beginn des Studiums an der Wirtschaftsuniversität
(damals Hochschule für Welthandel) in Wien schloss ich mich mit Freunden einer katholi-
schen Studentenverbindung (KV-Aggstein) an und war zwei Semester auch Senior dieser
Verbindung, die ich aber nach Vollendung des Studiums und nach der berufsbedingten
Übersiedlung nach Graz freundschaftlich löste.

Mit der Konzentration auf den Beruf und auf ein weiteres Studium beschränkten
sich meine Kirchenbesuche auf die hohen Feiertage. Nach wie vor bin ich Mitglied der
katholischen Kirche, in mehreren Kuratorien, die der Erhaltung von Sakralbauten dienen,
und im Schulerhalterverein der katholischen Privatschule Sacré Coeur in Graz, wo meine
Tochter zwölf Schuljahre verbrachte. Hohe Feiertage und christliche Bräuche bestimmen
zugegebenermaßen mehr aus Tradition und aus Respekt vor der Grundidee der Kirche

als aus innerer Überzeugung meine Beziehung zu einer zur Transzendenz überleiten-
den Institution. Ohne Zweifel forderten mich aber vor allem jene Gebete gedanklich
heraus, die vom „fleischgewordenen Gott", von der „jungfräulichen Empfängnis" und
von der „Auferstehung des Fleisches" (bis vor wenigen Jahren noch Diktion im Glau-
bensbekenntnis) und ähnlichen – auch für fromme Christen nicht nachzuvollziehenden –
Wahrheiten handeln.

Zunehmend beschäftigte meine Gedanken und Diskussionen die Frage nach ei-
nem persönlichen Gott oder einem Gott als Person, als Gott in Menschengestalt, und es
kehrte schlussendlich die innere Überzeugung ein, dass ein menschenähnliches Wesen
als höchste transzendente Instanz zu unzulänglich und unangemessen wäre. Ich glaube
daher nicht an einen anthropomorphen Gott! Ich glaube jedoch an die Existenz einer
Transzendenz. Damit ist auch ausgesprochen, dass ich keine nihilistische und weder eine
monotheistische noch polytheistische Glaubensrichtung vertrete, sondern dass ich mich
nach der herkömmlichen Kategorisierung eher als Deist bezeichnen lasse, der den Ur-
grund der Dinge (sowohl der geistigen als auch der materiellen) in der als Summe aller
unendlichen Informationen bestehenden Absoluten Wahrheit sieht. Es ist dies eine eher
rationalistische oder, wenn man will, eine Art freidenkerische Auffassung – aber auch
eine Theorie, die weder zu falsifizieren noch zu verifizieren sein wird. Für die Theisten ist
Gott – oder die Götter – menschenähnlich, für mich ist Gott die Absolute Wahrheit. Nicht:
„Er besitzt sie", sondern: „Er ist sie!".

Die Idee, dieses Urelement Information durchgängig zu behandeln, hatte ihren
Ursprung in meiner Arbeit an der Universität, im Bewusstsein der überragenden und
zunehmenden Bedeutung der Information in allen Disziplinen und in allen Lebensbe-
reichen, und erfuhr ihre Fortsetzung und schließlich die Schlussfolgerung durch das
Christtagsevangelium (das ich jährlich, anlässlich meiner – wenigen – traditionellen Mes-
sebesuche zum xten Mal hörte): „Im Anfang war das Wort ..."

Im Anfang war die Information ... und sie ist Materie (Fleisch) geworden. Das war
es, was mich schließlich dazu bewog, diese Idee zu verfolgen und mich der Theorie der
Absoluten Wahrheit als der Summe aller unendlichen Informationen zu widmen.

Die Sehnsucht des Menschen nach der Unendlichkeit oder – anders ausgedrückt –
die Frage, ob und in welcher Form es nach dem Ende seines irdischen Daseins ein
Weiterleben geben wird, ist unbestritten. Wie daraus Ideen, metaphysische Gedanken, Philosophien, Religionen und Spiritualität entstanden sind, kann nachverfolgt
werden. Wenn man das Jenseits einer Untersuchung unterziehen will und um die
Sehnsucht des Menschen nach einem Weiterleben nach dem unausweichlichen irdischen Tod weiß und wenn man versucht, der Urfrage nach dem Sinn des Lebens,
der Frage nach dem Woher, Wozu und Wohin nachzugehen, kommt man nicht um-

hin, den Grund und den Ursprung für diese im Gehirn sich entwickelten geistigen Zusammenhänge zu suchen.

Ich möchte diese Untersuchung mit der Entstehungsgeschichte der überirdischen Formen, die der Mensch im Laufe der Jahrtausende konstruiert hat, beginnen und bediene mich dabei eines Werkes der weltweit anerkannten Religionswissenschaftlerin Karen Armstrong. In ihrem Buch „Die Achsenzeit: Vom Ursprung der Weltreligionen" schildert sie die religiös-philosophischen Wandlungen verschiedener jenseitsbezogener Mythen zu Weltreligionen und den Zusammenhang mit den dabei bestimmenden weltlichen Herrschaftssystemen, Kultur- und Mentalitätseinflüssen. Ich werde daher ein umfassendes Werk behandeln, das eine ehemalige englisch-katholische Nonne und spätere Religionswissenschaftlerin verfasst hat und das einen Karl Jaspers nachempfundenen Buchtitel („Die Achsenzeit") trägt. Um jedoch auch hier den notwendigen Zusammenhang in meiner Themenbehandlung nicht zu verlieren, gebe ich dieses interessante Werk nur sehr eingeschränkt wieder. Die folgende kurze Zusammenfassung bezieht sich hauptsächlich auf die Entstehungsgeschichte, die für die westliche Hemisphäre maßgebend war.

4|1   Der Ursprung der Religionen

Glaube, Wissen, Wahrheit.   Gleich vorweg sei die Frage erlaubt, ob der Wissensstand der Menschheit über ein Gebiet, für das keine angewandte Forschung und keine Erfahrungserkenntnisse existieren können, im Laufe der Geschichte gestiegen ist. Trotz der schriftlichen Aufzeichnungen, beginnend ab dem 2. Jahrtausend v. Chr., und der nachweislichen Existenz der Propheten, Mystiker und Weisen sowie trotz der Forschungen aller Religionswissenschaften bleibt die transzendente Wahrheit – auch wenn sie von den Religionen in Anspruch genommen wird – verborgen.

Karen Armstrong weist ganz am Anfang ihres umfangreichen Werkes auf einen Umstand hin, der mir sehr bedeutend erscheint, indem sie schreibt: „Wenn man Buddha oder Konfuzius gefragt hätte, ob sie an Gott glaubten, wären sie wahrscheinlich ganz leicht zusammengezuckt und hätten dann – äußerst höflich – erklärt, dass dies keine angemessene Frage sei. Wenn jemand Amos oder Ezechiel gefragt hätte, ob sie ‚Monotheisten' seien, die an einen einzigen Gott glaubten, wären sie ähnlich verblüfft gewesen. Was wirklich zählte, war nicht, was man glaubte, sondern wie man sich benahm. Religion war ein Tun, das einen zutiefst zu ändern vermochte. Um Monotheismus ging es ihnen gar nicht. Wir finden (auch) in der Bibel nur sehr wenige eindeutige Erklärungen zum Monotheismus ... Ins Zentrum des spirituellen Lebens rückte ... die Moral. Der einzige Weg, dem zu begegnen, was sie ‚Gott‘, ‚Nirwana‘, ‚Brahman‘ oder den ‚Weg‘ nannten, war es, ein Leben im Zeichen des Mitgefühls zu führen."

Wie schon mehrfach erwähnt, entwickelten sich Mythen verschiedenster Art seit Menschen zu denken begannen, sich ihrer Endlichkeit bewusst wurden und sich Naturerscheinungen nicht erklären konnten.

> Armstrong sieht die ersten Menschen, die eine die Achsenzeit kennzeichnende Spiritualität zeigten, in den Hirten der südrussischen Steppen. Es waren einzelne Stämme, die ein loses Netz bildeten, eine gemeinsame Kultur hatten und sich Arier nannten. Wegen ihrer gemeinsamen Sprache, die die Wurzel verschiedener asiatischer und europäischer Sprachen ist, wurden sie auch Indoeuropäer genannt. Der Name Arier bezeichnete keine klar abgegrenzte ethnische Gruppe, sondern einen von ihnen gewählten Ehrentitel, der Edle oder Vornehme bedeutete. Sie lebten etwa 4500 v. Chr., breiteten sich im 3. Jahrtausend in verschiedene Richtungen aus und lebten bis etwa 1500 v. Chr. in friedlicher Nachbarschaft. Ein Teil erreichte Gegenden des heutigen Griechenlands, Italiens, Deutschlands und Skandinaviens. Ihre Götter waren Naturgewalten, und alle unterstanden einer heiligen Ordnung, die das Universum zusammenhielt.

Auf diese Arier und auf die späteren Germanen bezog sich im Übrigen bezüglich der Abstammung – weit hergeholt – die deutschnationale Ideologie (Ariernachweis).

> Mit dem Zuwachs der Stämme, mit der Ausdehnung und dem Kontakt mit Gesellschaften südlich des Kaukasus (Armenien, Mesopotamien) begann mit dem Handel auch der Wettbewerb, und es entwickelte sich der Vorteilsgedanke: Macht und schließlich Ausbeutung waren lukrativer als die Viehzucht, und bald wurden die Steppen von kriegerischen Konflikten überzogen. Die alte arische Lebensweise und Religion wurden über Bord geworfen, bis um 1200 v. Chr. Zarathustra aufgrund seiner Empörung über die herrschenden Zustände und Leiden seines Volkes und geleitet durch göttliche Eingebung die Ordnung wiederherstellte.

Der höchste Gott war damals Ahura Mazda, und vielfach wird seine Anbetung als der Beginn eines Monotheismus bezeichnet. Allerdings kam es etwa zur gleichen Zeit in Ägypten unter Amenophis IV. (Echnaton) durch die Verehrung des Sonnengottes

Aton zu einer Wende zum Monotheismus, und zeitgleich erfolgte auch der Auszug der Israeliten aus Ägypten unter Moses, dem sich dann am Berg Sinai Jahwe offenbarte.

Die Datierung von Zarathustras Lebenszeit ist unbestimmt. Sie reicht von 1800 v. Chr. (nach iranischer Auffassung) bis 600 v. Chr. Das gleichzeitige Auftreten monotheistischer Tendenzen in Ägypten und Mesopotamien rechtfertigt Armstrongs Zeitbestimmung, zumal zwischen diesen Ländern (Ägypten war damals Weltreich) eine rege geistige Verbindung bestand. Zarathustras Weltsicht hatte zwar Ethik zur Grundlage, war aber insofern antagonistisch, als – auf die Berufung auf das Göttliche – die Durchsetzung von Recht und Glauben durch Gewalt erfolgte (eine Methode, die übrigens jahrtausendelang andauerte).

Ein dunkles Zeitalter begann in dieser Epoche im östlichen Mittelmeerraum: Die Ägypter verloren sukzessive ihre östlichen Provinzen Phönizien, Syrien und Kanaan, die hethitischen Städte waren durch die Kriege verwüstet, und das mykenische und das minoische Reich zerfielen. Dann tauchte im Bergland Kanaans und in Galiläa aus dem Zusammenschluss von Stämmen der Name Israel auf, über dessen Geschichte zuerst nur mündlich und erst im Laufe der nächsten Jahrhunderte durch die Bibel erzählt wurde. Es war dies ein lang andauernder geistiger Prozess: „Die frühesten Bibeltexte wurden im 8. Jahrhundert v. Chr. verfasst, der alttestamentliche Kanon bildete sich erst im 5. oder 4. Jahrhundert v. Chr. endgültig heraus. Während ihrer Achsenzeit dachten israelitische Dichter, Propheten, Gelehrte intensiv über ihre Geschichte nach." Sie entwickelten, beginnend mit ihren Gründervätern Abraham, Moses, Josua und David, ein Bild und ein organisierendes Symbol ihrer Nation und „veränderten, schmückten, ergänzten, interpretierten und passten (es) den besonderen Zeitumständen an". Die Absicht der Bibelerzählungen war es, eine eigene, von anderen abgehobene Identität zu schaffen und nicht eine wissenschaftliche Darstellung zu liefern. Historisch ist die Bibelgeschichte daher auch höchst umstritten.

Zwischen den Stämmen Israels und mit den Nachbarvölkern gab es ständig kriegerische Konflikte. Auch ihr Gott, Jahwe Zebaot, der Gott der Heere, war eigentlich ein Kriegsgott, der gegen andere Götter (in Babylon gegen den dortigen Gott Marduk und in Kanaan hauptsächlich gegen Baal) furchtbare Schlachten führte. Die Bundeslade war der zentrale Kultgegenstand, der die Stämme untereinander in Jahwes Namen und mit ihm verband. Sie wurde in jeder Schlacht mitgeführt.

Aus der alten Stammesorganisation Israels wurde zwischen 1000 und 900 v. Chr. eine Monarchie, regiert von den Königen David und Salomon in

Jerusalem. Unter deren Nachkommen wurde das Land in das größere und wohlhabendere Königreich Israel im Norden und das kleine Königreich Juda im Süden geteilt. Die weiteren Bibeltexte stammen dann vornehmlich aus dem judäischen Reich. Nach wie vor herrschten jedoch Krieg und Gewalt, die immer auch die Bibeltexte formten.

Diese israelitische Achse wurde im 9. Jahrhundert v. Chr. von einer neuen – griechischen – Achse begleitet, deren Mythen und Rituale ebenso der katastrophalen Situation der Menschen und der Götterwelt angepasst waren.

Es ist also festzustellen, dass für die spirituelle Entwicklung der Menschheit in der Zeit zwischen 900 und 200 v. Chr. in den verschiedenen Weltregionen die ähnlichen Zustände wie vor dem 1. Jahrtausend v. Chr. maßgebend waren: Krieg der Stämme und Völker sowie Krieg der Götter, auf deren unmittelbare Verbindung sich die jeweils Mächtigen beriefen.

Das galt auch für das indoeuropäische Volk der Griechen: Nach den Minoern, deren Kultur von 2200 v. Chr. bis zum Ausbruch des Vulkans auf der Insel Santorin (um 1375 v. Chr.) friedliebend und sanftmütig war, kontrollierten die aggressiven mykenischen Griechen seit dem 14. Jahrhundert die östliche Mittelmeerregion und zerstörten wahrscheinlich in der zweiten Hälfte des 13. Jahrhunderts Troja in Kleinasien. Auch hier waren die Könige Partner ihrer Götter. Zeus, Athene, Poseidon und Dionysos wurden dann auch in den späteren griechischen Pantheon übernommen. Ständige Kriege zerrieben jedoch auch diese Kultur, und „Griechenland versank in Analphabetismus und Barbarei". Im 9. Jahrhundert v. Chr. war die griechische Religion „pessimistisch und unheimlich, ihre Götter gefährlich, grausam und despotisch. Es gab keinen wohlwollenden Schöpfergott, keine göttliche Ordnung, sondern nur erbarmungslosen Hass und Streit". Die beiden Urkräfte, Chaos (eigentlich das Jenseits, oder besser: die Unterwelt) und Gaia (Erde), hassten einander und konnten keine gemeinsamen Nachkommen zeugen. Aus Gaia gingen dann der Himmelsgott Uranus und der Meeresgott Pontos hervor. Aus der Verbindung von Gaia, welche die Erde gebar, und Uranus entstand das erste Göttergeschlecht, die Titanen.

Mythos führt zu Ritualen und Metaphern.
Diese griechische Mythologie (Religion?) überdauerte fast ein halbes Jahrtausend. Sie ist eine Kriminalgeschichte der Götter und fand ihre Parallelität im irdischen Leben, dessen Drama selbst noch im 5. Jahrhundert v. Chr., als die griechische Kultur in höchster Blüte stand, Menschen und vor allem Dichter bewegte. „Die Griechen hatten

nie das Gefühl, dass sie ihr Schicksal selbst in der Hand hatten." Bilder der Gewalt und des Untergangs waren den Menschen – wie auch in den anderen Regionen – stets gegenwärtig und bestimmten die religiösen Traditionen dieser Phase der Achsenzeit.

> In Israel und Juda wie auch in Syrien und Mesopotamien gab es zunächst eine eher komplizierte Rangordnung der Götter und einen Götterrat, der dann aber ab dem 9. Jahrhundert in Israel durch die alleinige Regentschaft Jahwes abgelöst wurde. Überall im alten Orient war die Prophetie eine anerkannte Art der Spiritualität. Die Propheten standen mit dem Königshof in Verbindung, wobei es jedoch dauernde Konflikte zwischen jenen des phönizischen Baal und jenen des Jahwe, dessen bekanntester Elias war, gab. In dieser Phase begann auch die Loslösung des Gottes Jahwe von der Natur und dadurch kam es zum „transzendentalen Durchbruch".

Die religionsgeschichtliche Entwicklung in den folgenden Jahrhunderten beschreibt Armstrong wieder als relativ isolierte Fortsetzung in den damals bedeutendsten Kulturkreisen: In China, wo die kriegerischen Könige und Fürsten als Halbgötter galten, und auch in Indien, aufgrund der dort ständig herrschenden Konflikte, ließ sich in der Folge ein spirituelle Entwicklung betrachten. Bemerkenswert ist, dass es im Hinduismus keine Propheten oder Leitfiguren und auch keine Lehrsätze wie in anderen Religionen gab, sondern dass durch die Volksepen eine Lebensphilosophie der Entsagung, der Überwindung der materiellen Sinnbefriedigung entwickelt wurde. In diesem bis heute unveränderten Vielgöttersystem ist Krishna die höchste Instanz und die Absolute Wahrheit, die durch geistige Übungen (Yoga) erreicht werden kann.

> Überall war es der Unmut über die ständigen Konflikte, der zu einem Umdenken in Richtung einer ethisch begründeten Religion führte. Die Verbreitung der Schrift und die Kunst des Lesens und Schreibens beflügelten diese Entwicklung, vor allem auch im Mittelmeerraum, wo Israel immer stärker von Assyrien bedroht wurde und deshalb der Glaube an die Allmacht Jahwes zu bröckeln begann und der assyrische Baal an Einfluss gewann. Es war die Zeit, in der die ersten fünf Bücher der Bibel (Pentateuch) niedergeschrieben wurden und die Propheten das persönliche ethische Verhalten vor die strenge Einhaltung der bis dahin geltenden Teilnahme an den Ritualen stellten. Diese Bücher waren eine Mischung aus undatierter Geschichte, religiösen Vorstellungen der Menschen und Mystik und wurden – je nach den situationsbedingten Umständen – in den folgenden Jahrhunderten umgeschrieben und ergänzt. Die rückwärts gerichtete Geschichte erzählt von der Entstehung der Welt,

vom Sündenfall Adams und Evas, vom Mord Kains an seinem Bruder Abel, vom Turmbau zu Babel und von der Sintflut als Strafe Gottes, also von der Abwärtsspirale der Menschheit, bis zur Läuterung der Patriarchen Abraham, Isaak und Jakob durch Jahwe; von der Wanderung der Israeliten nach Ägypten, ihrem Auszug und Sieg, von Moses und der Gründung ihres Bundes am Berg Sinai und ihrer Wanderung ins Gelobte Land. Widersprüchlich wird dabei in den verschiedenen Versionen die Bedeutung Abrahams, König Davids und Moses sowie die Gestalt Jahwes (teils als menschenähnlicher, teils als transzendenter Gott) behandelt. Bemerkenswert ist die klar zum Ausdruck gebrachte monotheistische Religionsauffassung. Die revolutionäre Theologie des Propheten Jesaja sollte schließlich einen auf den unbedingten Glauben an die Schutzmacht Jahwes aufgebauten stolzen Nationalismus Israels begründen. Da die Assyrer fast das ganze Land eroberten und verwüsteten, Jerusalem aber aus ungeklärten Gründen (um 700 v. Chr.) nicht einnehmen konnten, festigte sich diese Meinung.

In Griechenland ersetzte mit dem Aufbau und dem Wettstreit der Stadtstaaten das Heroentum die unsterblichen Götter, und die Epen des Homer ließen die Helden als Halbgötter verehren. Das zur gleichen Zeit entstandene Heiligtum von Delphi nahm durch die Wahrsagungen der Prophetin des Gottes Apoll (Pythia) *göttlichen* Einfluss auf alle wichtigen Entscheidungen.

Erst im 6. Jahrhundert begann eine zunehmende Säkularisierung, verbunden mit einer Demokratisierung, mit der freien Rede, dem Logos (als Rede und Gegenrede verstanden), mit der Diskussionskultur und der Blüte der griechischen Philosophie. Um die verbliebene Sehnsucht des Volkes nach religiösen und transzendenten Gefühlen zu befriedigen, wurde mit dem Bau von Kultstätten (Akropolis u. a.) begonnen.

Das 6. vorchristliche Jahrhundert prägte die Religionen beziehungsweise die (religiösen) Philosophien wahrscheinlich am stärksten.

In Israel wurde der Glaube an die Schutzmacht Jahwes durch die abwechselnden Überfälle der Ägypter und der neuen phönizischen Großmacht relativiert und nach der Einnahme und völligen Zerstörung Jerusalems durch den babylonischen König Nebukadnezar (587 v. Chr.) zunächst erschüttert. Die Vertreibung der Juden nach Babylon und ihr jahrzehntelanges Exil führten jedoch einerseits durch die Weissagungen des Propheten Ezechiel, durch das Buch Hiob und durch das Buch über die Entstehung der Welt (Genesis: „Es werde Licht … und so geschah es … Und es war gut so …") zu einer radikalen Wandlung der Spiritualität. Wahrscheinlich entstanden alle diese Schriften im Exil und verweisen auf die Notwendigkeit des Leidens als gerechte Strafe Gottes. Die Erlösung von dieser Schuld ist nur möglich durch Eingeständnis, durch unbedingten Gehorsam gegenüber Jahwe und durch Respekt vor dessen Geschöpfen – also auch durch Mitgefühl gegenüber den Feinden und grundsätzlich allen Lebewesen. Zuneigung ist das Gebot, auch in Situationen empfundener Ungerechtigkeit und in Zeiten des Elends. Die Spiritualität sollte damit erstmals eine empathische Komponente erhalten.

In China nahm der Zweifel an der Wirksamkeit religiöser Riten zu, weil sich anhaltende Kämpfe, Grausamkeiten und Vertreibungen im irdischen Leben mit dem vorgeblichen Himmelsweg nicht vereinbaren ließen. Allmählich setzten sich die Lehren des Meisters Kong (im Westen unter dem Namen Konfuzius) durch, nach denen Erleuchtung nur durch Bescheidenheit, Selbstlosigkeit, Einfühlsamkeit und Mitgefühl erreicht werden kann. Die konfuzianische Philosophie wurde nach einigen Widerständen zur offiziellen Staatslehre erklärt. Diese Doktrin der Empathie prägte in der Folge nicht nur die chinesische Spiritualität, sondern beeinflusste auch die anderen Kulturkreise besonders stark.

In Indien verlor die alte vedische Religion im Zuge der Entwicklung des Handels und der Städte langsam den Bezug zur Realität. Die Lebensbedingungen änderten sich, die Einkommensunterschiede wurden größer und damit auch die Unzufriedenheit derer, die vom Aufstieg nicht profitierten (und dazu trug auch das alte Kastenwesen Indiens bei). Die richtungsweisende Lehre entwickelte aber am Ende des 5. Jahrhunderts Siddhartha Gautama, der mit 29 Jahren seine begüterte Familie verließ, um nach vielen Jahren der extremen Enthaltsamkeit und unzähliger Debatten mit vielen Entsagenden, Mönchen und Gurus sein Selbst und seine glückselige Befreiung zu finden. Wie die meisten Lehrer war auch Gautama, den seine Schüler Buddha (Entdecker des Geheimnisses der Erleuchtung) nannten, davon überzeugt, dass die Begierde das menschliche Leiden verursacht. Er meditierte jedoch nicht nur über diese negativen Wahrheiten, sondern entwickelte als bewanderter Yogi, mittels seiner speziellen Sitzhaltung und Atemritualen, in vier Stufen eine positive Geisteshaltung: eine freundschaftliche Neigung, ein Mitfühlen für jeden und alles, eine Freude darüber und in diesem Trancezustand der völlige Gleichmut, die Selbstauslöschung und die *Befreiung des Geistes*, das Stadium des *nibbana* (Nirwana).

Das war insofern eine revolutionäre Idee, weil Buddha die jeweiligen religiösen Vorstellungen völlig gleichgültig waren. Er hatte keine Theorien über die Schöpfung der Welt oder über die Existenz Gottes. Ähnlich wie zur selben Zeit Sokrates in Griechenland wollte er, dass seine Schüler die Wahrheit in sich selbst entdecken und nicht durch irgendeine Doktrin. Als ihn einmal ein Brahmane unter einem Baum in voller Harmonie und glücklich sitzen sah und ihn fragte, ob er ein Gott, ein Engel oder ein Geist sei, antwortete er: „Erinnere dich an mich als an einen Erwachten."

Buddhas Lehre hat aber noch eine weitere Facette: Sie leugnet die Realität eines stabilen Ich, das er als reine Konvention und als Abfolge von zeitlich beschränkten, veränderlichen Seinszuständen sieht. Diese Erkenntnis ist vergleichbar mit jener moderner Philosophen.

Aber auch im Hinduismus vollzog sich ein bemerkenswerter Wandel: In dieser Zeit entstanden mehrere Upanishaden, die sich einerseits auf alte Heldensagen und traditionellen Götterglauben bezogen, anderseits aber auch eine neue Spiritualität ausdrückten, die dem Volk einen besser verständlichen Theismus vermittelte. Toleranzedikte ließen alle bestehenden religiösen Überzeugungen gleich gelten, und die Menschen entdeckten Gott in seiner Vielfalt. Die eher den oberen Klassen vorbehaltene bilderlose Religion der Veden und der Entsagenden wich einer fantastisch anmutenden Hindu-Welt voller bunt bemalter Tempel. Die bedeutendsten Götter dieser Bhakti-Religion (Krishna, Vishnu, Indra, Schiva) wurden in farbenfrohen menschenähnlichen Formen visualisiert, und der Zugang zu ihnen wurde für jedermann offen, wenn er sie nur suchte und die eigene Selbstsucht überwinden konnte. Die Bhagavadgita – entstanden im 4. Jahrhundert – und die Mahabharata aus dem 1. vorchristlichen Jahrhundert (die meistgelesenen Upanishaden) lassen Krishna sagen: „Denn die bei mir Zuflucht suchen … auch wenn sie von schlechter Herkunft sind … erlangen das höchste Ziel." Und: „Auf mich allein richte dein Denken. Lass deine Vernunft in mich eingehen. Dann wirst du künftig in mir wohnen …"

Die globale Identität der metaphysischen Ideen. Aussagen, die nahezu gleichlautend auch die christliche Welt prägten! Auch eine andere Erscheinung findet eine Parallelität mit dem – späteren – Christentum: Im Mittelpunkt der Vishnu-Verehrung stand der Avatara (der Herabsteigende), der Gott, der (Menschen-)Gestalt angenommen hat, um der leidenden Menschheit zu helfen und um die Welt zu retten. Bei dieser Metapher (??) könnte man geneigt sein, auch eine umgekehrte Erscheinung zu vermuten und als Avatar einen Erleuchteten bezeichnen, der (im Zuge meditativer Übungen) geistig hinaufgestiegen ist und einen herabsteigenden universalen (göttlichen) Geist empfangen hat. Der spätere Buddhismus kennt in einem Bodhisattva eine ähnliche Gestalt, die an der Schwelle der Erleuchtung nicht ins Nirwana eingeht, sondern dazu ausersehen ist, die Menschen den Weg zur Befreiung zu lehren.

Die gegenseitige Beeinflussung der Religionen im asiatischen Kulturraum zeigt sich auch in der Übernahme der Gestaltgebung im Buddhismus. Obwohl Buddha den Persönlichkeitskult ablehnte, erlangten Buddha-Ikonen um die Zeitenwende zunehmend an Bedeutung, und im Laufe der folgenden Jahrhunderte waren Buddha-Statuen in allen Größen und Stellungen nicht mehr zu übersehen.

Noch weniger als der Hinduismus ist der Buddhismus als eine Religion zu bezeichnen. Als eine zweite metaphysische Bewegung, als ein Heilsversprechen setzte er sich ebenfalls in Indien und in der Folge in der fernöstlichen Hemisphäre durch. Natürlich entwickelten sich aus den beiden religionsphilosophischen Hauptströmen – wie bei allen geistigen Kulturen und Lehren – Deltamündungen. Es würde jedoch den Rahmen dieses Kapitels sprengen, auf die Verzweigungen (z. B. Mahayana, Lamaismus, Shin-Buddhismus, Zen-Buddhismus etc.) einzugehen.

Weder die israelitische noch die griechische Religion wurde durch die immer globaler werdenden Kriege wesentlich beeinflusst: Als etwa Mitte des 5. Jahrhunderts die Perser ihr Weltreich aufbauten und zunächst die Phönizier (die Israeliten durften wieder in ihre Heimat zurück, und der Prophet Jesaja sagte den Wiederaufbau und den ewigen Ruhm Jahwes und seines Volkes voraus), dann die Griechen und Ägypter besiegten, ließen die siegreichen Könige Kyros und dann Darius den eroberten Ländern ihre Gottheiten (Marduk den Phöniziern, Jahwe den Israeliten, die Götterwelt mit Zeus an der Spitze den Griechen und Amun Re den Ägyptern). Die Perser selbst glaubten nach wie vor an die Lehren Zarathustras.

Die bis dahin geltende gegenseitige Kenntnisnahme (und teilweise Anerkennung) der jeweils anderen Gottheiten wurde in Israel durch eindeutige biblische Erklärungen erstmals mit der Überzeugung infrage gestellt, dass es nur einen Gott gibt.

Neue Weltbilder. Die großen griechischen Denker, die zwar nachhaltigen Einfluss auf die gesamte westliche Natur- und Geisteswissenschaft nahmen, erlitten in dieser Zeit mit ihren Hypothesen das gleiche Schicksal wie jene zu allen Zeiten danach. Wie Kopernikus und Galilei im 16. und 17. Jahrhundert oder Darwin im 19. Jahrhundert verstörten sie mit ihren außergewöhnlichen

Ideen selbst die gebildeten Schichten und ließen die Menschen orientierungslos zurück. Es ist dies verständlich, weil diese neuen Erkenntnisse und Behauptungen – etwa Demokrits Atomtheorie, die der auch heute noch nicht von allen anerkannten Urknalltheorie entspricht, oder Protagoras' Ansicht, dass es keine transzendente Autorität und keinen höchsten Gott gibt, sondern der Mensch das Maß aller Dinge ist – so revolutionär waren und das bestehende Weltbild jedenfalls erschütterten. Die neue Weltsicht setzte sich jedoch in den nächsten Jahrhunderten in Griechenland durch. Die Großen der neuen natur- und geisteswissenschaftlichen Szene wurden teilweise noch zu ihren Lebzeiten Berühmtheiten, und die philosophischen Schulen um Sokrates, Aristoteles und Platon prägten fortan die Kultur und das Geistesleben in der größer werdenden hellenistischen Welt. Die weitere Entwicklung wurde bereits im Abschnitt „Philosophie" behandelt.

Die jüdische Achsenzeit war auch in den letzten vorchristlichen Jahrhunderten durch Vertreibung, Umsiedlung, Rückkehr in das zerstörte Gelobte Land und durch neuerliche Besetzung durch die Römer in 1. Jahrhundert v. Chr. geprägt. Die Meinungen der auf die Apokalypse vorbereiteten Israeliten gingen auseinander: Die jüdischen Zeloten leisteten gegen die Fremdherrschaft erbitterten Widerstand, was zur nochmaligen Zerstörung Jerusalems und seiner heiligen Tempel führte; die Essener und die Qumran-Sekte zogen sich zurück und erwarteten den apokalyptischen Kampf zwischen Licht und Finsternis; die Pharisäer entwickelten eine universell-geistige Position und sahen Israel zur heiligen Priesternation berufen, wo jeder – ohne Tempel und besonderes Ritual – Gott erfahren kann, der Nächstenliebe, Mitgefühl und Barmherzigkeit, auch seinen Feinden gegenüber übt. Religion und die Seelengemeinschaft waren für die Pharisäer wichtiger als Nationalismus, das Handeln nach diesen Grundsätzen wichtiger als die Buchstaben der Thora.

> Für die Rabbiner war die heilige Schrift der Juden kein buchstabengetreues Edikt, die Offenbarung kein historisches Ereignis, sondern eine Anleitung für die Suche (Studium) nach neuer Einsicht – ähnlich einer Meditationsübung. Ihrer Meinung nach offenbart sich Gott jedem auf seine Weise. Die letzte Wahrheit über Gott kann daher von niemandem verkündet werden, weil sie transzendent und unbeschreibbar ist. Selbst Gottes Namen auszusprechen wurde als Blasphemie angesehen. Auch die Propheten hatten jeweils eine individuelle Wahrnehmung des Göttlichen, daher sei dem Begriff Gott mit großer Zurückhaltung zu begegnen.
> Es war dies ein für das Judentum kennzeichnendes Charakteristikum, mit dem sich wieder andere Suchende nicht identifizieren konnten und einen

neuen Weg für das jüdische Volk zu finden glaubten und in Jesus von Nazareth, einem galiläischen Wunderheiler, den lang ersehnten jüdischen Messias sahen. Sie nannten ihn „Gottessohn", ein Begriff, „den sie im jüdischen Sinn verwendeten für jemanden, dem von Gott eine besondere Aufgabe zugewiesen worden war und der sich eines privilegierten Umgangs mit ihm erfreute".

Jesus war zutiefst jüdisch, und viele seiner Aussprüche, die dann später in den Evangelien festgehalten wurden, ähnelten den Lehren der Pharisäer. Seine Gebote, vor allem „den Nächsten wie sich selbst zu lieben", waren jene der Thora und glichen dem von den Rabbinern gebotenen Handeln. Jesus wollte keine Religion gründen. Erst Paulus, ein Diaspora-Jude aus Tharsos, machte aus den Geschehnissen um die Person Jesu, dessen Worten und Wirken und dessen Opfertod eine Religion, womit dieser zum Messias sowohl für die Heiden wie auch für die Juden wurde und damit ein neues Israel entstehen sollte.

Paulus verwies auch immer auf Jesu Bergpredigt, bei der er die Gegengewalt („Auge um Auge …") verurteilte und das schockierende Paradoxon der Vergebung und gleichzeitigen Liebe („Liebet eure Feinde") einforderte. Diese Botschaft der Entäußerung, der Entleerung der aktuell verspürten Gefühle, der Selbstaufgabe (Kenosis) und der Empathie haben große Ähnlichkeit mit der fernöstlichen Spiritualität. Auch sahen die ersten Anhänger Jesus als einen Avatar Gottes, einen Gottessohn, der (wie der buddhistische Bodhisattva) freiwillig zur Rettung der leidenden Menschen herabstieg.

Während Paulus und auch noch die Evangelisten im 1. nachchristlichen Jahrhundert diese neue religiöse Bewegung in Israel als universale Vision verstanden und das Himmelreich für alle – auch für Anhänger anderer Religionen – offen sahen, die praktisches Mitgefühl und Liebe übten, entwickelte sich später zunehmend eine orthodoxe Lehrmeinung, die Glauben mit Rechtgläubigkeit gleichsetzte.

„Die Weisen der Achsenzeit zwischen 900 v. Chr. und der neuen Zeitrechnung begründeten also mit ihren ethisch-philosophischen Forderungen die großen Welttraditionen, aus denen seitdem die Menschheit ihre Wertvorstellungen schöpft: Konfuzianismus und Daoismus in China, Hinduismus und Buddhismus in Indien, der Monotheismus in Israel und der philosophische Rationalismus in Griechenland."

Die Angst vor der Endlich-keit und die Sehnsucht nach einem Weiterleben.

Da ich diesen Begriff bereits mehrfach verwendet habe und bemüht war, ihn von Philosophie und Metaphysik zu trennen, scheint mir für die weitere Behandlung des Themas eine Definierung erforderlich. Wie Friedrich Hegel bin ich der Meinung, dass Religionen nur die verschiedenen Ansichten einer und derselben Sache sind; im Laufe der Menschheitsgeschichte aus – teils schon erwähnten – verschiedenen Gründen entstandene Denkrichtungen, die den Bezug des Menschen zu überweltlichen Kräften vermitteln und eine bestimmte Verhaltens-weise einmahnen. Diese Verbindung und das Bekenntnis zur transzendenten Existenz können gleichermaßen ein personaler Gott (Gottheiten), ein Mysterium oder eine Idee sein; jedenfalls liegt all diesen Bewegungen die Sehnsucht der ihrer Endlichkeit bewussten Menschen nach einem friedvollen irdischen Dasein und einem – in wel-cher Form immer – erhofften Weiterleben zugrunde – oder, wie Sigmund Freud sagt: „Der letzte Grund der Religion ist die infantile Hilflosigkeit des Menschen." Wie man diese Hilfen benennt, ist unerheblich, weil sie von Kulturen, oft schwer übersetzbaren Sprachbegriffen und Mentalitäten abhängig sind. Wesentliches Charakteristikum ist das Bekenntnis zur Existenz einer transzendenten Welt. Ich würde daher dieses Be-kenntnis als eine Verbindung des menschlichen Bewusstseins (und Unbewusstseins), also des menschlichen Geistes mit einem universalen Geist (welchen Namens immer) mit dem Begriff Spiritualität bezeichnen. Dass ich diesen universalen Geist die Abso-lute Wahrheit nenne, unterscheidet meine Idee von allen *religiösen* Denkrichtungen, bringt mich jedoch nicht in einen eigentlichen Widerspruch mit diesen.

Diese religionsphilosophische Theorie hat – wie manche fernöstliche Philo-sophien – gegenüber den meisten Religionen den unbestreitbaren Vorzug, dass sie von weltlichen Mächten nicht missbraucht werden kann. Weil sie objektiv, neutral und universal ist, lässt sie sich nicht – wie dies jahrtausendelang und noch immer zu verfolgen ist – als Vorwand und als Vorspann für irgendwelche materiellen Zwecke verwenden. Mit dieser Idee und unter dem Zeichen der Absoluten Wahrheit lassen sich keine Kriege führen und keine Sekten gründen. Diese Idee bedarf auch keines Systems, keiner Administration und keiner Organisation.

Es genügen die individuellen Bekenntnisse: Erkenne dich selbst und sei dir bewusst, dass dein Geist und der universale Geist in Verbindung sind wie dein Leben mit dem ganzen Universum. Dieses Bekenntnis ist auch nicht religionskritisch, soweit es die Ursprünge der jeweiligen Bewegungen betrifft, weil allen die gleichen ethischen Ziele und spirituellen Gedanken gemeinsam zugrunde lagen: die Wahrheit zu suchen, diese in einem empathischen Verhalten auf Erden zu finden und Heil zu versprechen.

Kritisch zu beurteilen ist es hingegen, wenn man der Wahrheit einen Namen gibt und den Wahrheitsanspruch erhebt, der dann zur Institutionalisierung führt und folglich zu jenen Konflikten, die in großen Teilen der Welt Jahrhunderte prägten.

4|2	Die Religionen in der neuen Zeitrechnung

Ab welchem Zeitpunkt von Monotheismus gesprochen werden kann, ist umstritten. Ob die Anbetung Ahura Mazdas, des höchsten Gottes zur – unbestimmten – Zeit Zarathustras, tatsächlich ein Eingottglaube war oder die des Sonnengottes Aton in der relativ kurzen Regierungszeit Echnatons in Ägypten im 14. Jahrhundert v. Chr., soll dahingestellt bleiben. Eine Verbindung zum monotheistischen Judentum schon in dieser Zeitspanne scheint jedoch nicht abwegig: Als nach Echnatons Ableben der Glaube an den Sonnengott Aton wieder zur alten ägyptischen Götterwelt zurückreformiert wurde, zog sich Moses mit dem kleinen israelischen Volk aus Ägypten zurück und betete *Jahwe* als den einen und einzigen Gott an. Die Entwicklung des Christentums begann eigentlich mit einer Abspaltung vom israelischen Glauben an Jahwe und nahm in der Folge einen eigenständigen Weg, der bis heute ebenfalls durch eine Reihe von Abspaltungen geprägt ist. Der römisch-katholischen Kirche werde ich ein eigenes Kapitel widmen.

Die bedeutendste Religionsgründung in der neuen Zeitrechnung entstand im arabischen Raum, als der Prophet Mohammed diesem Kulturkreis den Koran brachte. Seine Absicht war es, zum ursprünglichen Glauben Abrahams zurückzukehren und sowohl Thora wie auch die Evangelien zu überlagern. Die Botschaft des Korans war, in einem ebenfalls durch Stammeskriege zerrütteten Land, durch das Gebot der praktischen Nächstenliebe den Frieden wiederherzustellen. Sie erhob also keinen Anspruch auf eine neue Lehre oder eine neue Offenbarung, sondern war die Neuformulierung einer Botschaft, die Adam als erstem Propheten verkündet worden war. Armstrong schreibt: „Als Mohammed um 610 n. Chr. die ersten Offenbarungen empfing, waren viele Araber zu der Überzeugung gelangt, dass (ihr Gott) Allah, der höchste Gott … mit dem Gott der Juden und Christen identisch sei. Als Erstes forderte Mohammed seine Bekehrten auf, sich beim Gebet in Richtung Jerusalem auszurichten …" Die Bekehrung zur Religion der Araber wurde zunächst also nicht aktiv betrieben; die anderen Religionen wurden mit ihren eigenen gültigen Offenbarungen respektiert. Der Begriff *Dschihad* (Kampf) bedeutete ursprünglich die kriegerische Auseinandersetzung mit der wohlhabenden Oberschicht in Mekka, die sich Mohammeds Botschaft energisch widersetzte und zu seiner Flucht nach Medina führte. Auch die spätere Bedeutung als *Heiliger Krieg* war auf die friedvolle Rückkehr nach Mekka und die Bekehrung der Gegner ohne Zwang ausgelegt. Die ersten einfachen religiösen Pflichten, die Mohammed seinen Anhängern auferlegte, wurden von seinen Nachfolgern erweitert interpretiert, woraus in der Folge – als eine Auslegung des Korans – das religiöse Gesetz des Islam, die *Scharia*, entstand. Dieses Strafrecht wurde später – ähnlich den Rechtsordnungen in anderen Kulturen (z. B. die Gerichtsordnungen der christlichen Welt im 16. Jahrhundert, die im Zuge der Inquisition zu den Hexenprozessen führten) – zu einem öffentlichen Rechtssystem.

Karen Armstrong schreibt am Schluss ihres großen Werkes: „In keiner einzigen Religion der Achsenzeit schafften es die einzelnen Anhänger, ihren hohen Idealen gerecht zu werden. In all diesen Glaubensrichtungen fielen Menschen dem Ausschließlichkeitswahn, Grausamkeiten, Aberglauben und sogar Gräueltaten zum Opfer. Und doch hatten die Glaubensvorstellungen der Achsenzeit ein Ideal von Mitgefühl, Respekt und universeller Mitverantwortung gemeinsam."

Die Weisen der Achsenzeit sahen in der Überwindung (Transzendenz) der gewöhnlichen, menschlichen, selbstbezogenen Existenz jene Spiritualität der Empathie, die zur Erleuchtung und zur Wahrheit führt, die sie dann Gott, Nirwana, Brahman, Atman oder einfach den Weg nannten. Eine Zwangsbekehrung war ihnen fremd, eine Indoktrination lehnten sie ab.

Das Problem der Auslegungen. Kennzeichnend für – vor allem westliche – Religionen sind die Auslegungen der ursprünglichen Offenbarungen und ihre Adaptionen im Laufe der Zeit. Die Interpretationen wurden vielfach an die jeweiligen Situationen angepasst oder dienten auch zur Unterstützung von herrschenden weltlichen Mächten. Dadurch kam es zu Spaltungen und zur Verselbstständigung von Teilen früherer gemeinsamer Bewegungen. In der fernöstlichen Welt entwickelten sich der Buddhismus und der Taoismus in Indien, China, Japan und Indonesien in speziellen Ausformungen, der Islam führte durch die schiitische und sunnitische Auslegung zur kriegerischen Auseinandersetzungen, und das Christentum erlebte eine laufende Interpretation der Bibel und schließlich eine Reihe von Abspaltungen, die im nächsten Kapitel behandelt werden. Nur das Judentum hat eine relativ homogene Entwicklung bis heute aufzuweisen, was einerseits auf die penible wörtliche Bindung an das heilige Buch Talmud (die schriftliche Fassung der mündlichen Thora-Überlieferungen) und wahrscheinlich auch auf die – im Vergleich zu anderen Religionen – relativ geringe sowie immer wieder verfolgte Anhängerschaft zurückzuführen ist. Vertreibung und Zerstreuung in alle Welt vereinigt offenbar im Glauben.

Neben diesen Ausformungen und Spaltungen ist aber auch – wenn auch nur kursorisch – auf jene religiöse Bewegungen und Mythologien hinzuweisen, die sich in anderen Weltgegenden eigenständig entwickelten, ausstarben oder im Zuge von Eroberungskriegen ausgelöscht wurden. Unzählige Beispiele, wie andere Völker oder Stämme ihre Jenseitsideen lebten – und teilweise noch leben –, finden sich in Australien (bei den Aborigines), in Afrika (bei allen Eingeborenenstämmen), in Indonesien und in Amerika (bei den Indianerstämmen und in Mittelamerika bis zum 15. Jahrhundert bei den Inka, Maya und Azteken). Es ist für die Behandlung dieses Themas schließlich auch nicht relevant, auf die zahllosen Sekten einzugehen, die sich zum Teil auf bekannte Religionen stützen, aber aus mehrfachen Gründen (meist sind diese im – schon in früheren Kapiteln – erwähnten hypertrophierten Selbsterhaltungstrieb zu suchen) ein Eigenleben führen.

| 4\|3 | Das Christentum und die römisch-katholische Kirche |

Buchreligion versus mündliche Überlieferungen. Man ist versucht, das Christentum und das Judentum als zwei religiöse Schwestern zu sehen, die durch den Alphabetismus entfremdet wurden. Beide bezogen sich auf das Alte Testament. Die Juden wurden zum Volk des Buches, als um 400 v. Chr. nach dem babylonischen Exil Esra, ein Schreiber, die Schriftrollen mit der Thora Moses nach Jerusalem brachte und vor der Gemeinde verkündete. Dies, schreibt Arnulf Zitelmann in seinem Buch „Die Weltreligionen", war „die Geburtsstunde des Judentums als Buchreligion. Neben die Priester trat der Schreiber, neben die Altäre das Buch".

Diese Hebräische Bibel (das Alte Testament der Christen) ist ein historischer Roman, der zu unterschiedlichen Zeiten von vielen Verfassern, gestützt auf mündliche Überlieferungen, entstand. Für die Juden ist die Thora jedenfalls göttlichen Ursprungs und das Gesetz unumstößlich. Sie enthält die Schöpfungsgeschichte (wonach die Welt vor ziemlich genau 5760 Jahren in sechs Tagen von Jahwe geschaffen wurde), beginnt bei Adam und Eva, und Israels Geschichte geht auf Abraham zurück, den Urvater und Urwanderer, dem Jahwe die Auserwählung seines Volkes verheißt. Die Vorschriften der Thora (genau sind es 613 Gebote und Verbote) regulieren das Leben der – orthodoxen – Juden bis ins Detail.

Die Opfer- und Altarrituale wurden zurückgedrängt und die Thoragelehrten (Rabbiner) ersetzten die Priester. Die Synagogen waren weniger kultische Gotteshäuser, sondern Lehr- und Lernhäuser. Dennoch prägte die Juden nach wie vor die Sehnsucht nach der Wiedererrichtung ihrer – zuletzt im Jahr 70 n. Chr. von den Römern – zerstörten Tempel. Ihre Religion begann sich zu spalten: auf der einen Seite die traditionell Gläubigen, deren Tempeldiener und Hohepriester mit der römischen Besatzungsmacht kollaborierten, und auf der anderen Seite die Pharisäer, die sich zurückzogen, um eine außerordentlich strenge Frömmigkeit auf Grundlage der Thora zu führen und zu lehren. Diese fanatische Gruppe, deren strenge Glaubensauslegung das Volk auch nicht nachvollziehen wollte, stand nun Kollaborateuren gegenüber, die, trotz der Demütigungen seitens der Römer, zu einer durch Korruption reich gewordenen Oberschicht mutierten.

Das war die Situation in Israel, in die Jesus (Joshua) hineingeboren wurde. Historisch dokumentiert sind seine Herkunft (Geburt) aus dem galiläischen Nazareth, seine Eltern, Josef und Maria, und seine vier (?) Brüder und drei (?) Schwestern. Als Ältester musste Jesus wahrscheinlich schon seit seiner Kindheit in der väterlichen Zimmerei mitarbeiten. Gesicherte Berichte über sein Leben gibt es erst mit seinem ersten öffentlichen Auftreten als Wanderprediger in einem Alter von etwa 30 Jahren. Selbst der früheste – angebliche – Autor, Markus, kennt keine Kindheits- und Jugenderzählungen, aber die folgenden Evangelisten nahmen rund 70 Jahre später die mündlichen Überlieferungen auf und konstruierten ein immer bunteres Bild seines Lebens. Der vierte Evangelist, Johannes, bezog sich wiederum nicht auf die Erzählungen von Matthäus und Lukas, sondern formte jenes Dokument, das Jesus als Sohn Gottes bezeichnet. (Das Johannesevangelium „Im Anfang war das Wort …" wurde schon erwähnt und wird in den nächsten Kapiteln auch noch besprochen werden. Das Medium, der Mensch Jesus, ist das Wort, ist die Botschaft.) Das Johannesevangelium ist übrigens das historisch umstrittenste Buch, weil einerseits seine Entstehungszeit zwischen 100 und 150 n. Chr. vermutet wird, während Johannes als erstberufener Jünger Jesu und Apostel Zeitzeuge war, und weil andererseits seine Textquellen unbekannt sind. Da das Neue Testament in griechischer (und nicht in aramäischer) Sprache geschrieben wurde, nimmt man an, dass dieser erste schriftliche, zusammenhängende Bericht über das Leben und den Tod Jesu von Hellenisten stammt und später den vier Evangelisten zugeschrieben wurde. Alle diese ersten Niederschriften müssen als mit reichlicher Phantasie ausgestattete Erzählungen betrachtet werden; sie sind aber dennoch Grundpfeiler des Christentums. Wer sie anbohrt, wird schnell als Häretiker abgetan. Unzählige Beispiele solcher mythenhafter Schilderungen lassen jedoch den Schluss zu, dass diese wunderbare und seit zwei Jahrtausenden bewährte Heilsgeschichte ein Konglomerat von Wahrheit, Mythos, Phantasie und Märchen ist. Um zunächst nur zwei solcher Beispiele zu nennen: Jesu Geburtsort war Nazareth; der Stall in einer Karawanserei in Bethlehem wurde erst viel später von Lukas erfunden, weil sich damit aufgrund der Nähe zum reichen Jerusalem ein besonderes Sozialgefälle zeichnen ließ und weil aus dieser Stadt auch König David stammte, aus dessen Geschlecht von den Juden der Messias erwartet wurde. Die Jungfräulichkeit Marias wird im ältesten Evangelium (Markus) und auch in den älteren Paulusbriefen nie erwähnt. Sie fand erst in die Evangelien von Lukas und Matthäus Eingang, offensichtlich mit dem Ziel, den Mythos zu heben und die Gottheit Jesu zu unterstreichen.

Jesus hatte, als er sich auf Wanderschaft begab, keine Frau und keine Kinder. Sein Bruder Jakob, der den Paulusbriefen zufolge zu seinen ersten Anhängern (während seine anderen Brüder zunächst nicht an ihn glaubten) und zu den ersten Zeugen seiner Auferstehung zählte, wurde nach dessen Kreuzigung Leiter einer jüdisch-christlichen Gemeinde in Jerusalem. Später kamen dann auch die anderen Brüder nach Jerusalem. Wieweit diese das Lebenswerk Jesu begleiteten, wird nicht erwähnt.

Jesus – ein revolutionärer, ethischer Erneuerer. Jedenfalls scheint, nach den Erzählungen der Evangelisten, das öffentliche Wirken von Jesus nicht viel länger als ein Jahr gedauert zu haben. Es erhebt sich nun die Frage, worin die Wirkung seiner Worte und Taten bestand, die das jüdisch-römische Establishment so sehr aufbrachte und letztlich zu seiner Verurteilung führte.

Die oben beschriebenen gesellschaftlichen Zustände waren natürlich ein Nährboden, wie in vielen anderen Regionen zuvor, als den Weisen, Predigern und Propheten dort eine spirituelle Kehrtwende gelang. Aber sicher hatte auch die Begegnung mit einem der vielen apokalyptischen Propheten dieser Zeit maßgeblichen Einfluss auf Jesus: Johannes der Täufer ließ seine zunehmende Anhängerschaft, gleichsam zur Reinigung, in das Wasser des Jordans tauchen und zu neuem Leben finden. Die sozial Schwachen waren also die Adressaten, und Jesus richtete seine Botschaft an sie mit den Worten: „Selig sind die geistlich Armen … die hungern und dürsten … die reinen Herzens sind … und Frieden stiften … denn sie sollen Gott schauen." Es war also das religiös vernachlässigte und verarmte Volk und nicht die Pharisäer und nicht die herrschende korrupte Priesterklasse. Es waren auch die ihn begleitenden, von der Gesellschaft diskreditierten Frauen, die diskriminierten Steuereintreiber, die Prostituierten und die Behinderten und alle sogenannten Unberührbaren, mit deren Solidarisierung er das System provozierte und eigentlich zum religiösen Klassenkampf aufforderte. Diese Hinwendung an die mehrheitlich Schwachen der Gesellschaft führte fast spontan zu einer Massenbewegung, der das System vermeintlich nur noch mit Gewalt begegnen konnte. Das Volk identifizierte sich mit ihm, es hielt ihn für den herbeigesehnten Messias, und als er sich mit dieser Gruppe in die Hauptstadt Jerusalem begab, war sein Schicksal besiegelt. Als er auch noch sein Leben für seine gefährdeten Freunde hingab und noch am Kreuz von Liebe und Verzeihung für seine Feinde sprach, wurde dieses kultische Sühneopfer für seinen Gefährten Paulus zum Kernpunkt dessen weiteren Wirkens.

Wie schon erwähnt, hatte Jesus (im Hebräischen hieß er Joshua ben Mirjam) nie die Absicht, eine Religion zu gründen. Auch Paulus konnte nicht ahnen, dass seine Schriften als Bibel heilig verehrt werden würden. Als Saul im türkischen Tarsus geboren, kam er nach Jerusalem und schloss sich zunächst den Pharisäern an, mit dem Ziel, gegen die junge Jesus-Bewegung vorzugehen, die sich bald auch auf den Mittelmeerraum ausbreitete und ihrerseits durch aufklärerische griechische Elemente beeinflusst wurde. Doch sein visionäres Erlebnis in Damaskus, wo – wie er später berichtete – sich Gott ihm offenbarte, ließ ihn sich als Neubekehrten zurückziehen, im heutigen Syrien die Thora studieren und seine neue Theologie entwerfen.

Damit begann eigentlich die neue Religion, die im Gegensatz zum Judentum nicht die gesetzlichen Vorschriften der Thora, sondern allein den Glauben an Gott zur Richtschnur macht. Allein der Glaube an Gott und die Liebe und Hingabe für die Menschen, die Jesus predigte, stehen im Mittelpunkt, und wie Moses für Israel so ist Jesus der Messias für alle Völker. Auch diese Theologie stieß natürlich bei allen traditionell hierarchischen Systemen auf Widerstand, und Paulus wurde am Ende seiner missionarischen Reisen in Rom (in den 60er-Jahren n. Chr.) hingerichtet.

Die Gnade Gottes, meint Paulus, bedarf aber keiner Vermittlung durch Priester. Sie ist unmittelbar. Das Urchristentum war daher auch keine Priesterreligion. Erst rund 200 Jahre später trat zwischen die zum Liebesmahl versammelte Christengemeinde ein *beamteter* Priester, der symbolisch den Opfertod Jesu erneuerte, indem dessen Fleisch als Brot und dessen Blut als Wein Gott als Opfer dargeboten wurden.

Zitelmann schreibt: „Von der Priesterkirche war es nur ein kleiner Schritt zur Papstkirche. Und das unter Berufung auf Jesus, als hätte Joshua ben Mirjam, der Jude, sich die Füße küssen lassen! Hätte Jesus selbst, der immer die Partei der Schwachen und Benachteiligten ergriff und für Gleichberechtigung plädierte, ein solches hierarchisches Gebilde in seiner eigenen Gemeinde wohl jemals geduldet?" Anderseits – so wird interpretiert – veranlasste doch Jesus den hierarchischen Aufbau der Christengemeinden, weil er seinem Apostel Petrus, dem ersten Sprecher der jüdisch-christlichen Gemeinde, gesagt haben soll: „Du bist Petrus, und auf diesem Felsen will ich meine Kirche bauen." Wie immer die Grundgedanken dieser neuen religiösen Bewegung waren – die päpstliche Autorität bezieht sich nach wie vor auf diesen Auftrag.

Die christliche Religion baut also einerseits auf der traditionellen jüdischen auf, indem sie das Alte Testament und damit die Schöpfungsgeschichte übernimmt und bereichert, sowie verschärft ihren Glaubensinhalt um das Neue Testament, die Evangelien, welche die Botschaft Jesu, des Gottessohnes, verkündet. Das Gebot der Nächsten- und Feindesliebe ist das Kernstück und Kriterium für das Verhalten der Menschen, um das Reich Gottes zu erlangen. Jesu Leben gilt als Vorbild, und die Gnade des Glaubens an Gott wird von Gott durch den Heiligen Geist bewirkt.

Ungeachtet der von den Menschen auch damals schon schwer verständlichen Erklärung dieser Trinität breitete sich diese soziale und spirituelle Bewegung sehr schnell aus und drang über den hellenistischen Raum bis ins Zentrum der damaligen Weltmacht der Römer vor. Neben dem alten römischen Götterglauben, der etwa 300 Götter kannte, war vonseiten Roms nur noch die *jüdische Sekte* geduldet. Das rapide Wachstum der neuen christlichen Gemeinschaft führte jedoch zu Konflikten und schließlich zur Verfolgung der Christen (Petrus starb etwa zur gleichen Zeit wie Paulus den Märtyrertod). Erst durch das Toleranzedikt Kaiser Konstantins des Großen (313) wurde das Christentum mit allen anderen religiösen und ideologischen Bekenntnissen gleichberechtigt und zu einer vom Römischen Reich anerkannten Institution (Reichskirche). Kaiser Theodosius I. erließ dann 380 das Edikt, durch welches das Christentum für alle Reichsbürger verbindlich wurde (Staatskirche).

Das frühe Problem:
Jesus als Gott.

Die Interpretationen der Evangelien führten in den ersten 300 Jahren der neuen Zeitrechnung auch innerhalb
der Christengemeinden zu Diskussionen. Im Mittelpunkt
standen die Fragen, wie *göttlich* der Mensch Jesus ist und wie die Dreifaltigkeit ausgelegt werden kann. Diese christologischen Auseinandersetzungen fanden jeweils in
den Konzilen ihr vorläufiges Ende: Im Konzil von Nicäa (325) wurde das Bekenntnis
zur Gottheit Jesu festgelegt; seit damals lautet das Glaubensbekenntnis: „Ich glaube
an Gott … und an Jesus Christus, den eingeborenen Sohn Gottes … wahrer Gott,
vom wahren Gott gezeugt, nicht geschaffen, eines Wesens mit dem Vater." Im Konzil
von Konstantinopel (381) wurde das Dreifaltigkeitsdogma verkündet; das war kurz
vor der Trennung des Römischen Reiches in eine Ost- und Westhälfte und in einer
Phase, in der das Christentum bereits den slawischen, gallischen und germanischen
Raum erreicht hatte.

Welche Einflüsse in dieser Zeit auf die Konzile und auf ihre Entscheidungen einwirkten, ist natürlich schwer nachzuvollziehen. Sicher waren einerseits die
verschiedenen Auslegungen der Bibel und der Evangelien, die mehrfach moderiert
und in mehrere Sprachen übersetzt wurden, schon damals ein nicht gerade siche-
res Fundament, und anderseits waren die Auffassungen über Gott und Geist in der
jüdischen, hellenistischen, römischen, arabischen und der heidnischen Welt des
nördlichen Europa unterschiedlich. Die Versammlungen der Repräsentanten der
größer gewordenen Christengemeinden (Bischöfe, Patriarchen, Fürsten) fassten ihre
Entscheidungen jedenfalls aufgrund von Mehrheitsbeschlüssen, und nicht selten
wurden dabei opponierende Vertreter anschließend verbannt.

Das ewige Problem: die
Liaison zwischen weltlicher
und göttlicher Macht.

Es waren also jeweils Mehrheitsentscheidungen – nicht
selten auch zufolge weltlicher (kaiserlicher) Einflüsse –,
die zur jeweiligen *Wahrheit* und der sogenannten *Recht-*
gläubigkeit führten. Als rechtgläubig (orthodox) empfanden
sich jedoch auch manche Minderheiten, ein Umstand, der zu den ersten Separationen
führte. Die außerhalb des Römischen Reiches wirkenden Ostkirchen unterschieden sich zunächst nur durch ihre eigenen Riten. Letztmals war die Gesamtheit der
Christen beim 2. Konzil von Nicäa (787) vertreten, aber die Macht Roms und das
von ihm arrogierte Primat der Lehre und Rechtsprechung führten zum endgültigen
Bruch mit Konstantinopel und im Jahr 1054 zur Kirchenspaltung. Die orthodoxen
Kirchen aberkannten dem römischen Papst die einzige, zentrale und unumstrittene

Leitung der christlichen Kirche und wählten den Patriarchen von Konstantinopel zu ihrem Oberhaupt.

Welche Rolle Einfluss, Macht und Gier (die archaischen Eigenschaften des Menschen habe ich in mehreren Kapiteln bereits ausführlich behandelt) in der weiteren Entwicklung des Christentums, namentlich der römisch-katholischen Kirche, spielten, ist bekannt und braucht deshalb hier nicht mehr ausführlich erörtert zu werden. Wie in allen Regionen schon mehrere tausend Jahre vorher führte die Liaison zwischen weltlicher Macht und religiöser Ideologie nicht nur zur gegenseitigen Absicherung, sondern immer wieder auch zu Missbräuchen, zur Unterdrückungen, zu Verfolgungen und Ausbeutungen.

Mehr als 1000 Jahre lang sahen sich die weltlichen Herrscher in der westlichen Welt durch den Segen des Papstes auch *von Gott* bestätigt und verliehen dafür der christlichen Religion das Privileg der Staatsreligion. Dass die Macht beider, in gegenseitiger Abhängigkeit voneinander stehender Institutionen zu Auswüchsen verleiten musste, war (und ist) nicht verwunderlich; auf beiden Seiten waren (und sind) Menschen am Werk.

Diese Liaison setzte sich bis weit in das vorige Jahrhundert fort, als sie sich selbst noch im umstrittenen Annäherungsversuch eines Papstes an eine nationalistische und rassistische Diktatur zeigte. (Meine eigene Firmung in den späten 40er-Jahren nahm ein Wiener Kardinal vor, dessen Gruß an den Führer noch heute Anstoß erweckt). Gleichermaßen muss auch die Bezeichnung einer politischen Partei – selbst in einer Demokratie – als „christlich" als eine bewusst gewählte Verbindungsachse zu *göttlichen* Dimensionen angesehen werden. Wie also die Verschränkung zwischen weltlichen und religiösen Bezugssystemen um vermeintliche Macht- und Einflusssteigerung noch nachwirkt, wird so gar nicht mehr wahrgenommen. Die urchristliche Idee der Liebe und Empathie und das Leben Jesu sowie dessen Leitsatz: „Ich bin der Weg, die Wahrheit und das Leben" scheinen in Vergessenheit geraten zu sein oder sind zu Lippenbekenntnissen geworden.

Der Machtmissbrauch. Ich möchte hier nicht auf Deschners zehnbändige „Kriminalgeschichte der Christenheit" eingehen, auch nicht auf die Inzestskandale der Renaissance-Päpste (Papst Alexander VI. und Papst Paul III.) in der Zeit der Entdeckung Amerikas und auch nicht auf die Zeit der Inquisition (auf die Gerichtsordnungen des 16. Jahrhunderts habe ich an anderer Stelle schon hingewiesen), sondern nur noch die nächste große Kirchenspaltung anführen, die Ausfluss einer ungeheuerlichen Machtausuferung war. Der Umstand, dass der Papst praktisch auch den Staat dirigierte und derart eine Weltsicht entstand, die sämtliche Lebensprobleme zu lösen vermeinte, sowie die Zügellosigkeit der kirchlichen Amtsträger, der Missbrauch des Beichtgeheimnisses und der Ablasshandel waren dann dem Augustinermönch Martin Luther mit ein Anlass zur Reform an Haupt und Gliedern (an Papst und Klerus). Am Reichstag zu Worms konnte sich die Reform, die sich wieder auf die biblischen Grundlagen fokussierte (*sola scriptura* – nur die Heilige Schrift – und deshalb auch die Ablehnung der Marienverehrung), jedoch nicht durchsetzen. Erst durch den Augsburger Religionsfrieden (1555) fand die Reformationsbewegung ihre rechtliche Anerkennung. Diese wiederum spaltete sich dann in Deutschland, in der Schweiz (Zwingli und Calvin) und in England (anglikanische Kirche) weiter auf.

Die Reformation löste die Gegenreformation aus, und im Konzil von Trient (1545–1563) versuchte der Katholizismus eine Erneuerung seiner Lehren und eine klare Distanzierung von den Protestanten. Diese vor allem von Kaiser Karl V. und vielen Landesfürsten betriebene Reformabwehr wurde mit allen Mitteln betrieben (durch neue Gerichtsordnungen wurde die Folter legalisiert, Enteignung und Vertreibung der Ketzer und Hexenprozesse waren die Folge). Eine zentrale Rolle spielten in diesem Abwehrkampf die Jesuiten als die geistige Elite des Katholizismus.

Ich persönlich bin mit dieser Zeit in einen mittelbaren Kontakt gekommen, als im Jahr 1985 jenes Unternehmen (die Leykam Medien AG), dem ich 25 Jahre vorstand, sein 400-Jahr-Jubiläum in Anwesenheit des Bundespräsidenten feierte. Die damals herausgegebene Festschrift bezog sich natürlich auch auf dessen Gründung im Jahr 1585, die der Gegenreformation diente. Gleichzeitig mit der Gründung der Grazer Universität wurde ein deutscher Buchdrucker (Widmannstätter) nach Graz geholt, um hier die von der Jesuitenuniversität verfassten Schriften zu drucken, zu verlegen und zu verbreiten. Graz war damals die Hauptstadt Innerösterreichs, und Erzherzog Karl und ab 1590 sein Sohn Ferdinand II. (der später König von Ungarn und Böhmen wurde und schließlich als Kaiser seinen Hof nach Wien übersiedelte) unterstützten die Gegenreformation – oder, wie es hieß: „die heilsame katholische Reformation" – mit brutalen Mitteln, obwohl Bürger und Adel der Steiermark und der Hauptstadt Graz bereits mehrheitlich protestantisch geworden waren und obwohl die zentrale politische Aufgabe dem Abwehrkampf gegen die Türken zukam. Den religiösen Konflikten wurde mehr Bedeutung geschenkt als den Türkeneinbrüchen; beide Kämpfe, die erst 1606 mit einem Waffenstillstand endeten, hinterließen ein verwüstetes Land und eine zerrüttete Bevölkerung

Die Reformierten setzten sich in den verschiedenen Ländern unterschiedlich durch, und je nach den Bekenntnissen (auch der Landesfürsten) kam es zur territorial begrenzten Landeskirche. Letztlich führte dieser zunächst innerreligiöse Konflikt zum Dreißigjährigen Krieg (1618–1648). In diesem Jahrhundert breiteten sich allmählich die Ideen der Renaissance, des Humanismus und der Aufklärung aus, und ein ideologischer Überbau drängte die Religion zunehmend in den Hintergrund. Dazu verweise ich auf den Abschnitt „Der Neubeginn".

Diese kritische Auseinandersetzung mit der historischen Entwicklung des Christentums beleuchtet nun lediglich einige inhaltliche innerreligiöse Differenzen, die gemeinsam mit Macht- und Einflussstreben zu Spaltungen und immer zu Beeinträchtigungen des Volkswohles führten. Durch die intensiven Missionierungsbemühungen wurde das Christentum weltweit und vielfach mit Gewalt verbreitet. Die Vermischung mit anderen Glaubensvorstellungen und Kulturen ließ wiederum teilweise neue Formen und Riten entstehen, wie sie sich beispielsweise am amerikanischen Kontinent und dort besonders in den USA mit den vielen verschiedenen christlichen Kirchen zeigen.

Die römisch-katholische Kirche hat noch ein Leitmotiv, das ihre ständige Reformbereitschaft bekunden soll: *Ecclesia semper reformanda*. Der Frage, wie sie es damit gehalten hat und hält, soll in den drei folgenden Abschnitten nachgegangen werden.

Die Kirche und die Wissenschaft im Allgemeinen

Nochmals: Wahrheit, Wissen, Glaube.

Wenn man davon ausgehen kann, dass die vielen Interpretationen der Bibel und die Diskussionen um die richtige Auslegung (die am Schluss immer zur sogenannten Rechtgläubigkeit führten) zu neuen Erkenntnissen kommen lassen sollten, kann man diesen Prozess genauso sehen wie jenen in der Wissenschaft und ihn als den Weg zur Wahrheitsfindung bezeichnen. Der Grad der Wahrheit – und noch mehr jener der Wirklichkeit – wird durch die Summe der verfügbaren Informationen höher, weshalb man diesen Weg auch als Informationsprozess, als Informationsakkumulation und Informationsverarbeitung bezeichnen kann. „Auf der Suche nach Wahrheit" habe ich einen Abschnitt des Kapitels „Philosophie" genannt. Im Folgenden möchte ich jedoch weniger die geisteswissenschaftliche Auseinandersetzung mit Gott und den Religionen behandeln, sondern – natürlich wiederum nur sehr beispielhaft – den Konflikt der Kirche mit den Naturwissenschaften erörtern.

Wie viele wissenschaftliche Erkenntnisse schon vor dem 16. Jahrhundert von der mächtigen Amtskirche unterdrückt wurden, ist schwer zu sagen. Die bekanntesten Konflikte gab es um die Lehren von der Unendlichkeit der Welt des Dominikaners und Naturphilosophen Giordano Bruno, welche die Schöpfung Gottes infrage stellten. Bruno endete im Jahr 1600 am Scheiterhaufen. Wenn der überzeugte Katholik

Galileo Galilei seine Entdeckung des heliozentrischen Systems nicht abgeschworen hätte, wäre ihm 1633 das gleiche Schicksal gewiss gewesen. Der Ausspruch „Und sie (die Erde) bewegt sich doch" musste jedoch zu einer Neuinterpretation der Bibel führen. Es dauerte 400 Jahre, bis sich die römisch-katholische Kirche entschloss, Galilei recht zu geben und ihn zu rehabilitieren. Dass die Philosophie der Aufklärung bis zum Beginn des 19. Jahrhunderts (siehe Immanuel Kant und andere) der kirchlichen Auffassung und Lehre der damaligen Zeit (und teilweise bis heute) große Schwierigkeiten bereitete, wurde bereits im Kapitel „Philosophie" gezeigt.

Es wäre auch möglich, diesen Abschnitt mit der Überschrift „Glaube, Wissen, Vernunft und menschlicher Verstand" zu versehen und die Frage der Beweisfähigkeit voranzustellen. Bei all diesen Begriffskategorien wird es einen letzten Wahrheitsbeweis nicht geben können: bei dem von transzendenten Unbekannten abhängigen Glauben ohnehin nicht; selbst von dem durch Falsifikation erschütterbaren Wissen ist lediglich der jeweils aktuelle Stand *wahr* (z. B. ist das als Naturgesetz geltende Ursache-Wirkungs-Prinzip (Kausalitätsgesetz) im Mikrokosmos nicht gültig). Vernunft und menschlicher Verstand sollten zwar durch die Rechtfertigung des Handelns nach situationsunabhängigen Regeln gekennzeichnet sein, sind jedoch wiederum individuelle und eben deshalb nicht objektive Maßstäbe, die von – hinlänglich beschriebenen – archaischen Informationsmustern gesetzt werden (menschliche Urinformationen, Ureigenschaften).

In diesem Kontext sind die folgenden Abschnitte zu sehen, wobei bezüglich der Wissenschaft zwangsläufig auf den derzeitigen Stand abgestellt werden muss.

Die Kirche und die Evolutionslehre im Besonderen

Die Kränkungen des Glaubens durch die Wissenschaft. Seit 150 Jahren dauert nun schon die Diskussion um die Entstehung der Welt und des Lebens, und es stehen sich immer noch die göttliche Schöpfungslehre auf der einen Seite und die Wissenschaft mit der Urknalltheorie und der Evolutionslehre auf der anderen Seite gegenüber. Während von den Theorien über die physikalischen Entstehungsbedingungen des Kosmos jene des Urknalls vor 13,76 Milliarden Jahren derzeit die meistvertretene ist (auf die Frage, woher die – physikalischen – Urelemente kamen und auf andere Weltentstehungstheorien wie die Steady-State-Theorie, die Big-Crunch-Theorie, die Inflationstheorie, die Stringtheorie oder die Multiversumstheorie möchte ich hier nicht eingehen), besteht im Hinblick auf die biologische Evolution, also die Entstehung des Lebens, wissenschaftlich kein Zweifel.

Bezüglich der Urknalltheorie und eben des Alters unseres Kosmos erscheinen mir zwei Bemerkungen interessant: Die eine hilft Ökonomen weiter, weil die Zahl von 13,76 der seinerzeitigen Umrechnung des österreichischen Schillings in den Euro entspricht. Die andere hilft jenen, die zwischen Wissenschaft und Glauben scharf trennen: Ein an einem US-amerikanischen universitären Institut, das sich mit der Altersbestimmung von kohlenstoffhaltigen organischen Materialien (C-14-Methode) beschäftigt, tätiger und strenggläubiger Wissenschaftler berichtet seinen Kollegen von seinen regelmäßigen religiösen Wochenenddiensten in seiner Kirche und glaubt, wie die anderen Gläubigen dort, an die göttliche Erschaffung der Welt vor rund 6000 Jahren.

Bezüglich der von Charles Darwin entwickelten Evolutionslehre (sein Werk „Über die Entstehung der Arten durch natürliche Zuchtwahl" entstand 1859) kämpfen die Religionen heute noch mit der Interpretation und Anpassung an die biblische Schöpfungsgeschichte; neben den christlichen Konfessionen natürlich auch der Islam. Vor einigen Jahren wurde mir – ohne meine Bestellung – ein Buch zugesendet, das man ohne Übertreibung im Hinblick auf Umfang und Gestaltung als Prachtband bezeichnen kann. Der „Atlas of Creation" ist ein 2007 im Global Publishing Verlag erschienenes Werk mit mehr als 750 eindrucksvollen Text- und vor allem Fotoseiten, welche die einzig mögliche – göttliche – Schöpfung unserer Welt, unserer Natur und unseres Lebens dokumentieren. Der Autor, Harun Yahya, ist ein in Ankara geborener muslimischer Philosoph, der die Evolutionstheorie als Todfeind jeglicher spirituel-ler Philosophie bezeichnet und den Darwinismus in einer dunklen Liaison mit so blutigen Ideologien wie dem Faschismus und dem Kommunismus sieht.

Das Dilemma der Religionen – im Folgenden auf die katholische Kirche bezogen – möchte ich durch ein gebührend kurzes Exzerpieren dreier empfehlenswerter Bücher beschreiben: Richard Dawkins' „Der Gotteswahn", Christoph Kardinal Schönborns „Ziel oder Zufall" und Christian Kummers „Der Fall Darwin".

Richard Dawkins ist Evolutionsbiologe und hat mit seinem 1978 erschienen Werk „Das egoistische Gen" einen internationalen Bestseller geschrieben. In „Der Gotteswahn" (2007) gibt er sich nicht mit der Auffassung der meisten Wissenschaftler zufrieden, die meinen, dass Naturwissenschaft und Religion zwei nicht überlappbare Wissensbereiche sind, sondern stellt – zwar in Kennt-nis der Tatsache, dass auch die Nichtexistenz Gottes unbeweisbar ist – die Frage nach der Wahrscheinlichkeit seiner Existenz. Den Theologen spricht er jedenfalls die Berechtigung ab, durch ihre Kategorisierung von Gut und Böse die Welterklärung zu liefern. Die von den Schöpfungsgläubigen immer wieder vorgebrachten Argumente der Unwahrscheinlichkeit und der Nicht-Reduzierbarkeit von Phänomenen der Natur und des Lebens widerlegt er und kommt zu dem Schluss, dass es mit ziemlicher Sicherheit keinen Gott gibt. (Jener Bewegung, die in europäischen Hauptstädten mit dem auf Bussen aufgemalten Slogan „There is probably no God" unterwegs ist, hat er wahrscheinlich die Initialzündung geliefert).

Während also die Kreationisten behaupten, dass die Unwahrscheinlichkeit und Komplexität des Lebens Beweis für die gezielte Gestaltung, also für die Schöpfung sind, und die Frage, woher die unzähligen Informationen kommen, die Leben überhaupt ermöglichen, mit der Unmöglichkeit des Zufalls beantworten, bezieht sich Dawkins auf Darwin und sieht in der natürlichen Selektion einen Akkumulationsprozess vieler kleiner Teile, die ihre Selbsterhaltung und Entfaltungschancen durch ständige Ja/Nein-Entscheidungen treffen. (Eine weitere Unterstützung meiner Informationstheorie!)

Eine radikale Abschwächung erfuhr auch das kreationistische Argument der sogenannten nicht reduzierbaren Komplexität, für das beispielhaft das Auge oder der Flügel und ähnlich komplexe Teile herangezogen wurden. Die biologischen Forschungsergebnisse haben allerdings bisher alle Komplexitäten auf einfache Entwicklungsstufen reduziert, die durch natürliche Selektion eben komplex geworden sind.

Selbst die Entstehung des Lebens, also die lange ungelöste Frage, wie eine organische Substanz aus unorganischen Elementen überhaupt entstanden ist (von Dawkins noch mit Fragezeichen versehen), konnte mittlerweile im Labor nachgewiesen werden (Urschlammtheorie). Die Entstehung des menschlichen Bewusstseins (ebenfalls als gottgestaltetes Phänomen argumentiert) habe ich ausführlich behandelt.

Wenn also die Schöpfungsgläubigen jede scheinbare Lücke im jeweils aktuellen Wissensstand automatisch mit Gott ausfüllen, ist es angebracht, einmal mehr auf die – gottgegebene? – menschliche Eigenschaft der (Neu-)Gier hinzuweisen: Unwissen ist eine Herausforderung – vor allem der Wissenschaft. Unwissenheit ist ein vorläufiges Nichtwissen. Das Informationsniveau (unser jeweils aktueller Wissensstand, unsere relative Wahrheit) wird weiter steigen, und schon deshalb ist das Argument des *Intelligent Design* brüchig.

Die Wissenschaft kennt die physikalischen Gesetze und Konstanten, die für die Entstehung des Universums maßgebend waren. Wären diese nur geringfügig anders gewesen, könnte sich eine Chemie als eine Vorbedingung für das Leben, wie wir es kennen, nicht entwickelt haben. Für Theisten wieder ein Argument für die Notwendigkeit einer kosmischen Intelligenz, für Multiversums-Theoretiker jedoch ein Argument für den Zufall, dass (menschliches) Leben in einem jener Universen (die eine Minderheit im Megauniversum darstellen) entstanden ist, das eben genau diese Voraussetzungen hatte. Da jedes dieser zahlreichen Universen (welche Evolution immer es hatte und hat) in seinen Grundgesetzen einfach sein muss und eine unwahrscheinliche Existenz aufweist, deren Erklärung unmöglich wäre, wird die immer wieder gestellte Frage aufgeworfen, wer diesen Gestalter gestaltet, wer diesen Schöpfer gemacht hat. Es steht also die zunehmende Komplexität der Evolution jener vom Theismus argumentierten *logischen Einfachheit* Gottes gegenüber.

Nur wenn man diese logische Einfachheit der ersten Ursache der Evolution vom theistischen und herkömmlichen Begriff Gott befreit, wird eine einfache Erklärung möglich. Dann aber bewegt man sich vom Theismus weg, hin zum Deismus und kann – wie in dieser gegenständlichen Theorie – als *Ersten Beweger* die Information, das erste Signal, den ersten Impuls als Teil und Erscheinung der Absoluten Wahrheit bezeichnen, die wahrscheinlich eine logische Einfachheit besitzt, aus der sich sämtliche komplexen Dinge des Kosmos, der Natur und des Lebens erklären lassen.

> Dawkins geht auch der Frage nach, wie und warum sich Religionen seit Menschengedenken so verfestigt haben und Bestandteil des Bewusstseins oder Unbewusstseins geworden sind. Auch hier findet er eine mögliche Erklärung durch die darwinistische natürliche Selektion: Genauso wie Gene sich verdoppeln und bestrebt sind, vorteilhaft zu mutieren, um das Überleben zu sichern, gilt dies auch für Viren und Meme. Gene und Viren sind als stoffliche Einheiten biologisch genau untersucht, man kennt ihre Eigenschaften und ist in der Lage, diese auch zu verändern. Bei den Memen handelt es sich um Einheiten der kulturellen Vererbung, deren Selektionsverhalten – noch – nicht dem gleichen wissenschaftlichen Stand entspricht. Die Replikation dieser *geistigen Viren* bedingt die Nachahmung, das Bewahren von geistigen Inhalten (nach meiner Diktion sind es Informationsbündel) und, wie Memtheoretiker meinen, die Evolution von Kultur und Geist. In diesem Kontext sind möglicherweise eben auch religiöse Grundmuster zu suchen, wie etwa das Weiterleben nach dem Tod oder die überzeugende und gängige Formel, dass die Vernunft das größte Hindernis für den Glauben ist. Natürlich wird in „Der Gotteswahn" auch der von vielen Disziplinen behandelte Gegensatz von Gut und Böse erörtert.

Ich lese gerade das aktuelle Werk des tschechischen Ökonomen Tomáš Sedláček „Die Ökonomie von Gut und Böse", in dem auch die Wirtschaft letztlich als ethisch-moralische Wissenschaft dargestellt wird, in der – wie ich schon mehrfach erwähnt habe – die menschlichen Ureigenschaften der Gier (Neugier/Habgier) das Geschehen prägen: das Gute in Form des der Selbsterhaltung dienenden neugierigen Strebens und das Böse in Form der zerstörerischen Habgier. Die fließenden Grenzen zwischen den beiden Kontrapunkten sind natürlich auch in dieser Disziplin zu beobachten.

Und natürlich widerspricht Dawkins vernunftgemäß der vermeintlichen Notwendigkeit Gottes, um das Gute im Menschen zu befördern oder es überhaupt erst zu begründen. Menschen müssten die Selbstachtung verlieren, würden sie sich nur deshalb bemühen, gut zu sein, weil sie den himmlischen Lohn erringen oder Gottes Bestrafung vermeiden wollen. Die weit verbreitete Ansicht, dass religiöse Überzeugung mit höherer Moral korreliert, mag vielleicht auch stimmen, kann aber nicht als Regel gelten. (Wie Vorfälle in religiösen Institutionen, auf die ich hier nicht näher eingehen möchte, belegen.)

Ist der strafende Gott imstande, das Böse zu verhindern? Auch in Anlehnung an Kant (kategorischer Imperativ) und an Moralphilosophen lassen sich Ethik und Moral vernunftmäßig argumentieren, und das geschieht auch weltweit in allen, wie auch immer religiös, philosophisch oder atheistisch-säkular ausgerichteten Kulturen, mit Ausnahme radikal-fanatischer oder kriminell instrumentierter Gruppierungen. Auf die weitgehende Übereinstimmung der Gebote und ethischen Prinzipien der verschiedenen Philosophien und Religionen im Laufe der beobachtbaren Geschichte habe ich verwiesen.

Dawkins umfangreiche Kritik der Bibel, die das Christentum als ethische Quelle betrachtet, ist keiner besonderen Beschreibung wert, weil sie sich in zahllosen ähnlichen Büchern wiederfinden lässt. Er verweist auf liberale englische Bischöfe (John Shelby Spong und Richard Holloway), die die Bibel als unfehlbare Ethikschrift mit der Bemerkung versehen: „Wer seine Moral wirklich auf den Wortlaut der Bibel gründen will, hat sie entweder nicht gelesen oder nicht verstanden." Jesus hingegen hält er für einen der großen ethischen Neuerer der Geschichte.

Schließlich räumt der Autor, dessen Kritik in der Folge zu heftigen Reaktionen führte, auch mit dem Argument auf, dass die psychische Befindlichkeit und die Sehnsucht der Menschen nach Gerechtigkeit und Trost den Glauben an die Existenz Gottes rechtfertigen, ja geradezu unentbehrlich machen. Er zitiert Daniel Dennett, der die Religion für ein natürliches Phänomen hält und zwischen dem Glauben an Gott und dem Glauben an den Glauben unterscheidet und feststellt, dass man „es für wünschenswert hält, zu glauben, selbst wenn der Glaube als solcher falsch ist".

Nicht überraschend ist schließlich Dawkins kritische Auseinandersetzung mit den theologischen Argumenten und Beweisführungen für die Existenznotwendigkeit Gottes und der grotesken Belege für Hölle und Fegefeuer: ohne Gott also keine

Sinnhaftigkeit des Lebens, ohne Strafe keine Ethik. Er hält in Anbetracht der Tatsache, dass „die große Mehrzahl der Menschen, die aus der Kombinationslotterie der DNA hervorgehen könnten, in Wirklichkeit nie geboren wird", das Leben für einen Glücksfall und seine relative Kürze für umso kostbarer. Die vermeintliche Lücke der Nichtexistenz Gottes würde die Naturwissenschaft mit ihrem systematischen Bemühen, die Wahrheit über die Wirklichkeit herauszufinden, leicht ausfüllen können. Die atheistische Weltanschauung ist für Dawkins „lebensbejahend … und nicht von Selbsttäuschung, Wunschdenken oder dem weinerlichen Selbstmitleid jener gefärbt, die glauben, das Leben sei ihnen etwas schuldig".

Es war zu erwarten, dass diese „furiose Streitschrift wider die Religion" (hinterer Klappentext des Buches) und das Bekenntnis Dawkins („Ich bin ein Gegner der Religion. Sie lehrt uns, damit zufrieden zu sein, dass wir die Welt nicht verstehen") (vorderer Klappentext) zu heftigen Reaktionen der Theologen führten. Ich möchte nur zwei davon anführen: Eine, weil sie von *meinem* Kardinal kommt, und eine, weil sie von einem bayrischen Jesuiten stammt, der als gelernter Biologe an der Münchner Universität Theologie und Philosophie lehrt und seinerseits den Ausführungen des Kardinals nicht ganz folgen kann.

Christoph Kardinal Schönborn ist natürlich ein gehorsamer Vertreter der römisch-katholischen Amtskirche und als Mitverfasser des „Katechismus der Katholischen Kirche" seiner Überzeugung treu. In einem 2005 in der „New York Times" erschienen Artikel „Finding Design in Nature" versucht er, die Schöpfungstheologie mit der Evolutionstheorie in Einklang zu bringen, und in seinem 2007 publizierten Buch „Ziel oder Zufall? Schöpfung und Evolution aus der Sicht eines vernünftigen Glaubens" stellt er die Behauptung auf, dass die Vielfalt der Arten nach Darwin von Gott gewollt ist. Dieses Intelligent Design bekräftigt auch Joseph Ratzinger, der spätere Papst Benedikt XVI. und gemeinsam mit Schönborn Autor des „Katechismus der Katholischen Kirche", schon im Vorwort: „Das christliche Bild der Welt ist, dass die Welt in einem sehr komplizierten Evolutionsprozess entstanden ist, dass sie aber im Tiefsten eben doch aus dem Logos kommt. Sie trägt insofern Vernunft in sich."

Wie schon angedeutet und wie noch ausgeführt werden wird, ist dem Logos auch in meiner Theorie nicht zu widersprechen. Allerdings werde ich diesen Begriff anders auffassen.

Die Bibel (das Buch Genesis) erklärt – laut Schönborn – den Anfang der Schöpfung und ist gleichzeitig die Wiege der modernen Wissenschaft: „Gott hat dieses Buch geschrieben, und er hat dem Menschen den Verstand gegeben, damit er dieses Buch entziffern kann." Er vergleicht die Arbeit der Wissenschaft, das Entdecken von Ordnung, Gesetzen und Zusammenhängen mit dem Entdecken der Buchstaben, der Grammatik, der Syntax und letztlich des Textes, den Gott in dieses Buch der Schöpfung geschrieben hat.

Natürlich widerspricht er explizit Richard Dawkins, der die Evolution ohne Gott und die darwinsche natürliche Auslese als einen ständigen Prozess von Versuch und Irrtum sieht. Nicht Zufall, sondern Ziel, also ein *souveränes Setzen*, ist der göttliche Schöpfungsakt, der jedes Geschöpf nach seiner Art und von Gott so gewollt geschaffen hat. Und es handelt sich um eine fortdauernde Schöpfung, weil nichts in der (wissenschaftlichen) Erfahrung dafür spricht, dass Niedriges ohne orientierendes, organisierendes Wirken (Gottes) Höheres hervorbringen kann, einfach aus sich heraus und noch dazu ganz zufällig. Gott lenkt also alles, und der häufigen Gegenfrage, warum Gott die Welt nicht vollkommener geschaffen hat, begegnet Schönborn mit dem Argument, dass die Welt ein Prozess des Werdens ist und ihr Ziel noch nicht erreicht hat. Die Welt ist für den Menschen (Krone der Schöpfung) geschaffen, und weil der Geist (die Geistseele) des Menschen nicht aus seinen materiellen Bedingungen stammen kann, kann er nur von Gott schon bei seiner Erschaffung als einzigem Lebewesen „nach Gottes Bild und Ähnlichkeit" (Genesis) eingehaucht worden sein.

Es muss wohl auch der Funktion eines Kardinals entsprechen, dass sich Schönborn in seinem Werk laufend auf das gültige Lehrbuch der katholischen Kirche als die Erklärung der Bibel bezieht, die er selbst mitverfasst hat. Auch aus diesem Grund ist eine weitere Behandlung seiner Argumente nicht erforderlich. Eine Welt-Zielorientiertheit, die er am Schluss anspricht, scheint dennoch erwähnenswert: Wenn in Jesus Christus das Ziel des „Projekts" gesehen wird und im Johannesevangelium Christus als Logos bezeichnet wird – „Im Anfang war das Wort und der Logos war bei Gott und der Logos war Gott" (Joh 1,1) –, muss über die Bedeutung des Begriffes Logos nachgedacht werden. Schönborn interpretiert ihn als Sinn, Vernunft und Wesensbestimmung und bezieht sich wieder auf Johannes: „Alles ist durch den Logos geworden, und ohne den Logos wurde nichts, was geworden ist." (Joh 1,3). Wenn man in Jesus einen ethischen Erneuerer sieht und den Begriff Logos als Botschaft, Signal oder eben als Information interpretiert, lässt sich eine Parallelität oder sogar Identität mit der gegenständlichen Informationstheorie finden. Auch Schönborns Hinweis auf die Evolutionsgedanken Teilhard de Chardins (siehe Seite 251ff.), die den Endpunkt der aufwärtsgerichteten Evolution (Punkt Omega) in der Christogenese sehen, ist insofern interessant, weil damit zwar keine wissenschaftliche Theorie, aber eine philosophische Idee und eine mögliche Erklärung einer Verbindung zwischen Wissenschaft und intelligenter Transzendenz abgeleitet werden könnten. Schönborn sieht in der Vernunft das Bindeglied zwischen Religion und Wissenschaft und die ewige Frage nach dem Woher, Wohin und nach dem Sinn des Lebens mit der Zielgerichtetheit, mit der Finalität beantwortet. Weil sinnvoll und vernünftig nur ist, was ein Ziel hat.

Der Jesuit Christian Kummer ist Theologe und Naturphilosoph und versucht in seinem Werk „Der Fall Darwin – Evolutionstheorie contra Schöpfungsglaube" den Dingen nicht – wie andere Theologen – mit Bibelargumenten zu begegnen, sondern in Form einer „revidierbaren metaphysischen Reflexion".

> Er räumt Darwin ein, mit seiner langsamen, aber kontinuierlichen Umwandlung und Höherentwicklung der Geologie einen neuen und besseren theoretischen Rahmen gezeichnet zu haben, als es das Herstellungsmodell der Schöpfungstheologie glaubhaft vermitteln kann. Die Evolutionstheorie und in deren späterer Folge die gentechnischen Untersuchungen haben das ernüchternde Ergebnis gebracht, dass ein überwiegender Prozentsatz der DNA gar keine codierende Funktion, also keinen Informationswert hat und der verbleibende Rest der Informationsträger bei allen untersuchten Organismen in gleicher Weise vorkommt. Man muss also Abschied nehmen vom genetischen Programm und damit auch von der (gewollten) Artenvielfalt. Allerdings zeigt der aktuelle Wissensstand der molekularen Entwicklungsbiologie, dass diesem genetischen Prozess eine Strategie zugrunde liegt, die nur unter Zuhilfenahme einer Zielvorgabe, eben des Entwicklungsziels „vollständiger Organismus" funktionieren kann. Damit ist aber die Streitfrage angebrochen, wohin diese Höherentwicklung führen soll und wie ein vollständiger Organismus schließlich zu verstehen ist. Auch Kummer verweist auf Teilhard de Chardin und dessen Entwicklungsmodell (siehe Seite 251ff.).
>
> Die Argumente der Vertreter des Intelligent Design, dass sich die nicht reduzierbare Komplexität mancher Organe oder Organismen (Auge, Flügel etc.) der biologischen Evolutionserklärung entzieht und auch schon deshalb ein intelligenter *Uhrmacher* oder *Ingenieur* vorauszusetzen ist, hält Kummer für unhaltbar und zählt Beispiele auf, die die Schlussfolgerung der Schöpfungsgläubigen, nämlich offenen wissenschaftlichen Fragen mit der Gottesexistenz und letztlich auch mit der Unerklärlichkeit Gottes (Gottes geheime Gedanken) zu begegnen, für einen „schlichten intellektuellen Betrug" halten.
>
> Seine Überzeugung von der geistigen Höherentwicklung, die sich in der ständigen Erweiterung des – wissenschaftlichen – Informationsniveaus zeigt, lässt Kummer eine noch vorhandene Unwissenheit als Dauerargument für den

intelligenten Designer mehr als brüchig erscheinen: „Es wäre vermessen, aus der Tatsache, dass wir es noch nicht wissen, den Schluss zu ziehen, dass wir es nie wissen können. Zu oft schon wurden solche scheinbaren ,A-priori-Beweise' durch neue Erfahrungen a posteriori widerlegt."

Die Summe der Informationen, die zur Verfügung stehen (werden), werden weitere Lücken schließen. Ich werde auf die Forschungen der Quantenwissenschaft, von deren Ergebnissen ich viel revolutionärere Kränkungen des bestehenden konservativen Weltbilds erwarte, später noch einmal zurückkommen.

Kummer unterscheidet sich von den Vertretern des Intelligent Design also dadurch, dass er für die materielle Ordnung Geist voraussetzt (wie etwa den Uhrmacher für ein Uhrwerk), aber für die Ordnung von Lebewesen (natürliche Evolution) diesen Geist nicht im Architekten (Schöpfergott) sieht, sondern im Lebewesen selbst. Er weist schon darauf hin (und das scheint mir vor allem im Hinblick auf die Entstehung des Universums wichtig), dass es auch in der materiellen Welt „Selbstorganisationsphänomene gibt, wo Elemente aufgrund bestimmter Bedingungen von selbst zu Gebilden von höherer Ordnung zusammentreten und in ihrer Komplexität unter Umständen sogar noch weiter evolvieren", dass es aber hier nicht notwendig eines Geistes bedarf.

Der im Organischen selbst steckende Geist führt ihn jedoch auch zu einer weniger theologischen als vielmehr metaphysischen Schöpfungsauffassung, die er mit der notwendigen Zielgerichtetheit begründet: Der im Lebewesen (in der Evolution) selbst wirkende Geist bewirkt eine Höherentwicklung und verweist deshalb auf ein höheres Ziel. Die neue Weltsicht Kummers ist also eine Synthese aus Darwins natürlicher Selektion und Zielgerichtetheit. Diese teleologische Komponente lässt seiner Meinung nach „intellektuell verantwortbar von Schöpfung reden".

Schöpfung bedeutet nicht – wie auch schon Teilhard de Chardin sagt – dass Gott die Dinge macht, sondern dass er macht, dass die Dinge sich selbst machen, dass sie selbst mehr werden, und zwar aus einer Eigengesetzlichkeit oder Eigenverantwortung heraus. Dies begründet auch die Freiheit des Menschen, in dessen Geist (und nicht im Himmel) Gott selbst steckt. Gott steckt also in den Geschöpfen selbst, und Kummer begegnet dem Vorwurf des Pantheismus mit der Meinung, dass dieser durchaus eine „tragfähige christliche Basis" ist und mit der richtig verstandenen Bibel im Einklang steht. Er lehnt die orthodoxe Lehrmeinung ebenso ab wie die wortwörtliche Bibelauffassung und stellt sich – zusammen mit anderen Wissenschaftlern – vehement gegen Kardinal Schönborns „unseligen Hoheitsanspruch einer Theologie, die über die Berechtigung anderer Theorien befinden will, ohne auch nur einen Gedanken daran zu verschwenden, welcher Wahrheitsgehalt wohl ihren eigenen ‚Theorien' in der Sicht der von ihr kritisierten Disziplinen zukäme". Vor allem Schönborns Aussage: „Jedes Denksystem, das die überwältigende Evidenz für einen Plan in der Biologie leugnet oder wegzuerklären versucht, ist Ideologie, nicht Wissenschaft", lässt die Frage nach der Autorität stellen, die ein naturwissenschaftliches System wie die Evolutionstheorie als falsch abqualifizieren kann. (Es gibt allerdings Autoritäten, wie etwa die Schulbehörden in einigen US-Bundesstaaten, welche die Evolutionslehre an den Schulen verbieten. In seinem Heimatland kann sich der Kardinal „Gott sei Dank" diesbezüglich nicht durchsetzen.)

Obwohl Kummer sich wie Teilhard de Chardin (dem in der ersten Hälfte des vorigen Jahrhunderts seitens des offiziellen römisch-katholischen Lehramts ein Lehr- und Schreibverbot auferlegt wurde) auch in Konflikt mit der „spröden Theologie" befindet, sieht er in seinem metaphysischen Gottesbild eine vernünftige Achse zwischen Naturwissenschaft und Spiritualität, die von einer aufgeklärteren Theologie nicht als Häresie wahrgenommen werden sollte.

Beide Theologen setzen sich intensiv mit den Erkenntnissen der Naturwissenschaft auseinander und versuchen, die Vernunft mit ihrer Religion in Einklang zu bringen. Solche Bemühungen wurden von der Amtskirche natürlich nie honoriert. Deren Liberalität wird nur insofern dokumentiert, als zwischen den Todesurteilen (Giordano Bruno) und dem Entzug der Lehrbefugnis oder einer zumindest harschen Rüge ein zivilisatorischer Unterschied besteht. Interessant ist auch, dass fast alle Religionskritiker aus den eigenen Reihen dem Jesuitenorden angehören, der sich offenkundig dem *vernünftigen Glauben* verschrieben hat. (Einen weiteren jesuitischen Kritiker werde ich im Kapitel „Der KKK, der Verstand und die Welt des 21. Jahrhunderts" zu Wort kommen lassen.) Welche Dimension der kircheninterne Konflikt mit den Mitgliedern der strenggläubigen Opus Dei-Gemeinschaft annimmt, kann nur der Vermutung anheimgestellt werden.

Ein Kapitel widmet Kummer dann auch dem Begriff der Seele, die vom offiziellen kirchlichen Lehramt als Geistseele bezeichnet, vom Evolutionsprozess explizit ausgenommen und als unmittelbare Schöpfung Gottes erklärt wird. Dies deshalb, weil man den Menschen mit seiner Personalität, seiner Würde und seinem Geist nicht zu einem rein biologischen Wesen degradieren lassen will. Kummer ist hingegen der Auffassung, dass man das Menschsein nicht trennen kann, und verweist auch auf den ebenfalls sehr kritischen Theologen Karl Rahner, der in einer sehr derb-deutlichen Art festgestellt hat: „Wenn der Mensch erst durch die göttliche Erschaffung der Geistseele zum Menschen wird, heißt das genau genommen, dass die Eltern einen Affen erzeugen, der erst durch einen besonderen göttlichen Eingriff zum Menschen wird."

Also ist auch das, was man unter Seele oder Geistseele versteht, oder besser als den Geist oder das Bewusstsein des Menschen, ein Entwicklungsergebnis der Evolution. Wenn die amtskirchliche Autorität – in widerstrebender Anerkennung der Evolutionstheorie – den Menschen nicht ganzheitlich sieht, sondern in evolutiven Leib und gottgeschöpfte Seele trennt, vertritt sie einen – eher nicht theologischen – Dualismus nach Descartes.

Am Schluss seines Buches versucht Kummer, der die Evolution mit einer metaphysischen Sicht betrachtet und die orthodox-theologische Indoktrination ablehnt, einen Brückenschlag zwischen Naturwissenschaft und Theologie, indem er deren gegenseitiges Befruchtungspotenzial anspricht: die einer evolutiven Weltsicht anhaftende Zielgerichtetheit und Sinnhaftigkeit. Also gegenseitiger Respekt und gegenseitige Horizonterweiterung auf einer intellektuellen Ebene, die keine autoritären Verhaltensmuster kennt. In einem Weltall unvorstellbaren Ausmaßes wird ein Gott, den wir in unsere Begriffe zwängen, immer zu klein geraten.

Unsere Erkenntnisse und unsere Weltsicht sind Ausfluss unseres Informationsstandes. Wie klein dieser jeweils war, zeigt uns die Wissenschaftsgeschichte, wie relativ er derzeit ist, wird uns das ständig immer rascher steigende Informationsvolumen zeigen, das Forschungen auf allen Wissenschaftsgebieten – vor allem die Wissenschaft des Geistes und der Quanten – vor Augen führen. Die Theologie bezieht sich hingegen auf die unveränderte Theorie der Existenz eines Gottes, die auch durch Forschung nie bewiesen werden kann. Wenn dieser Gott dem seit Jahrtausenden unveränderten Bild entspricht, wie es die orthodoxe Bibel zeichnet oder wie es die Lehre einer autoritären Amtskirche verkündet, schließe ich mich der Dawkins'schen Bewegung an und übersetze „There is probably no God" schärfer mit: „Einen Gott in dieser Gestalt gibt es mit Sicherheit nicht."

Wenn dieser Gott die Offenbarung der letzten Dinge, der Unendlichkeit und der Ewigkeit, also – im Sinne des unendlichen Informationsvolumens – die Absolute Wahrheit ist (eine Definition, die den Gottesbegriffen aller Religionen inhärent ist), dann entspricht er als oberste transzendente Instanz meinem Glauben und meiner Theorie. Dieses Gottesbild widerspricht jenem konkreten, in allen Kirchen des Christentums veranschaulichten Bild eines anthropomorphen Gottes, eines Gottes in Menschengestalt (andere Religionen verzichten aus Ehrfurcht vor dem Unvorstellbaren oder aus Gründen der Vernunft auf eine bildliche Darstellung), sondern ist eine Abstrahierung der unermesslichen Dimension, die uns als Ziel vorschwebt.

Die Kirche – das Recht, die Macht und das Kapital

Die Kirche und der hypertrophierte Selbsterhaltungstrieb. Was würde Jesus sagen, wenn er die Firma seiner Nachfolger zu beurteilen hätte? Diese Frage ist zugegebenerweise etwas zynisch formuliert, entbehrt aber angesichts der Vorgänge, die in der vatikanischen Finanzpolitik lange Zeit vermutet und jüngst durch Veröffentlichung von geheimen Dokumenten bestätigt wurden, nicht einer realen Berechtigung. Es geht mir nun nicht darum, die vielen harschen Stimmen einzufangen, die schon seit zig Jahren den Umgang der Kirche mit Kapital und Vermögen kritisieren, sondern um die Feststellung ihres ethischen Verhaltens.

Ein Archiv mit mehr als 4000 geheimen Dokumenten über die Finanzgebarung des Vatikans, das Monsignore Renato Dardozzi, einer der wichtigsten Mitarbeiter der Vatikanbank, seinen Nachlassverwaltern, offenbar mit der Verfügung, es der Öffentlichkeit zugänglich zu machen, anvertraute, war der Stoff für das 2009 erschienene Buch des Journalisten Gianluigi Nuzzi mit dem Titel „Vatikan AG". Ohne im Einzelnen auf die darin beschriebenen Finanz- und Politskandale der Kirche eingehen zu wollen, scheinen mir jedoch einige Faktenbeschreibungen erwähnenswert: Da der Papst als Oberhaupt des Vatikanstaates die uneingeschränkte Verfügungsmacht über kirchliches Vermögen bis hin zu den entlegensten Pfarreien und Klöstern besitzt, weiß er auch um die Geheimkonten der dem Staatssekretariat unterstellten Vatikanbank IOR (Institut für religiöse Werke). Schon seit ihre Vorgängerbank (Banco Ambrosiano) nach den seit der Mitte des vorigen Jahrhunderts der Öffentlichkeit bekannt gewordenen Finanzskandalen im Jahr 1982 zusammengebrochen war (die Namen des 33-Tage-Papstes Albino Luciani, der einen mysteriösen Tod erlitt, des für die dubiosen Finanzfälle hauptverantwortlichen Erzbischofs Marcinkus, des in der Gefängniszelle mit Zyankali vergifteten Michele Sindona und des an einer Londoner Brücke erhängten Roberto Calvi gingen damals um die Welt), weiß man, dass der Vatikan seine Finanzgeschäfte mit absoluter Diskretion betreibt. Jedes Auffliegen skandalöser Fälle hat dem Ansehen der katholischen Kirche schweren Schaden zugefügt, und trotz der vorgegebenen Selbstreinigung und der bekennenden Offenlegung und Zusammenarbeit mit offiziellen europäischen und weltweiten Währungs- und Finanzkontrollinstitutionen hat sich in der Gebarung der vatikanischen Finanzholding nichts geändert. Auch die neuesten Enthüllungen in diesem Buch wurden zunächst mit Schweigen quittiert, dann bestritten, und erst als die Fakten nicht mehr wegzudiskutieren waren, waren angebliche Selbstreinigung durch Austausch der verantwortlichen Akteure, Zusicherung der Kontrolle und Offenlegung sowie Zusammenarbeit mit offiziellen Institutionen angesagt.

Was sind nun, kurz gesagt, die Fakten? Es sind Finanzvergehen, für die nach weltweitem öffentlichem Recht lebenslange Haftstrafen verhängt würden: Geschäfte mit der Mafia, Bestechung von Politikern und öffentlichen Amtsträgern, Geldwäsche, Drogenhandel, Schmiergeldzahlungen, Bilanzfälschungen, Steuerhinterziehung, Veruntreuungen und Betrügereien; dies alles in Milliardenhöhe über Konten, die weltweit für Sozial- und Caritativdienste eingerichtet sind; Finanzgeschäfte, die durch diplomatische Immunität geschützt sind und deren Gewinne dem Papst jährlich zur Verfügung gestellt werden. Auch wenn sich mancher Leser im Laufe der Zeit und aufgrund von Erfahrungen mit einer gewissen Gleichgültigkeit abgefunden haben mag: Diese Tatsachenberichte ähneln einem frei erfundenen Kriminalroman.

Nach dem wiederholten Auffliegen dieser Skandale vor wenigen Jahren glaubte man an eine endgültige Katharsis in der vatikanischen Finanzwelt. Die Ereignisse im Jahr 2012 ließen diese Hoffnung schwinden. Nachdem Ettore Tedeschi, Professor für Wirtschaftsethik und enger Vertrauter des Papstes, im Jahr 2009 mit der Aufgabe betraut wurde, die in Verruf geratene Vatikanbank zu sanieren und für eine transparente Finanzgebarung zu sorgen, wurde er nach nicht einmal drei Jahren vom Aufsichtsrat auf Druck des Kardinalstaatssekretärs Bertone abgelöst. Während seiner Amtszeit wurde das Konto der Vatikanbank wegen Intransparenz von einer weltweit agierenden Großbank geschlossen, wurden Geldwäschekonten von der italienischen Staatsanwaltschaft beschlagnahmt, und der Vatikan wurde wegen undurchsichtiger Finanzgebarung auf eine schwarze Liste des US-Außenministeriums gesetzt; dies nachdem und obwohl der Papst versprochen hatte, die Bankregel des IOR an EU-Richtlinien anzupassen. Tedeschi wollte dies offensichtlich gemeinsam mit internationalen Kontrollbehörden durchsetzen und die Bank von verbotenen und unseriösen Geschäften fernhalten. Er wurde abberufen.

Wieweit diese Ereignisse mit jener zeitgleichen und Aufsehen erregenden Verhaftung des päpstlichen Kammerdieners zusammenhingen, dem vorgeworfen wird, Geheimdokumente aus der Papstwohnung entwendet zu haben, die dann über unbekannte Kanäle an die Öffentlichkeit gelangt sind, ist unklar. Vatikaninterne Aufklärung wurde angekündigt; die wahren Fakten und Zusammenhänge werden jedoch in den Geheimarchiven verbleiben. Dauerskandale und Intrigen erschüttern jedenfalls den Ruf der Kirchenspitze und lassen von dort kommende ethische Gebote obsolet erscheinen.

Die Frage ist allerdings, ob Verschweigen und Heucheln angesichts einer sich neu öffnenden Dimension von Dauer sein kann. Mit Intrigen verbunden ist nämlich neuerdings die Entwendung oder Verfassung von geheim zu haltenden Dokumenten über interne Vorgänge, mit dem Zweck, sie gegebenenfalls als Druckmittel zu verwenden oder überhaupt aus ganz bestimmten Gründen der Öffentlichkeit zur Verfügung zu stellen. Das aktuellste Beispiel ist die Beschlagnahme von Dokumenten durch die italienischen Behörden anlässlich einer Hausdurchsuchung beim oben erwähnten Ex-Chef des IOR, Ettore Tedeschi. Mit diesen Papieren wollte er sich gegen seine Entlassung wehren: Sie sollten – nach eigenen Aussagen – an den Papst oder „falls ihm etwas zustoßen sollte" an einen Zeitungsjournalisten übergeben werden. Das ist nun Kriminalgeschichte pur!

Es stellt sich nun die Frage nach den Ursachen für diese Umstände. Zunächst einmal entzieht sich die katholische Kirche der öffentlichen Rechtsprechung. Sie ist daher diesbezüglich immun, bezieht sich auf ihr eigenes Kirchenrecht und kann ihre Angelegenheiten intern lösen. Diese Macht hat sie sich im Zuge ihrer vermeintlichen Sonderstellung arrogiert und durch Konkordate mit allen weltlichen Herrschaftssystemen abgesichert. Auch innerhalb der Kirche sind Menschen am Werk, für die alle die schon mehrfach beschriebenen Attribute gelten: Menschen, die mit den gleichen unauslöschlichen Urinformationen ausgestattet sind und denen daher auch jener Selbsterhaltungstrieb anhaftet, der – hypertrophiert – genauso zur Geld- und Machtgier führt. Ebenso gilt dies für die von ihnen geleiteten Einrichtungen. Macht, Autorität, Gehorsam, Verschwiegenheit und Rechtsimmunität sind wahrscheinlich nicht unbedingt Ethik begründende Kategorien.

Die gleiche Frage nach den Ursachen könnte nun auch für andere ethisch-moralische Fehlleistungen innerhalb des Klerus der Kirche gestellt werden: Mit der gleichen Antwort sind etwa auch die weltweit aktuellen und in Österreich besonders behandelten Problemfragen des sexuellen Missbrauchs zu versehen. Ich möchte darauf nur mit einer zusätzlichen Bemerkung eingehen: Wenn die Sexualität als Erfordernis der Arterhaltung und so gesehen auch als Geschenk Gottes gilt, kann die Enthaltsamkeit einerseits nur als kontraproduktiv, die Verweigerung eines Geschenks als sündhaft und die Missachtung eines natürlichen Triebes als inhuman bezeichnet werden.

Der KKK,
der Verstand und die Welt
des 21. Jahrhunderts

Wenn ich nun in diesem letzten Abschnitt auf *das* Lehrbuch der katholischen Kirche – wiederum nur auszugsweise – eingehe und die Frage stelle, wie diese Lehre heute verstanden werden kann, muss ich gleichzeitig erklären, warum ich – von den beiden anderen monotheistischen Religionen – nicht auch den Koran oder den Talmud dieser kritischen Untersuchung unterziehe. Die Erklärung ist leicht und trivial zugleich: Mit beiden habe ich mich nicht befasst. Mein Wissen beschränkt sich auf die Kenntnis, dass den Juden die Urfassung der Bibel heilig ist und sie daher keine Neufassungen oder Interpretationen benötigen. Die Identität mit dem Alten Testament habe ich schon erwähnt. Der Koran hat hingegen so viele Interpretationen – von der Urfassung bis zu verschiedenen aktuellen Auslegungen, von kämpferischen Inhalten bis zu aufgeklärteren und liberaleren Adaptionen – erfahren, die sich einer Festlegung und einer Kritik entziehen.

Die Behandlung des „Katechismus der Katholischen Kirche" (KKK) macht mir wieder ein kritischer Jesuit leichter: Roger Lenaers, belgischer Philosoph, Theologe und Altphilologe, setzt sich in seinem 2008 erschienenen Buch „Der Traum des Königs Nebukadnezar" mit dem Glaubensverfall auseinander und wählt dafür den Untertitel „Das Ende einer mittelalterlichen Kirche". Wenn man den KKK durchblättert und einige Abschnitte und Passagen, welche die Bibel und die Evangelien erklären (sollen), genauer liest und auch nachvollziehen will, muss man Lenaers recht geben.

Im Jahr 2003 betraute Papst Johannes Paul II. eine Spezialkommission unter dem Vorsitz des Präfekten der Kongregation für die Glaubenslehre (damals Joseph Kardinal Ratzinger, der nachfolgende Papst Benedikt XVI.) mit der Aufgabe, ein Kompendium des Katechismus der katholischen Kirche zu erstellen, in dem die Inhalte des Glaubens in einer zusammenfassenden Weise dargelegt werden und eine unversehrte Darstellung der katholischen Lehre bieten sollen. Dieses Kompendium erschien am Palmsonntag des Jahres 2005. Es ist also ein Werk, das als die Orientierungshilfe für die Gläubigen des 21. Jahrhunderts gedacht ist.

Ich zitiere zunächst aus dem ersten Teil dieses Lehrbuchs, „Das Glaubensbekenntnis", das seit dem Konzil von Konstantinopel im Jahr 381 unverändert gilt:

„In einem aus reiner Güte gefassten Ratschluss hat (Gott) den Menschen aus freiem Willen erschaffen, damit dieser an seinem glückseligen Leben teilhabe." – „Gott selbst, der den Menschen nach seinem Bild erschaffen hat … hört nicht auf, den Menschen an sich zu ziehen." – „Der Mensch stößt beim Erkennen Gottes mit dem bloßen Licht der Vernunft auf viele Schwierigkeiten … und kann nicht von allein ins Innerste des göttlichen Mysteriums eintreten." – „In seiner Güte und Weisheit offenbart sich Gott dem Menschen … in Christus." – „Gott tut sich schon von Anfang an den Stammeltern, Adam und Eva, kund … Nach ihrem Sündenfall bricht er seine Offenbarung nicht ab und verheißt das Heil für alle ihre Nachkommen. Nach der Sintflut schließt er mit Noach einen Bund zwischen ihm und allen lebenden Wesen." – „Gott erwählt Abram und ruft ihn aus seinem Land, um ihn zu Abraham, das heißt zum ‚Stammvater einer Menge von Völkern' zu machen." – „Gott macht Israel zu seinem auserwählten Volk; er befreit es aus der Knechtschaft Ägyptens, schließt mit ihm den Sinaibund und gibt ihm durch Mose sein Gesetz." – „Aus dem Volk Israel, aus dem Stamm des Königs David, wird der Messias hervorgehen: Jesus … seinen Fleisch gewordenen Sohn…" – „Mit der Sendung des Sohnes und der Gabe des Geistes ist die Offenbarung nunmehr gänzlich abgeschlossen …" – „Gott will, dass alle Menschen gerettet werden und zur Erkenntnis der Wahrheit gelangen." – „Die verbindliche Auslegung des Glaubensgutes obliegt allein dem lebendigen Lehramt der Kirche, das heißt dem Nachfolger Petri, dem Bischof von Rom." – „… dem Lehramt, das … das sichere Charisma der Wahrheit besitzt …" – „… das Alte Testament als wahres Wort Gottes …" – „Das Neue Testament, dessen zentrales Thema Jesus Christus ist, bietet uns die endgültige Wahrheit der göttlichen Offenbarung." – „Der Glaubensakt ist … ein Akt des menschlichen Verstandes …" – „Auch wenn der Glaube über der Vernunft steht, so kann es doch niemals einen Widerspruch zwischen Glaube und Wissenschaft geben, denn beide haben ihren Ursprung in Gott."

Das steht also wortwörtlich auf den ersten 30 Seiten dieses Kompendiums, und die moderne Interpretation der Heiligen Schrift setzt sich auch auf diese Art und Weise fort. Das also ist die Orientierungshilfe für die Menschen des 21. Jahrhunderts, der Weg zur Erkenntnis der Wahrheit, der Glaubensakt als Akt des menschlichen Verstandes. Wenn Glaube und Wissenschaft – beide von Gott gegeben – nicht widersprüchlich sein können, müsste der Glaube eigentlich verstandesmäßig nachvollzogen werden können.

Mit keinem Wort wird die seit 150 Jahren wissenschaftlich zweifelsfreie Evolutionslehre erwähnt. Die Schöpfungsgeschichte beginnt bei Adam und Eva, setzt sich – wie im Alten Testament – über Abraham fort und ist ident mit den beiden anderen monotheistischen, abrahamitischen Religionen der Juden und der Muslime: Gott, Jahwe und Allah eine Einheit als Schöpfer des Himmels und der Erde, als Schöpfer der Welt. Nun ist es verstandesmäßig unmöglich, den Widerspruch zwischen dieser so beschriebenen Schöpfung und der naturwissenschaftlichen Lehre von der Entstehung und Entwicklung – zumindest unserer Erde – zu übersehen. Welche also ist wahr? „Gott will, dass alle Menschen … zur Erkenntnis der Wahrheit gelangen."

Eine mittelalterliche Lehre in einer aufgeklärten Gesellschaft. Die Wissenschaft ist durch die Evolutionsgeschichte der Wahrheit ein Stück näher gerückt und widerspricht damit der Schöpfungslehre. Wenn die eine Lehre richtig ist, muss die andere falsch sein. Oder, und dieser Auffassung schließen sich spirituelle Denker zunehmend an: Unter Gott ist eine transzendente Intelligenz zu verstehen und die vor nahezu 3000 Jahren entstandene Schöpfungsgeschichte ist als Metapher zu sehen, die den Menschen (mit dem Informationsstand der damaligen Zeit) ein anschauliches Bild ihrer Herkunft bieten, gleichzeitig ihr Leben regeln und ihre Zukunftssehnsüchte befriedigen sollte. Dass sich diese mythische Erzählung bis heute fast unverändert festgesetzt hat, zählt zu den erstaunlichsten Tatsachen, erklärt sich auch aus dem intra-individuellen Konflikt zwischen Vernunft und Emotion und ist ökonomisch betrachtet ein Marketingphänomen.

Jesuitische Kritik. Nun könnte man versucht sein, den gesamten Inhalt des Lehrbuchs der katholischen Kirche (und ebenso des Talmuds und des Korans) einer verstandesmäßigen Prüfung zu unterziehen. Man würde dabei die gleichen Erfahrungen machen wie im ersten Kapitel. An dieser Stelle sollen ein Auszug aus nicht nachvollziehbaren Behauptungen und die darauf bezugnehmenden kritischen Bemerkungen des jesuitischen Theologen Roger Lenaers genügen.

Schon einleitend meint Lenaers, dass die meisten Glaubenssätze der Kirche altchristliche Mythen sind: nicht nur die nach dem irdischen Leben beschriebenen Kategorien wie Himmel, Gericht, Fegefeuer und Hölle, sondern auch der Sündenfall im Garten Eden, die jungfräuliche Geburt Jesu und seine Himmelfahrt. „Mythen sind keine Faselei, sie sind die oft sehr tiefsinnigen Erzählungen eines Volkes oder einer Kultur über die Mächte, die das Leben der Menschen beherrschen und über die Beziehungen dieser Mächte zu uns. Diese Erzählungen gelten für die jeweilige Kultur als absolut glaubwürdig. Das Christentum entwickelte sich in einer Kultur, die eine Vielzahl solcher Mythen kannte. Aber das waren Mythen von Heiden und daher für Christen absolut unglaubwürdig, weil nicht mit ihren eigenen Mythen zu versöhnen. Denn auch das Christentum entwickelte bald Mythen. Es konnte nicht anders. Denn über das göttliche Urwunder und seine Beziehung zu uns können wir nur in Bildern und Gleichnissen Sinnvolles aussagen. Und daher in Mythen. Aber Mythen sind keine Mitteilungen, sie sind bildhafte Darstellungen einer vage erlebten tieferen Wirklichkeit.

Im Laufe der Kirchengeschichte gab es seitens der Bischöfe intensive Such-, Denk- und Diskussionsarbeit, deren Ergebnisse zunächst Lehrsätze und dann Dogmen wurden, die – vor allem in der Neuzeit – vom Papst als objektive Wahrheit verkündet wurden. So z. B. war im Konzil von Nicäa die Wesenseinheit von Jesus mit dem Vater zwar die Überzeugung der großen Mehrheit der Teilnehmer. Aber die stellten bei Weitem nicht die Totalität der Bischöfe dar. Aus der ganzen westlichen Kirche waren nämlich nur fünf Bischöfe in das ferne Nicäa an der Südküste des Schwarzen Meeres gekommen. Und einige Teilnehmer unterschrieben die dogmatische Formel … weniger aus Überzeugung als aus Vorsicht, um dem Kaiser Konstantin, der dem Konzil präsidierte … nicht in die Quere zu kommen."

Und weiter: „Und das Dogma der päpstlichen Unfehlbarkeit verdanken die ca. eine Milliarde heutigen Katholiken einer Entscheidung von ca. 700 Kirchenführern, von denen die übergroße Mehrzahl gerade von jenem Mann ernannt wurde, dem die Unfehlbarkeit anerkannt werden sollte. Ärgerlich war noch dazu das Missverhältnis in der Vertretung. Die italienischen Bischöfe, meist theologisch ganz kleine Lichter, aber umso treuere Diener des Papstes, bildeten eine 250 Mann starke Truppe und stellten damit 35 Prozent der wahlberechtigten Teilnehmer. Die mehr als doppelt so zahlreichen Katholiken aus Zentraleuropa dagegen stellten nur 75 Bischöfe, meistens gute Theologen, aber als Folge jenes Missverhältnisses bei den Abstimmungen nur allzu leicht vom italienischen Block überrollt. Kann die objektive Wahrheit von solchen Faktoren abhängig sein?"

Solche und ähnliche Faktoren beherrschen bis heute das Lehrgebäude der Amtskirche. Ohne die berechtigte und zunehmende Kritik umfassend zu begleiten, will ich mich auf einige *Urgesteine* der Glaubenslehre beschränken und – ohne mich zunächst auf die Philosophie des Begriffs der Wahrheit einzulassen – als *objektive Wahrheit* jene Wahrheit bezeichnen, die mit den Tatsachen übereinstimmt.

Lenaers bezieht sich in der Folge auf einige markante Abschnitte des KKK: Jesus als Gottessohn, als Mensch und Gott in einem: „Durch das Wirken des Heiligen Geistes im Schoß der Jungfrau Maria hat der Sohn Gottes für uns Menschen und zu unserem Heil Fleisch angenommen. Er, der Sohn Gottes, gezeugt, nicht geschaffen, eines Wesens mit dem Vater, ist ein wahrer Mensch geworden, unser Bruder, ohne damit aufzuhören, Gott, unser Herr, zu sein." Dieses zuerst im Konzil von Nicäa im Jahr 325 diskutierte und dann im Konzil von Chalcedon im Jahr 451 verkündete Bekenntnis würde die Jünger

Jesu „in Staunen versetzt und geärgert haben". In den Augen der Urchristen und der Juden erschien alles, was neben Jahwe als göttlich bezeichnet wurde, blasphemisch. Das Bekenntnis der Gottheit Jesu taucht im Neuen Testament erst gegen Ende des 1. Jahrhunderts auf, als hellenistische und römische polytheistische Einflüsse und deren Glaube an Halbgötter zu Kompromissen zwangen. Die Vermischung von Mythen wurde also zu einem neuen Mythos, und aus der ursprünglichen Verehrung Jesu – vergleichbar mit der Verehrung Mohammeds durch die Muslime – wie eines Gottes wurde aus dem Menschen Jesus ein Gott konstruiert. Und zwar von jenen Theologen, die ihn, der sich so niemals bezeichnete, zur Durchsetzung dieser neuen Glaubenslehre unsterblich machen und erhöhen wollten. Es war sicherlich auch der Geist der Zeit und der christologischen und theologischen Kontroversen, und Jesus als Gott, Gottessohn und in ihrer Trinität mit dem Heiligen Geist haben sich in der Kirchenhierarchie bis heute verfestigt. Der heutige Zeitgeist ist mit dieser Konstruktion allerdings überfordert und sieht Jesus glaubhafter als den Erleuchteten, als den Weg, die Wahrheit (im Sinne von Echtheit und Wirklichkeit) und das Leben.

Auch die Begriffe *das Licht der Welt* oder *das Wort Gottes* würden der ursprünglichen Bedeutung und auch den Evangelien entsprechen, wenn man den Begriff *Gott* in seiner seit jeher versuchten Definition *des Ewigen*, *des Unendlichen*, des eigentlich kaum oder schwer Definierbaren verwendet. Diese Kritik an den autokratischen und dogmatischen Glaubenslehrsätzen schränkt den Glauben an Jesus Christus, über dessen historische Persönlichkeit und über dessen Wirken als ethischer Erneuerer viele ausgezeichnete Bücher (z. B. von Hans Küng) geschrieben wurden, nicht ein.

Der Heilige Geist: „Er ist die dritte Person der Heiligsten Dreifaltigkeit. Er ist ein und derselbe Gott mit dem Vater und dem Sohn. Er geht vom Vater aus, der als Anfang ohne Anfang der Ursprung des gesamten Lebens der Dreifaltigkeit ist. Er geht auch aus dem Sohn hervor, weil der Vater ihn dem Sohn als ewiges Geschenk mitteilt. Vom Vater und vom Mensch gewordenen Sohn gesandt, führt der Heilige Geist die Kirche in die ganze Wahrheit." (KKK)

Der Heilige Geist wurde im Alten Testament als die schöpferische Kraft bezeichnet, mit der Gott sein Volk Israel und damit die gesamte Menschheit zur Vollendung bringen will. Der Geist bedeutete daher Lebensatem, Kraft und Energie, die den ganzen Kosmos durchströmt. Dieser Begriff wurde dann schließlich im Konzil von Konstantinopel (381) umgedeutet und in Form des Heiligen Geistes personalisiert, als dritte Person des dreifaltigen Gottes. Die

Diskussion um das komplizierte Trinitätsverständnis führte aber letztlich zur großen Kirchenspaltung im Jahr 1054 und zu nachfolgenden Spannungen zwischen Rom (Westkirche) und Konstantinopel (Ostkirche) und führt heute noch zum Unverständnis der modernen Christen.

Die allerseligste Jungfrau und Gottesmutter Maria: „‚Empfangen durch den Heiligen Geist‘ bedeutet, dass die selbst unbefleckt empfangene Jungfrau Maria den ewigen Sohn durch das Wirken des Heiligen Geistes und ohne Zutun eines Mannes in ihrem Schoß empfangen hat … Allzeit Jungfrau in dem Sinn, dass sie Jungfrau geblieben ist, als sie ihren Sohn empfing, Jungfrau, als sie ihn gebar, Jungfrau, als sie ihn trug, als sie ihn an ihrer Brust nährte. Wenn in den Evangelien von Brüdern und Schwestern Jesu die Rede ist, handelt es sich deshalb gemäß einer in der Heiligen Schrift gebräuchlichen Ausdrucksweise um nahe Verwandte Jesu." (KKK)

 Diese Mythologisierung eines Mysteriums ist nicht auf biblische Quellen zurückzuführen, sondern hat wieder dogmatische Wurzeln, und dahinter steht die theologische Annahme, dass der sexuelle Verkehr und damit eine geschlechtliche Zeugung Jesu eine Frau unkeusch und unrein macht, sie besudelt und eben befleckt. Maria musste also von der Erbsünde befreit werden.

Die Lehre von der Erbsünde war der Autorität des großen Kirchenlehrers Augustinus zu verdanken, der Darwin noch nicht kennen konnte.

Lenaers weiter: Der Marienkult wurde gepflegt und hat bis heute auch in der Volkskirche mit den zahlreichen Wahlfahrtsorten große Bedeutung. Als die lutherische Reformation mit dem Prinzip *sola scriptura* nur die Heilige Schrift als gültige Quelle anerkannte und sich der Marienverehrung widersetzte, wurde der Marienkult umso eifriger intensiviert. Angst und Argwohn der Sexualität gegenüber und gleichsam ihre Verurteilung sind bis heute kirchliche Praxis und gelten als Tugend.

Diese negative Einstellung zur Sexualität – die eigentlich als Geschenk Gottes betrachtet werden sollte – und die bis heute eigenartige Beziehung der katholischen Kirche zur Frau an sich zeigen auch das Dilemma und die Bewertung der Maria von Magdala: In den erst im vorigen Jahrhundert entdeckten Apokryphen (Schriften, die nicht in den biblischen Kanon aufgenommen wurden) wird Maria Magdalena als Weggefährtin und geschätzte Diskussionspartnerin Jesu (inmitten der Jüngerschar und für die damalige Zeit sicherlich revolutionär) angeführt. Jedenfalls hatte sie eine besondere Beziehung zu Jesus und war auch nach biblischer Version die Erste, die am Ostermorgen das leere Grab entdeckte. Diese Sonderstellung einer Frau in diesem historisch dokumentierten kurzen Lebensabschnitt Jesu führte zu vielen – auch spekulativen – Interpretationen: Apostelin, Freundin, Geliebte, Ehefrau, Mutter seiner Nachkommen, Sünderin, Prostituierte. Auch die kirchlichen Versionen stehen sich diametral gegenüber: Während Papst Gregor I. im Jahr 591 von einer Sünderin spricht, bezeichnete sie Papst Johannes Paul II. im Jahr 1988 als „Apostelin der Apostel" und versuchte damit, ihren jahrhundertelangen schlechten Ruf zu korrigieren. Dies allerdings ohne Wirkung auf die generelle Ablehnung der Frauen in Bezug auf ihre kirchlichen Amtsrechte.

Priesteramt für Frauen und Zölibat beherrschen bis heute auch die innerkirchlichen Diskussionen, die aktuell einen Punkt erreicht haben, an dem infolge unüberbrückbarer Differenzen neuerliche Abspaltungen nicht ausgeschlossen werden können. Der Zölibat wurde übrigens erst im Jahr 1022 durch Papst Benedikt VIII. gemeinsam mit Kaiser Heinrich II. verordnet (bis dahin lebten vor allem in Deutschland und England viele Priester offen im Ehestand), und die Diskussionen um seine Berechtigung gingen bis zum Konzil von Trient (1545–1563), wo er trotz der Widerstände von Bischöfen, Theologen und auch von Kaiser Karl V. – wiederum einmal – mit Mehrheit bestätigt wurde.

Im Zuge einer Reise durch England, Schottland und Irland besichtigte ich natürlich auch die sehenswerten alten christlichen Klöster und Kirchen und die Wirkungsstätte des hl. Patrick, der im 4. Jahrhundert die keltisch-irischen Könige taufte, dadurch das Volk christianisierte und in der Folge eigentlich den Startschuss zur Bekehrung des nördlichen Kontinentaleuropa gab. Auf einem dieser Klosterfriedhöfe kann man ein sehr gut erhaltenes, etwa vier Meter hohes Steinkreuz sehen, das neben Spiralsymbolen (wie man diese, ebenso wie Kreuzsymbole weltweit finden kann) ein Relief der Hochzeit von Kanaan mit Jesus und Maria Magdalena als Paar zeigt. Es ist dies übrigens eine von wahrscheinlich vielen Darstellungen dieser Art jener alternativen Geschichtsschreibung, welche die Templer als Ausgangspunkt ihrer *Gralslegende* verbreiteten und dafür im 11. Jahrhundert in Frankreich auf kirchliches Geheiß vernichtet wurden. Ein möglicher weiterer Hinweis auf mysteriöse Zusammenhänge findet sich auch in der Rosslyn-Chapel in der Nähe von Edinburgh. Die prachtvollen Steinmetzarbeiten im Inneren dieser Kapelle aus dem 14. Jahrhundert enthalten (geheime) Schriftzeichen, die noch nicht entziffert werden konnten und zu Spekulationen Anlass geben; bekannt wurde diese Kapelle auch durch den Roman und den Film „The Da Vinci Code – Sakrileg" von Dan Brown.

Für den modernen Christen ist der Vater des Jesus von Nazareth Josef von Nazareth, „weil die Modernität keine Welt mehr kennt, die von außen entscheidend in die unsrige eingreifen und den männlichen Beitrag bei der Zeugung überflüssig machen könnte", sagt Lenaers. Für den modernen Christen, der in der Zeit der weltweiten Gleichberechtigungsforderung lebt, sind Zölibat und Ausschluss der Frauen aus Kirchenämtern nicht nachvollziehbar und zeugen von einem unverständlichen Beharrungsvermögen der Kirche gegenüber (sozial-) wissenschaftlichen Erkenntnissen.

Die Auferstehung: „Christus hat einen echten Tod erlitten und ist wirklich begraben worden. Doch die göttliche Kraft hat seinen Leib vor der Verwesung bewahrt." – „Die Auferstehung war ein geschichtliches Ereignis, das sich durch Zeichen (das leere Grab) und Zeugnisse feststellen und bezeugen ließ." – „Als vierzig Tage vergangen waren, seit Christus den Aposteln unter der Gestalt einer gewöhnlichen Menschennatur, die seine Herrlichkeit als Auferstandener verhüllte, erschienen war, fährt er in den Himmel auf und setzt sich zur Rechten des Vaters." – „Die Auferstehung Christi ist die Wahrheit, in der unser Glaube an Christus gipfelt." – „Auferstehung des Fleisches bedeutet, dass der endgültige Zustand des Menschen nicht nur die vom Leib getrennte Geistseele betrifft, sondern dass auch unsere sterblichen Leiber einst wieder lebendig werden." – „Das Wie dieser Auferstehung übersteigt unsere Vorstellung und unser Verstehen." (KKK)

Kann man es als ein kleines Zeichen des amtskirchlichen Eingeständnisses der Unlogik werten, wenn seit einigen Jahren im Glaubensbekenntnis „Auferstehung von den Toten" statt „Auferstehung des Fleisches" gebetet wird? Es ist dies eine scheinbar unwesentliche Änderung, die auch keine – mir bekannte – Reaktion hervorgerufen hat. Dennoch könnte man darin eine geradezu revolutionäre Abkehr von der bislang vertretenen Auferstehungslehre erblicken: Nicht mehr der Leib, sondern *nur* die immaterielle *Seele* wird auferstehen!

Lenaers kritisiert schärfer: Die Vorstellungen von der Auferstehung und dem ewigen Leben sind „ein Fresko von bunten und disparaten Bildern, ein Amalgam von altjüdischem, christlichem und hellenistischem Gedankengut, gemischt mit mythologischen und philosophischen Vorstellungen, zusammengeflickt aus bildhaft gemeinten, aber als genaue Wiedergaben aufgefassten Schriftworten. Ihren Erfolg verdanken sie an erster Stelle einem tiefen menschlichen Bedürfnis, nämlich unserem Hunger nach Gerechtigkeit." Und weiter: „Der Mensch, oder vielmehr seine Seele, wie das überlieferte Menschenbild es sieht, überquert die Grenze zwischen zwei Welten. In der anderen Welt erwartet sie erst ein Gericht, das selbst das meist verborgene Böse aus dem vergangenen Leben schonungslos ans Licht bringt, daraus bestimmt der göttliche Richter die verdiente Strafe oder die Belohnung. Bestraft wird man entweder befristet (was die Annahme voraussetzt, dass auch in jener anderen Welt die Zeit noch eine Rolle spielt) oder auf ewig."

Bezug genommen wird auf den KKK, in dem zu lesen ist: „Das Fegefeuer ist Zustand jener, die in der Freundschaft Gottes sterben, ihres ewigen Heils sicher sind, aber noch der Läuterung bedürfen, um in die himmlische Seligkeit eintreten zu dürfen." Und: „Die Hölle besteht in der ewigen Verdammnis jener, die aus freiem Entschluss in Todsünde sterben."

Lenaers meint dazu: „Die Modernität hat natürlich recht damit, dass das biochemisch bestimmte Bewusstsein mit dem biochemischen Tod endet … Es ist daher sinnlos, von ewigem Glück oder ewiger Qual zu reden, oder sogar nur von Leben, denn auch das Leben ist ein biochemischer Begriff … Es ist bestimmt praktischer, den Menschen als eine Seele, als einen Funken des Selbstausdrucks Gottes im Körper zu betrachten. Aber wir sind jener Selbstausdruck Gottes nicht als Ego, nur als Menschheit … nur die unvorstellbare Selbstvermehrung einiger Zellen, die selber wieder im Laufe einiger Milliarden Jahre dauernden Evolution aus dem Lebenswillen der ersten lebenden Zellen entstanden sind. Die mit der Materialität gegebenen Beschränkungen erklären, dass dieser Fortschritt in der Liebe einem Menschen besser gelingt als einem anderen. Wir gehören auf immer und ewig zum Ganzen. Auch unser eigener Beitrag zum Wachstum des Kosmos zu seiner vollendeten göttlichen Gestalt, die vollendete Liebe ist, bleibt auf ewig in diesem Ganzen da. In diesem göttlichen Urgeheimnis finden wir auch unsere Erfüllung."

Diese Botschaft also liest Lenaers aus dem Leben und Wirken Jesu heraus und findet in der Zuneigung zum Menschen und zum Kosmos die Lösung, die Erlösung und die *Auferstehung*, im Sinne der Erfüllung, der Vollendung und des ewig Göttlichen, und zwar im irdischen Leben. Und das ist überraschend: Ein Leben nach dem Tod findet seiner Meinung nach nicht statt.

Lenaers' kirchenkritisches Werk geht – neben diesen Urgesteinen der Glaubenslehre – auch auf die Sakramente, die Rituale, die Liturgie und die Gebete ein. Um diese kritische Auseinandersetzung mit dem „Katechismus der Katholischen Kirche" nicht noch mehr auszuweiten, beschränke ich mich auf die Bemerkungen dieses jesuitischen Theologen betreffend die Sünde und die Beichte: Er vergleicht die gewohnten Begegnungen der Menschen mit ihren irdischen Machthabern mit ihren so empfundenen Beziehungen zu Gott: „Sich klein machen, Schuld bekennen, Reue zeigen, um Vergebung flehen, Geschenke anbieten, damit womöglich die geweckte Verstimmung dahinschwindet und der verlorene Goodwill ganz oder doch teilweise zurückgenommen wird, sodass er der bevorstehenden Strafe entkommt." Was beim Menschen Erfolg hat, wird wohl auch beim anthropomorph gedachten Gott Erfolg haben, hofft er. Dem Anbieten von Geschenken entspricht hier das Darbringen von Sühneopfern.

Mir fällt in diesem Zusammenhang ein Vorfall ein, der sich vor einigen Jahren tatsächlich abgespielt hat: Eine konservativ-gläubige, bekannte Persönlichkeit des öffentlichen Lebens bestritt eine mitangehörte beleidigende Aussage einer anderen, ebenso gläubigen, bekannten Persönlichkeit des öffentlichen Lebens – zweifellos aus Gründen der Solidarität. Nach der offiziellen Bestätigung der Aussage – und dadurch der Lüge überführt – nach ihrer nunmehrigen Meinung befragt, erklärte erstere Person wörtlich, dass „sich ein Christ in einem solchen Fall leichter täte, weil er zur Beichte gehen könne". Die Absurdität einer solchen Auffassung spricht für sich selbst und ähnelt der Groteske des seinerzeitigen Ablasshandels.

Werden Bibelforschung *und Bibelauslegung* *unterbunden?*

Der oben zitierte Theologe Lenaers steht nun mit seiner Kritik an der überkommenen Bibelauslegung der katholischen Kirche nicht allein. Immer mehr theologische Philosophen, Bibelforscher, Christologen und christliche Denker versuchen, die Bibel, die in einer Zeit für eben diese Zeit und für Menschen mit damaliger Mentalität und einstigem Wissensstand geschrieben wurde, in eine Auslegungsform zu bringen, wie sie dem Christenmenschen in der heutigen Zeit aussagefähig und verständlich sein könnte. Dies ist ohne Kritik am bestehenden Lehrbuch der katholischen Kirche nicht möglich. Wie sehr sich diese dagegen wehrt, hat sie in all den Jahrhunderten gezeigt: Exkommunikation, nachdem das Verbrennen der Kritiker nicht mehr angebracht war, wurde als härteste Strafe verhängt, der Entzug der Lehrbefugnis als eine angemessene Sanktion vollzogen. Wer und wie viele solcher zunehmend kritischen, aber in Wirklichkeit für den Glauben nützlichen Autoren solchen Bestrafungen entgegensehen, bleibt offen.

Wie die Kirche sich nicht reformieren (lassen) will, zeigen auch jüngste Sanktionen gegen Priester, die sich (in Österreich) einer Priesterinitiative angeschlossen haben, die – ähnlich wie die Laieninitiative „Wir sind Kirche" – Reformen für unabdingbar hält. Aktuell wurde einem Dechant die Wiederbestellung verweigert, weil er sich von der Reforminitiative nicht distanzierte. Dies alles im Wissen, dass mehr und mehr Priester und (laut einer Umfrage in Österreich) die Mehrheit der katholischen

Bevölkerung für eben solche Reformen eintreten. Spricht man heute mit aktiven Gläubigen, spürt man die Verunsicherung und vernimmt immer häufiger die Aussage, dass der Glaubensinhalt eine Frage der Exegese sei, was mit anderen Worten heißt, dass man zwar die Leitfigur Jesus außer Frage stellt, die Bibel jedoch der eigenen Interpretation unterzieht.

Jesus wollte keine Religion gründen. Hätte er die spätere Entwicklung der Institution seiner Nachfolger mitverfolgen können, wäre er – um seiner Urbotschaft willen – der wiederholte Erneuerer gewesen. Jesus bezeichnete sich auch nie als Gottessohn; er hat Gott quasi personalisiert, indem er ihn *Vater* nannte. Es war und ist dies, genauso wie *Mutter*, ein Begriff, der eine höchst zu verehrende Person bezeichnet und – das ist vielleicht überhaupt die wichtigste Eigenschaft – mit der man kommunizieren kann. Ein Bitte oder Danke oder ein Gebet zu einem abstrakten Gott würde die Zwiesprache mit einem die Sehnsucht befriedigenden Überirdischen für die sprachgewohnten Menschen zumindest erschweren.

Schließlich muss man die Frage stellen, wieso dieser *Gott* nicht der *Vater* aller Menschen ist oder doch zumindest aller Menschen, die an einen *Einzigen Gott* glauben, ob er Allah oder Jahwe oder nur Gott genannt wird. Dies führt zwangsläufig wieder zur Frage, warum der seit mehr als 50 Jahre dauernde interreligiöse Dialog – nicht einmal zwischen den monotheistischen Religionen – keine nennenswerten Fortschritte erzielt. Ein gemeinsamer *Gott-Vater* wäre für die Menschen nicht nur glaubwürdiger, sondern würde auch interreligiöse Konflikte vermieden haben und vermeiden.

Ist die Kirche reformierbar? Die Vernunft und die Toleranz scheinen also doch eher unterbelichtete Kategorien des Glaubens zu sein und das beharrende Recht, die alleinige Vertretung Gottes auf Erden zu sein, eine unüberwindliche Barriere. Dieses intolerante Beharrungsvermögen lässt selbst den Dialog zwischen den christlichen Religionen verkümmern. Die ökumenischen Bemühungen fallen zwar teilweise an der Basis auf fruchtbaren Boden, wie etwa auch die liberaleren Regeln des II. Vatikanischen Konzils, doch die letzten Instanzen der Hierarchien blockieren letztendlich jegliche substanziellen Kompromisse. Deutlicher kann dieser Umstand nicht dokumentiert werden, als durch die aktuellen Bemühungen des Vatikans um den Konsens mit der ultrakonservativen – das II. Vatikanum ablehnenden – Pius-Bruderschaft. *Ecclesia semper reformanda?*

Nun sollten diese Abschnitte über die katholische Kirche nicht als eine Abrechnung mit dem Glauben verstanden werden, sondern als eine Kritik an der Institution. Als politischer Mensch bedaure ich den zunehmenden Glaubensverlust der Menschen, weil ich überzeugt bin, dass der Glaube an einen Gott ein Haltegriff und eine Lebensorientierung für viele ist und die Zugehörigkeit zu einer Religion den Zusammenhalt einer Gesellschaft begünstigt. Wenn es daher keinen gemeinsamen Anhalts- oder Bezugspunkt gibt, besteht die Gefahr des Auseinanderbrechens, der Verwirrung und der Orientierungslosigkeit.

Die Frage, ob der Glaube gefestigt wird oder Verwirrung und Orientierungslosigkeit nicht noch größer werden, bleibt den vernunftbegabten und mündigen Menschen von heute zu beantworten, die den kürzlich (Herbst 2012) erschienenen letzten Band des Werkes „Jesus von Nazareth" von Benedikt XVI. lesen: Joseph Ratzinger betont darin, dass die Berichte der Evangelien über Jesus keine erdichteten, mythologisch gefärbten Erzählungen sind, keine Gleichnisse oder Metaphern, sondern dass sie historische Wahrheit sind. Das gilt für die Empfängnis Jesu durch den Heiligen Geist ebenso wie für die wirkliche Jungfrauengeburt, die Krippe im Stall und den Stern von Bethlehem. Natürlich ist es jedem überlassen, alles Mögliche zu glauben, was er nicht weiß; aber unglaubwürdiges Wissen zu behaupten ist zumindest bemerkenswert mutig und stellt für aufgeklärte Menschen – wenigstens in Europa – zweifellos eine große Herausforderung dar.

Einer Herausforderung stellt sich auch – nach der ersten Beobachtung – der neu gewählte Papst Franziskus, der die Aufgabe der Kirche doch etwas anders interpretiert: Ob und inwieweit dieses Bemühen erfolgreich sein kann, wird die Zukunft weisen. Eine Hoffnung sehen auch innerkirchliche Kreise, zumal Bergoglio Mitglied des wahrscheinlich einflussreichsten und kritischen Ordens ist. Er ist übrigens der erste Jesuit, der zum Bischof von Rom gewählt wurde. (In meinen kirchenkritischen Kapiteln habe ich mich mehrmals auf Meinungen jesuitischer Autoren bezogen). Einige Jahre, bevor er zum Papst gewählt wurde, bekundete er im Dialog mit seinem Freund, dem Rabbiner Abraham Skorka (welcher im Buch „Über Himmel und Erde" veröffentlicht wurde) eine weitgehende Übereinstimmung zwischen der katholischen und der jüdischen Religion und sah den Unterschied eigentlich – nur – in der Nichtanerkennung Jesu als Gottessohn.

In seinem ersten Interview, das er dem Direktor der Jesuitenzeitschrift „La Civiltà Cattolica" gab, bekennt sich Franziskus grundsätzlich zu einem unabgeschlossenen, offenen Denken und sieht die erste Reform der Kirche in der Einstellung zum Menschen, in der Zuwendung und Begleitung der Menschen, die Samariter und Hirten und nicht Funktionäre oder Staatskleriker brauchen. Er betont die notwendige Vertiefung der Stellung der Frau in der Kirche und das Bemühen um die Einheit der Kirchen. Die Kirche darf kein Monolith sein, und zweitrangige Normen und Vorschriften, die früher einmal effizient waren, können jetzt an Wert und Bedeutung verloren haben. Auch Formen, die Wahrheit ausdrücken, können verschieden sein. Und auch die Wissenschaften können der Kirche beim Wachstum des Verständnisses helfen. Das Denken der Kirche muss an Kreativität und Genialität gewinnen und begreifen, wie der Mensch sich heute versteht. Gott ist bei jedem Menschen und überall; ihn immer wieder zu suchen, birgt Unsicherheit, und um die geistliche Sensibilität zu öffnen, ist eine kontemplative Haltung nötig.

Wie immer man diese Aussagen interpretiert, sie zeugen von einem neuen Verständnis der kirchlichen Aufgaben, und die ersten Aktivitäten des neuen Papstes unterstreichen auch eine gewisse Öffnung von starren Fronten: die Betonung einer *Kirche der Armen*, die Infragestellung der kirchlichen Hierarchie und der römischen Kurie, die Neubewertung der (Homo-)Sexualität, die Reform der Vatikanbank und die Frage um deren Notwendigkeit für die Kirche überhaupt sowie der Versuch, die Meinung des Kirchenvolkes zu hören.

Die Erwartungshaltung ist vor allem in progressiven Kirchenkreisen hoch. Und es ist auch anzunehmen, dass der heftig kritisierte Strukturkonservativismus einer gewissen Öffnung der Kirche in Richtung eines Verständnisses im 21. Jahrhundert weicht. Was jedoch – ungeachtet der Größe der Reformschritte – keinesfalls erwartet werden kann, sind Eingriffe in das Grundgerüst der Lehre. Was im „Katechismus der Katholischen Kirche" steht, wird (vielleicht mit geringen sprachlichen Änderungen) auch in Zukunft die Lehrmeinung widerspiegeln.

Wenn Religionen unglaubwürdig werden und Glaube und Vernunft sich gegeneinander ausschließen und sich auch materielle und politische Ideologien nicht nachhaltig bewähren, stellt sich die Frage, ob es alternative geistige oder spirituelle Ideale gibt, die den Menschen Orientierung und Halt zu geben imstande sind. Wer an nichts glaubt, glaubt schließlich an alles, was – situationsbedingt – halbwegs charismatisch angeboten wird. Im vorigen Jahrhundert traten diesen Beweis sowohl der Kommunismus wie auch der Nationalsozialismus nachdrücklich an. Im neuen Jahrtausend ist dies der alle Lebensbereiche beeinflussende (Neo-)Liberalismus, der zwar die Freiheit des Einzelnen betont, gleichzeitig jedoch dem ökonomischen Prinzip absolute Priorität einräumt und sich dadurch der gesamtgesellschaftlichen Verpflichtung weitestgehend entzieht.

Es ist also die Frage zu stellen, ob es eine alternative geistige Theorie geben kann. Eine Idee, wie man sowohl die Alltagsbedürfnisse wie auch das *Seelenleben* der Menschen befriedigen könnte, zeichnet Alain de Botton in seinem Buch „Religion für Atheisten". Am Beginn wendet er sich an „Menschen, die es nicht über sich bringen, an Wunder, Geister oder Geschichten von brennenden Dornbüschen zu glauben …", und er schließt sein alltagsphilosophisches Werk mit dem Satz ab: „Religionen sind insgesamt gesehen zu nützlich, effektiv und intelligent, um sie allein den Gläubigen zu überlassen." Als Atheist schwebt ihm für eine Ideologie ohne Gott das Muster der Religionen vor, denen es gelungen ist, mit ihren ethischen und ästhetischen Normen und Formen sowie ihren traditionellen Ritualen in alle Lebensbereiche einzudringen. Seine Vorstellung scheint letztlich ein Ideenkonzept eines internationalen Multimischkonzerns zu sein, das möglichst alle geistigen Bedürfnisse der Menschen abdeckt: ein charismatisches Konstrukt, das Orientierung in allen Lebenslagen, Gemeinschaftsgefühl und Begeisterung bietet und die Frage der *modernen Seele* nach dem Wozu und Wofür zu beantworten imstande ist. In einem Manifest für Atheisten zählt er folgende zehn Tugenden für die moderne Zeit auf: innere Stabilität, Empathie, Geduld, Verzicht, Höflichkeit, Humor, Selbsterkenntnis, Verzeihen, Hoffnung, Zuversicht. Zweifellos eine Vision eines schönen neuen Weltbildes für eine säkularisierte, pragmatische Gesinnungsgemeinschaft, deren Spiritualität eine existierende Transzendenz grundsätzlich akzeptiert.

Kann es alternative geistige Bewegungen geben, oder gibt es außerhalb der Kirche kein Heil?

Ob es jemals gelingen kann, im sogenannten aufgeklärten Zeitalter eine geistige Bewegung ins Leben zu rufen, welche die Kraft und Begeisterung hervorrufen kann, die Religionen noch immer ausstrahlen, und die viele Millionen Menschen in ihren Bann zieht, ist fraglich. Auch im 21. Jahrhundert waren etwa beim katholischen Weltjugendtreffen in Rio de Janeiro rund drei Millionen Christen an der Copacabana; ca. zwei Millionen Muslime pilgern jährlich nach Mekka; rund 500 Millionen Hindus tauchen anlässlich des größten religiösen Festes in die Fluten des Ganges; beim ersten Maivollmond feiern weltweit mehr als 500 Millionen Anhänger die Geburt, die Erleuchtung und den Tod Buddhas; und an der Klagemauer in Jerusalem beten das Jahr über und besonders am Versöhnungstag Millionen Juden.

4|4   Zusammenfassung

Extra ecclesiam nulla salus – außerhalb der Kirche kein Heil, heißt es aus der römisch-katholischen Kirche. Diesen gleichen Satz, der als Warnung zu verstehen ist, könnten sinngemäß alle Religionen und spirituellen Philosophien für sich in Anspruch nehmen. Und Jesu Spruch „Ich bin der Weg, die Wahrheit und das Leben" würden auch Konfuzius, Laotse, Buddha und Mohammed nicht verneinen.

  Wie wir gesehen haben, waren alle großen Weisen und Propheten seit Jahrtausenden auf der Suche nach Heil, nach Höherem – nach Wahrheit. Sie suchten die Erleuchtung und die Offenbarung der Wahrheit, und ihre Verkündigungen und

Lehren entsprachen auch dem Verlangen aller Menschen, die sich immer mehr erwarteten, als ihnen ihr endliches irdisches Leben bieten konnte. Es war immer die Sehnsucht nach dem Himmel oder nach einem transzendenten Etwas. *Gott* ist vielfach die Bezeichnung, welchen Namen man ihm in den verschiedenen Religionen auch gab. Ob es philosophisch-idealistische Ideen waren oder das, was man Religionen nennt, die transzendente Dimension musste den Menschen verständlich gemacht werden, damit sie ihr Leben danach ausrichten und letztlich Heil finden konnten. Dazu musste zunächst ein Verhaltenskodex erstellt werden, dessen Befolgung als Grundvoraussetzung für den einzuschlagenden Heilsweg erachtet wurde. Und genau diese Gebote lassen sich in einfachen Begriffen subsumieren: Selbstbeschränkung, Empathie, Liebe und Hinwendung zum Höheren. „Du bist über mir", hat das Höhere jemand genannt; wer oder was dieses *Du* auch sein mag – es ist über dir! Auf diese einfachen vier Leitbegriffe lassen sich alle Verhaltensregeln aller Zeiten und aller Regionen zusammenfassen; und alle vier zusammen lassen sich auch mit einem einzigen Begriff definieren: Ethik!

Die Heilsversprechungen führten jedoch in die Transzendenz, und das war (und ist natürlich) eine Dimension, die den einfachen Menschenverstand überfordert. Es musste also ein Weg und eine Form gefunden werden, die für die Menschen nachvollziehbar und möglichst verständlich sein sollten.

Wenn wir sämtliche geistigen Bewegungen aller Zeiten beobachten – und das sollte aus den oben beschriebenen entwicklungsgeschichtlichen Darstellungen hervorgehen –, können wir feststellen, dass das unbeschreibbare Transzendente, das Mysterium, das Mystische, in eine Form der Symbolik, der Metapher und – wenn man grob akzentuieren will – in eine Märchenform transponiert wurde. Um Weise und Propheten sind Mythen entstanden; Religionen sind über ihre historischen Fakten hinaus Mythologien. Der Mythos hat aber die Menschen in ihren Bann gezogen.

Nachhaltig sind die Lehren und Botschaften der großen Weisen allemal, und in der westlichen Hemisphäre ist es das Leben und Wirken von Jesus Christus. In seinem neuen Buch „Jesus" unterscheidet Hans Küng Christus von den anderen und schreibt: „Jesus war kein am Hof Gebildeter wie anscheinend Mose, war kein Königssohn wie Buddha. Aber er war auch kein Gelehrter und Politiker wie Kungfutse und kein reicher Kaufmann wie Mohammed. Gerade weil seine Herkunft so unbedeutend ist, ist seine bleibende Bedeutsamkeit so erstaunlich. Wie verschieden ist doch – schematisch gesagt – Jesu Botschaft – von der unbedingten Geltung des immer mehr ausgebauten geschriebenen Gesetzes (Mose) – vom asketischen Rückzug in mönchische Versenkung innerhalb der streng geregelten Gemeinschaft eines Ordens (Buddha) – von der gewaltsam revolutionären Welteroberung durch Kampf gegen die Ungläubigen und Errichtung theokratischer Staaten (Mohammed) – von der Erneuerung der traditionellen Moral und der etablierten Gesellschaft gemäß einem ewigen Weltgesetz im Geist einer aristokratischen Ethik (Kungfutse).“

Nach all dem Gesagten und nach der harschen Kritik an der katholischen Amtskirche (die übrigens auch dem ökumenischen Theologen Hans Küng durch seine Schriften – das Werk „Ist die Kirche noch zu retten?“ erschien 2011 – die Lehrbefugnis gekostet hat) sollte ich natürlich die Frage beantworten, warum ich mein christlich-(katholisches) Bekenntnis nach wie vor aufrecht halte. Erstens sicherlich aus Gründen der Tradition, obwohl dies das schwächste Argument in einer Zeit ist, die sich durch Veränderung, durch Flexibilität und Umdenken auszeichnet; zweitens aus kulturellen Gründen, weil die seit Jahrtausenden aus einer transzendenten Sehnsucht der Menschen geschaffenen Kulturgüter zu bestaunen und zu erhalten sind; drittens aus spirituellen Gründen, weil ich von einer transzendenten Existenz überzeugt bin und Jesus eine Ethik gelebt hat, die sich in der Folge über die hellenistische und römische Achse auf die westliche Hemisphäre ausgedehnt hat und vor allem der Mentalität der Menschen in diesem Teil der Welt entsprach und entspricht. Ich sehe in Jesus Christus nicht den anthropomorphen Gott, sondern den Erleuchteten, den Revolutionär der Gewaltlosigkeit, den Propheten der Empathie und den ethischen Erneuerer. Würde ich im asiatischen Raum leben, wäre ich höchstwahrscheinlich, trotz der oben zitierten Differenzierung, Buddhist, Konfuzianer oder Taoist. Ich würde mich als einen Deisten bezeichnen, der Gott als eine Art kosmische Intelligenz sieht.

    Ziel und Zweck meiner gegenständlichen Bemühungen ist es daher, diese Art transzendenter Intelligenz in Form einer theoretischen Annäherung zu finden. Wenn der Gottesbegriff nun eine deutliche Abstraktion erfahren hat, sind wir auf dem Weg, den wir zur Wahrheitssuche eingeschlagen haben, ein Stück weitergekommen.

4|5   Was ist „Gott“?

Warum muss Gott anthropomorph sein? Allein diese Frage wird vielfach als Blasphemie angesehen werden, weil Gott im Christentum Menschengestalt hat, die – im Gegensatz zu anderen monotheistischen Religionen – auch so dargestellt wird. Die Juden und die Muslime verzichten auf bildhafte Erklärungen; im Hinduismus hingegen werden die Götter sowohl bildhaft wie auch figural präsentiert. Als Gott beziehungsweise als Hauptgott versteht man jedoch jedenfalls ein männliches Wesen, das nur die Frage „Wer ist Gott?“ erlauben würde. Alle anderen *religiösen Philosophien* kennen einen Gott in diesem Sinne nicht.

Spontan fällt mir in diesem Zusammenhang eine Erzählung meiner Tochter aus ihrer Schulzeit in einem katholischen Privatgymnasium ein: Auf einem Schultisch standen – offensichtlich von einem Schüler eingekerbt – die kurzen Bemerkungen „God is black! Yes she is." Und vor Kurzem gab es in Deutschland eine aufgeregte Diskussion über das Geschlecht Gottes; die deutsche Familienministerin löste eine Debatte über den für Gott zutreffenden Artikel aus: Der Gott, die Gott, das Gott?

Wenn man nun der Meinung ist – wie ausführlich argumentiert –, dass es schwer bis unmöglich ist, sich einen anthropomorphen Gott vorzustellen, und dennoch an eine transzendente Intelligenz glaubt, ist die Frage nach dem „Was ist Gott?" berechtigt. Ich halte diese Frage auch deshalb für überaus bedeutsam, weil damit eine Neutralisierung des Begriffes Gott verbunden ist. Es muss vernunftmäßig eigentlich einleuchtend sein, dass es nur *einen* Gott für *alle* Menschen gibt – was übrigens alle Religionen ohnehin behaupten. Die Verkündigung und die Anbetung jeweils verschiedener Götter, denen noch dazu eine menschliche Gestalt gegeben wurde, sind einerseits auf entstehungsgeschichtliche, kulturelle und situationsbedingte Gründe zurückzuführen und anderseits auf die Notwendigkeit, den wissenschaftserkenntnisarmen Menschen einen Bezugspunkt zu bieten, den sie sich vorstellen konnten.

Wie die Entstehungsgeschichte der Religionen nachweist, ging es immer um eine Änderung der jeweiligen unbefriedigenden gesellschaftlichen Situation und um eine Besinnung auf ethische Werte. Wichtig für alle Propheten (und hier zähle ich auch Jesus dazu) waren daher die Gebote, die bei den Menschen einen Lebenswandel in Richtung eines ethischen Verhaltens bewirken sollten. Vergleicht man diese Vorschriften global, wird man keine wesentlichen Unterschiede feststellen können. Verstärkt wurden die Gebote durch die Einsetzung eines transzendenten Wächters, dessen Sanktionen Strafe und Belohnung vorsehen. Würde diese transzendente Autorität nicht ein *Wer*, sondern ein *Was* sein, könnten interreligiöse Konflikte wegen der verschiedenen Götter vermieden werden. Solche Konflikte führten nicht nur in den vergangenen Jahrtausenden zu Unheil und Verderben, sondern stellen auch in der heutigen globalisierten Welt ein erstrangiges Problem dar. Es erübrigt sich, auf die vielen Bücher hinzuweisen (Huntington, Sarrazin etc., etc.), auf die weltweiten integrationspolitischen Probleme sowie auf die fundamentalistischen und terroristischen Ausuferungen, denen allen die Religion als Vorwand dient.

Über die von den Propheten verkündeten ethischen Gebote – mit der Berücksichtigung ihrer geografischen, kulturellen und jeweils situationsbedingten Besonderheiten – zu diskutieren, würde eine weitgehende Versachlichung und damit Befriedung gewährleisten. Natürlich würde dies nicht den Weltfrieden garantieren, weil damit nicht die – ausführlich beschriebenen – zu ständigen (Wettbewerbs-) Konflikten führenden Ureigenschaften des Menschen (hypertrophierter Selbsterhaltungstrieb – Gier, Machtstreben) getilgt wären, aber die im Überirdischen liegende Konfliktursachen würden reduziert werden.

Was, also, kann Gott sein, wenn die Personifizierung wegfällt? Ich möchte hier auf zwei theoretische Modelle eingehen, die aus völlig verschiedener Sicht mögliche Antworten geben könnten.

Möglicherweise war es für mich der erste unbewusste Anstoß, über Gott und die Welt nachzudenken, als ich vor vielleicht 30 Jahren das Buch „Die Zukunft des Menschen" von Teilhard de Chardin gelesen habe. Im Verlauf meiner gegenständlichen Überlegungen habe ich dieses 1963 erschienene, aus mehreren Aufsätzen zusammengefasste Werk des jesuitischen Gelehrten und Paläontologen wieder hervorgeholt. Es gipfelt in einer wissenschaftlichen Hypothese, einem extrapolierenden Versuch, die künftige menschliche Evolution zu zeichnen, wobei er letztlich „Gott alles in allem" sieht.

> Zunächst sieht Teilhard die einzig beständige Richtung, der die biologische Evolution folgte, in der Vergrößerung des Gehirns und der Entfaltung des Bewusstseins. Die weitere evolutive Bewegung ist in der Folge auf eben diesen Bereich des (kollektiven) Bewusstseins lokalisiert, wodurch sich die Verwirklichung eines erfüllten menschlichen Denkens, die Beseelung des Universums durch eine einheitliche und gemeinsame Philosophie, die zugleich ein theoretisches System, eine Richtschnur des Tuns und eine Religion umfasst, entwickelt. Natürlich sieht der Theologe Teilhard de Chardin diesen Weg bei Christus vollendet, aber die Stufen der Entwicklung hin zu einem Ziel weisen durchaus Parallelen zu ähnlichen philosophischen Theorien und aktuellen wissenschaftlichen Erkenntnissen und Hypothesen auf. Rückblickend sieht er die Folge des ständig erweiterten menschlichen Bewusstseins in der zunehmenden Sozialisation. Die Gruppen- und Volksbindungen und die Entwicklung zu immer größeren gesellschaftlichen Systemen lassen schließlich – weil der menschliche Geist immer höhere Dimensionen erreicht – eine Vereinigung zu einer kollektiven Einheit (zum Humanismus) und zur Vollendung eines gemeinsamen Bewusstseins erwarten. Diese zunehmende Komplexität und Konzentration der „werdenden und nicht seienden Welt" (Kosmogenese) kennzeichnen die Entwicklung der Organismen und des Bewusstseins.

Eine sehr ähnliche Entwicklung – wenn auch ohne religiöse Komponenten – sieht auch Jeremy Rifkin in seiner positiven Sicht der Menschheitsentwicklung hin zu einer *empathischen Zivilisation*. Dass diese Ziele natürlich nicht unmittelbaren Erwartungen entsprechen können, liegt auf der Hand. Dazu bedürfte es auch der sukzessiven Überwindung oder zumindest der Steuerung der menschlichen Ureigenschaften, die diese Entwicklung hemmen: dem hypertrophierten Selbsterhaltungstrieb zuzuordnende Partikularinteressen (Gier). Dass es aber Zeichen für ein generelles Umdenken gibt, zeigen die zunehmenden weltpolitischen Globalisierungstendenzen. Die Menschen werden sich der Einheit der Natur und zumindest des Globus mehr und mehr bewusst.

Die Entwicklung zu einer immer größeren Komplexität sieht Teilhard durch die gegenseitige Unterstützung der dem menschlichen Geist geschuldeten Wissenschaft und Forschung. Die daraus resultierenden Ergebnisse und Erkenntnisse unterstützen die „Denkgeschwindigkeit" und sind – wie die „Rechenmaschinen" (diese Worte schrieb Teilhard im Jahr 1947!) – imstande, Netzwerke und Supergehirne zu schaffen, die fähig sind, sich zu steigern und gleichsam als Kollektiv mit dem Bewusstsein jene Stufe zu erreichen, die er *Noosphäre* nennt, und schließlich jenes letztliche Ziel, das er als *Punkt Omega* bezeichnet.

Die Idee der Noogenese, also der fortwährende Aufstieg des Bewusstseins muss letztlich, nach Teilhard, zu einer kosmischen Genese des Geistes und zu einer mystischen Transformation in die Transzendenz – zu Gott – führen. Die zunehmende materielle und technische Komplexität einerseits und die zunehmende geistige Zentriertheit anderseits bilden eine weitere planetare Hülle oberhalb der Biosphäre, eine Hülle aus denkender Substanz, die Noosphäre. Am Ende dieses Reifungsprozesses erreicht die Menschheit in Form einer „einfachen Metamorphose (den) Zugang zur höchsten Synthese", den Punkt Omega: „Von diesem universellen, göttlichen Zentrum gehen dauernd Strahlen aus, die bisher nur von denen wahrgenommen werden, die wir die mystischen Menschen nennen." Diese Hypothese ist nach Teilhard die einzige, die die mystischen Phänomene, den Tod und das Ende der Erde erklären lässt.

Der universale Geist namens Gott.

Für Teilhard de Chardin ist die Evolution zielgerichtet, wie auch das menschliche Bewusstsein. In der geistigen Membran der Noosphäre kulminieren die denkenden Netzwerke – bestehend aus einer Synthese von kollektivem menschlichem Bewusstsein und jener der Wissenschaft und Forschung geschuldeten künstlichen Intelligenz – zu einer Art Supergehirn. Im Punkt Omega vereinigt sich die Menge (Summe) des Bewusstseins, und dieser kumulierte Geist strahlt zurück. Während für Teilhard die Triebkräfte der Evolution – deren Anerkennung ihm seitens der Kirche massive Kritik bescherte – im Punkt Omega, einem göttlichen Zentrum, liegen, haben Jahrzehnte später Wissenschaftler der Informationstechnologie diese Hypothese entgöttlicht. Für sie ist die Welt umhüllt von Digitalnetzen und der ebenfalls von ihnen verwendete Begriff Noosphäre ist ein technisches, elektronisches Gehirn, ähnlich einem ganzheitlichen Kollektivgeist. In der Science-Fiction-Version würde man vom *Großen Bruder* sprechen.

Gerade diese moralisch-problematische Seite der das Bewusstsein teilweise übersteigenden und die Gesellschaft in hohem Maße beeinflussenden Technologien kritisiert einer der bekanntesten Medientheoretiker und Informationswissenschaftler, Marshall McLuhan. In seinen vielgelesenen, in den Jahren 1960 bis 1970 publizierten Werken sieht er die verschiedenen Medien selbst und nicht den übertragenen Inhalt als hauptsächliche Einflussfaktoren auf die Gesellschaft und deren Bewusstsein („Das Medium ist die Botschaft" im Buch „Die magischen Kanäle", 1964). Dies entspricht nicht meiner schon erwähnten Auffassung, dass die Botschaft, also die Information, die bewusstseinsbeeinflussende Wirkung erzielt und das jeweilige Medium nur die Transportaufgabe erfüllt.

In seinem 1967 veröffentlichten Buch „The Medium is the Massage", dessen Titel zunächst aufgrund eines Druckfehlers (Massage statt Message) bewusst so belassen wurde, weist er auf den unterschiedlichen, massiven Einfluss der Medien (Printmedien versus elektronische Medien) auf die menschlichen Sinnesorgane und damit auf das Bewusstsein hin: Statt „Das Medium ist die Botschaft" scheint ihm die griffigere Formulierung „Das Medium ist die Massage" geeigneter. Eindrucksvoller schildert er in seinem Werk „Das globale Dorf" den Einfluss der elektronischen Medien, welche die Welt zu einem Computer, zu einem elektronischen Gehirn machen, das individuelle Bewusstsein beeinträchtigen und die Gesellschaft in eine kollektive Identität, in ein *globales Theater* führen. Die Hülle der Satellitennetzwerke übernimmt das Kommando über das Bewusstsein. Diese Art der Noosphäre würde dem Begriff *Infosphäre* entsprechen.

Dieser Begriff wurde in der Folge von unzähligen Wissenschaftlern und Theoretikern auf dem Gebiet der Informationstechnologie verwendet, und den Themenbehandlungen folgten Hypothesen bis hin zu Science-Fiction-Visionen und Spekulationen. Die dynamische Entwicklung der Elektronisierung und Miniaturisierung erfuhr dann durch die Forschung auf dem Gebiet der Quantentechnik einen neuen Schub und eine Dimension, die noch mehr Licht in die Geheimnisse der Welt offenbaren. Der Begriff der Noosphäre erfährt durch die Mikrowelt eine Bereicherung, und ein halbes Jahrhundert nach seiner erstmaligen Nennung lässt die Einbeziehung der subatomaren Geschehnisse neue Erklärungen und Erkenntnisse über die uns umgebende und unser Bewusstsein bestimmende Hülle zu.

Eine daher neue Annäherung an die mögliche Wahrheit versucht etwa Volker J. Becker in seinem 2008 erschienenen Buch „Gottes geheime Gedanken". Der durch die neuen wissenschaftlichen Erkenntnisse, durch seine Studien der Philosophie und der theoretischen Physik sowie der östlichen Religionen inspirierte Pragmatiker findet seinen Weg in einer Vorstellung, die man *pantheistischen Idealismus* nennen kann.

> Becker zitiert im Vorwort Albert Einstein mit den Worten: „Als Gott das Universum schuf, war seine geringste Sorge, es so zu erschaffen, dass wir es verstehen", und er schreibt weiter: „Wir bilden uns ein, mit unserem wissenschaftlichen Reduktionismus alles zu verstehen. Die moderne wissenschaftliche Forschung ist gerade mal 300 Jahre alt, noch vor etwa 200 Jahren hätten die Menschen ein Telefon, ein Auto oder einen Fernseher als übernatürlich oder als Hexerei empfunden. Es drängt sich die Frage auf, wann wir Dinge wie Telepathie oder Telekinese wissenschaftlich erklären und als ganz natürlich ansehen. Im Vergleich zu den 13,7 Milliarden Jahren, welche unser Kosmos schon existiert, ist die Existenz des menschlichen Verstandes bzw. der Wissenschaft nur eine Sekunde in der Unendlichkeit. Wir wissen noch so gut wie nichts von der Realität, wir haben gerade erst begonnen, darüber nachzudenken. Moderne Theorien wie die Quantentheorie scheinen darauf hinzudeuten, dass alles im Universum zusammenhängt, sogar das menschliche Bewusstsein, und implizieren somit analog zu östlichen Philosophien ein holistisches Weltbild. Den Sinn eines Buches finden wir in keinem einzelnen Wort, kein Mediziner hat je Leben in einer Zelle entdeckt, kein Neurochirurg einen Gedanken in einer Hirnzelle, um mit Aristoteles zu sprechen: ‚Das Ganze ist mehr als die Summe seiner Teile!'"

Dem ist nur hinzuzufügen, dass unser jeweiliges Wissen immer endlich sein wird und sich auch nicht in Sekundenbruchteilen der Unendlichkeit ausdrücken lässt. Oder anders gesagt: Unser relativer Wissensstand, der sich progressiv erhöht, entspricht der jeweiligen – stark wachsenden – Quantität und Qualität des verfügbaren Informationsvolumens, also dem Zustand, den wir unsere relative Wahrheit nennen; die unendliche Informationsmenge, also die Absolute Wahrheit, wird uns in unserer Endlichkeit nicht zuteilwerden können – obwohl es sie zwangsläufig geben muss, wenn wir unsere relative Wahrheit auf sie beziehen.

Wenn heute die Entstehung von Materie und Energie – bis zum Urknall zurückverfolgt – als ein kausaler Quantenprozess (Informationsprozess) aus dem Nichts heraus erklärt wird (die Physik hat in Teilchenbeschleunigern die Entstehung von Teilchen aus dem Nichts nachgewiesen; Materie + Antimaterie = Null), bedarf es keines Schöpfungsakts. Das Universum hat sich aus dem Nichts quasi selbst erschaffen, und auch die Raumzeit selbst – wie Hawking annimmt – ist aufgrund von Quantenfluktuationen ohne Ursache aus dem Nichts entstanden. Daraus folgt allerdings, dass es auch schon vor dem Urknall transzendente *Gesetze* (?) gegeben haben muss, die den Impuls für den Entstehungsprozess gegeben haben, also einen *ewigen Zustand*, den wir nicht kennen. Für die Religionen ist das natürlich Gott. Aber macht ein Gott ohne ein Universum überhaupt einen Sinn?

Wenn auch noch die Tatsache berücksichtigt werden muss, dass unmittelbar nach dem Urknall selbst bei geringsten Prozessabweichungen im Millionstelbereich ein ganz anderes Universum entstanden wäre (ein solches wird nach der Multiversumstheorie auch für möglich gehalten), in dem Leben in der Form, wie wir es kennen, nicht hätte entstehen können, muss mehr an Zufall als an Intelligent Design eines so unnötig komplizierten und gar nicht so intelligenten Universums geglaubt werden: eines Universums, das sich nach Meinung der modernen Kosmologie zunächst (und derzeit noch) ausdehnt, dann zum Stillstand kommt und zuletzt (wieder?) auf einen Punkt beziehungsweise zu einem Nichts zusammenfällt. Diese *Singularität* genannte Situation wäre dann die Umkehrung des Urknalls.

Ein holistisches Bewusstsein. Vielleicht ist Gott aber als eine Art großes ganzheitliches kosmisches Bewusstsein zu verstehen, als eine holistische Weltseele, in der nichts vorherbestimmt ist und in der – wie die Quantenphysik beweist – auf atomarer Ebene des Kosmos der Zufall und eben die Unbestimmtheit agieren. Oder aber es besteht – wie in der Quantenwelt – eine parallele Überlagerung von universalen Wirklichkeiten, und die Beobachtung (z. B. unser Bewusstsein) schafft eine Realität, während die anderen verschwinden. Philosophisch entspricht dies der Illusionstheorie: Unser Geist würde demnach erst das Sein erschaffen, und – weil wir immer nach dem Sinn des Lebens fragen – das Sein hätte dann seinen Sinn einfach im Sein, einfach in sich selbst.

Zu einer holistischen Weltsicht führte auch schon Albert Einstein, als er meinte, dass die Materie dem Raum sagt, wie er sich zu krümmen hat, und der Raum der Materie mitteilt, wie sie sich zu bewegen hat, und als er nachwies, dass Raum und Zeit äquivalent und Materie und Energie dasselbe sind; oder als Schrödinger Materie und Energie zur Information vereinheitlichte. (Oder wie – meiner Meinung nach – Information Materie und Energie erst erzeugt!)

Wenn im Mikrokosmos subnukleare Teilchen (Quanten) raum- und zeitlos miteinander verbunden sind und alle Dinge (und Lebewesen) im Kosmos aus Quantenteilchen bestehen, die im (oder vor dem) Urknall vereint waren, dann bedürfte es nur der Definition einer Superkraft, um die Ganzheit und Einheit des Kosmos und seiner Fragmente zu erklären. Außerhalb bliebe zunächst nur der menschliche Geist. (Den ich einzubeziehen versuchen werde!)

> Vielleicht aber, so meint Becker, beantwortet sich der Geist seine Fragen selbst, weil er sich seine Realität – und auch seinen Gott – selbst schafft. Wir schaffen also eine Realität, vergleichbar mit der Fixierung einer Realität eines Photons durch Beobachtung oder Messung. Aber wie weiß dieses Lichtteilchen, dass es beobachtet wird? Wie wirkt der menschliche Geist auf die Welt – im subatomaren Bereich – ein? (Welche Rolle spielt die Information?) Noch verwirrender ist die Realität beim Zerfall eines Atoms, das dabei zwei Photonen in unterschiedliche Richtung aussendet. Beide Photonen haben eine entgegengesetzte Drehrichtung, die erst nach Messung definierbar ist. Wird diese nun festgestellt, dreht sich sein „Partner", der womöglich Lichtjahre weit entfernt ist, im selben Moment in die entgegengesetzte Richtung. Die Frage ist nun, woher dieses Partnerteilchen weiß, dass das erste gemessen wurde und welchen Spin es nun einnehmen muss. „Wie kommt also augenblicklich diese Informationsübertragung zustande, obwohl sich nach der Relativitätstheorie kein Signal schneller als mit Lichtgeschwindigkeit ausbreiten kann?" Diese geisterhafte Verbindung lässt den Schluss zu, „dass alles als ein zusammenhängendes System betrachtet werden muss, in dem alles von jedem abhängt und jedes mit allem zusammenhängt. Es scheint fast so, als wüsste jedes Teilchen zu jedem Zeitpunkt, was das andere macht. Der menschliche Geist ist als Beobachter, der durch seine Anwesenheit eingreift und die Realität schafft, mit diesem System verbunden. Alles ist eins. Diese holistische Betrachtungsweise deckt sich mit östlichen Philosophien und findet sich im Taoismus sowie im Buddhismus."

Zugebenermaßen ist dies alles sehr verwirrend – ein Gott, wie er seit Tausenden Jahren präsentiert wird, ist einfacher. Die Doppelspaltexperimente in der Quantenphysik beweisen die oben beschriebenen Phänomene und führen eigentlich zu einem radikal veränderten Weltbild, das uns bewusst macht, dass alles im Universum aus Quantenteilchen besteht und dass Quantenprozesse die Grundlage nicht nur für Materie, Energie und alle Lebewesen sind, sondern eben auch für Hirntätigkeiten und Bewusstsein. Damit wäre zu vermuten, dass unser Bewusstsein mit der kosmischen Quantenwelt in Kontakt steht und mit ihr kommuniziert. Die Realität findet also in der Überlagerung (auf einer anderen – höheren – Ebene) ihre Parallelität. Vergleichbar ist diese Idee mit jener Teilhard de Chardins, der in der Noosphäre das Ziel der Entwicklung sieht, wo der menschliche Geist mit dem universalen Geist zusammenwächst.

Diese ganzheitliche Sicht lässt den Urgrund des Seins verstehen, so wieder Becker. „Was auch immer sich dort befindet, Kraft, Geist (Absolute Wahrheit) oder Geschöpf, die Religionen nennen es Gott." Die physikalisch-reale und objektive Welt ist also komplexer, als der Mensch sie mit seinen begrenzten Sinnen wahrnehmen kann: Das nicht sichtbare und spürbare Spektrum aus Strahlung und die nicht wahrnehmbare Existenz von Neutrinos, welche die Natur und damit jedes Leben in jedem Augenblick durchdringen, weisen auf für uns nicht fassbare kosmische Dimensionen hin. Die Quantenrealität widerspricht sehr klar der klassischen (westlichen) Wissenschaft, die die Welt reduktionistisch und materialistisch zu erklären versucht und für alles Nichtfassbare den Glauben an eine göttliche Schöpfung stehen lässt. Die Quantenwelt harmoniert vielmehr mit den östlichen Philosophien.

Nach Meinung einiger (Quanten-)Physiker (Becker verweist auf Louis de Broglie, Jean Charon, David Bohm und auf C. G. Jungs kollektives Unbewusste) ist der menschliche Geist ein atomares Phänomen: Wenn die *Bausteine* des Kosmos und damit jedes Lebens aus jenen Elementarteilchen bestehen, die schon vor dem Urknall vorhanden waren, und in der ganzheitlichen Weltsicht ein ständiger Kreislauf von Werden und Vergehen stattfindet, wäre eben auch der menschliche Geist (in herkömmlicher, religiöser Ausdrucksweise: die menschliche Seele) unzerstörbar und damit unsterblich, weil die Verbindung (Verschränkung) der Teilchen in einem holistischen System (Informationsfeld?) gewährleistet ist.

Es kann vermutet werden, dass Materie und Energie nur unterschiedliche Manifestationen einer holistischen Realität sind, die auf einer tieferen (höheren) Ebene miteinander verschmolzen sind (siehe Schrödingers Urelement Information, das, wie erwähnt, Materie und Energie mit einschließt). Der menschliche Geist (Bewusstsein) wäre demnach ein Teil des ganzheitlichen, mehrdimensionalen (überlagerten) kosmischen Geistes (Bewusstseins). Wenn dieser menschliche Geist nun aus einer tieferen Ordnung erzeugt wurde und unsere Welt geschaffen hat, könnte man – wie Becker – folgern, dass er sich auch die Welt jenseits von dieser schafft und dem Bewusstsein nur einen physikalischen Tod vorspielt: „Sowohl Leben als auch Tod sind nur Illusion. Das wahre Sein spielt sich auf einer anderen Ebene ab."

Eine ewige Infosphäre. Becker weist schließlich auf die Tatsache hin, dass die Vorstellungskraft des Menschen in seiner dreidimensionalen Welt mit ihren makrophysischen Gesetzen den Zugang zu quantenphysischen Prozessen erschwert. Wenn jedoch moderne Theorien der aktuellen (Quanten-)Physikwissenschaft wie die Stringtheorie von mindestens zehn Dimensionen ausgehen und man mit Hilfe des Teilchenbeschleunigers in Genf das Higgs-Teilchen (im übertragenen Sinn auch Gottesteilchen genannt) entdeckt zu haben annimmt – weitere Versuche sollen den Beweis bekräftigen –, wird es zu einer zwangsläufigen Veränderung des Weltbildes führen. Dann wird es auch möglich sein, jene lang gesuchte Weltformel zu besitzen, welche die Ungereimtheiten zwischen der Relativitätstheorie und der Quantentheorie (zwischen den Gesetzen der Makro- und Mikrophysik) erklärt.

Es ist der Sinn der Wissenschaft, Erklärungen zu finden. Kann der Sinn der Theologie darin bestehen, diese Erklärungen abzulehnen und an deren Stelle Gott anzunehmen? Beckers „Gottes geheime Gedanken" sind jedenfalls lesenswert.

4|6	**Transzendenz und Geist**
	Ein Grundsatzkonflikt
	zwischen Naturwissen-
	schaften und Philosophie

Dieser Diskurs ist so alt wie das Denken. Alle Philosophen haben sich Gedanken über die Existenz einer *transzendenten Welt* gemacht. Manche lehnten sie ab oder beschäftigten sich nicht weiter mit ihr; wahrscheinlich die Mehrheit war und ist sich ihres *Bestehens* bewusst. Die heftiger gewordene Auseinandersetzung begann mit dem Überschreiten der Disziplinengrenzen: Ermutigt durch die Forschungserfolge in der Naturwissenschaft entwickelten Wissenschaftler zunehmend Theorien, die Welterklärungscharakter haben und somit den geisteswissenschaftlichen Bereich tangieren, in dem Beweise nicht mehr möglich sind. Genau dieser Übermut von Naturwissenschaftlern aus allen Bereichen, einer „Theory of Everthing", also einer Formel, die den Kosmos als Ganzes erklärt, auf der Spur zu sein, ruft den energischen Widerstand vor allem der Transzendenzphilosophen hervor. Zunehmend wird seitens namhafter Philosophen die gängige Sicht der Biologen über die Richtigkeit der materialistischen Erklärung für die Entstehung des Lebens kritisiert, weil der physikalisch-chemische Reduktionismus zwar die Evolution der Organismen vom Einzeller bis zum Menschen nachweisen kann, jedoch keine Erklärung für die Entstehung des Geistes, des Bewusstseins und des Erkenntnispotenzials beim Menschen hat. Dabei wird nicht mit Hilfe von Glaubenslehren argumentiert und auch nicht auf die Streitgespräche zwischen den Kreationisten oder den Vertretern des Intelligent Design und den Atheisten eingegangen, sondern es wird mit analytischer Logik zu beweisen versucht, dass aus Materie – also aus geistlosen Substanzen – Geistiges wie Bewusstsein, Werte, Erkenntnisfähigkeit nicht entstehen kann. Kurz gesagt: Geist ist nicht ein Produkt des Gehirns. Oder: Die Informationsverarbeitung im Gehirn bedarf eines vorhandenen Bewusstseins, um die Bedeutung des Produkts zu verstehen.

Als herausragender Vertreter dieser naturalismuskritischen philosophischen Richtung gilt der in Europa geborene amerikanische Wissenschaftler Thomas Nagel. Sein nicht leicht zu lesendes (oder schlecht übersetztes) Werk „Geist und Kosmos" sollte im Rahmen dieser grundsätzlichen Diskussion hier – sehr kurz zusammengefasst – Platz finden:

> Für Nagel ist es unplausibel, dass das Leben, wie wir es kennen, das Ergebnis einer Reihe physikalischer Zufälle im Zusammenspiel mit dem Mechanismus natürlicher Auslese sein soll. Ohne eine eigene religiöse Perspektive anzustellen (Nagel ist Atheist), erscheint ihm die herrschende wissenschaftliche, empirische Argumentation über den Ursprung des Lebens und die evolutionäre Geschichte nur durch Physik, Chemie und biologische Weiterentwicklung unzureichend. In der Folge versucht er nach etwaigen Alternativen zu diesem reduktiven materialistischen Weltbild zu suchen, die den nicht reduzierbaren Geist und alles, was mit ihm einhergeht, das Verständnis der Welt und die kosmische Ordnung mit einbeziehen. Unter Würdigung der Erklärungen der Molekularbiologie, der Genetik und der Quantenphysik über das Entstehen und Werden des Lebens weist er auf das Fehlen des Fundaments für das Geistige, das Bewusstsein, den Sinn, den Wert und für die Erkenntnisfähigkeit hin.
>
> Ohne theistische Erklärungsversuche zeichnet Nagel mögliche philosophische Alternativen, die zwischen Theismus und Materialismus liegen und Elemente einbeziehen, die zwangsläufig jene Ordnung herstellen, „welche die natürliche Welt von innen beherrscht". Dies erscheint ihm ohne Berücksichtigung elementarer geistiger Faktoren nicht möglich, und er stellt die Frage, wie die Ordnung der Natur (des Kosmos) als ein System verstanden werden kann, das fähig ist, Geist zu erzeugen. Anders ausgedrückt: Eine solche Theorie müsste zeigen, wie die Natur dazu tendiert, Wesen zu erzeugen, die in der Lage sind, sie zu begreifen. Dies scheint aber eine reduktive Erklärung, wie sie der materialistische Naturalismus durch die Rückführung auf kleinste bekannte Einheiten (Substanzen) zu beweisen versucht, nicht glaubhaft zu machen. Vielmehr bedarf es dazu einer ganzheitlichen Sicht, die auch ausschließen muss, dass der Ursprung des Lebens und seine geistige Komplexität nicht dem Zufall überlassen wurden.

Unter Abwägung aller von ihm analysierten Alternativen kommt Nagel zu einem – eher metaphysischen – Schluss, indem er eine teleologische Erklärung anbietet. Die Zielgerichtetheit als Teil und innere Kraft der Naturordnung „wäre nicht nur eine Erklärung für das Auftreten physischer Organismen, sondern auch für die Entwicklung des Bewusstseins und letzten Endes der Vernunft bei diesen Organismen". Damit wären sowohl die bisherige Entwicklung wie auch die Weiterentwicklung erklärbar, weil der kosmische Prozess auf dem Weg zu einem bestimmten Ergebnis ist. Diese teleologische Erklärung der kosmischen Entwicklung schließt eben auch die mentalen Komponenten wie die Bedeutung von Werten (Ethik, Moral, Triebe und Gefühle) und die Fähigkeit, Werte zu erkennen, mit ein.

Bewusstsein, Denken und Erkennen sind eine Ebene höher als jene der rein physischen Kategorien. Die Wahrnehmung durch unsere Sinne eröffnet uns die Wahrheit nur indirekt; die Vernunft hingegen verbindet uns direkt mit der Wahrheit. Die innere Logik und die Zielgerichtetheit des Kosmos befördern die Entwicklung vom Einfachen zum Komplexen, vom Anorganischen zum Organischen, vom Physisch-Chemischen zum Instinkt und letztlich zum Bewusstsein, zum Intellekt und zur Erkenntnis.

Nagels teleologische Theorie hat offensichtlich eine neue Richtung in der Philosophie der Welterklärung hervorgerufen, die in einer teilweise überaus harschen Kritik an der bislang geltenden – orthodoxen – Evolutionstheorie oder am materialistischen Naturalismus mündet. Manche Philosophen, die meinen, dass ihr „Ich nicht ihr Gehirn" sei, halten es für eine Bildungskrankheit, über Dinge nachzudenken, die sie schon geklärt zu wissen glauben. Damit meinen sie nicht nur kompetente Naturwissenschaftler oder Andersdenkende ihrer eigenen Disziplin, sondern und vor allem *selbst denkende Inkompetente*, die *parawissenschaftliche Modelle der Welterklärung* konstruieren, ohne den State of the Art, den letzten aktuellen philosophischen Standpunkt, anzuerkennen.

Es fällt mir als selbst denkendem Inkompetentem – wie dem bisher Gesagten und der Conclusio zu entnehmen ist – nicht schwer, mich mit dem jüngsten philosophischen Erkenntnisstand und mit Nagels teleologischer Theorie zu identifizieren. Was ich jedoch an dieser (und ähnlichen) Theorie vermisse und bedaure, ist das, was Goethes Faust zum Ausdruck brachte: Dass ich nicht erkenne, „was die Welt im Innersten zusammenhält". Diese Erkenntnis werde ich nur erlangen, wenn ich im teleologischen Welterklärungsmodell das *Télos* erkenne. Auf welches Ziel hin ist der kosmische Prozess gerichtet? Ich warte auf eine Antwort der kompetenten Philosophen!

Welterklärungstheorien gibt es, seit der Mensch zu denken begonnen hat. Viele entstanden schon vor mehr als zweieinhalbtausend Jahren und hatten rein abstrakten philosophischen Charakter. Mit zunehmenden naturwissenschaftlichen Erkenntnissen versuchte die Philosophie, das jeweils bestehende Wissen mit Logik anzureichern und daraus theoretische Schlussfolgerungen zu ziehen sowie Antworten auf die ewige Frage nach dem Woher, Wozu und Wohin zu geben. Als die Naturwissenschaft sich fast am Ziel sah, eine „Theory of Everything" zu entwerfen, und sich durch interdisziplinäre Kooperation ein Weltbild abzeichnete, das ganzheitliche Formen annahm, entstanden auf allen Seiten immer mehr neue Theorien, die sich einerseits mehrheitlich gegen orthodoxe theistische, aber auch gegen rein materialistische Welterklärungen wandten. Da keine dieser Theorien beweisbar ist, kommt jenen die Anerkennung zu, die – sowohl der Fachwelt wie auch dem einzelnen selbst denkenden inkompetenten *Nach-Denkenden* – am ehesten plausibel erscheint. Darüber hinaus – und das ist das Restrisiko – bleibt nur der Glaube an die Richtigkeit und Wahrhaftigkeit des Angebots.

Ein kürzlich erschienenes Buch des Grazer Psychologen Louis Schützenhöfer trägt den Titel: „Glauben Sie, was Sie wollen". Der Autor geht dabei genau auf das Restrisiko bei der Beantwortung offener Fragen, die den Menschen bewegen, ein und überlässt es dem Einzelnen, sich für eine der angebotenen Alternativen zu entscheiden oder aber an eine der bestehenden Theorien zu glauben. Das gilt für die Fragen nach der Willensfreiheit, nach der Rolle des Zufalls, nach der Existenz eines Schöpfergottes, eines höheren Wesens oder eines Intelligent Design, nach einer spirituellen Transzendenz, für Fragen, ob die Welt, wie wir sie wahrnehmen, nicht eine Illusion (ein Konstrukt unseres Gehirns) ist, ob es ein Leben nach dem Tod gibt und welche Rolle der Aberglaube spielt. Als Psychologe kennt er natürlich die quälende Unsicherheit der Menschen, und natürlich kann er keine schlüssigen Antworten geben. Er beschreibt den Wissensstand und die Erfahrungen, die sich bei verschiedenen Feldversuchen herausgestellt haben, und weist bei einigen Entscheidungsfragen auf den Nutzen für das reale Leben hin. Nicht uninteressant ist sein Vorschlag, sich der Als-ob-Philosophie zu bedienen und sich für ein fiktives Ideal zu entscheiden. So kann es für das Lebenswohl nützlicher sein, an den freien Willen zu glauben und nichts dem Zufall zu überlassen und so zu leben, als ob es transzendente Dimensionen und etwa ein Leben nach dem Tod gibt; dies würde Halt, Orientierung und Hoffnung bedeuten können.

Der Theologe Paul Zulehner wünscht ihm im Vorwort dieses „frag-würdigen" Buches viele neugierige Leser, die „nachdenken und nicht nur nach-denken".

Die Absolute Wahrheit als ewiges Ziel in der Transzendenz.

Damit komme ich zurück auf die Aufforderung Sloterdijks, sich nicht indoktrinieren zu lassen, auch auf die Anregung Poppers, sich auch nicht bedingungslos den Theorien von kompetenten Philosophen anzuschließen, vor allem wenn diese in eine unbeweisbare Dimension führen. Selbst zu denken und nach möglichst gründlicher Analyse einen roten Faden zu finden und bis zu einer Theorie gelangen, sollte also kein allzu kritisierendes Unterfangen sein. Schon gar nicht, wenn das in diesem Modell verpackte Weltbild mit keinerlei missionarischer Absicht, sondern für den Eigenbedarf und für ein paar Dutzend Interessierte geschrieben wird. Was die Logik der Schlussfolgerungen betrifft, müsste ich mich – im Falle einer breiteren Veröffentlichung – zwangsläufig auf harsche Kritik und Widerstand einstellen, weil diese zu einem Welterklärungsmodell führen, dem die traditionellen Lehr- und Glaubensrichtungen und das Beharrungsvermögen der Menschen entgegenstehen. Wäre nämlich die Offenheit, Aufgeklärtheit und Toleranz – vor allem in Glaubensfragen – gegeben, würde für ein solches theoretisches Modell wenig Platz bleiben.

Conclusio

0 0 1 1 0 1 0 1 0 1 1 1 1 1 0 0 0 0 1 1 0 0 0 0
0 1 0 0 0 0 1 1 0 1 1 0 1 1 1 1 0 1 1 0 1 1 1 0 0 1 1 0
0 0 1 1 0 1 1 0 1 1 0 0 0 1 1 1 0 1 0 1 0 1 1 1 0 0 1 1
0 1 1 0 1 0 0 1 0 1 1 0 1 1 1 1

Während meiner Tätigkeit in einem Geldinstitut in den 1960er-Jahren lernte ich einen für die Datenverarbeitung verantwortlichen Direktor kennen, der seine jährlichen Besuche bei der CeBIT in Hannover sehr intensiv gestaltete und die neuesten Datenverarbeitungsanlagen akribisch testete. Da er sich der dynamischen Weiterentwicklung bewusst war, wurde die Investitionsentscheidung immer wieder aufgeschoben, weil die nächsten – wesentlich leistungsfähigeren – Modelle schon angekündigt wurden. Einmal jedoch musste die Entscheidung getroffen werden.

Mir geht es mit dem Abschluss meiner Arbeit ähnlich. Es ist mir bewusst, dass die Suche nach der Wahrheit weitergehen wird und dass die Dynamik des Fortschritts auf allen Wissenschaftsgebieten immer wieder neue Erkenntnisse bringen wird. Letztlich habe ich mich einem Thema gewidmet, das in ein Perpetuum eingebettet ist. Mein nun notwendiger Schlussstrich wird in kürzester Zeit statt eines Punkts ein Beistrich oder ein Doppelpunkt sein. Dessen ungeachtet werde ich versuchen, meine *Suche nach der Wahrheit* mit einer Schlussfolgerung zu beenden. Ich werde einen roten Faden durch die behandelten Kapitel ziehen und eine *Theorie präsentieren, welche die Information in ihr Zentrum stellt.*

Es ist dies ein Versuch, beschreibbare Realität mit schwer fassbarer Transzendenz zu verbinden, und ein theoretischer Ansatz, die Philosophie der Transzendenz mit Wissenschaft und Vernunft anzureichern. Ich bin kein Anhänger der Kant'schen Vernunftreligion, und ich schließe mich auch nicht Jürgen Habermas an, wenn er aus seiner genealogischen Betrachtung zitiert („Zwischen Naturalismus und Religion"): „Die Transzendentalphilosophie hat im Ganzen den praktischen Sinn, den transzendenten Gottesstandpunkt in eine funktional äquivalente innerweltliche Perspektive zu überführen und als moralischen Gesichtspunkt zu bewahren."

Die Information verbindet die Wirklichkeit mit der Transzendenz.

Ich möchte – im Gegensatz dazu – die immanente Welt mit der transzendenten Welt in Einklang bringen. Der praktische Sinn meiner Überlegungen ist die Überführung der als Realität wahrgenommenen Welt in einen geistigen Zustand, den man Transzendenz nennt. Oder anders ausgedrückt: Ich will ein Bindeglied finden, das beide Welten kennzeichnet und synthetische Wirkung hat. Der rote Faden wird sich daher von der Alltagswelt, wie sie uns begegnet, über naturwissenschaftliche Gesetze und Erkenntnisse und geisteswissenschaftliche Theorien zu philosophischen Transzendenzideen ziehen und letztlich in der Transzendenz münden. Die Spuren auf der Suche nach Wahrheit werden durch keine theologische oder religiöse Sichtweise verfolgbar sein, sondern sie werden von einem spirituellen

Hauch begleitet werden. Diese Spiritualität wird in der behandelten Alltagswelt kaum spürbar wahrgenommen werden, sie wird sich aber mit zunehmender Entfernung und Vertiefung immer mehr bemerkbar machen und in ihrer ganzen Fülle im Außerweltlichen zur Geltung kommen.

Unsere Alltagswelt ist geprägt von einem beherrschenden Kriterium, das mit dem Begriff *Informationszeitalter* beschrieben wird. Wir leben in einer Informationsgesellschaft. Aber sind wir uns der Bedeutung des Begriffs *Information* bewusst?

Eine ungeheure Menge an Informationen strömt in jedem Augenblick auf uns ein, und einen verschwindenden Teil nehmen wir mit unseren fünf (?) Sinnen bewusst wahr. Allein wenn wir unsere Augen durch den Raum schweifen lassen, empfangen wir Milliarden von Informationen in Form von unzähligen Bewegtbildern, von denen jedes einzelne wiederum aus unzähligen kleinsten Einheiten besteht. Wir empfangen also eine immense Menge, unser Blick ist jedoch nur auf einen ganz bestimmten Punkt fixiert, und dieses eine Bild wird dann – vielleicht – gespeichert und möglicherweise verarbeitet. Alles aber hat uns erreicht, konnte jedoch durch unsere beschränkte Aufnahme- und Speicherkapazität nicht in den Verarbeitungsprozess unseres Gehirns gelangen. Die natürliche Beschränktheit dieses unseres Organs hat überdies jene Automatik, die den bewussten Empfang der uns unwichtigen (scheinenden) Informationen verhindert (Redundanzvermeidung). Das Gleiche spielt sich beim Hör-, Tast-, Geschmacks- und Geruchssinn ab.

Die Reize, Impulse, Botschaften, Signale, die ich alle als Informationen bezeichne, werden lediglich in äußerst eingeschränkter Zahl von unseren Organzellen aufgenommen und über die entsprechenden Nervenbahnen in unser Gehirn weitergeleitet. Die Speicherung erfolgt entweder bewusst oder auch unbewusst. Selbst die Verarbeitung in unserem Gehirn kann unbewusst erfolgen, wenn im Zuge des Prozesses schon gespeicherte Informationen – etwa aus anderen Hirnrealen – die Neuinformationen gleichsam ergänzen. Wir denken über die Vorgänge in unserem Gehirn in der Regel natürlich nicht nach, und wir sind uns natürlich auch nicht bewusst, dass wir von einer Welt umgeben sind, die uns in jedem Augenblick Informationen sendet – egal, wo wir uns befinden und was wir gerade tun oder (wie im Schlafzustand) nicht tun.

Es ist mir dabei wichtig festzustellen, dass *alles, was wir sehen, hören, spüren, riechen und schmecken, und alles, was uns außerhalb unserer fünf Sinne erreicht, als Information zu bezeichnen* ist, gleichgültig, ob diese bei uns auch bewusst empfangen wird.

Auch wir selbst senden Informationen. Allein unser Erscheinen in der Welt und im Empfangsfeld anderer (Menschen, Lebewesen) ist in seinem ganzen Inhalt ein Informationsbündel. Es handelt sich dabei schon um die unterste Stufe der Zeichenhierarchie, die ich auf Seite 30 dargestellt habe.

Wenn wir in der Alltagssprache von Information sprechen, meinen wir in der Regel das, was wir sehen und hören, und schränken diesen Begriff auf die Kommunikation, also auf den Austausch von Informationen und auf den Empfang von Informationen durch die Medien (Zeitungen, Zeitschriften, Radio und Fernsehen, Internet) ein. Kommunikation nennt man den Austausch von Informationen, die jedoch nicht nur zwischen Menschen erfolgt. Tatsächlich informiert alles und jedes alles und jedes, und zwar sowohl die Lebewesen wie auch die Materie, die Energie, die Natur und der Kosmos. Der Informationsfluss kann auch nur einseitig stattfinden: nur senden oder nur empfangen. Medien sind nicht selbst Information, sondern sie übertragen nur, sie sind Frächter von Informationen (Botschaften, Impulsen, Signalen).

Informationen sind vom Empfang unabhängig, das heißt, dass der Sender keinen Empfänger braucht, schon gar nicht einen bewussten (menschlichen) Rezipienten. Für die unbewusste Informationsaufnahme zeichnen die Beispiele der belebten und unbelebten Natur, aber auch die im Unbewusstsein aufgenommenen Informationen beim Menschen.

Wir sollten uns die Unzahl und die verschiedenen Qualitäten der Informationen, die auf uns einströmen, vergegenwärtigen, um ihren wirklichen Begriff zu verstehen. Darüber hinaus wird unser gesamter Organismus – angefangen von der Geburt, mit jenem archaischen und genetischen, festen Informationsbestand, über das Wachstum bis zum Tod – ausschließlich durch Informationen entwickelt und geformt.

Leben ist Information! Ohne Information kein Leben!

Wir wissen – nach der gängigen Theorie –, dass unser Universum durch einen Urknall entstand und dass durch einen Impuls (Information) aus anorganischen Urschlamm-molekülen Einzeller entstanden, die ersten Organismen, deren Evolution letztlich die *Krone der Schöpfung*, den Menschen, schuf, durch die Vergrößerung seines informationsverarbeitenden Organs Gehirn – ein organischer Entwicklungsprozess, der etwa drei Milliarden Jahre lang von empfangenen und verarbeiteten Informationen gesteuert war und weiter gesteuert wird.

Jede Zelle eines Lebewesens ist dabei wie ein kleiner (Nano-)Computer, der eine Vielzahl von Informationen enthält, und das Genom, also die Gesamtheit aller Gene eines Organismus, ist eben die vollständige Information, der Bauplan des Lebens (Seite 50f.).

Der Informationsprozess funktioniert ähnlich wie bei einem Computer binär (statt Bits und Bytes nennt man hier die kleinsten Informationseinheiten Qubits und Qubytes). Als Transporteure dieser Informationen fungieren die Neurotransmitter, welche die Ein- und Ausschaltsignale (0/1) in jeder Sekunde milliardenfach bedienen. Während aber im Computer nur die eingegebenen Informationen (Daten) verarbeitet werden, muss das Gehirn einen viel größeren Informationsstrom aufnehmen und verarbeiten und stößt damit an seine Geschwindigkeitsgrenzen.

Wie die Organe und allen voran das menschliche Gehirn (das unseren Geist produziert) durch die Medizin, die Medizintechnik und durch die Computertechnologie Unterstützung und Bereicherung erfahren, wird durch vielfältige Beispiele unterstrichen: Allein schon die in der traditionellen medizinischen Therapie verwendeten Medikamente führen dem Organismus von außen Informationen zu, wenn die körpereigenen Informationen die Selbsterhaltung oder Selbstkorrektur nicht mehr gewährleisten (z. B. heilende oder schmerzlindernde Medikamente). Weit bekannt und verbreitet sind technische Hilfsmittel, die dem Menschen zur Informationsverarbeitung zur Verfügung stehen, etwa Hörgeräte, Brillen, Herzschrittmacher, verschiedene Implantate und dergleichen. Die Kombination von Gehirn und Computer – zum Beispiel zur Bewegungssteuerung durch Ausführung von Gedanken – zeigt eine Facette der Möglichkeiten zur Erweiterung der natürlichen durch künstliche Informationsverarbeitung. Darüber hinaus wären Molekularbiologie, Zell- und Hirnforschung, Genforschung und Gentherapie ohne Computertechnologie nicht möglich. Informationsverarbeitungsmaschinen sind also zum Erforschen und Verstehen der Informationseinheit *Leben* unentbehrlich. Die auf diese Weise rasch wachsenden Erkenntnisse aus der interdisziplinären Forschung erhöhen unseren Wissensstand, also unsere relative Wahrheit über das Leben und die Wirklichkeit.

Information ist Information, weder Materie noch Energie. Information bleibt Information, gleich ob sie natürlich (organisch) oder künstlich (anorganisch) empfangen, verarbeitet und gesendet wird.

Die Information ist das ganzheitliche Urelement. Die Definition des von mir verwendeten Begriffs Information ist nicht nur all das umfassend, was sämtliche Wissenschaftsdisziplinen darunter verstehen, sondern sie ist vielmehr allumfassend. Sie beschreibt jenes Urelement, welches das Universum entstehen ließ, welches die Welt bewegt und unser Leben überhaupt erst ermöglicht. Diese Behauptung ist schwer zu verstehen. Die gegenständliche Arbeit verfolgt den Zweck, das Verstehen zu erleichtern.

Aus einem kürzlich geführten Gespräch mit einem Informations- und Kommunikationswissenschaftler habe ich gelernt, dass in dieser themenbezogenen Disziplin lediglich die intendierte Information behandelt wird, also nur die bewusst beabsichtigt gesendete und bewusst empfangene Information als solche verstanden wird, im Sinne des bekannten Lasswell'schen Satzes: „Wer sagt was durch welches Medium zu wem mit welcher Wirkung." Das ist aber höchstens ein Teilaspekt meines Begriffsinhalts.

Von den verschiedenen – mir bekannten – Informationstheorien (Seite 55ff.) sind natürlich alle Begriffsbestimmungen anzuerkennen, aber sie beschränken sich eben jeweils nur auf fachspezifische Aspekte.

Grundsätzliche Bedeutung hat die Aussage, dass die kleinste Informationseinheit (Bit) die Auswahl aus zwei Möglichkeiten (Ja/Nein, 0/1) ist und dass sich der Informationsprozess in der elektronischen Datenverarbeitung und im Gehirn gleichermaßen abspielt. Die philosophische Folgerung der Physiker Heisenberg, Weizsäcker und Schrödinger, dass Materie und Energie letztlich Information sind, haben neue Weichen gestellt, und die Quantenphysik hat schließlich den Begriff *Information* erweitert. Dass Heisenberg die Kraft der Symbole erkenntnistheoretisch für die Information über die Wirklichkeit (Wahrheit?) sah, weist auf die Grenze zwischen Physik und Philosophie hin. Die nicht definierbare geistige Größe der Information führte dann natürlich auch zu einem intelligenten Sender, der nach einer Theorie Werner Gitts Gott ist, wobei er den christlichen, anthropomorphen Gott meint. Und hier merkt man auch, wie dieser Glaube an jenen Schöpfergott, der dem Menschen die Seele eingehaucht haben soll, auch noch im 21. Jahrhundert die Wissenschaft beeinflusst. Dies, obwohl die im 20. Jahrhundert beginnende Zellanatomie des Gehirns den Informationsfluss im neuronalen Netzwerk verfolgte und schließlich das Gehirn als das den menschlichen Geist produzierende Organ die Seele zunehmend verdrängte. Würde Karl Popper, einer meiner Lieblingsphilosophen, die rasch fortschreitenden Erkenntnisse der Molekularbiologie und der Bewusstseinsforschung schon gekannt haben, hätte er nicht noch vor wenigen Jahren, gemeinsam mit seinem Freund, dem Hirnforscher John Eccles, die dualistische Auffassung von Körper und unsterblicher Seele vertreten.

Die Hirnforschung weist nach, dass die neuronale Informationsübertragung in Form von Ein- und Ausschaltungen (0/1) funktioniert und sich somit anhand physikalischer Grundsätze verstehen lässt. Die Experimentalforschung bei Tieren konnte die Gehirnaktivitäten nachvollziehen und einerseits die Sensitivierung bei kurzfristigen Reizen (Informationen) und anderseits die Konditionierung, also das Lernen und die Verhaltensänderung nach langfristigen gleichen Signalen nachweisen. Eric Kandel lieferte dabei die grundlegenden Erkenntnisse über die Fähigkeit der Informationsverarbeitung und der Gedächtnisspeicherung. Da es keine prinzipiellen, sondern lediglich graduelle Unterschiede gibt, waren diese Erkenntnisse eins zu eins auf das menschlichen Gehirn zu übertragen. Dessen Komplexität und dessen verknüpfte Areale machen die Gedächtnis- und Bewusstseinsforschung natürlich herausfordernder.

Weil eine weitestgehende Konditionierung infolge gespeicherter archaischer, genetischer, sozialer und kultureller Informationen gegeben ist und ein Großteil des menschlichen Lebens unbewusst abläuft, stellt sich auch hier schon die Frage, wie es um den Entscheidungsspielraum und die Handlungsfreiheit bestellt ist.

Wenn man nun die Mikrobiologie, die Hirn- und Bewusstseinsforschung, die Bioinformatik und alle anderen Disziplinen, die sich mit dem menschlichen Geist als dem Produkt seines Gehirns befassen und sein *Selbst-Bewusstsein* und sein *Sich-selbst-Erkennen* zu verstehen versuchen, in sinnvoller Weise als Wissenschaft des Geistes zusammenfassen und so bezeichnen sollte, erkennt man, dass es sich dabei um eine Analyse und um die Erklärung eines Informationsprozesses handelt: Der menschliche Geist als Produkt einer Informationsverarbeitung im Gehirn.

Wenn man sämtliche Disziplinen der elektronischen Datenverarbeitung, der Informatik, der Informationstechnologie und der Quantenphysik als Informationswissenschaft im weitesten Sinn zusammenfasst und so bezeichnet, lässt sich wegen der engen Verschränkung der beiden Wissenschaftsgebiete und wegen des kleinsten gemeinsamen Nenners (Bit) ein Überbegriff formulieren: *Wissenschaft der Information.*

Als ich vor einigen Monaten an der Universität in einem beiläufigen Gespräch einen Informationswissenschaftler und eine Hirnforscherin mit meiner These über ihren gemeinsamen Forschungsgegenstand, nämlich das Urelement Information, konfrontierte, erntete ich zunächst Unverständnis und danach halbherzige Zustimmung. Der Bedeutungsumfang des Begriffs Information geht über den engen Wissenschaftsbereich hinaus, weil die Innenwelt des Bewusstseins durch Experimente nicht nachzuvollziehen ist.

Welche nicht messbaren und nicht von den fünf Sinnen unmittelbar empfangenen Informationen das Verhalten des Menschen beeinflussen, versuchen die Psychologie und die Unbewusstseinsforschung zu ergründen, die – nach C. G. Jung – zwischen dem kollektiven und dem individuellen Unbewusstsein unterscheiden.

Ich vertrete die Meinung, dass es sich dabei einerseits um *archaische Informationen* handelt, die im Laufe der Evolution und Menschheitserfahrung zusammen mit jenem hypertrophierten Selbsterhaltungstrieb – unlöschbar – gespeichert wurden, und anderseits um persönlich empfangene Botschaften in der Kindheit, durch die Erziehung und durch das soziale Umfeld. Diese vielfach unbewusst rezipierten Informationen prägen jeden Menschen und beeinflussen bewusst oder unbewusst sein Verhalten, das wieder Informationen an seine Umwelt sendet.

Der menschliche Geist, sein Selbst, sein Ich sind also ein *Konglomerat aus einer mehr oder weniger differenzierbaren Informationsmenge*, wobei das Unbewusste ein überragendes Ausmaß annimmt. Daraus ergibt sich, dass sich die Informationsverarbeitung im Gehirn der bewussten Steuerung weitgehend entzieht, was wieder die Frage nach der Willensfreiheit aufwirft.

Zur immer wieder bewegenden und kontroversiellen Diskussion, ob und inwieweit der Mensch determiniert ist oder einen freien Willen besitzt, und im Zusammenhang damit, ob seine Fähigkeit, zwischen Gut und Böse zu unterscheiden, sein ethisch-moralisches Verhalten kennzeichnet, vertrete ich die Meinung, dass die eher wahrscheinliche Nichtexistenz des freien Willens keine Auswirkung auf die Handlungsverantwortung hat, weil die Normen der Wirklichkeit und der ihn umgebenden Welt gleichsam als *Informationspakete* empfangen, gespeichert und mitverarbeitet werden.

Bevor ich nun die erfahrungswissenschaftlichen Erkenntnisse verlasse und die außersinnlichen Wahrnehmungen – die natürlich ebenfalls als Informationen zu bezeichnen sind – behandeln werde, sollte ich zum besseren Verständnis die Entwicklung der Informationsträger und deren Geschwindigkeit ins Gedächtnis rufen, wie ich dies bereits am Anfang mit der Zeittafel der Codes dargestellt habe. Alle physischen Träger von Informationen, beginnend mit der Tontafel über den Stein, Papyrus, Papier, elektrische Wellen und Schallwellen, bis hin zu den elektronischen informationsverarbeitenden Maschinen sind den Naturgesetzen unterworfen und lassen sich zu Fuß, mittels Pferd, mit dem Auto, jedoch höchstens mit Schall- oder maximal mit Lichtgeschwindigkeit transportieren.

Um die Bedeutung des Begriffs *Information* für den Menschen nochmals bewusst zu machen, scheint es mir wichtig, zum wiederholten Mal auf die revolutionäre Entwicklung der Informationstechniken in den letzten 250 Jahren und besonders in den letzten 50 Jahren der Menschheitsgeschichte hinzuweisen. Rund zweieinhalb Millionen Jahre lang war ein Informationsaustausch zwischen Menschen nur bei annähernd körperlicher Nähe möglich. Vor rund 5000 Jahren machten aus Lautabbildungen entwickelte Bildsymbole auf Tontafeln eine zeitliche Speicherung von Informationen möglich, und vor etwa 3000 Jahren wurde die Schrift entwickelt. Vor etwas mehr als 500 Jahren wurde durch die Erfindung des Buchdrucks eine sowohl zeitliche wie auch räumliche Massenverbreitung von Informationen möglich. Erst seit 170 Jahren wird die Elektrizität als Informationsträger verwendet (Telegrafie, Samuel Morse 1840). Die drahtlose Übertragung von Informationen mittels elektromagnetischer Wellen (Hörfunk, Radio) ist etwas mehr als 100 Jahre, der Bildfunk (Fernsehen) nicht viel mehr als 50 Jahre alt.

Interessant ist die Entwicklungsgeschichte der aktuellen elektronischen Informationstechnik: Eigentlich geht die automatische Informationsverarbeitung zu Beginn des Industriealters vor 200 Jahren auf die Erfindung des automatischen Webstuhls (Joseph-Marie Jacquard, 1804) zurück; der durch menschliche Handfertigkeit bediente Webstuhl (Hardware) wurde mittels Lochplatten (Software) gesteuert. Das Einfügen der Schussfäden in die Kettfäden wurde durch die Löcher ermöglicht und durch die *Nichtlöcher* verhindert. Erstmals entstand damit die Idee der Ein-/Ausschaltungen, der Ja/Nein- oder 0/1-Signale.

Mehr als 100 Jahre später versuchte Alan Turing (1936), den Rechenvorgang im menschlichen Gehirn als mechanischen Vorgang zu simulieren und einer Maschine eine Anleitung zu geben, die sie versteht. Dies gelang ihm mit Hilfe eines Papierstreifens, der die in Form von Löchern symbolisierten Informationen enthielt. Lochstreifen und Lochkarten waren die Software für die Rechenmaschinen, bis Claude E. Shannon mit seinen „Mathematischen Grundlagen der Information" (1948) und mit der Umwandlung der Informationen in Binärzahlen (0/1 = Bit, als kleinste Informationseinheit) den Durchbruch für die elektronische Datenverarbeitung schaffte.

Schon diese – in Relation zur Dauer der Menschheitsgeschichte – kurze Zeitspanne von 250 Jahren veränderte die Informationstechnik gründlich und rasch und erhöhte das Volumen sowie die Verfügbarkeit der Informationen progressiv; die letzten 50 Jahre aber waren revolutionierend und führten letztlich zu einer heute nahezu grenzenlosen Vereinnahmung dieses Elements, dessen Bedeutung und dessen Wirkung im Bewusstsein des Menschen nicht wirklich verankert sind.

Die Information beherrscht unser Bewusstsein und unser Unbewusstsein. Wenn es heute bereits mehr Computer (vom Handy angefangen) als Menschen auf unserem Globus, also mehr anorganische als organische – menschliche – informationsverarbeitende Arten gibt und ein globales Netzwerk den Zugriff und Gebrauch (und eben auch Missbrauch) von unbegrenzten und unbegrenzbaren Informationsmengen ermöglicht, ergibt sich daraus eine Reihe von sozialen, gesellschaftspolitischen, psychologischen und philosophischen Fragen.

Das weltweite Informationsnetz besitzt keine Struktur; es kann für alle Zwecke verwendet (und auch missbraucht) werden. Beispiele dafür sind etwa die Massenverbreitung von gezielten und ungezielten Informationen mittels Internet, über Facebook oder Twitter (vom Arabischen Frühling, der eine Gesellschaft mobilisierte und keine gesellschaftliche Struktur hinterließ, bis zu den Problemen des persönlichen Datenschutzes). Wenn die Analyse und die Simulation des Informationsverarbeitungsprozesses im menschlichen Gehirn die Basis für die elektronische Datenverarbeitung waren, die weit höhere Speichermengen und Verarbeitungsgeschwindigkeiten ermöglicht und deren Massengebrauch das menschliche Verhalten verändert, muss auch die Frage nach der Beeinflussung des biologischen Organs Gehirn durch die anorganischen *Denkmaschinen* gestellt werden. Das Sozialverhalten des Menschen bekommt eine neue Dimension, deren Wirkung mit Sicherheit noch nicht absehbar ist, weil die Herkunft jener fast unvorstellbaren Menge von Bits, die verarbeitet werden, nicht mehr bestimmbar ist und deren auch unbewusste Rezeption die individuelle

Freiheit einschränkt. Man rechnet mittlerweile mit Zettabytes (das sind Trillionen oder Millionen Billionen Gigabytes), um das täglich steigende Datenvolumen (Big Data) zu beziffern. Aus diesem Chaos der an sich unstrukturierten Informationsmenge, die jeden Computer via Internet verlässt, die durch die Verwendung jeder Kredit- oder Kundenkarte ins Netz gelangt und durch jedwede Bedienung einer elektronischen Datenverarbeitungsanlage frei wird, können durch Überlagerung verschiedener Datenquellen Schlüsse über den User gezogen werden. Dies geschieht in mannigfaltiger Weise: Die Menschen werden analysiert, ihr Sozialverhalten wird kategorisiert, und die Ergebnisse werden für verschiedenste Zwecke verwendet. Die vermeintliche individuelle Freiheit wird so zu einer beobachteten Eingrenzung, zu einer Art Fremdbestimmung. Das erinnert an die Diskussion über Willensfreiheit und Determiniertheit, aber auch an die Typisierung und Kategorisierung in der Psychologie. Der Mensch wird auf diese Art zur statistischen Größe, und der sogenannte gläserne Mensch ist keineswegs Schreckgespenst, sondern wird zunehmend Realität. Natürlich geht es dabei wieder um Macht und Einfluss. Als George Orwell im Jahr 1949 seinen Aufsehen erregenden Roman „1984" veröffentlichte, gab es noch kein *Big Data*, sonst hätte es der in jedem Wohnzimmer vom *Big Brother* installierten Überwachungskameras nicht bedurft. Vielleicht ist dies aber erst der Beginn einer noch gravierenderen Umwälzung.

Natürlich kann man einwenden, dass es auch schon früher zu sozialen und machtpolitischen Veränderungen durch neue Informationsträger gekommen ist, etwa durch die Erfindung des Buchdrucks und die Massenverbreitung von Informationen. Reformation und Aufklärung waren nur mittels der damals neuen Informationstechniken möglich. (Ich habe bereits erwähnt, dass ich in einem Unternehmen tätig war, das im Zuge und für Zwecke der Gegenreformation im 16. Jahrhundert gegründet wurde und mit den gedruckten Lehren der Universitäten die Rekatholisierung wesentlich unterstützte). Aber derartige Umwälzungen oder Veränderungen brachen alte Strukturen auf und schufen neue. Das derzeitige Informationsvolumen und das Informationsnetzwerk hingegen entbehren jeglicher Strukturen; sie können für gezielte Botschaften eingesetzt werden, sie können aber genauso gut zerstörerisch wirken und bis zur Selbstzerstörung führen; es ist tatsächlich nicht mehr beherrschbar.

Die Information ist von Wenn, was durch die forcierte interdisziplinäre Forschung
Raum und Zeit unabhängig. zu erwarten ist, die geheimnisvollen und sich den Naturgesetzen entziehenden Phänomene der Mikrowelt weiter analysiert und einer logischen Beweisführung zugeführt werden und die Nutzbarmachung der Quanteneigenschaften fortschreitet, ist mit neuen, geradezu revolutionären

Informationsmedien zu rechnen. Dies beschränkt sich nicht nur auf die erwähnten Quantencomputer und Quantenteleportationsoptionen, sondern es eröffnet die Möglichkeit, das Potenzial von subatomaren Teilchen grundsätzlich zu erforschen und das Quantenverhalten in Organismen und im anorganischen Bereich – das heißt im Gehirn und im neuronalen menschlichen Sensorium sowie in der physischen Natur – bezüglich der medialen Wirkung festzustellen.

Wie weit subatomare Teilchen als Informationsträger auch zeitlos miteinander kommunizieren, ist – noch – nicht hinlänglich nachgewiesen. Was bis heute eher dem Gebiet der Esoterik und der Parapsychologie zugeordnet wird, sollte zunehmend wissenschaftlichen Charakter erhalten. Der Sammelbegriff der Wissenschaft des Geistes umfasst eben genau auch diese Informationskategorie. In diesem Zusammenhang ist es wichtig festzustellen, dass die Informationsmenge des Menschen endlich ist, jene der Natur beziehungsweise des Universums hingegen unendlich.

Während die physischen Informationsträger den physikalischen Gesetzen gehorchen, sind jene in der Quantenwelt durch die Wahrscheinlichkeit geprägt. Ich möchte diese Art als *metaphysische Medien* bezeichnen, weil sie jenseits der Physik feinstoffliche Substanzen mit kleinster Masse sind oder – wie die Neutrinos – überhaupt eine Masse von Null besitzen. Da wir und der Kosmos, das Sein und das All durch die Neutrinos einen kleinsten gemeinsamen Nenner haben, liegt die Hypothese nahe, dass diese die elementarsten Informationsträger sind, die alles mit dem Urelement Information versorgen.

Derzeit befindet sich diese Hypothese außerhalb des wissenschaftlichen Bereichs und verbindet vielleicht das, was wir im weitesten Sinn unter Psychologie verstehen, mit den (noch) unwissenschaftlichen Bereichen der Esoterik, der Parapsychologie und der Spiritualität, also eigentlich mit jenen uns noch verborgenen metaphysischen Phänomenen. Ich habe in dem betreffenden Kapitel einige dieser Phänomene behandelt und als ein einfaches, aber dem Verstand entzogenes Beispiel die Wünschelrute angeführt sowie unter anderem auch auf das allseits bekannte Phänomen der Telepathie hingewiesen und möchte es nun nur bei der Behauptung belassen, dass es offensichtlich Informationen gibt, deren Herkunft und deren Medien wissenschaftlich nicht erwiesen sind und deren menschliche Empfangsstellen nicht zugeordnet werden können.

Diese sogenannten außersinnlichen Wahrnehmungen zu erforschen und empirisch nachzuweisen, könnte dereinst etwa durch eine intensive Kooperation der Hirn- und Bewusstseinsforschung und der Quantenphysik gelingen. Die Bezeichnung *Quantenmensch* ist nämlich dann durchaus zutreffend, wenn man die – noch weitgehend unbekannten – Vorgänge im Mikroorganismus berücksichtigt. Der Mensch ist Empfänger, Sender und Träger von Informationen (Medium) zugleich. Die Quantität und Qualität dieser Informationen sind einerseits höher als wissenschaftlich kategorisiert, anderseits werden ihre organischen Verarbeitungspotenziale durch informationstechnologische Mittel ergänzt.

Diese Folgerung hat insofern eine positive Seite, als der Mensch – über seine fünf Sinne hinaus – offensichtlich mehr Informationen verarbeiten kann und darüber hinaus seinen organischen Denkprozess durch Mikrochips, die er in der Rocktasche oder sogar in seinem Körper implantiert hat, zu beschleunigen und auszuweiten imstande ist. Das Ich stellt sich dadurch zusätzlich sowohl als ein metaphysisches Medium wie auch als ein bewusstseinserweiterndes *denkendes Lexikon* dar.

Dieses *neue Informationszeitalter*, in dem die geistige Arbeit des Menschen durch die Elektronik erleichtert und zum Teil sogar ersetzt wird, kann man durchaus als ebenso revolutionär bezeichnen wie das vor 250 Jahren einsetzende Industriezeitalter, als die Handarbeit durch Maschinen weitgehend abgelöst wurde. Die negative Seite dieser geistigen Potenzialerweiterung wird in der Beeinflussung der Individualität, der persönlichen Freiheit und des freien Willens gesehen, weil dadurch Grundrechte und ethische Grenzen tangiert werden: Einerseits steuern außersinnliche Wahrnehmungen weitgehend unbeeinflussbar und unbewusst, anderseits können Chips Informationen zu ungewollter und unkontrollierbarer Öffentlichkeit führen. Das Social Network führt zu einer künstlichen, dispersen Gesellschaft und hat geradezu eine asoziale Dimension, weil sich die menschlichen Beziehungen nicht mehr persönlich, sondern mittels elektronischer Geräte abspielen. Zweifellos erhöht sich durch diesen dispersen Markt für den User die Informationsangebots- und Nachfragemenge – was etwa durch das Internet und beispielhaft durch eBay und Partnervermittlungen der Fall ist –, anderseits jedoch führt das nahezu unbegrenzt verfügbare Informationsvolumen zu einer Verhaltensänderung in der sozialen Umwelt.

Es wird eine Herausforderung der Psychologie (soweit sie noch als eigene Disziplin wahrgenommen werden soll) sein, diesen neuen Menschentypus zu kategorisieren und seine Verhaltensmuster zu analysieren. Die archaischen Informationen werden nach wie vor dominieren, der *introvertierte User* wird jedoch eine zunehmende Rolle in der Gesellschaft spielen.

Die Information verändert Weltbilder. Es mag nun sein, dass ich den Auswirkungen der Informationstechnologie auf das menschliche Bewusstsein zu viel Bedeutung beigemessen habe und mich bezüglich der Quanteninformatik und vor allem der metaphysischen Medien in den Bereich der Spekulation begeben habe, dennoch lassen immer neue Erkenntnisse einer intensiven, forcierten interdisziplinären Forschung auf dem großen Gebiet der Wissenschaft des

Geistes eine gewisse Logik in diesen Folgerungen nicht absprechen. Diese logischen Schlüsse zu ziehen – oder sie auch gänzlich zu verwerfen – obliegt letztlich einer philosophischen Behandlung, weil die Philosophie doch immer dort beginnen soll, wo sich Lücken auftun, Zweifel wach werden und krisenhafte Zustände zu Unsicherheiten führen. Dabei geht es hier noch nicht um letzte erkenntnistheoretische Fragen und um die Suche nach Wahrheit, sondern nur um die laufende Einbeziehung naturwissenschaftlicher Forschungsergebnisse und um die Berücksichtigung grenzwissenschaftlicher Erfahrungen und metaphysischer Phänomene. Wenn sich die Philosophen von ihrem weisen historischen Bezug nicht trennen können, dann sollten sie die Frage stellen, was Platon in Kenntnis des heutigen – und vielleicht auch morgigen – Wissensstandes gesagt hätte.

Ich habe der Philosophie deshalb einen sehr großen Raum gegeben, weil ich mir eine Antwort auf die Frage nach der Wahrheit oder doch eine gewisse Stütze für meine Theorie erhofft habe. Natürlich war nicht zu erwarten, dass jemals ein Zusammenhang zwischen Wahrheit und Information gesehen wurde; dazu hatte der Begriff Information niemals die heutige Bedeutung, aber eine zentrale erkenntnistheoretische Bedeutung hatte in der griechischen Philosophie und in vorchristlichen Religionen der Begriff *Logos*, der einen gewissen Bezug zu meinem Thema herstellen lässt: Er beinhaltet eine Botschaft mit dem Anspruch auf Wahrheit, Logik und Vernunft, er umschreibt das ordnende kosmische Prinzip und später das Wort Gottes oder – wie ich es ausdrücken möchte – die *transzendente Information*.

Die vorchristliche Philosophie hatte – sowohl im Fernen Osten wie auch im Mittelmeerraum – eine abstrakte Idee von der Wahrheit: Im Konfuzianismus und im Taoismus waren es die Ethik und die Harmonie mit dem Kosmos, die das Relative des Menschen zum Absoluten führen sollten, und im Buddhismus die individuelle Lebensgestaltung, die letztlich über die Auflösung des Materiellen im Nirwana transzendieren sollte. Ebenso bemühten sich die griechischen Philosophen, die letzte Wahrheit zu ergründen und die quälende Frage nach dem Woher, Wozu und Wohin zu beantworten, und kamen zur Einsicht, dass diese Suche und die Antworten verstandesmäßig und mit Hilfe der Sinne nicht bewältigbar sind. Sie entwickelten eine Art kosmischer Theologie, in der ein reiner Geist als *Unbewegter Beweger* in einer zeitlosen Dimension, mit sich selbst beschäftigt, kein Interesse am dauernden Fluss von Werden und Vergehen auf Erden hat. Der relativen Wahrheit des menschlichen Geistes stehen die *Ideen* (Platon) der höheren ewigen Dimension gegenüber.

Die nachchristliche Philosophie (in der westlichen Hemisphäre) war hingegen durch die sehr konkrete Vorstellung eines – die einzige Wahrheit besitzenden – persönlichen Gottes geprägt. Der Logos, nun als göttlicher Gedanke interpretiert, ist dann im Christentum eben Fleisch geworden. Die Theologie dominierte in der Folge die Philosophie mehr als 1500 Jahre lang. Gott zog sozusagen nicht nur Kirche und Staat, sondern auch das Denken in seinen Bann; er beherrschte das Informationssystem auf Erden.

Erst die Aufklärung und die Reformation sowie die Erfindung des Buchdrucks, die eine revolutionäre Informationstechnik einleitete, ließen – sehr langsam – das Denken und das freie Philosophieren wieder zu und den Gottesbegriff hinterfragen. Die Suche nach Wahrheit begann eigentlich von vorn. Von den der Theologie kritisch gegenüberstehenden Philosophien scheinen mir jene erwähnenswert, die sich mit der Transzendenz und mit dem Sinn des Lebens (Woher, Wozu, Wohin) beschäftigen und Alternativen zu göttlichen Wahrheitstheorien entwickelt haben.

Es begann wahrscheinlich im 17. Jahrhundert mit dem Dualismus (Descartes), der Trennung von Körper und Geist und seiner Methode der wissenschaftlichen Wahrheitsforschung, und setzte sich mit Spinoza fort, der einen persönlichen Gott ablehnte („Jeder Geist existiert ein für allemal als Teil des einen unendlichen, der einen ewigen Wahrheit"). Ähnlich folgerte Wilhelm Leibniz („Jede unsterbliche Seele ist eine Welt für sich und trägt in ihrer Substanz Spuren von allem." Diese immateriellen Monaden spiegeln alles Übrige im Weltall wider). Im 17., 18. Jahrhundert folgten die im Grunde schon auf Platon zurückgehenden Ideenlehren Berkeleys („Die Welt besteht nur aus Ideen, und diese können nur im Bewusstsein oder Geist existieren. Daraus folgt notwendig, dass es einen ewigen Geist gibt, der alles kennt und alles erfasst") und Lockes („Die Idee ist alles, was den Geist beim Denken beschäftigen kann").

Am Ende des 18. Jahrhunderts musste sich selbst Kant noch dem kirchlichen Diktat beugen. Er bezeichnete in seiner „Kritik der reinen Vernunft" Gott als notwendiges Wesen aller Wesen, das „Ideal der reinen Vernunft", hält es jedoch für einen irreparablen Fehler, über die Existenz und das Wesen von Gott zu sprechen. Das Letzte, die Transzendenz, das *Ding an sich*, ist für ihn ein Mysterium, das sich dem Verstand entzieht, er ermutigt gleichzeitig zur persönlichen Wahrheitssuche: „Wage zu wissen!"

Ideen sind Gedankenbilder, denen zwar die Vernunft zugrunde liegt, die jedoch die Erfahrung überschreiten. Ich möchte sie als *Konstrukt des individuellen Geistes*, als unbeweisbares *Informationsbündel* bezeichnen, das der *Freiheit des Denkens* geschuldet ist.

Im 19. Jahrhundert setzten sich dann die sogenannten Freiheitsphilosophien vollends durch. Schelling sieht in der durch den freien Willen gelebten Harmonie von Geist und Natur den Weg zur Transzendenz, zum universalen Geist, zur Absoluten Wahrheit. Die dialektische Folgerung Hegels führt vom abstrakten Begriff (Logos) über die konkrete Bestimmung des Begriffs zur Idee und zur Wahrheit. Für Schopenhauer ist der Wille eine Idee, die das Streben nach einer individuellen Vorstellungswelt hat.

Abgesehen von Nietzsche verkörpern nahezu alle Philosophen dieser Zeit neben einem transzendentalen Idealismus Forderungen nach ethischen Grundhaltungen. Für Nietzsche ist die Wahrheitssuche obsolet, weil es seiner Meinung nach nur jeweils jene für den Suchenden vorteilhafte Wahrheit gibt. Er revoltierte gegen die Normen herrschender und konservierender Systeme und sah den zukünftigen Menschen als einen die Grenzen überschreitenden, allen anderen überlegenen Übermenschen. „Werde, der du bist" ist seine vielfach umstrittene Forderung nach – egoistischer – Selbstbehauptung, Stärke und Befreiung in Richtung zu einer höheren Ebene, zu einem Ideal.

Naturwissenschaftliche Fortschritte und natürlich auch zwei Weltkriege ließen im 20. Jahrhundert transzendentale Betrachtungen gegenüber der politischen und ökonomischen Philosophie in den Hintergrund treten. Es begann eine Phase, in der eine analytische Philosophie logischen Wahrheitswerten nachging. Russell meinte: „Jede uns verständliche Aussage muss ausschließlich Bestandteile haben, die wir unmittelbar kennen." Wittgenstein schloss Aussagen über die Metaphysik überhaupt aus, weil man logisch nicht folgern kann, ob sie wahr oder falsch sind. Eine pointierte Kategorisierung nahm Karl Popper vor, der Aussagen oder Theorien so lange für wahr hält, bis sie falsifiziert werden. Er trennt jedoch scharf zwischen Wahrheit und Gewissheit und sieht in der objektiven Wahrheit, als Ziel jeder Wissenschaft, die Übereinstimmung der Theorie mit der Wirklichkeit. Er räumt jedoch ein, dass ewige Wahrheiten wahr gewesen sein müssen, ehe es den Menschen gab. Das Transzendente und das Mögliche schließt er zwar nicht aus, geht darauf aber auch nicht näher ein.

Die ewige Wahrheit ist die Summe der unendlichen Informationen.

In der zweiten Hälfte des 20. Jahrhunderts beschäftigte sich die Philosophie wieder zunehmend mit einer ganzheitlichen Betrachtung; man ging über die nüchterne naturwissenschaftliche und materielle Wirklichkeit hinaus und bezog vor allem das menschliche Bewusstsein und den Kosmos in das Denken mit ein. Diese grenzwissenschaftlichen Aspekte förderten eine Vielzahl von Theorien zutage, für die sowohl Philosophen wie auch Naturwissenschaftler Pate standen. Die Transzendenz und die Existenz einer ordnenden oder göttlichen Kraft wurden dabei sehr unterschiedlich beurteilt.

Die Quantenphysik war zweifellos ausschlaggebend für die Idee der Ganzheit, die den menschlichen Geist als Teil des universalen immateriellen Ganzen sieht. Diese Wendezeit wurde von Biophysikern, Hirnforschern, Physikochemikern und Quantenphysikern begleitet. Deren Theorien wurden anerkannte Alternativen zum

Gottesbegriff. Ob das Leben auf der Erde ein selbstregulierender Organismus oder ein Wechselspiel von Chaos und Ordnung ist, ob es morphogenetische Felder, Monaden oder Holone sind, die Kontrolle *von oben* erfolgt durch immaterielle Formkräfte.

Es sind nun genau diese mit vielen Begriffen versehenen Formkräfte, ob sie materieller, energetischer, magnetischer, morphogenetischer Art sind, ob es sich um Gravitations- oder Strahlungskräfte oder um Felder anderer – etwa quantenphysikalischer – Form handelt, ich bezeichne sie als *Informationen*, die das Ganze mit den Teilen verbinden. Damit gehe ich über Schrödingers These, dass Materie und Energie eigentlich Information sind, hinaus.

Von den verschiedenen theoretischen ganzheitlichen Modellen beeindruckt, traten auch die Bewusstseinsphilosophen auf den Plan und versuchten, den das Bewusstsein bildeten informationsverarbeitenden Prozess im menschlichen Gehirn einer Logik zu unterziehen. Hier schieden sich wieder die Geister: Die einen sehen diesen Prozess rein physiologisch und vergleichen ihn mit Computerabläufen, die anderen sehen transpersonale Einflüsse und sprechen von einer ganzheitlichen Evolution des Bewusstseins, das letztlich in der Einheit der vollkommenen Transzendenz aufgeht.

Philosophisch ist diese Auseinandersetzung zwischen einer mechanistischen und einer spirituellen Auffassung über den menschlichen Geist aktueller Stand, und weil weder das eine noch das andere bewiesen werden kann, wird dieser Disput auch in Zukunft weitergehen. Dabei fällt jedoch auf, dass das Bewusstsein oder eben der menschliche Geist zwar auf einen Informationsverarbeitungsvorgang im Gehirn zurückgeführt, aber der Begriff Information philosophisch keiner Definition unterzogen wird.

Unbeweisbarer Informationsfluss zwischen menschlichem Geist und transzendentem Allgeist.

Ich habe das als Mangel empfunden und schlage daher vor, alles mit dem abstrakten Begriff *Information* zu bezeichnen, was – mit welchen Worten immer – als Einfluss auf den Gehirnprozess beschrieben wird, gleich, ob es sich um sensorische oder transpersonale Faktoren handelt. Ich habe zu dieser entscheidenden Frage namhafte zeitgenössische amerikanische und europäische Philosophen zu Wort kommen lassen und festgestellt, dass sich viele von ihnen an alte fernöstliche Philosophien anlehnen und – soweit sie die Existenz transzendenter Dimensionen und spirituelle Bewusstseinseinflüsse unterstellen – den herrschenden Religionen wenig abgewinnen können. Es zeigt sich eine sehr eindeutige Tendenz zu einer Neutralisierung des Gottesbegriffs, weil die mythologisch gefärbten Erklärungen der Religionen keine geeigneten Alternativen darstellen. Weil aber das überirdische Wesen *Gott* durch die traditionellen Religionen seit Jahrtausenden bis heute begrifflich besetzt ist und im Christentum Gott sogar ausdrücklich als Person verstanden und dargestellt wird, habe ich mich bemüht, den Ursprüngen der Religiosität nachzugehen und die Gründe für den Glauben der Menschen an höhere Mächte festzumachen.

Die wohl einfachste Erklärung ist schon in der frühen Bewusstseinsentwicklung zu suchen, als sich der Mensch seiner Endlichkeit bewusst wurde. Aus der Kenntnisnahme dieser Unumstößlichkeit entwickelte sich die Sehnsucht nach einem möglichen Weiterleben in einer *anderen Welt*. Diese vage Hoffnung einerseits sowie das unerklärliche Wirken der den Menschen umgebenden Natur anderseits führten zu mythischen Denkansätzen, die sich im Laufe der Menschheitsgeschichte in den verschiedenen Regionen zu Religionen oder zu philosophischen Transzendenzvorstellungen ausformten. Ich bin auf die Ursprünge und die Entwicklung dieser spirituellen Denkkategorien ganz bewusst ausführlich eingegangen, weil sie das Weltbild des Menschen von Anfang an bis heute maßgeblich prägen. Das wesentliche Element dieses Weltbildes ist das Bekenntnis zur Existenz einer transzendenten Dimension.

Ein nicht zu übersehender Umstand liegt aber auch in der Tatsache, dass dieses Weltbild von Menschen konstruiert wurde: einerseits in der guten Absicht, durch Verweis auf *höhere Mächte* und mögliche Sanktionen *von oben* ein friedliches Miteinander sowie ein ethisches Verhalten zu gewährleisten, und anderseits in der verlockenden Absicht, dieses Weltbild für die Berechtigung zu einer irdischen Herrschaftsausübung heranzuziehen und zu missbrauchen.

Die daraus entstandenen Konflikte haben die Menschheitsgeschichte ebenfalls sehr deutlich geprägt. Ein Verweis auf die Parallelität der aktuellen Situation im Nahen Osten mit dem Dreißigjährigen Krieg in Europa unterstreicht dieses Faktum. Letztere Religionskriege fanden in einer Zeit statt, in der Humanismus und Aufklärung bereits ihre ersten Wirkungen hätten zeigen müssen, erstere (durchaus auch als religiöse Konflikte zu bezeichnende kriegerische Auseinandersetzungen) leiden überhaupt am Mangel solcher oder ähnlicher Bewegungen.

Aus der Transzendenz lassen sich keine menschlichen Machtansprüche ableiten. Glaubensrichtungen haben zwar die Transzendenz im Visier, sie werden aber von Menschen dirigiert, denen allen jene archaischen Informationen anhaften, die ich sehr ausführlich mit dem Begriff Gier verbunden habe. Menschen sind diese Urinformationen inhärent, und auch wenn sie jene Ideale vertreten, die ihnen von Mystikern, Weisen, Propheten und *Gottessöhnen* in bester Absicht vermittelt wurden, neigen sie dazu, diese für ihre alleinigen Wahrheits- und Machtansprüche zu hypertrophieren.

Die ethisch-philosophischen Forderungen aller großen Geistesrichtungen sind Idealvorstellungen, die zweifellos große Umbrüche erzielt haben, denen aber die Menschen auf Dauer nicht gewachsen waren und sind. Es gab – und wird wohl immer geben – einen Wechsel von Phasen des Besinnens auf Liebe, Empathie und Selbstaufgabe und Phasen, in denen das *böse Gen* überwiegt. Es entspricht dies dem beobachtbaren Verhalten der Menschen, und es ist nie feststellbar, ob diesem Verhalten bewusste oder unbewusste Entscheidungen zugrunde liegen, ob der freie Wille oder ein gewisser Zwang (Determiniertheit) dominiert.

Diese kurze Charakterisierung des Bezugssystems zwischen religiösen oder auch philosophisch-ethischen Idealen und den Menschen, die sie vertreten und vor allem leben sollen, mag überzeichnet sein. Weil aber die ursprünglich ethischen Grundregeln, die ihre weisen geistigen Schöpfer und Lehrer verkündeten, zu Konstrukten wurden, deren Zutaten die eigentlichen Ideen aus dem Mittelpunkt rückten, wurden sie unglaubwürdiger und angreifbarer. Dabei ist natürlich zu berücksichtigen, dass ethische Gebote für die Menschen verständlich gemacht werden mussten; zunächst für das analphabetische Volk in Form von Erzählungen und Bildern, später durch Verquickung historischer Fakten und inhaltlicher Grundsubstanz mit metaphorischen Umrahmungen. Dies geschah natürlich durch die Einbettung in die bestehende geografische, kulturelle, traditionelle, geistige und mentalitätsmäßige Gegebenheit der jeweiligen Zeit ihrer Verkündung und Verbreitung. Das galt für fernöstliche Geistesbewegungen vor etwa 2500 Jahren, für das Christentum vor rund 2000 Jahren und für den Islam vor rund 1400 Jahren.

Es gab zwar immer wieder kleinere Adaptionen oder – wenn das nicht möglich war – auch korrigierende Abspaltungen, aber am Gerüst der Konstruktionen wurde trotz besser informierter und daher mündiger gewordenen Gesellschaften unbeirrt festgehalten. Das ist erstaunlich und würde von Ökonomen als klassisches Marketingkonzept beurteilt werden, schafft jedoch jene Probleme, mit denen – zumindest in der westlichen Welt – das Christentum zu kämpfen hat: Mit der Bibel in der Sprache und Auslegung von vor Jahrtausenden im 21. Jahrhundert zu begeistern, muss zunehmend auf Unverständnis stoßen. Wenn sich die christlichen Kirchen mit den naturwissenschaftlichen Erkenntnissen immer schwerer tun, wenn sie den Menschen grundlegende biologische Eigenschaften und Rechte streitig machen, wenn sie sich dem öffentlichen Recht entziehen und illegale Handlungen in ihren Reihen und in ihren Institutionen vertuschen und wenn der erst vor Kurzem zurückgetretene Papst unglaubwürdige Geschehnisse aus der Zeit Jesu als historische Fakten und Wahrheiten bezeichnet, muss man zwangsläufig eine Entwicklung vorhersehen, in der eine spirituell aufgeschlossene, offene Gesellschaft abtrünnig wird und eine immer kleiner werdende geschlossene Glaubensgemeinschaft verbleibt. Solche Entwicklungen sind deshalb nicht zu begrüßen, weil für viele Menschen mit dem Zweifel an einen festen Glauben auch ihre geistige Orientierung verloren geht; vor allem dann, wenn alternative Geisteshaltungen, an die sich Menschen anhalten können, fehlen.

Es ist nicht schwer, den gewaltigen Einfluss, den alle welterklärenden Religionen und Transzendenzphilosophien auf die Menschen hatten und noch immer weltweit haben, zu beobachten. Wenn man als Tourist in welche Länder auch immer reist, erregen die Sakralbauten die größte Aufmerksamkeit: In Europa sind es vom Mittelmeer bis in den Norden die Prachtkirchen und Kathedralen aus der Zeit des 4. bis zum 19. Jahrhundert; in Ägypten die Tempel der Göttinnen und Götter und die Pyramiden als Grabstätten der Pharaonen (Gottkönige) aus einer Zeit vor mehr als 5000 Jahren; in den arabischen Ländern die prächtigen Moscheen und Minarette; in Indien, Kambodscha, Laos, Indonesien und Malaysia die großartigen hinduistischen Tempel für die Vielzahl der Göttinnen und Götter; in China und Japan die Tempelanlagen, Reliquienschreine und die die kosmischen Weltebenen darstellenden Pagoden. Alle diese Bauten symbolisieren den Weg zum Himmel, zur anderen Welt, zur Transzendenz, sie zogen und ziehen die Menschen in ihren Bann und sind ein Zeugnis der Sehnsucht der Menschen nach dem Weiterleben. Natürlich wurde der jeweiligen Bevölkerung oftmals jene Religion oder geistige Bewegung, mit der sich die Herrscher identifizierten und ihre unmittelbare Macht von oben ableiteten, aufoktroyiert, die Sehnsucht und die Hoffnung auf Heil im späteren Leben bestanden immer unabhängig davon und wurden dadurch in einem gewissen Maße konkretisiert und erfüllbar gemacht.

Die Tatsache, dass sich nach den Erhebungen der Weltreligionsstatistik der überwiegende Teil der Weltbevölkerung zu einer Glaubensgemeinschaft bekennt, sagt per se noch nichts über die innere Einstellung der Menschen und ihre Beziehung zu einer transzendenten Welt aus. Es gibt Strenggläubige, ja auch Eiferer und bis zum Märtyrertod Indoktrinierte, aber es gibt – wahrscheinlich mehrheitlich – auch nur Mitglieder auf dem Papier; und vor allem gibt es außerhalb jeglicher Mitgliedschaft Gläubige, die irgendeinen oder ihren eigenen *Gott* suchen. Überdies bekennen sich Menschen explizit als Atheisten, welche die Existenz einer transzendenten Welt ablehnen und das Ende des Lebens mit dem biologischen Tod gleichsetzen, und wieder andere behaupten, Agnostiker zu sein, weil sie die Glaubensfrage für unbeantwortbar halten. Sehr stark zu vermuten ist jedoch, dass der weitaus überwiegende Teil der Menschheit – seit jeher und auch heute – über diese Frage zumindest gelegentlich nachdenkt: Welchen Sinn hat eigentlich mein Leben? Was ist nachher? Diese Fragen haben natürlich eine spirituelle Dimension, doch diese Denkebene ist durch den aktuellen Zeitgeist zurückgedrängt.

Wir leben derzeit nicht nur in der sogenannten Informationsgesellschaft, die uns jegliches Wissen fast augenblicklich zur Verfügung stellt, sondern wir leben auch in einer Konsumgesellschaft, die in der Lage ist, alle unsere materiellen Bedürfnisse zu befriedigen. Dies kommt von unseren Ureigenschaften (archaischen Informationen), die ich als die negative Seite der Gier (im Gegensatz zur positiven, der Neugier) behandelt habe. Dabei stellen sich jedoch zwangsläufig weitergehende Fragen: Ist genug irgendwann wirklich genug? Oder: Kann das Angebot von Gütern und Dienstleistungen nicht doch auch auf einen natürlichen oder zwangsweisen Nachfragerückgang stoßen, weil die Befriedigung der Bedürfnisse durch Knappheit der finanziellen Ressourcen nicht mehr möglich ist? Aus verschiedenen Gründen ist ein Ende des materialistischen Zeitgeists nicht mehr auszuschließen. Was aber dann, wenn ein zur Gewohnheit gewordener steigender Wohlstand (wobei das Wohl auf materielle Ansprüche gemünzt ist) nicht mehr gewährleistet werden kann? Kann dann ein konfliktfreies Umdenken einsetzen? Werden dann geistige Werte nachgefragt? Dass dies aus einem Gefühl der materiellen Sättigung oder eben durch die nicht mehr gegebene Bedürfnisbefriedigung möglich ist, kann nach Einschätzung der künftigen wirtschaftlichen Entwicklung nicht ausgeschlossen werden.

Es stellt sich dann die Frage, ob das gewohnte Wohl durch ein neues Wohl ersetzt werden kann. Kommt also eine Zeit, in der ideelle, geistige, also immaterielle Werte – wieder – an Wert gewinnen? Und welche geistigen Werte können neue Orientierungshilfen für die Menschen sein? In erster Linie denkt man dabei an Ideologien und an Gesellschaftssysteme, die geeignet sind, den Menschen glaubwürdig Zukunftsperspektiven anzubieten. Diese Art von Werten kann jedoch *nur* die Lebensbedingungen abdecken. Freilich sind sie auch in der Lage, geistige Grenzbereiche zu tangieren, wenn sie geeignet sind, Altruismus, Ethik, Moral und Empathie stärker in den Mittelpunkt des Bewusstseins zu rücken.

Ich begnüge mich mit dem Hinweis, dass Menschen in besonderen (prekären) Situationen ihr Alltagsverhalten ändern und empathische Gefühle entwickeln. Das wird in Notsituationen (Erdbeben, Hochwasser und Ähnliches) sichtbar, wenn Zuneigung, spontane Hilfeleistung und Spendenbereitschaft zum Ausdruck kommen. Langsame Verhaltensänderungen sind durchaus auch bei mittelbaren Gefahrenszenarien zu beobachten (steigendes Umweltbewusstsein, Gerechtigkeitsempfinden).

Diese hier kurz gestreiften Vorgänge, die zu Verhaltensänderungen führen, lassen sich auch in Form einer informationsbegrifflichen Systematik ausdrücken: In allen Bereichen und für alle Lebensebenen werden laufend detaillierte Informationen über Ist-Zustände erhoben, gesammelt, statistisch ausgewertet und vergangene Entwicklungen verfolgt. Die Computertechnik ersetzt dabei die frühere mühsame manuelle

Datenaufbereitung. Aus diesen Informationsbündeln werden durch Einbeziehung verschiedener Parameter (Informationen ergänzender Art) Prognosemodelle für die zu erwartenden Entwicklungen und – soweit nötig und möglich – Lösungsansätze zur erforderlichen Verstärkung oder Abschwächung von voraussehbaren Entwicklungen dargestellt. Diese Instrumente (Informationskonglomerate) dienen den jeweils zuständigen Entscheidungsträgern zur Steuerung und je nach – politischer – Willensbildung (hier löst das Gehirn den Computer ab) zu bestimmten Maßnahmen, die Verhaltensänderungen herbeiführen sollen. Über Medien gelangen diese Informationen über die sensorischen Empfangsstellen in den Informationsverarbeitungsprozess der individuellen Gehirne und lösen – in der Regel – einen Vorgang aus, den man *Denken* nennt. Je nach Bedeutung und Betroffenheit solcher Informationen können, sollten oder müssten notwendige Verhaltensänderungen folgen. Informationen, welcher Art immer, sind also Voraussetzung und Grundlage sowohl für individuelle wie auch für gesellschaftliche Anpassungen.

Die erwähnten Beispiele betreffen in erster Linie das tägliche Leben und eine möglichst optimale Konditionierung an die gesellschaftlichen und naturbedingten Situationen. Es können dies rationale und/oder emotionale Handlungsentscheidungen sein, wobei letztere eine fließende Grenze zur immateriellen geistigen Wertehaltung bilden.

Gefühle wie Gemeinsinn, Altruismus, Empathie, Naturverbundenheit, kosmisches Bewusstsein führen in eine spirituelle Denkkategorie und sind mit der Frage verbunden, die sich Menschen zunehmend stellen: Kann das, was wir gemeinhin unter unserem Leben verstehen, alles sein? Allein das Nachdenken über diese Frage hat einen spirituellen Hauch, und es ist auch festzustellen, dass viele Menschen von einer zunehmenden Spiritualität erfasst werden. Man kann dies als ein Suchen nach der Wahrheit bezeichnen, die nicht dort gefunden werden kann, wo sie bestehende Institutionen anbieten. Dieser Zustand der Unbefriedigtheit und teilweise auch der Enttäuschung über das bestehende Angebot lässt manche in den Armen heilsversprechender Sekten landen, wo sie sich als indoktrinierte Abhängige und/oder wieder Enttäuschte finden.

Spiritualität ist die Suche nach der Verbindung zwischen individuellem Geist und Transzendenz.

Welche Informationen das über die fünf Sinne hinausgehende Sensorium der Menschen und damit spirituelle Gedanken beeinflussen oder steuern, ist nicht nachzuweisen. Der Glaube an etwas Höheres oder an ein höheres Wesen, wie das von vielen geschildert wird, entspricht der starken Vermutung, ja sogar der Überzeugung vieler Menschen, dass eine transzendente Welt existiert. Dennoch wird die Identifizierung mit den Transzendenzbildern (Himmel, Engel und Gott als Person) der bestehenden Religionen schwächer. Die Ursachen liegen in den ausführlich behandelten Umständen. Das Thema ist jedoch dadurch nicht vom Tisch, es ist, im Gegenteil, allgegenwärtig. Niemand, der nicht atheistisch oder aber strenggläubig ist, wird wohl behaupten können, dass er darüber nie nachgedacht hat, denn das wäre so unglaubwürdig wie das Ablehnen des Gedankens an den leiblichen Tod, der jedem sicher ist.

Die Spiritualität beginnt also mit dem Verlassen der alltäglichen physikalischen, mechanistischen, materialistischen Gedankenwelt und – ich behaupte auch – mit dem Verlassen der naturgesetzlichen Realität; mit einer Entwicklung der Ich-Persönlichkeit zu einem bewussten Selbst-Sein, zu einer ganzheitlichen, immateriellen, geistigen Bewusstseinsdimension, die letztlich in der Transzendenz landet, die von vornherein nicht mit religiösen Begriffen besetzt ist. Es ist das gedankliche Streben, sich in dieser Dimension zurechtzufinden und die Ganzheit zu begreifen. Es geht darum, eine persönliche Beziehung zu dieser transzendenten Dimension zu finden und aufzubauen. Der Begriff *Gott* sollte als Synonym für diese höhere Ebene gelten, jedoch in einer neutralisierten und abstrahierten Bedeutungsform.

Betrachtet man alle bestehenden naturwissenschaftlichen Theorien wie die Evolutionstheorie, die Quantentheorie und Theorien über die Entstehung des Universums sowie alle philosophischen Transzendenztheorien und schließt sowohl die rein materialistischen, atheistischen wie – aus erwähnten Gründen – auch alle religiösen und theistischen Welterklärungslehren aus, kann man ein gemeinsames Grundelement erkennen: *Die Information als die kleinste Einheit jeder Ganzheit.*

Am Anfang war die Information, und durch diesen Impuls (durch dieses Bit, durch dieses Einschaltsignal, das die christliche Lehre „das Wort Gottes" nennt – siehe das Johannesevangelium: „Im Anfang war das Wort … und das Wort ist Fleisch geworden …") entstand die Immanenz (das Universum) und setzte in der Folge die Evolution in Gang. Schließlich sind alle Formen der anorganischen und organischen Natur auf den Informationsprozess zurückzuführen. Dieses von uns erlebte immanente Diesseits hat also offensichtlich seinen Ursprung im transzendenten Jenseits, das als eine immaterielle, rein geistige Dimension ohne Raum und Zeit, als unendlich und ewig aufzufassen ist. Wenn nun philosophierende Quantenphysiker der Meinung sind, dass alles im Kosmos aus jenen Elementarteilchen besteht, die schon vor dem Urknall vorhanden waren, und der menschliche Geist ebenso durch die Verbindung der Teilchen in einem ganzheitlichen System Teil des kosmischen Geistes ist, bliebe eigentlich nur die einfache Bezeichnung dieser Elementarteilchen als Information. Das würde aber gleichzeitig bedeuten, dass natürlich auch der menschliche Geist auf die kleinste Informationseinheit reduzierbar ist, und das Argument der Teleologiker entkräften, dass der Geist nicht evolutionstheoretisch erklärt werden kann.

Die Wirklichkeit hat ihren Ursprung in der geistigen Dimension der Transzendenz. Wenn man die Evolution lediglich als eine Entwicklungsgeschichte materieller Formen auffasst und den materialistischen Naturalismus kritisiert, berücksichtigt man nicht den Ursprung, das immaterielle Startsignal. Dieses kommt aus einer geistigen Dimension, und der materielle Prozess wird in Gang gesetzt und in der Folge von geistigen Elementen namens Information befördert. Es stellt sich mir die Frage, wieso dann der menschliche Geist nicht auf dieselben geistigen Einheiten reduzierbar sein soll und wieso man die geistige Dimension namens Transzendenz als Ursprung und Ziel ablehnt. Letzteres wäre nämlich vor allem von den Vertretern der teleologischen Philosophie nicht zu erwarten, weil gerade diese eine Zielgerichtetheit des universellen Prozesses annehmen, aber das Ziel selbst nicht definieren. Ich werde mit meiner Theorie ein geistiges Ziel (ein materielles ist wohl auszuschließen) nennen, das sich dort befindet, wo sich der Ursprung befindet und woher das Startsignal, die erste Information stammt: die Transzendenz.

	5|2		Die Informationstheorie

Die Suche nach der Wahrheit schließt den Versuch, eine nachvollziehbare alternative Lösung zu finden, mit ein, wenn man die vorhandenen Lösungen kritisiert. Der US-amerikanische Literaturnobelpreisträger William Faulkner sagt – nicht zu diesem Thema, aber durchaus auch dafür geeignet: „Die Gefahr bei der Suche nach der Wahrheit ist, dass man sie manchmal findet." Würde ich sie gefunden haben, bin ich mir dieser Gefahr bewusst!

 Mit dieser Gefahr sehe ich mich allerdings nicht allein konfrontiert. Alle, die sich in diese Dimensionen vorgewagt haben, und viele, die das ständig tun und tun werden – auch Philosophien, Ideologien, Religionen, Visionen und Spekulationen nicht ausgenommen –, unterliegen ihr. Eine wesentliche Gefahrenminderung liegt jedoch in dem Umstand, dass für sämtliche im Rahmen dieser spirituellen Dimension aufgestellten Hypothesen und entwickelten Theorien die Unbeweisbarkeit gilt: Sie können – nach derzeitigem Stand – weder verifiziert noch falsifiziert werden. Einer Kritik unterzogen werden kann nur die Logik der jeweiligen Schlussfolgerungen.

 Eine in die Transzendenz führende Theorie bedarf also mangels einer Beweismöglichkeit ebenfalls des Glaubens. Eine Theorie sollte jedoch dann *glaub-würdiger* sein, wenn möglichst viele Grundlagen, auf denen sie aufbaut, den empirischen Fakten entsprechen, wissenschaftlich gesichert sind oder sich in einem ernsten vorwissenschaftlichen Stadium der interdisziplinären Forschung befinden.

Ohne Information keine Energie, keine Materie und kein Leben! So könnte man kurz zusammenfassen und damit die Information als Urelement bezeichnen, das den Kosmos entstehen und ihn in der Form und in all seinen Teilen entwickeln ließ. Ich habe die zentrale und ausschließliche Bedeutung der Information für die Existenz alles Anorganischen und Organischen und damit für die Existenzfähigkeit des menschlichen Lebens ausführlich behandelt und versucht, eine Brücke zwischen Biologie und Informatik zu bauen. Die Verarbeitung von Informationen, die ständig in unfassbarer Menge auf die menschlichen Sinne eintreffen, findet in diesem komplexesten Organ Gehirn statt, das ich mit dem anorganischen Gerät Computer insofern verglichen habe, als dieser Prozess binär erfolgt: Jede Informationsverarbeitung ist also in die kleinste Informationseinheit, das Bit (1 für die Einschaltung, 0 für die Verhinderung), zu zerlegen. So entstanden Atome, Moleküle, so entstanden Materie und Leben. Hirnforschung, Mikrobiologie und Genetik einerseits sowie Informationstechnologie, Informatik und auch Quantenphysik anderseits reduzieren ihre wissenschaftliche Arbeit im Wesentlichen auf denselben elementaren Baustein. Die Forschungen und Erkenntnisse auf diesen Gebieten habe ich als Wissenschaft der Information bezeichnet.

Alles, was sich in unserem Gehirn abspielt, was unser Bewusstsein, unser Ich und unseren Geist ausmacht, basiert auf dieser komplexen Informationsverarbeitung: Sie steuert unser Denken, unser Handeln, unser Gedächtnis. Weil die Kapazität unseres Gehirns beschränkt ist, nützen wir alle uns zur Verfügung stehenden technischen Mittel, die wir im Laufe der Zeit selbst geschaffen haben (von der Tontafel über das Buch bis zum – implantierten – Mikrochip), zur Erweiterung unseres geistigen Potenzials. Den Zustand der Verschränkung der physiologischen mit der technologischen Kapazität und das dadurch erreichte größere Informationsvolumen bezeichnen wir salopp als Informationsgesellschaft oder Informationszeitalter, ohne uns bewusst zu werden, dass schon dieser Zustand und erst recht die weitere Entwicklung neue Weltbilder entstehen lassen.

Das Infoversum ist ein holistischer Begriff. Informationen erreichen uns bekanntermaßen und wissenschaftlich fundiert über unsere fünf Sinne ununterbrochen und unser ganzes Leben lang und stammen von der Umwelt sowie vom gesellschaftlichen, kulturellen, ökonomischen und sozialen Umfeld. Ich nenne sie *die physischen Informationen*. Auf zwei weitere wichtige Informationsquellen habe ich ausführlich hingewiesen: Erstens auf das archaische Informationsgerüst (durch die Genetik ebenfalls weitgehend bestätigt), das im genetischen Bauplan schon vorhanden und für den Selbsterhaltungstrieb verantwortlich ist, dessen hypertrophe Entwicklung beim Menschen zur Eigenschaft der Gier in jeglicher (positiven und negativen) Ausformung geführt hat. Daher rühren die Fragen und Diskussionen um Gut und Böse und um Ethik und Moral. Und zweitens auf alle Informationen, die uns über das Sensorium erreichen, das über die fünf Sinne hinausgeht. Dieser Informationskategorie hat sich die Wissenschaft erst in den letzten Jahrzehnten ernstlich zugewendet. Empirische Erkenntnisse stehen noch aus, und das ist auch der Grund, warum diese phänomenalen Informationen im Bereich der Esoterik und der Parapsychologie angesiedelt sind. Wie meine kursorischen Hinweise zeigen, existieren sie jedoch. Ich habe sie als *metaphysische Informationen* bezeichnet. Dazu zähle ich – ohne weiter zu kategorisieren – auch jene vermuteten *transzendentalen Informationen*, welche die Bewusstseinsphilosophen transpersonale Einflüsse nennen.

Diese drei Informationskategorien sind die Quellen unserer Bewusstseinsbildung, unseres Verhaltens und unseres Handelns. Wie diese Informationsströme im jeweils individuellen Gehirn verarbeitet werden, welche Informationen davon unser Bewusstsein tangieren und welche im Bereich des Unbewussten abgelegt werden und dort schlummern, ist weder von der Außen- noch von der Innensicht des Gehirns feststellbar. Ich habe der Frage des Bewusst- und Unbewusstseins ebenso wie der Frage des freien Willens oder der Determiniertheit großen Raum gegeben und neige selbst zur Mehrheitsmeinung, dass das Unbewusste in uns eine sehr große Rolle spielt und dass unser freier Wille mehr Illusion als Realität ist. Beide Fragen sind jedoch für die Grundlagen meiner Theorie nicht relevant.

Ein Kernstück dieser Theorie ist hingegen die Hypothese, dass das Produkt des menschlichen Gehirns auch den Geist umfasst. Damit meine ich, dass das Ergebnis der Verarbeitung aller empfangenen Informationen ein geistiger Komplex ist, der sich in Form des Bewusstseins, des *Selbst-Bewusstseins*, des *Selbst-Seins* und des Ich manifestiert. Nicht: „Ich bin mein Gehirn", sondern: „Ich bin das geistige Produkt meines Gehirns", das in meinem irdischen Dasein von meinem materiellen Körper eingerahmt ist.

Die Verbindungsketten

Die Entstehung des Kosmos (dies gilt für die Urknalltheorie genauso wie für Multiversentheorien und andere mathematische oder quantenphysikalische Weltentstehungsmodelle) und jegliche folgende Entwicklung sind auf Information zurückzuführen. Ich meine, dass dieser Hypothese mehr Bedeutung zukommt, weil Information jenes

Urelement ist, das alle anderen Elemente (eben auch solche, die als *Weltentstehungs-kräfte* gelten, wie Energie, Strahlung usw.) erst entstehen ließ. Wenn man den Kosmos als ganzheitliches System sieht (was der gängigen Meinung entspricht), dann ist zu unterstellen, dass es neben der immanenten Dimension, also der von uns zum Teil wahrnehmbaren Welt, eine transzendente Dimension, also eine mit uns in Verbindung stehende geistige Ebene, gibt.

Wenn wir uns auf die Suche nach der Wahrheit begeben, können wir sie nur stückweise finden: als den Teil, den wir subjektiv für wahr halten, und als den Teil, den wir als objektive Wahrheit zur Kenntnis nehmen sollten. Die objektive Wahrheit entspricht im Wesentlichen der Wirklichkeit (auch wenn diese als unser geistiges Konstrukt oder als Illusion vermutet wird) und unserem jeweiligen Wissensstand, der sich aus der Verarbeitung der Summe unserer physischen Informationen ergibt. Dass subjektive und objektive Wahrheiten sehr oft nicht übereinstimmen, zeigt auch das bemerkenswerte Beispiel der Weltentstehungshypothese der Kreationisten.

Wichtig ist mir hier jedoch die Feststellung, dass die Wahrheit, die wir uns zu finden bemühen, ewig und unverändert existiert. Die Informationen waren und sind immer vorhanden, haben in uns jedoch nur teilweise und sukzessive einen Empfänger gefunden. Bei allem, was wir für wahr halten, bei all unserem Informations-, Wissens- und Erkenntnisstand, über den wir in der immanenten Welt verfügen und verfügen werden, kann es sich nur um eine relative Wahrheit handeln.

Diese Feststellung gilt allgemein als unbestritten. Alles, was der menschliche Geist im Laufe der Geschichte geschaffen hat, der aktuelle Wissensstand und alle künftigen Ergebnisse und Erkenntnisse sind auf die archaischen Informationen und auf die Hypertrophierung des Gehirns zurückzuführen. Das Streben nach mehr, die Neu-Gier sind die Triebkräfte für Fortschritte und für die ständige Suche nach der Wahrheit, die relativ größer, absolut jedoch nie erreicht werden kann. Darin liegt unter anderem auch das Schicksal der Versuche, ganzheitliche Weltformeln zu finden. Es wird wahrscheinlich gelingen, den Urknall zu simulieren und eine materialistische Weiterentwicklung und das vermutliche Ende des Universums zu prognostizieren, nicht jedoch den Zustand vorher und die Ursache und nicht den Zustand nachher. Das heißt, dass die Frage nach dem Woher und Wohin naturwissenschaftlich, materialistisch vermutlich beantwortet werden kann.

Die daraus folgende Hypothese findet weitgehende Zustimmung: Weil der menschliche Geist durch die Rahmenbedingungen der immanenten Welt und durch seine physiologische Grundstruktur eingeschränkt ist, findet er zwangsläufig seinen Horizont in der Dimension seines irdischen Daseins. Für unsere Neu-Gier, für unser Streben und Forschen nach mehr Informationen, nach Erweiterung unserer relativen Wahrheit, kann daher nur der Weg das Ziel sein.

Die dem Menschen jeweils zur Verfügung stehende Informationsmenge ist Teil des unendlichen und ewigen Infoversums.

Meine nächste Hypothese hingegen wird breiten Widerstand hervorrufen: Wenn man folgert, dass alles Relative einen Bezug zu etwas Absolutem haben muss, wird man auch den Schluss ziehen müssen, dass *die relative Wahrheit einen Bezug zur Absoluten Wahrheit hat.* Daher muss es diese – was vielfach abgelehnt wird – auch geben. Andernfalls könnte man auch nicht von relativer Wahrheit sprechen. In der immanenten Welt, die einen Anfang und ein Ende hat, kann sie nicht gefunden werden: Einige markante Beispiele lassen wohl nachvollziehen, dass die Absolute Wahrheit ewig existiert und dass sie sich unserem geistigen Potenzial jedoch erst im Laufe unserer Geschichte sukzessive und teilweise geoffenbart hat, wie Botschaften, die endlich angekommen sind.

Alle Naturgesetze, die uns – bislang – bekannt sind, gibt es seit der Entstehung des Kosmos. Seit der Entstehung des Planetensystems dreht sich die Erde um die Sonne; wir wissen das erst seit 500 Jahren, als Kopernikus dieser Nachweis gelang, der 100 Jahre später von Galilei – gegen den Widerstand des herrschenden Wissenschaft – bestätigt und öffentlich gemacht wurde. Die Naturgesetze waren also wahr, bevor wir sie wahr-genommen haben. Das Werden unserer Welt und die organische Evolution gab es von Anfang an; die relative Wahrheit unseres Wissens wurde erst vor rund 150 Jahren durch Darwin größer. Erst seit dem vorigen Jahrhundert haben wir Kenntnis vom genetischen Aufbau aller Lebewesen, obwohl er seit der Entwicklung der ersten Organismen bestimmend war; und von der Quantenwelt, die seit der Entstehung der Materie – oder schon vorher – existierte, verstehen wir heute noch nicht die gesamte ganzheitliche Bedeutung. All diese Fakten und Bedingungen entsprechen einer Wahrheit, die unserer geistigen Evolution erst sukzessive vermittelt wurde.

Um den Status unserer relativen Wahrheit, also unseren Erkenntnisstand zu beschreiben, möge das Beispiel der Kosmologie dienen: Unsere Wissenschaft beschäftigt sich vornehmlich mit unserer Erde und dem Leben auf diesem Planeten. Davon verstehen wir schon sehr viel, aber bei Weitem noch nicht alles. Auf unserem Trabanten, dem Mond, haben wir erst einige Kurzbesuche absolviert. Den nächsten Planeten unseres Sonnensystems versuchen wir gerade näher zu kommen. Von der Existenz anderer Sonnensysteme in unserer Galaxie haben wir zwar Kenntnis, verfügen jedoch über keinerlei Wissen über deren Bedingungen und Zustände. Ob in unserem Milchstraßensystem oder außerhalb anderer Galaxien Bedingungen etwa für die Existenz von – vielleicht – intelligent(er)en Wesen gegeben sind, ist nicht mehr als eine Glaubensfrage oder Thema für Science-Fiction-Filme. Ob es mehrere – oder viele – Universen gibt und ob die sogenannte kosmische Hintergrundstrahlung nicht auch als das Urelement Information bezeichnet werden muss, entzieht sich vollends unserer relativen Wahrheit. Vor Kurzem sind wir auf der Suche nach verbindenden Teilchen (Higgs-Bosonen) fündig geworden und glauben, die Entstehung des Universums besser zu verstehen, obwohl die Mikrowelt schon seit der Urzeit, seit rund 13 Milliarden Jahren – und wahrscheinlich schon vorher in einer uns unbekannten immateriellen Form – existiert hat. Denn aus Nichts kann nichts werden.

Von der immanenten in die transzendente Welt

Daher muss es etwas gegeben haben, was das Werden entstehen ließ und was vor dem und jenseits des Diesseitigen, jenseits des Erfahrungsbereiches war und ist: *die Transzendenz!* Diese geistige Dimension bezeichne ich nun als die *Absolute Wahrheit*, die die Summe aller Informationen umfasst, derer wir nur teilweise gewahr geworden sind und auch in Zukunft gewahr sein werden.

Wie weit und in welcher Form unser evolvierender Geist mit diesem geistigen Paralleluniversum, mit diesem Allgeist, in Verbindung steht, wird sich vermutlich des wissenschaftlichen Nachweises entziehen. Auf einige spekulative Theorien habe ich verwiesen. Ich sehe diese Verbindung im metaphysischen Informationsfluss, der sich auch in Form einer metaphysischen Kommunikation äußern kann (worauf ich noch eingehen werde). Dass diese Verbindung jedenfalls gegeben ist, scheint logisch und wird auch in der philosophischen Wissenschaft mehrheitlich und vollends von allen Religionen und spirituellen Bewegungen vertreten. Umstritten aber ist die Auflösung des individuellen menschlichen Geistes in den Allgeist. Die monotheistischen Religionen bezeichnen dies als *Auferstehung*.

Die letzte Erkenntnis ist die Vereinigung des individuellen mit dem kosmischen Geist. Meiner informationstheoretischen Folgerung nach kann und wird die geistige Vereinigung in der Transzendenz erfolgen, wenn der vom Körper befreite, selbstständige, individuelle Geist mit dem kosmischen Geist *verschmilzt*, wenn seine relative Wahrheit der Absoluten Wahrheit offenbar wird. In der gängigen Diktion spricht man dann von Offenbarung oder Erleuchtung. Während den immanenten Kosmos offensichtlich ein Prozess des ständigen Werdens und Vergehens in Raum und Zeit kennzeichnet, ist die Transzendenz, *die Absolute Wahrheit, ewig und unendlich.*

Ein neues Weltbild.   Die Summe der uns jeweils verfügbaren Informationen entspricht unserer relativen Wahrheit und ist Teil der Summe der unendlichen Informationen, der Absoluten Wahrheit. Wenn der Begriff *Gott* nun – wie ich ausführlich dargelegt habe – abstrahiert und ihm damit die Menschengestalt genommen wird, ist es möglich, seinen Bedeutungsinhalt wieder zu konkretisieren: *Gott ist die Absolute Wahrheit.*

Die Formeln lauten:

$\sum I^n$ = relative Wahrheit
(1-2-3-4- - - - - -n)
Die Summe der jeweils (zeitlich) zur Verfügung stehenden Informationen stellt den jeweils aktuellen Erkenntnisstand dar. Die Information ist eine Funktion der relativen Wahrheit.

$\sum I^\infty$ = Absolute Wahrheit = Gott
Die Summe aller (unendlichen) Informationen ist die Absolute Wahrheit und kann daher mit dem Begriff *Gott* identifiziert werden.

Da die Information (I) auch auf die kleinste Einheit reduzierbar ist, wäre das „I" in den Formeln durch 0/1 zu ersetzen.

Die Information ist das Urelement, das – wie Goethe sagen würde – die „Welt im Innersten zusammenhält".

Die Theorie ist holistisch und teleologisch, das bedeutet, dass sie die materielle und geistige Ganzheit, die Immanenz und die Transzendenz umfasst und dass sie auf ein höchstes Ziel gerichtet ist, das ich konkret als Absolute Wahrheit oder als Gott bezeichne.

Da es unmöglich ist, empirische Beweise zu liefern, und die Vernunft durch die Wissenschaft nicht fundiert werden kann, ist diese Theorie dem Vernunftglauben ausgesetzt. Einem Falsifikationsversuch leistet sie allerdings harten Widerstand.

Die Ganzheit des
Infoversums

Transzendenz

Ω
Absolute Wahrheit
Offenbarung

Vergeistigung

Erkenntniszunahme
IT + (künstliche
Intelligenz + Geist)

Genetik

Quantenphysik

???????

Internet

EDV

Informations-
technologie

relative
Wahrheit
Wissensstand

Massen-
medien-

Film, TV
Radio

Zeitung

Medien

Theater
Rede
Sprache

Buch
Bild
Text

geisteswissenschaftliche +
naturwissenschaftliche
Erkenntnisse

Laute

Formen

Bewusstsein +
Unbewusstsein

Zeichen
Codes

MENSCH

ORGANISMEN

NATURGESETZE
MATERIE
UNIVERSUM

Immanenz

Informationshierarchie

Informationsholarchie
Absolute Wahrheit
α

Das Infoversum stellt sich als Ganzheit dar, die als Summe aller unendlichen Informationen, also als Absolute Wahrheit sowohl die immanente Welt wie auch die Transzendenz umfasst. Das Infoversum ist der *Schöpfer* des uns bekannten Universums (und der etwaigen – uns nicht bekannten – parallelen, mehreren oder vielen Universen); es ist der Former der für uns wahrnehmbaren materiellen und energetischen Welt, und sein transzendenter Allgeist steht mit dem menschlichen Geist in – nicht nachweislich wahrnehmbarer – Verbindung. Die Information ist das Urelement der Materie, der Energie sowie der Naturgesetze und die Ursache für die Entwicklung der Organismen, letztlich des Menschen und seines Geistes.

Die Informationsholarchie weist auf die Höherentwicklung der Lebewesen und auf die geistige Höherentwicklung des Menschen auch zufolge der von ihm selbst geschaffenen Codes (Medien) hin. (Die Tabelle auf Seite 30 findet hier ihre Fortsetzung.)

Der durch Bewusstsein und Unbewusstsein geprägte menschliche Geist führt schrittweise zu einem immer höheren Erkenntnisstand (Vergrößerung des Wissens bzw. der relativen Wahrheit), und die Informationstechnologie (unter Einschluss der Genetik und bis zur Fiktion einer künstlichen Intelligenz) lässt das Ende dieser *Vergeistigung* nicht absehen. Für den selbstständigen individuellen Geist endet die Entwicklung mit dem physischen Tod und seinem Übergang in die immaterielle, transzendente Absolute Wahrheit.

Das Infoversum lässt für den Menschen einen Prozess des ständigen Werdens und Vergehens erkennen. Das Universum, die Erde, die Natur und die Menschen beginnen mit dem Alpha und enden im Omega. Dies gilt für Materie und Geist gleichermaßen, weil sie aus dem Urelement Information entstanden sind, bestehen und wieder Information werden. Diese spirituelle Darstellung lässt sich für gläubige Menschen übersetzen, indem das Infoversum als Gott Offenbarung und Paradies bezeichnet.

Die Problematik der Theorie

Die Kommunikation mit der Transzendenz. Wie alle in die Transzendenz reichenden Theorien, Religions-*Lehren* und spirituellen Vorstellungen setzt auch diese Informationstheorie bezüglich der Schlussfolgerung den Glauben voraus. Während alle großen Religionen ihre jeweils höchsten Wesen in mehr oder weniger konkretisierten Menschengestalten im Jenseits sehen und – wie die christlichen Religionen – auch darstellen, fehlt dem gegenständlichen Modell dieser konkrete Bezugspunkt. Die Absolute Wahrheit ist ein abstrakter Begriff, auch wenn der Bedeutungsinhalt durch die Summe der unendlichen Informationen konkret beschrieben ist. Die Existenz des Menschen basiert – wie ausführlich dargestellt – auf dem Urelement Information, und als soziales Wesen ist er auch auf den Austausch von Informationen, auf die Kommunikation, angewiesen. Auch das Denken ist eine Form des inneren Dialogs: Man spricht sozusagen mit sich selbst. Diese unmittelbare Interdependenz lässt den Menschen auch in seinem spirituellen Denken, Verlangen und Handeln nach einem Kommunikator suchen. Die Präsentation eben eines solchen Gesprächspartners im Jenseits ist sicherlich das wesentliche Erfolgsmerkmal aller Religionen (die fernöstlichen Philosophien gehen, wie beschrieben, einen anderen Weg). Der vorstellbare, weil menschenähnliche Gott oder die bildlich dargestellten Götter sind also ansprechbar, man betet zu ihnen, man bittet sie, man dankt ihnen. Dass sie keine greifbaren, sichtbaren, hörbaren und keine wirklich aktiven Kommunikatoren sind, spielt offensichtlich keine Rolle.

Genau diese Eigenschaft fehlt der Absoluten Wahrheit. Es sei denn, man identifiziert sie mit Gott, mit dem Schöpfer, mit dem Herrn, mit dem Vater. Wenn nun folgerichtig alle und alles Gottes Geschöpfe und Menschen daher Gottes Kinder sind, stimmt das „Vaterunser", das Gottes Sohn, Jesus, die Menschen zu beten gelehrt hat, gleichermaßen:

„Vater unser, der Du bist im Jenseits,
verehrt werde Dein Name,
Dein Reich komme, Dein Wille geschehe,
Wie im Jenseits, so im Diesseits.
Denn Dein ist das Reich und die Kraft
und die Herrlichkeit, in Ewigkeit.
Denn Du bist die Absolute Wahrheit,
unser Schöpfer, unser Herr, unser Vater, unser Gott!"

Bei diesem spirituellen Monolog fehlen im Vergleich zum bekannten Gebet die Bitte um das tägliche Brot sowie die Vergebung der Schuld und die Erlösung vom Bösen. Auch wenn unser freier Wille eingeschränkt ist („Dein Wille geschehe"), sind wir determiniert an die ethischen Werte und unsere selbst geschaffenen Normen. Das heißt, dass wir und die Gesellschaft, in der wir leben, im irdischen Dasein für unsere Selbsterhaltung, für unsere Schuld und für das Böse uneingeschränkt verantwortlich sind.

In der immanenten Welt gelten ethische Werte. Spiritualität und der Glaube an eine transzendente Existenz sind sicherlich Orientierungshilfen, sie helfen jedoch wenig bei der Bewältigung der Probleme, die das Zusammenleben der Menschen mit sich bringt. Wie schon mehrfach erwähnt, wird die Ethik im Gefolge der Globalität eine neue Dimension erhalten (müssen). Empathie und Altruismus wird die konkrete, materielle Komponente *Teilen* abverlangt werden.

Die Frage nach der Gerechtigkeit. Die unmittelbar im Zusammenhang mit Schuld und Sühne sowie mit Gut und Böse stehende Frage ist jene nach der Gerechtigkeit; soweit sie im Diesseits nicht zuteilwird (bezüglich des Rechts sollte dies in rechtsstaatlichen Systemen weitgehend gewährleistet sein), hoffen gläubige Menschen auf deren Erfüllung im Jenseits, wo Gott sie ihnen zuteilwerden lässt. Wenn man etwa das Schicksal meint, das die Zeit und den Ort der Geburt sowie die verschiedenen körperlichen und geistigen Bedingungen des einzelnen Menschen bestimmt, kann die Informationstheorie keine schlüssige Antwort geben.

Wenn man hingegen jene Gerechtigkeit meint, deren Ausgleich für gläubige Menschen im *Himmel* stattfindet, dann ist diese Theorie in der Lage, eine ähnlich *glaub-würdige* Antwort zu geben: Wenn sich nach dem leiblichen Tod der selbstständige individuelle Geist mit dem kosmischen Allgeist vereinigt, wenn der Teil in das Ganze eingeht und sich ihm die Absolute Wahrheit offenbart, wird er seiner Relation *ge-wahr*. Weil die Beschreibung transzendenter Vorgänge nicht möglich ist und ich jede Metaphorik vermeiden will, lasse ich diesen schwer begreifbaren Satz hier so stehen.

Die Frage nach dem Wozu. Das Woher und das Wohin konnte diese Theorie, wie ich meine, beantworten. Die Frage nach dem Wofür oder Warum ist eine Frage nach dem erstrebenswerten Ziel. Die mir bekannten teleologischen Theorien legen sich auf kein bestimmtes Ziel fest. Meine gegenständliche ganzheitliche Theorie ist geprägt von einem Prozess der ständigen Höherentwicklung. Die geistige Evolution des Menschen findet im Diesseits durch die ständige Zunahme des – nicht nur quantitativen, sondern vor allem qualitativen – Informationsvolumens statt, und diese Zielgerichtetheit endet im Jenseits in der Absoluten Wahrheit als der Summe der unendlichen Information. Diese Holarchie hat somit ein namhaft gemachtes Ziel. Die Frage nach dem Wozu ist daher beantwortbar – etwa auch mit der weisen Aufforderung: „Erkenne dich selbst!"

5|3 Schlussbemerkungen

Diese hier vorgestellte Informationstheorie ist holistisch, in dem Sinn, dass sie alle kosmischen Daten und Prozesse auf ein ganzheitliches metaphysisches Prinzip zurückführt. Diese Ganzheit ist die Absolute Wahrheit, die Information als das Urelement oder die Summe aller unendlichen Informationen, deren kleinste Einheit sich als Bit oder binär als 0/1 ausdrücken lässt.

Die Information ist somit *Ur-sprung* und *Ur-sache* für alle materiellen und geistigen Bedingungen, sie ist ewig, sie ist im Gegensatz zu ihren Medien (Trägern) unzerstörbar, selbstständig und grundsätzlich unabhängig von einem etwaigen Empfänger vorhanden. Sie ist das Urelement der Transzendenz und des immanenten Kosmos, dessen Formen jeweils auf ihre Art wieder Informationen senden. *Alles ist letztlich Information und alles informiert* – der Kosmos, jeder Stein, jedes Lebewesen. Ebenso basieren der geistige Zustand und die geistige Entwicklung des Menschen allein auf Information.

Sie ist Wandlungsfaktor und Stimulator für jegliche Veränderungen, und die Rezeption ihrer ewigen Existenz ist Voraussetzung für die Erweiterung der relativen Wahrheit, für die Vergrößerung des Wissensstandes, für sämtliche wissenschaftlichen Forschungsziele. Festzuhalten ist jedoch, dass die Information ein offenes Ende bezüglich der menschlichen Erkenntnisgewinnung hat. Ihre Ganzheit, die der Mensch mit seiner limitierten geistigen Kapazität nicht erfassen kann, offenbart sie erst in der Transzendenz.

Die diese Transzendenz bejahende Theorie verlangt also, mit Verstand und Vernunft zu glauben, um zu erkennen. Man kann sie als eine transzendentalphilosophische Theorie bezeichnen, die über die reine Kant'sche Vernunftphilosophie hinausgeht, sich aber von der Transzendentaltheologie bezüglich des Gottesbegriffs unterscheidet. Ein gewisser Bezug zur theologischen Philosophie lässt sich erkennen, wenn man die kritischen jesuitischen Meinungsäußerungen einerseits (auf einige habe ich hingewiesen) und die Botschaft der spirituellen Einheit des – dem Islam zugeschriebenen – Sufi-Ordens anderseits vergleichend heranzieht.

Diese hier vorgestellte Informationstheorie baut auf dem Erfahrungswissen um die Information in allen fachspezifischen Bedeutungsinhalten auf und beinhaltet darüber hinaus erkenntnistheoretische Folgerungen, die den Weg zu einer weitgehenden Konfliktlösung aufzeigen. Wenn nämlich die Existenz der Absoluten Wahrheit, wie sie definiert wurde, eine methodisch realistische und eine intuitiv idealistische Erkenntnis (Gnosis) ist und akzeptiert wird, würde sie eine vermittelnde Brücke zwischen den Religionen, zwischen Religiosität und Agnostizismus sowie zwischen atheistischem Materialismus und Spiritualität sein.

Die spirituelle Bedeutung dieser Theorie lässt sich sehr einfach, aber zugebenermaßen auch pathetisch ausdrücken: Würde die Absolute Wahrheit in ihrer Existenz und Wirkung als *Allgeist* etwa wie die Naturgesetze oder wie grundlegende ethische Werte von allen Menschen anerkannt werden, entstünde ein einheitliches spirituelles *Weltbild*, das viele dauerhafte Konfliktpotenziale erst gar nicht entstehen lassen könnte. *Gott* oder welche Bezeichnung man ihr auch geben möge, wäre für alle Menschen höchste Instanz und gleiches Ziel.

Die materielle Bedeutung dieser Theorie kann den Menschen nur eingeschränkt tangieren, weil seine Urinformationen grundsätzlich nicht ausgeschaltet werden können. Der hypertrophierte Selbsterhaltungstrieb (Gier in der negativen Ausformung als Habgier) kann einerseits durch ethische Normen eingeengt werden, aber auch durch ein einheitliches spirituelles Weltbild beeinflusst werden.

Die wissenschaftstheoretische Bedeutung dieser Theorie lässt Zukunftserwartungen zu, weil der hypertrophierte Selbsterhaltungstrieb der Menschen in seiner positiven Ausformung der Gier eben auch die Neugier beflügelt. Die interdisziplinäre Informationswissenschaft steht erst am Anfang, und für den Wissenschaftler sind offene Fragen immer interessanter als beantwortete; sein Blick wird immer auf das Unbekannte gerichtet sein. Wenn heute von unbekannter Energie, unbekannter Strahlung oder unbekannten Feldern, welcher Art immer, und von metaphysischen Phänomenen gesprochen wird, könnte morgen die Erkenntnis gezogen werden, dass es sich dabei um das Urelement Information handelt. Solche künftigen Erkenntnisse würden die gegenständliche Theorie erhärten. Die These würde dann lauten, dass das Leben, die Welt, der Kosmos Information ist: „It from Bit."

Die Behauptung: „Information ist alles" und die Frage: „Was ist nicht Information?" werden wissenschaftlich, wegen der Beweismöglichkeit, nur für die immanente Welt gelten können. Alle wissenschaftlichen Erkenntnisse bleiben aber immer nur relative Wahrheit. Meine Informationstheorie geht jedoch darüber hinaus und sieht die relative Wahrheit als einen Teil der Ganzheit, der Absoluten Wahrheit. Diese Folgerung in die transzendente Dimension entzieht sich jedoch jeder Beweisführung und muss sich daher auf den Glauben beschränken.

Die Suche nach der Wahrheit bedeutet, Fragen zu stellen und Antworten zu finden. Unbefriedigende, bestehende Antworten infrage zu stellen, entspricht nicht Goethes „Geist, der stets verneint", sondern Goethes Faust, der wissen will, „was die Welt im Innersten zusammenhält".

Meine Antwort besteht in Form einer neuen Theorie, die das Urelement *Information* in den Mittelpunkt stellt.

Anhang
Philosophie

Bei der chronologischen Zusammenfassung bediene ich mich zunächst weitgehend des von Anthony Kenny herausgegebenen Werkes „Illustrierte Geschichte der westlichen Philosophie".

Philosophische Ansätze in
der Antike

Die Erkenntnissuche begann in Griechenland im 6. Jahrhundert vor unserer Zeitrechnung, und viele Überlegungen der großen Denker haben sich im Laufe der Jahrtausende als richtungsweisend herausgestellt. So etwa stellte einer der frühesten Naturforscher und Philosophen, Anaximander von Milet, eine – auch heute noch die Schöpfungs- und Entstehungsdiskussion beherrschende – erstaunliche Behauptung auf: Er glaubte, dass der Schleim der Ursprung alles Lebendigen ist und dass sich die Menschen aus primitiven Organismen entwickelt haben. Und für Heraklit von Ephesus war alles, was wir wahrnehmen, nur durch Übereinkunft wahr, die eigentliche Wahrheit sind für ihn „Atome(!) und das Leere". Andere wieder (wie Parmenides) meinten, dass der Weg zur Wahrheit von uns zu denken verlangt, „dass das Seiende ist". Die Wahrheit ist also nur die Wirklichkeit.

Das wirklich Bleibende der griechischen Philosophen ist aber die Forderung nach Theoriebegründung und logischer Argumentation, was bedeutet, dass man begann, bestehende Gesetze, selbst ernannte Autoritäten und charismatische Propheten infrage zu stellen. Es war dies der Beginn der Diskussionen. Und um diese zusammenfassend vorwegzunehmen, waren diese Dispute – wie auch heute noch – geprägt von den Begriffen des Seienden, der Wirklichkeit und der Wahrheit und von den Widersprüchlichkeiten dieser Begriffe.

Die unauflösbare Aufgabe, Wahrheit zu definieren, lässt sich für mich am deutlichsten durch die Aussage des Kreters Epimenides beschreiben, der behauptete, dass alle Kreter Lügner seien. Sagte er nun die Wahrheit oder log er?

Der heutige Bezug auf die griechische Philosophie und die Interpretationen der Aussagen eines Platon, Aristoteles und anderer Denker dieser Zeit sind Bemühungen, die Suche nach der Wahrheit fortzusetzen, weil das Vertrauen auf die Vernunft keine sichtbaren Erfolge zeitigt. Immer schon gab es die Überzeugung, dass es eine Wahrheit geben muss, und bis heute weiß man, dass wir sie nur insoweit finden können, indem wir erkennen, was sie nicht ist. Das war die Meinung der Philosophenschule der Skeptiker, während selbst die Stoiker, die eher der Logik und der Naturwissenschaft anhingen, eine göttliche Gegenwart ebenso als gegeben erachteten wie Platon und Aristoteles.

Philosophie und Theologie waren bei den Griechen also weitgehend vermischt, wobei man Gott kein Gesicht gab. Es war der Gott der Moral und der Gerechtigkeit, nach dessen Gesetzen und nicht nach jenen von Königen sich das Leben richten sollte. Theologie war daher nur ein Denken über unbegreifliche Mächte und Urgründe der Welt. „Die Wahrheit liegt in der Tiefe", sagt etwa Demokrit, und Heraklit sieht sie im alles sehenden Himmel, *in* dem wir leben. Sie verbirgt sich allerdings, und alles, was wir *wahr*nehmen, ist nur durch Konvention, durch Gewohnheit *wahr* und wirklich, die eigentliche Wahrheit sind „Atome und das Leere". Der Weg zur Wahrheit verlangt von den Menschen zu denken, dass das Seiende ist und dass es niemals anders sein kann (Parmenides). Was nicht ist, ist eben nicht, und deshalb kann man nicht darüber sprechen oder es beschreiben wollen.

Wie ein roter Faden zieht sich also die Diskussion durch das Philosophieren, einerseits über die Atome und – später – die Quanten und anderseits über Fiktionen und Illusionen, um die Begriffe Wahrheit und Wirklichkeit zu beschreiben. Vor allem geht es aber um das Wesen der Wahrheit, um die Frage, ob die Wahrheit wertfrei ist und sich einer Verhältnismäßigkeit entzieht (ob sie also – wie ich sie nenne – absolut ist).

Die Sophisten meinen, dass der Mensch das Maß aller Dinge ist. Sie lehnen die Erleuchtung ab und halten die Wahrheit für relativ. Sokrates, von dem schriftlich nichts überliefert ist, meint, dass „wir lediglich wissen, dass wir nichts wissen", und die Wahrheit hält er für etwas, worauf man sich jedenfalls wenigstens für eine Weile einigen kann.

Sein Schüler und Interpret, Platon – der erste Philosoph, dessen Werk vollständig erhalten sein soll –, hingegen glaubt, dass Menschen Wahrheiten erkennen können, weil sie die *Idee der Wahrheit* in sich tragen, und zwar von ihrem Ursprung her, der auch der Ursprung der Welt ist. Auch etwas nicht Existierendes ist denkbar, und es kann nur *eine Wahrheit* geben, die mit Hilfe der Sinne allerdings nicht zu erfassen ist. Weil die Menschen aber einem und demselben Verstand entstammen, der das ganze Weltall hervorbringt, können sie sich selbst mit ewigen Wahrheiten identifizieren. Der unsterbliche Geist und damit die unsterbliche individuelle Seele des Menschen, die nur vorübergehend in das körperliche irdische Leben verurteilt ist, sind eins. Die universelle Ordnung hat ihren Ursprung in einer zeitlosen Dimension, die dem menschlichen Bewusstsein zugrunde liegt. Dieser Gedanke Platons an das *Göttliche* im Menschen hat die weitere Entwicklung der Philosophie und natürlich der Theologie weitestgehend und nachhaltig bestimmt.

Seine Ideenlehre zeichnet das Urbild jeder Wesenheit auf Erden, das einem dauernden Fluss von Werden und Vergehen unterworfen ist und das im Himmel jeweils ihr höherrangiges Gegenstück hat, das unveränderlich statisch und unsterblich ist. Wie Sokrates im Höhlengleichnis sieht Platon den durch die eingeschränkten Lebensumstände konditionierten Menschen, der nur die flüchtigen Schatten vor der Höhle als Realität wahrnimmt. Durch Dialog und schließlich durch Dialektik (vorwiegend in der von ihm gegründeten Akademie) können normale Erfahrungen eine höhere Dimension der Wirklichkeit, eine andere Bewusstseinsebene, auch ohne die Hilfe der Götter erreichen. Er sieht den menschlichen Geist (Seele) selbst göttlich, aber die höheren Dimensionen (Ideen) können nur durch die Verstandeskräfte des Geistes erfasst werden. Später, und wahrscheinlich auch um der Sehnsucht des Volkes nach Göttern zu entsprechen, werden seine philosophischen Ideen wieder etwas spiritueller und er entwirft die Idee von einem göttlichen Baumeister (*Demiurg*), der die Welt geschaffen hat, ewig, aber nicht allmächtig ist und kein Interesse an der Menschheit hat.

Es ist also eine rationale und kosmische Theologie, die bei Platon die olympische Götterwelt ersetzt. Ob diese seine Vorstellung mit der Idee des Monotheismus, die sich darauf bezog, identisch ist, muss bezweifelt werden, weil Platon die Religion immer der Philosophie untergeordnet hat. Rituale, Opfer und Gebete an die Götter lehnt er ab; auch in seiner idealen Stadt sieht er die Theokratie nur als eine Möglichkeit, den Menschen ein ethisches Verhalten abzuverlangen.

Aristoteles, der sich als sein Schüler zunächst an Platons Ideenlehre anlehnt, kommt jedoch dann zur Meinung, dass Ideen keine eigenständige objektive Existenz haben und sich nur im materiellen Universum präsentieren, wo sie dem Prozess des Werdens und Vergehens ausgesetzt sind. Er sucht nicht in der immateriellen Welt, sondern er untersucht die Dynamik der physikalischen Formen. Später vielfach als Gegengeist Platons dargestellt, sieht er zwar die Wahrheit im Göttlichen und die Unsterblichkeit der Seele, wendet sich jedoch mehr der Diskussion über die Wirklichkeit zu. Mit der Forderung, Folgerungen durch Beispiele und Argumente zu begründen, schafft er die formale Logik, die er allerdings der praktischen Erfahrung nachreiht. Auch Aristoteles wendet sich in seinem späteren Wirken metaphysischen und ethischen Themen zu, ohne dabei jedoch den Primat des Verstandes aufzugeben. In seiner „Theoria" sieht er die Suche nach Wahrheit nur durch Denken (noêton) erfolgreich. Das „Denken über das Denken" hält er für das Leben selbst und die Beschäftigung mit Gott für die erste Philosophie. Gott ist für ihn – wie für Platon – der Baumeister, der *Unbewegte Beweger*, der reine Geist (nous), der in ewiger Kontemplation nur mit sich selbst beschäftigt, an den Menschen kein Interesse hat. Aus eher praktischen Gründen akzeptiert schließlich auch Aristoteles den alten Götterkult, weil dieser dem Bedürfnis der Menschen entspricht.

Aristoteles' Gott als *Unbewegter Beweger* als einen rationalen Beweis für seine manifeste Existenz anzusehen – wie dies Jahrhunderte später von den Christen getan wurde –, würde der damaligen griechischen Logik sehr widersprochen haben.

Die Metaphysik der griechischen Denker war keine Religion und hatte auch nichts Mystisches oder Heiliges an sich, sondern beschäftigte sich mit dem Denken über Dinge, die über die Physik hinausgehen. Nach den drei Größen der griechischen Philosophie entwickelten sich Schulen, die weniger die Ideen und das Göttliche im Vordergrund ihrer Gedanken sahen, sondern das Leben. Die Stoiker sahen keinen Gegensatz zwischen Ethik und Gleichgültigkeit (Apathie), und die Epikureer gingen einen Schritt weiter und betonten die Freuden und das Angenehme im Leben, allerdings unter Wahrung der Ethik und Beachtung des göttlichen Weltplans.

Die vorchristliche Philosophien in Athen, Rom und Jerusalem, die alle natürlich auch von fernöstlichen Ideen beeinflusst waren, wandten sich aber auch gegen die herrschenden dogmatischen Lehren und bezogen sich auf den sokratischen Skeptizismus (zu wissen, dass man nichts weiß). Und immer schwebte über allen philosophischen Richtungen auch noch die griechische und römische Mythologie, also ein Vielgötterglaube. Es war wohl die Enttäuschung, mit der Alltagsvernunft nicht weiterzukommen, und die Widersprüchlichkeiten der philosophischen Schulen, aber auch die Sehnsucht nach einer Verschmelzung des Einen, des Geistes und der Seele, sowie nach der Unsterblichkeit, dass sich die platonische Idee von den ewigen göttlichen Gedanken durchsetzte: Göttliche Gedanken, die sich im Wort (logos) ausdrücken, und zwar entweder in Schriften (Thora) oder in Form des fleischgewordenen Logos. Das war der gangbare Weg: Keiner hat Gott gesehen und keiner kann sich ein zutreffendes Bild von ihm machen, aber das Wort verkündet ihn. Dieses Wort wurde nun einerseits mit Moses – dessen wirkliche Gestalt umstritten ist – gleichgesetzt, anderseits mit Jesus, dessen Leben historisch nachgewiesen ist. Die westliche Philosophie wurde in der Folge jahrhundertelang und bis in die Neuzeit von der christlichen Lehre geprägt. Sie wurde weitgehend nicht mehr hinterfragt, sondern dogmatisch behandelt und interpretiert.

Die griechische Mythologie versuchte, exemplarische Antworten auf grundlegende Menschheitsfragen zu geben. Der Mythos soll Orientierung und Halt geben und durch die gemeinsame Sprache die Kommunikation zwischen den Menschen erleichtern. Der Mythos ist dehnbar, flexibel und lässt Deutungen und Gedankenspiele offen. Er prägt die griechische Philosophie, indem er zu Diskussionen anregt; er lässt die Beziehung zwischen Menschen und Göttern variieren und fordert keine Unterordnung und keine Gebote, sondern provoziert eher zur intellektuellen Diskussion. Das begann im 8. vorchristlichen Jahrhundert mit der „Odyssee" des Homer und wurde erst im 5. Jahrhundert v. Chr. vom weitreisenden Geschichtsschreiber Herodot abgelöst, der in seinen Berichten über Verhaltensformen in fremden Ländern grundsätzliche Fragen der Moral anstellte und den Menschen als Gestalter seiner geschichtlichen Entwicklung betrachtete.

Der Mythos wurde in der Folge zunehmend durch den Logos ersetzt; dabei bedeutet dieser Begriff mehr als Wort, Aussage oder Sprache. Die Griechen verstanden darunter auch Lehrsatz, Gesetz und Vernunft. Jedenfalls bedeutet Logos Information! Mit dem Übergang vom 6. zum 5. Jahrhundert begannen eigentlich mit der Frage nach dem Warum, mit dem Aufstellen von Hypothesen und mit der Widersprüche fordernden Diskussion die Suche nach Wahrheit sowie die Ausbildung von Theorien. Heraklit, der bedeutendste vorsokratische Denker etwa sieht im Logos geradezu ein Weltgesetz und den Kosmos als eine dauerhafte Bewegung (panta rhei), deren Gleichgewichtszustand durch die Aufhebung von Gegensätzen erreicht wird. Diesem ständigen Werden und Vergehen unterliegt eben auch der Mensch als Teil des Kosmos. Seine Theorie versteht den Logos als das ganzheitliche Prinzip, den Weltgeist. Das besonders Bemerkenswerte an dieser zweieinhalb Jahrtausende alten Idee ist ein Weltbild, das ohne Mythos und ohne Gott vermittelt wird. Für die Philosophien, die den Menschen in den Mittelpunkt stellen, ist diese Theorie zweifellos richtungsweisend.

Philosophische Ansätze im Mittelalter

Ohne die Bedeutung jüdischer und muslimischer Beiträge zu schmälern, kann gesagt werden, dass die mittelalterliche Philosophie sich an den Forderungen der christlichen Lehre orientierte. Die großen Denker dieser Zeitspanne sind daher weniger als Philosophen, sondern vielmehr als Theologen zu bezeichnen. Erst als im 15. Jahrhundert der Humanismus seine Wirkung entfaltete, begannen wieder ernsthafte philosophische Diskussionen im eigentlichen Sinn.

Im 4. Jahrhundert setzte der in Afrika geborene und erst später sich zum Christentum bekennende Augustinus gedankliche Maßstäbe, die sich länger und weiter verbreiteten als jene der griechischen Philosophen, indem er Platons Ideen mit der christlichen Lehre verband. Das bei Platon an der Spitze der Hierarchie stehende *Gute* ist bei Augustinus der allerwirklichste Gott, der allein und im Gegensatz zu allen anderen Wirklichkeiten nicht wird und vergeht und sich nicht verändert. Geschaffen hat Gott eine gerechte Welt, in der das Höhere das Niedere beherrschen soll. Da der Mensch aber einen freien Willen besitzt (ein von Augustinus geschaffener Begriff, der in der Philosophie bis dahin keine Rolle spielte), ist er auch für alles Böse verantwortlich zu machen. Die Verantwortung für die niederen Dinge des Lebens liegt in seinem Bewusstsein und in seinem Urteilsvermögen. Die Erkenntnis für höhere (Ideal- oder Grenz-)Begriffe ist dem Menschen durch die Erleuchtung (durch Gottes Geist, der ihm durch die Grundstruktur der Schöpfung verliehen wurde) gegeben. Durch besondere Gnade wird einigen Menschen aber auch eine übernatürliche Erleuchtung (die unmittelbare Schau Gottes, die Offenbarung) verliehen, die sonst erst im nächsten Leben zu erwarten ist. Die Skepsis begann aber schon bald danach mit der Frage, wie man den freien Willen für das Übel in der Welt verantwortlich machen kann, wenn Gott allmächtig und vorauswissend ist.

In den folgenden Jahrhunderten spielte die Diskussion um das Wesen Gottes – wie wirklich oder abstrakt es ist – die zentrale Rolle; die Philosophie erlebte keine Hochblüte. Erst im 13. Jahrhundert verlieh Thomas von Aquin der Philosophie/Theologie wieder neue Akzente. Für ihn ist Gott die wesenhafte Existenz selbst und die erste wirkende Ursache – das *Agens*. Die menschliche Seele, obwohl im irdischen Leben an den materiellen Körper gebunden, ist immateriell und überlebt als Bindeglied zum Göttlichen. Das natürliche Licht führt zur natürlichen Erkenntnis der sinnlich erfassbaren Welt. Das übernatürliche Licht ist das höchste Gut und die Quelle des auf Offenbarung gerichteten Glaubens. Da Thomas als Kirchenlehrer offiziell anerkannt war, führte seine Doktrin über den hierarchischen Aufbau von Staat und Kirche in den folgenden Jahrhunderten zu gottesstaatlichen Systemen.

Die mittelalterliche philosophische Diskussion drehte sich natürlich um die Begriffe *Erleuchtung* und übernatürliches Licht, also um das Zusammenwirken der göttlichen Ideen mit dem menschlichen Geist, der diese durch seine materielle Begrenzung nicht voll erfassen kann. Die Verbindung zwischen der Einheit und dem Einzelnen, dem Universalen und dem Individuum, führte zu vielen Theorien, jedoch zu keiner einheitlichen Auffassung.

Englische Schulen bedienten sich mathematischer und physikalischer Methoden, um Veränderung und Bewegung zu erklären, und nahmen so Einfluss auf die Entwicklung der modernen Naturwissenschaft. Als zunächst aber dieser Versuch zu Zweifeln am Gottesbeweis führte, schlug das Imperium von Kirche und Staat zurück.

Während sich bis zum Hochmittelalter fast nur Kirchenvertreter und Mönche mit Philosophie beschäftigten, änderte sich die Situation mit der Aufklärung und der Reformation.

Philosophische Ansätze in der Frühmoderne

Wie im Kapitel „Metaphysik, Spiritualität, Religionen" ausführlich dargestellt wurde, entwickelte sich das Denken an überirdische Kräfte aus der Frage nach dem Woher, Warum und Wohin sukzessive durch eine gegebene Naturabhängigkeit und die bewusste Naturbeobachtung. Die nahezu zwangsläufige Folgerung der Stadien Naturgeister, Vielgöttermythologien und Eingottglaube beherrschte die Menschen jahrtausendelang. Geister, Götter und Gott waren Synonyme für etwa Unbegreifliches, Unfassbares, mit einem Wort: für Transzendentes. Dieses Wort erhielt nun vor 2000 Jahren eine lang ersehnte Personalisierung. Mit Jesus von Nazareth wurde dieses Wort zu Fleisch und entwickelte einen gefestigten Glauben, der sich durchsetzte und zumindest die westliche Hemisphäre maßgeblich beeinflusste und indoktrinierte. Es gab Jahrhunderte, bis ins Spätmittelalter, in denen alles, was sich dieser Glaubenslehre entgegensetzte, verbannt und verdammt wurde.

Zu denken wagte man erst wieder, als der Gottesbegriff hinterfragt wurde, als die kirchliche Hierarchie abwegige Formen annahm und Anfang der 16. Jahrhunderts – durch Protest gegen die Lehrautorität der katholischen Kirche (vor allem in Deutschland und England) – die Entwürfe der Reformation dieser die alleinige Gedankenkontrolle entzogen. Dennoch mussten alle Denker dieser Zeit (bisweilen sogar bis ins 19. Jahrhundert) mit Häresievorwürfen rechnen. Als im 15. Jahrhundert mit der Erfindung des Buchdrucks die großräumige Information und der Austausch des Wissens begannen und die Naturwissenschaften anfingen, sich mit Raum, Zeit und Materie auseinanderzusetzen, wurde der Bann langsam gebrochen. Wie das Beispiel Galilei zeigt, wehrte sich die Kirche vehement gegen Beweise, die im Widerspruch zur Bibel standen und eben die Erde nicht mehr als Zentrum der Schöpfung sahen. Dass man seitens der Kirche 400 Jahre benötigte, um Galilei zu rehabilitieren, lässt darauf schließen, unter welchem Druck jene Philosophen standen, wenn sie den fixierten Gottesbegriff infrage stellten.

Als etwa René Descartes, der als Vater der modernen Philosophie gilt, eine wissenschaftliche Abhandlung über den Ursprung und die Beschaffenheit der Welt schrieb und von der Verdammung Galileis hörte, ließ er sein Manuskript lebenslang unveröffentlicht. Seine „Abhandlung über die Methode des richtigen Vernunftgebrauchs und der wissenschaftlichen Wahrheitsforschung" war sein berühmtestes Werk. Ebenso bekannt wie das „Scio nescio" des Sokrates ist das „Cogito, ergo sum" des Descartes. Sokrates wusste, dass er nichts weiß, Descartes weiß nun, dass er existiert, weil er denkt. Unter Denken versteht Descartes aber Bewusstsein mittels aller Akte des Verstandes, des freien Willens und der Empfindungen durch alle Sinne. Geist und Körper sind gottgegeben, eine Trennung voneinander (nach dem Tod) hält er für möglich. Ähnlich wie in fernöstlichen Philosophien spielt seiner Meinung nach die Zirbeldrüse die Verbindung zwischen Geist und Körper. Seine Versuche, die Existenz Gottes zu beweisen, rief viel Kritik hervor, sein Dualismus (Idee, Geist versus Körper, Materie) und auch seine Theorie der *angeborenen Ideen* (also der erfahrungsunabhängigen Erkenntnisquellen) beeinflussten aber die Entwicklung moderner (westlicher) Erkenntnistheorien sehr stark.

Diese Trennung von Geist und Körper steht im krassen Gegensatz zu östlichen Traditionen: So haben tantrische und yogische Meister eine sehr ganzheitliche Sicht vom Menschen als ewiges Wesen, die weder durch Zeit noch Raum begrenzt werden kann. Vergangenheit und Zukunft haben ihren Ursprung im menschlichen Bewusstsein, das heißt in seinem Geist. Die naturwissenschaftlichen Erkenntnisse konnten diese fernöstlichen Philosophien nicht beeindrucken. Wohl aber entwickelten sich – aufgrund der dualistischen Theorie – in der westlichen Hemisphäre Lehrmeinungen, die den lebendigen Körper als etwas Maschinelles betrachteten.

Julien Offray de La Mettrie etwa verglich in seinem Mitte des 18. Jahrhunderts erschienenen Buch „L'homme machine" lebendige Wesen mit einem Uhrwerk, und Schrödinger vermutete Lebendiges als Quantenphysikalisches, Lebensprozesse als komplexe, in Zahlen verschlüsselbare Informationen. Die Mitte des 20. Jahrhunderts durch Francis Crick und James Watson erfolgte Entschlüsselung des menschlichen Erbguts und die folgenden rasanten Fortschritte in der genetischen Forschung, aber auch die Ergebnisse der quantenphysikalischen Forschung sind geeignet, solche Thesen zu unterstützen.

Jedenfalls beschäftigte schon vor fast 300 Jahren die Frage, ob die *von Gott eingehauchte Seele* oder physiologische Prozesse zum selbstbewussten *Ich* führen. Die Diskussionen über die Bedeutung und den Einfluss der – auf welche Weise immer – *angeborenen* Informationen und der Erfahrungen für die menschliche Erkenntnis beschäftigen bis heute die Psychologie und die Philosophie.

Die Zeitgenossen und Nachfolger Descartes', der Engländer John Locke („Die Idee ist alles, was den Geist beim Denken beschäftigen kann.") und der anglikanische Bischof George Berkeley („Die Welt besteht nur aus Ideen, und Ideen können nur in einem Bewusstsein oder Geist existieren. Daraus folgt notwendig, dass es einen allgegenwärtigen ewigen Geist gibt, der alles kennt und erfasst. Sein ist Wahrgenommenwerden. Die Welt hat nicht einfach den Beobachter erschaffen, sondern dieser auch die Welt.") ergänzen seine Ideentheorie.

Baruch Spinoza hingegen sieht nur eine unendlich göttliche Substanz, die mit der Natur identisch ist. Er lehnt den persönlichen Gott, den freien Willen des Menschen und die Unsterblichkeit der Seele ab und sieht eine naturnotwendige, deterministische Welt. Jeder Geist existiert ein für allemal als Teil des einen unendlichen, notwendigen Weltalls, der einen ewigen Wahrheit. Ob Spinoza nun als Atheist anzusehen war oder nicht, jedenfalls wurde er – ein holländischer orthodoxer Jude – aufgrund seiner Schriften aus der Synagoge ausgeschlossen.

Eine ebenfalls interessante Theorie entwickelte im 17. Jahrhundert der Leipziger Wilhelm Leibniz. Auf der Suche nach Wahrheit, Widerspruchsfreiheit und Vernunft kommt er zum Schluss, dass jede Seele eine Welt für sich und unabhängig von allem außer Gott ist, dass sie unsterblich ist und in ihrer Substanz Spuren von allem bewahrt. Diese Welt für sich nennt er eine *Monade*. Während alles Materielle aus Teilen zusammengesetzt ist, sind Monaden immateriell und einfach. Ihr Zustand spiegelt alles Übrige im Weltall wider. (Dieser Gedanke ähnelt dem Fraktalen in der viel später entwickelten Chaostheorie.) Leibniz' Gottesvorstellung ist optimistisch, weil er unterstellt, dass Gott sich frei für die beste aller möglichen Welten entschieden hat. Die Freiheit des Menschen, nach eigenen Motiven zu handeln, hält er für eine Illusion.

Im 18. Jahrhundert begannen die Philosophen, an der Existenz Gottes zu zweifeln, oder lehnten Gott, die Religionen und die Metaphysik schlichtweg ab. Der Schotte David Hume sieht zwei Kategorien des menschlichen Bewusstseins: Eindrücke (Sinnes-Empfindungen) und Ideen, wobei er die Ideen wiederum als Kopien (Erinnerungen) der Eindrücke oder als Einbildungskraft definiert. Diese seine These stellte die Frage nach Ursache und Wirkung, und seine Theorie der Kausalität (unter anderem auch die Behauptung, dass jedes Entstehen eine Ursache hat, ist keine notwendige Wahrheit) war Basis für die nachfolgenden Diskussionen und hatte vor allem Einfluss auf den größten Philosophen seiner Zeit, auf den sich nahezu alle nachfolgenden und gegenwärtigen Philosophen beziehen.

Selbst am Ende des 18. Jahrhunderts musste sich Immanuel Kant, auf Veranlassung seines preußischen Königs, noch der Kritik und dem Zweifel am Göttlichen enthalten, als er seiner Überzeugung Ausdruck verleihen musste, dass Theorien durch Experimente bestätigt werden müssen. Die bei ihm im Mittelpunkt stehende Unterscheidung zwischen *a priori*- und *a posteriori*-Erkenntnissen (Erfahrungen) – ich würde sie Informationen nennen – führt ihn zum Schluss, dass apriorische Erkenntnisse (also solche, die nicht auf tatsächlicher Erfahrung beruhen) mit transzendentaler Metaphysik zu tun haben. Eine wissenschaftliche Metaphysik (so es diese überhaupt geben kann) muss eine „Kritik der reinen Vernunft" sein.

Im Gegensatz zum Verstand, der auf Erfahrungen aufbaut, gibt es nach Meinung Kants eben auch apriorische Sinneserfahrungen, die den Menschen über Zeit und Raum Wahrheiten erkennen lassen. Er widerspricht damit der Theorie der Kausalität Humes: In diesen Kategorien ist also die notwendige Verknüpfung von Ursache und Wirkung nicht gegeben.

Während die posteriorischen Sinneserfahrungen zum Verstand führen und bei der Vernunft enden, ist der Versuch, den Verstand außerhalb der Grenzen der Erfahrung anzuwenden, eine Illusion. Die subjektiven Erfahrungen über die Seele als Substanz nennt er „Paralogismen der reinen Vernunft". Die Schlüsse auf Kausalbeziehungen zwischen empirischen Gegenständen und dem Begriff eines unbedingten ganzen Weltalls heißen „Antinomien der reinen Vernunft", und die Folgerung auf eine unbedingte Notwendigkeit eines Wesens aller Wesen, Gott, bezeichnet er als „Ideal der reinen Vernunft".

Für die Endlichkeit oder Unendlichkeit der Welt sowie von Raum und Zeit existiert eine Reihe von Antinomien (Thesen und Antithesen). Beides kann wahr oder falsch sein, schlüssig beweisbar sind solche Folgerungen nicht. Ebenso verhält es sich mit dem Gegensatz oder mit der Vereinbarkeit von Freiheit und Determinismus. Kant hält sie für vereinbar und entwickelt aus dem Begriff der Pflicht den *kategorischen Imperativ*, nämlich nur nach derjenigen Maxime zu handeln, durch die man zugleich ein allgemeines Gesetz wollen kann. Dieser einleuchtenden Ethikdefinition steht eine fragwürdige Argumentation für die Existenz Gottes gegenüber, die sicherlich auch vom Einfluss der Kirche geprägt war: Kant bezieht sich auf die Gottesbeweise des Thomas von Aquin, des Anselm von Canterbury und Descartes und kommt aufgrund verschiedener Argumentationswege zu einem Ergebnis, das sich nahezu bei allen Philosophen bis heute finden lässt: Die Existenz eines „notwendigen Wesens aller Wesen" ist nicht unmöglich, beweisbar ist sie nicht. Der theologischen Argumentation, dass die Ordnung und Zielgerichtetheit der Welt die Weisheit eines höheren Wesens voraussetzt, begegnet er zwar mit Achtung, meint aber, dass es sich dann höchstens um einen „Weltbaumeister, der durch die Tauglichkeit des Stoffes, den er bearbeitet, immer sehr eingeschränkt wäre" handelt, „aber nicht um einen Weltschöpfer, dessen Idee alles unterworfen ist". Der Begriff *Gott* allein kann jedenfalls nicht auf dessen Existenz schließen lassen: „Wer über Dinge spricht, die jenseits aller Erfahrung liegen, wie zum Beispiel die Existenz oder das Wesen Gottes, begeht einen irreparablen Fehler."

Kants *reine Vernunft* wurde von den ihm folgenden romantischen Philosophen kritisiert und der Mensch als Subjekt des Bewusstseins und der Selbsterkenntnis mehr als ein Visionär als ein auf den Verstand reduziertes Wesen angesehen. Das bloß Subjektive kann nämlich gar nicht in der Lage sein, eine raum-zeitliche und kausale – objektive – Welt zu konstruieren.

Auch unter dem Einfluss der beiden großen deutschen Schriftsteller Goethe und Schiller wurden von den Philosophen Fichte, Schelling, Hegel, Marx, Schopenhauer und Sartre die markanten Begriffe Kants analysiert und verschwommen umgedeutet: Die der unmittelbaren Erfahrung unterliegenden Gegenstände (das *Ding an sich*) hängen von den subjektiven *Anschauungen* ab, und die apriorischen Erfahrungen (das sind nach Kant die sinnlichen Wahrnehmungen und nach meiner Diktion die Urinformationen) werden in der Folge von der Transzendentalphilosophie oben genannter Denker zerlegt und in andere Begriffe gegossen. Zum Teil führen sie direkt zu metaphysischen Konsequenzen (höchstes Wesen, Gott), zum Teil zur Ästhetik (Spiel und schöne Künste) und zum Teil zur Sozialethik.

Für Gottlieb Fichte hängt das Ding an sich von der Anschauung des selbstbewussten und selbstbestimmenden subjektiven Ich ab. Dieses Ich steht jedoch in Opposition mit dem Nicht-Ich (damit ist im weitesten Sinn die objektive Weltordnung gemeint). Diesen Kampf bezeichnet er als „Drama des Subjekts".

Friedrich Schelling sieht die gemeinsame Wurzel der beiden Bereiche des Seins im transzendentalen Subjekt, fordert die Harmonie von Natur und Geist, von Objektivem und Subjektivem und von bewusstem und unbewusstem Handeln. Dadurch sind eine ästhetische Erfahrung, eine Synthese von Geist und Natur und damit die Absolute Wahrheit der Welt ganz zu erfassen. Das transzendentale Subjekt ist seiner Meinung nach nicht das individuelle Ich, sondern der universale Geist. Der freie Wille ist *Ursein*, der die Wirklichkeit als das Eine, das Absolute, als Gott versteht.

In dieser ersten Hälfte des 19. Jahrhunderts entwickelten sich aber auch die Freiheitsphilosophien, ausgehend vom selbstbestimmten und selbstbestimmenden Ich hin zu gesellschaftspolitischen Forderungen. Friedrich Hegel sieht die eigentliche Wirklichkeit im Geist, dessen Weg zur Selbsterkenntnis in dialektischen Schritten zur absoluten Idee führt („Phänomenologie des Geistes"). Er sieht den dialektischen Prozess von These und Antithese zur Synthese, zur Identität von Denken und Sein, im Gegensatz zur Metaphysik. Seine dialektische Kette führt vom abstrakten Begriff (Logos = Denken) über die konkrete Bestimmung des Begriffs zur Idee und zur Wahrheit. Die Behauptung des „transzendentalen Idealismus" ist, dass es zu einer vorbegrifflichen Wirklichkeit keinen Zugang gibt. Hegel untersucht die Entwicklung des Bewusstseins im Lebenslauf und folgert, dass die Freiheit und Selbstbestimmung erst im Wettstreit zwischen dem primitiven Selbsterhaltungstrieb und dem Begehren einerseits und der anderen, in Opposition stehenden Welt anderseits gewonnen werden können. In Fortsetzung der Kant'schen Ethik und im Bewusstsein der lebensnotwendigen Gemeinschaft führt dieses individuelle Selbstbewusstsein zu einem universalen Selbstbewusstsein, das durch den Staat und seine Institutionen zu gewährleisten ist.

Dieser idealistischen gesellschaftsbezogenen Dialektik setzen Karl Marx, Ludwig Feuerbach und Friedrich Engels die materielle, ökonomische Realität gegenüber, in der Sein und Bewusstsein auseinanderdriften. Diese Entfremdung oder eben dieses „subjektive Drama" (Fichte) gilt es daher zu überwinden, sodass der Mensch wieder zu sich selbst finden und in freier Gemeinschaft mit seinen Mitmenschen leben kann. Bestehende autoritäre Herrschaftssysteme (Produktionsmittel, Kapital) und diese unterstützende Ideologien (bestehende Rechts- und politische Systeme sowie Religionen) behindern daher das Fortschreiten der Gesellschaft. Diese politische Philosophie, welche die gesellschaftliche und ökonomische Entwicklung weltweit geprägt und verändert hat, ist jedoch nicht Gegenstand dieser Arbeit.

Der dialektische Materialismus brach jedoch überall, wo er Gesellschaftssysteme veränderte, mit jeglicher Metaphysik, weil Religion als Entfremdung und selbst die neutrale idealistische Metaphysik Hegels als „pseudoreligiöser Hokuspokus" bezeichnet werden.

Ab der zweiten Hälfte des 19. Jahrhunderts wurde die Philosophie Kants und Hegels weiterverfolgt, interpretiert und umgedeutet. Ihre idealistischen Inhalte wurden teils mit Vernunftkategorien und teils mit metaphysischen Begründungen versehen. Der zunehmende Einfluss der Naturwissenschaften – auch im Zuge der ökonomischen Entwicklung (Industrielle Revolution) – zog jedoch neue Herausforderungen nach sich. Während Schopenhauers metaphysische Theorie noch transzendentaler Idealismus ist, streicht Nietzsche mit seinem Übermenschen die Ethik aus seinem Vokabular, und Sartre vertritt mit seinem Existenzialismus eine rein materiell-egoistische Auffassung.

Bei der Beurteilung der philosophischen Ansichten und Theorien aller großen Denker sind aber immer auch situationsbedingte (persönliche und allgemeine gesellschaftspolitische und ökonomische) Verhältnisse zu berücksichtigen.

Der resignativen, aber doch romantischen Stimmungslage in Deutschland um die Mitte des Jahrhunderts wollte Arthur Schopenhauer durch seine Philosophie des Willens und der Entsagung neue Hoffnung verleihen. Die erfahrene Welt besteht, seiner Theorie nach, nur in der *subjektiven Vorstellung*. Sie ist ein Gewebe von Täuschungen, aber durch das Bewusstsein, das dem Willen (der praktischen Vernunft) entstammt, ist sie in ihren Einzelheiten erkennbar. Das wahre Wesen des Willens ist das *Ding an sich*, unveränderlich, im vergänglichen Leben zwar verkörpert, aber an sich grenzenlos und ewig. Es ist das universale Substrat, aus dem sich jedes Wesen in die Welt begibt, nur um nach einem kurzen Existenzkampf wieder zurückzusinken. Metaphysisch gesehen ist der Wille eine Idee, die das Streben hat, sich in der Vorstellungswelt – als Individuum – zu verkörpern. In dieser kurzen Zeit kann der Verstand den Willen durch Entsagung beeinflussen und eine Loslösung vom individuellen Streben bewirken. Diese Theorie gab der christlich-religiösen Einstellung der Menschen natürlich wieder Auftrieb.

Friedrich Nietzsche konterkarierte sie allerdings mit seiner Theorie des Übermenschen: Er stellt der lebensverneinenden Ethik der Entsagung seine Kritik an den abstrakten Philosophien (des Christentums) gegenüber. Philosophie ist für ihn nicht Wahrheitssuche: „Es gibt keine Wahrheiten, sondern nur Deutungen, und jedes System ist nichts als der Versuch seines Urhebers, die Wirklichkeit zu seinen Gunsten zu deuten und die Welt auf seine Seite zu bringen." Daher fordert er Selbstbehauptung, Stärke und Befreiung in Richtung einer höheren Ebene, auf welcher der Mensch der Zukunft, der Übermensch, wohnt. Den Nächsten zu lieben bedingt zuerst, sich selbst zu lieben. Ob Nietzsche aufgrund seiner Aufforderung „Werde, der Du bist" seinen Verstand verloren hat, bleibt dahingestellt.

Auch weniger anerkannte, nichtdeutsche Philosophen versuchten den Weg zur Wahrheit zu finden: Der dänische Existenzialist Sören Kierkegaard verteidigt den Glauben als die für ihn letzte und nicht begründbare spirituelle Instanz. Wahrheit ist die subjektive Idee, für die man leben und sterben kann. Der Italiener Benedetto Croce meint, dass die Wissenschaft und der Alltagsverstand gemeinsam ein Wirklichkeitsbild mit Wahrheitsanspruch erzeugen können. In Frankreich bemühte sich Henri Bergson (erstmals), die Evolutionstheorie mit einer Theorie des Bewusstseins zusammenzuführen: Während die Naturwissenschaft die Ereignisse in ihrer zeitlichen Aufeinanderfolge beobachtet, stellt sich dem Bewusstsein die Zeit als Dauer dar, die nur innerlich erfahrbar ist. Bewusstsein ist nach ihm kein physikalischer Prozess. In England prägte John Stuart Mill den Empirismus und bildete damit gewissermaßen auch den Übergang zur Philosophie des 20. Jahrhunderts, die apriorische Denkmuster in den Hintergrund stellte. „Wir haben keinen Begriff des Geistes als solchen im Unterschied zu seinem Auftreten im Bewusstsein", sagt er und konzentriert sich – unter Ausschluss der Theologie (wie Hume) – auf die formale Logik und die Methodenlehren der Naturwissenschaften.

Selbstverständlich spielten vorwissenschaftliche Erfahrungen, Intuitionen und die unter dem Begriff der Phänomenologie zusammengefassten herrschenden Theorien zu jener Zeit weiterhin mit eine Rolle, aber zunehmend zwangen die Naturwissenschaften zur philosophischen Auseinandersetzung.

Philosophische Ansätze im
20. Jahrhundert

Die Existenz, die Materie sowie die Analyse und Logik von – naturwissenschaftlichen – Theorien standen im Vordergrund der Philosophie dieses Jahrhunderts, einfach weil der verschwommene Horizont und der Nebel des Geistpotenzials durch rasche naturwissenschaftliche Fortschritte immer mehr aufgehellt wurden. Die Transzendenz, die bislang alles Unerklärbare abgedeckt hatte, verlor im gleichen Maße ihre Bedeutung wie der Geist auf die Materie eingeengt wurde. Zu berücksichtigen ist freilich auch, dass die Wirren zweier Weltkriege in der ersten Jahrhunderthälfte die Produktion und die Konsumtion philosophischer Gedanken negativ beeinflussten.

Wiederholend muss ich darauf hinweisen, dass meine ohnehin nur oberflächliche Behandlung auch dieses Zeitfensters nur jenen gewidmet ist, die sich mit der Wahrheitssuche im weitesten Sinn beschäftigen. Die sehr interessanten Theorien der politischen und ökonomischen Philosophie bleiben daher genauso ausgespart wie die mathematischen und sprachwissenschaftlichen.

Die deutsche romantische Philosophie fand eigentlich mit Martin Heidegger ihr Ende. Die Grundformen seiner Wirklichkeit sind das *In-der-Welt-Sein*, das *Mit-Anderen-Sein* und das *Sein zum Tode*. Das *Sein* ist das *seiner-selbst-bewusste Subjekt*, das sich in sich selbst einen Sinn finden muss.

Jean-Paul Sartre folgerte aus dem *Sein (mit Anderen)* ein Moralpostulat. Dabei hält er die Gegenseitigkeit der Anerkennung moralischer Gesetze, Rechte und Pflichten und die des Drangs nach radikaler Freiheit, die den anderen zuerst als Feind begegnet und sie ausschließt, für das Problem schlechthin: „Die Hölle sind die Anderen." Dieser Existenzialismus mündet in „Das Sein und das Nichts" und erinnert an das „Drama des Subjekts" bei Fichte.

Der immer größeren Schwierigkeit, Begriffe und oft irreführende sprachliche Formulierungen zu verstehen, begegnete Bertrand Russell mit der logischen Analyse. Zusammen mit dem Mathematiker Gottlob Frege war er der Begründer der analytischen Philosophie und forderte, dass alle Begriffe einen Wahrheitswert haben müssen: „Jede uns verständliche Aussage muss ausschließlich Bestandteile haben, die wir unmittelbar kennen."

Russells Schüler Ludwig Wittgenstein, der vielfach als Philosoph der Philosophen bezeichnet wird, setzte dann mit seiner Sprachkritik „Tractatus logico-philosophicus" den logisch-analytischen Höhepunkt. Während Kant die *reine Vernunft* als abstrakten Begriff kritisierte, unterzog Wittgenstein das konkrete Medium der Sprache einer logischen Analyse. Seine ursprüngliche – atomistische – Theorie, dass jeder Satz entweder wahr oder falsch ist, wenn dies aus seinen einzelnen Bestandteilen (und der Kenntnis der gegenständlichen Begriffe) hervorgeht, korrigierte er später mit seiner ganzheitlichen Auffassung, dass Sätze wie Bilder sind, die gezeigt oder durch Beispiele erklärt werden können. Er schließt damit Sätze über metaphysische Aussagen aus.

Diese Theorie war maßgebend für den konsequenten Empirismus und logischen Positivismus des Wiener Kreises, der sich gegen jegliche Metaphysik aussprach. Das Hauptargument war der Verifikationsgrundsatz: Über das Wesen des Absoluten, das Ziel des Weltlaufs oder das *Ding an sich* gibt es keine Erfahrung. Popper sieht dagegen nicht die Verifizierbarkeit, sondern die Falsifizierbarkeit als Sinnkriterium für wissenschaftliche Aussagen.

Wittgenstein räumte in seinen späteren Werken ein, dass Sinn und Bewusstsein untrennbar sind, wenn die Sprache wieder im Zusammenhang mit dem menschlichen Leben zu sehen ist. Dabei spielt natürlich der individuelle Bewusstseinszustand, der privat und nicht kommunizierbar ist, eine Rolle. Der Inhalt der eigenen Erfahrung muss mit dem eines anderen nicht übereinstimmen. Eine Theorie der Verbindung zwischen den individuellen Bewusstseinszuständen mit der materiellen Welt gelang ihm nicht, eine Empfindung nannte er „kein Etwas, aber auch nicht ein Nichts".

Die zweite Hälfte dieses letzten Jahrhunderts rief in der westlichen Welt insofern ein revolutionäres Umdenken hervor, als sich Wissenschaftler aller Disziplinen letztlich mit philosophischen Fragen auseinandersetzten. Das neue Denken stieß dann auch immer wieder auf Widerstand bei den Vertretern traditioneller Ideen. Ursache waren zweifellos die Entdeckungen der Quantenphysik, welche die Idee der Ganzheit gebar: der menschliche Geist als Teil des immateriellen universalen Ganzen. Eine Idee übrigens, die schon Teilhard de Chardin skizziert hatte.

Diesem neuen Weltbild widmete der Physiker Fritjof Capra sein Werk „The Turning Point", und diese Wendezeit wurde von zahlreichen Wissenschaftlern begleitet. Um hier nur einige zu nennen: der Biophysiker Rupert Sheldrake, der Quantenphysiker Niels Bohr, der Physiker David Bohm, der Hirnforscher Karl Pribram, der Physikochemiker Ilya Prigogine und viele andere mehr.

Einen guten Überblick über die Wende im natur- und geisteswissenschaftlichen Denken gibt Erik Dammann in seinem umfassenden Werk „Erkenntnisse jenseits von Raum und Zeit". Ich beziehe mich in der Folge auf diese Zusammenfassung, weil es mir unmöglich ist, die in diesen Jahrzehnten geschaffene Literatur zu konsumieren. Die Beschränkung auf einige wenige Forscher, die aus ihren Disziplinen universelle Theorien und philosophische Ansätze entwickelten, sollen Beispiele darstellen, wie die Wissenschaft von allen Seiten auf der Suche nach Wahrheit vorging. Dabei waren es nicht die Philosophen, die neue Erkenntnistheorien entwickelten, sondern vorwiegend Naturwissenschaftler, die neue Weltbilder entwarfen und ihre Wahrheitssuche durch empirische Mittel der Forschung unterlegten.

Aus den durch seine chemischen Forschungen bestätigten Ideen der Quantenphysik zeichnete Ilya Prigogine ein Weltverständnis, das von vielen Forschern auf allen Gebieten nachempfunden wurde und wofür er auch den Nobelpreis erhielt. Er bezeichnet es als universelles Wechselspiel von Sein und Werden, von Ordnung und

Chaos, in dem Regel- und Gesetzmäßigkeiten ständig gebrochen werden. Weder die Zufälligkeit des Chaos noch die Ordnung, aus der es entsprang, ist bestimmend für die neue Ordnung. Der ordnende Sinn (das Ziel) ist das, was den Prozess in genau dieser Situation festlegt. Ganzheit und Teil sind eins. Prigogine vermutet eine subtilere Form von Wirklichkeit, die sowohl die Notwendigkeit wie auch den Zufall umfasst: die Zeit und die Ewigkeit. Diese Theorie des ständigen Wechsels von Stabilität und Chaos, die eine künftige Entwicklung durch Erfahrungen aus der Vergangenheit nicht voraussagen lässt, fand schließlich auch in die Bereiche der Ökologie, der Soziologie und der Ökonomie Eingang. Kausalität, lineare Evolution und Zielbestimmtheit werden in diesem Weltbild verworfen.

Nach dem neuen ganzheitlichen Welterklärungsmodell ist das Universum in jedem menschlichen Geist und in allen Teilen der Wirklichkeit vorhanden. Fast genau dieses Weltbild prägte vor nahezu 2500 Jahren Platon in seiner Ideenlehre, ohne dass er sich auf molekularbiologische oder Atomforschungserkenntnisse berufen konnte. Dies zeigt einerseits die Bedeutung der griechischen Philosophie, auf die sich die heutige immer wieder (mit Recht) bezieht, anderseits aber auch die vielen weniger geeigneten Versuche, der Wahrheit durch Denken allein näherzukommen. Weder Hirnforschung noch Quantenphysik werden diesen immateriellen Geist jemals vollständig erklären können, jedoch haben beide naturwissenschaftlichen Disziplinen die Grundlagen für die Anerkennung dessen Existenz geliefert.

Wenn ich mich früher der Meinung angeschlossen habe, dass das menschliche Bewusstsein (der menschliche Geist) ein Produkt des Gehirns ist, beziehe ich dies nicht auf den – materiellen – Hirnprozess allein, sondern halte die Verknüpfung mit dem Universum – im Sinne von Teil und Ganzheit – und die Existenz dieses Produkts über den Körper hinaus für wahrscheinlich, ja notwendig. Dies umso mehr, wenn man Zeit- und Raumbegrenzung aufhebt (wie das in der Quantenwelt der Fall ist) und wenn der Ganzheit Ewigkeit entspricht.

Daraus resultieren auch meine Schlussfolgerungen:
- Das Produkt des menschlichen Gehirns (das individuelle Bewusstsein, der individuelle Geist) besteht aus einer bestimmten – individuell relativen – Informationsmenge;
- der menschliche Geist ist Teil des universellen Geistes;
- alles Relative steht mit dem Absoluten, wie der Teil mit dem Ganzen, in Beziehung;
- die relative Wahrheit (das menschliche Wissen, die menschliche Informationsmenge, der menschliche Geist) ist also Teil der Absoluten Wahrheit (des ewigen universellen Geistes).

In exakt dieser Frage nach der Transzendenz des menschlichen Bewusstseins scheiden sich die Geister und bestehen philosophische Auseinandersetzungen zwischen den Vertretern des neuen Weltbildes. Viele versuchen, der traditionellen Schöpfergott-Theorie als letzte Wahrheit das immaterielle Ganzheitsprinzip durch eine selbstregulierende Kontrolle entgegenzustellen. Die Ordnung wird demnach durch wechselseitige Aufhebung von Abweichungen hergestellt. So etwa James Lovelock in seinem Buch „Gaia", in dem er das Leben auf der Erde als einen zusammenhängenden selbstregulierenden Organismus beschreibt. Dies ähnelt der Theorie Prigogines über das Wechselspiel von Chaos und Ordnung und wurde fortan in der Klimaforschung und Ökologie sehr ernst genommen.

Auch Sheldrakes Theorie der morphogenetischen Felder weist in die gleiche Richtung: Die Kontrolle *von oben* erfolgt durch immaterielle Formkräfte im Universum. Ein Prozess mit dem Ziel, zu einer wirklichen Form (z. B. zu einem Organismus, zu einem System) zu kommen, die sich in einem immateriellen Feld widerspiegelt. Formen, Organismen, Systeme, die zugleich Ganzes und seine Teile sind. Ähnliche Überlegungen stellten auch schon Wilhelm Leibniz mit seiner Theorie der *Monaden*, Arthur Koestler mit der Idee der Holone und natürlich die Chaostheoretiker mit ihrer fraktalen Welt an. Jedenfalls wurde dieser immaterielle Ganzheitsbegriff (jenseits von Zeit und Raum) in der modernen Forschung zu einer anerkannten Alternative zum Gottesbegriff.

„Philosophen werden häufig und mit Recht angeklagt, sich einer Lehnstuhlpsychologie (oder -neurowissenschaft oder -physik) hinzugeben, und es gibt reichlich peinliche Geschichten über Philosophen, deren selbstsicher klingende *a-priori*-Erklärungen im Labor schließlich widerlegt wurden. Eine vernünftige Reaktion auf dieses bekannte Risiko ist für den Philosophen, sich vorsichtig in jene Begriffsfelder zurückzuziehen, wo kaum oder überhaupt keine Gefahr besteht, jemals etwas zu sagen, was durch die empirische Forschung widerlegt (oder bestätigt) werden könnte. Eine andere vernünftige Möglichkeit ist, im eigenen Lehnstuhl die besten Ergebnisse aus dem Laboratorium, die besten Bemühungen empirisch geschulter Theoretiker zu studieren und dann mit der eigenen Philosophie fortzufahren, zu versuchen, die begrifflichen Hindernisse zu klären und gelegentlich sogar die Gefahr auf sich zu nehmen, im Interesse der Klarheit auf diese oder jene Weise die Implikationen einiger bestimmter theoretischer Ideen zu untersuchen. Wenn es sich um Begriffsfragen handelt, sind Wissenschaftler nicht mehr als Laien vor Verwirrungen gefeit. Schließlich verbringen Wissenschaftler ganz wenig Zeit damit, in ihren Lehnstühlen zu sitzen, um zu verstehen, wie die Resultate von jedermanns Experimenten zu interpretieren wären; aber was sie in solchen Momenten im Lehnstuhl tun, fließt unmerklich damit zusammen, was Philosophen betreiben. Ein riskantes, aber belebendes Geschäft."

Dies schreibt Daniel C. Dennett im Anhang B (für Wissenschaftler: Seite 582) seiner „Philosophie des menschlichen Bewusstseins" (siehe dazu auch meine Meinung über die Rolle der Philosophie).

Dennett, der als einer der führenden Vertreter dieser Wissenschaft – auch außerhalb der USA – gilt, hat einen völlig anderen Zugang zur Philosophie des Geistes: Wie die große Mehrheit der anglo-amerikanischen Philosophen lehnt er einen Einfluss auf den menschlichen Geist von außerhalb des durch die Sinnesorgane Wahrnehmbaren oder *von oben* ab und sieht ihn rein physiologisch – ja geradezu mechanistisch – entwickelt. Er wendet sich scharf gegen den Dualismus Descartes' und versucht, das Rätsel des Bewusstseins zunächst mit der Identität zwischen Gehirn und Geist zu lösen. Ein bewusster Geist ist – seiner Meinung nach – ein Beobachter, der ein begrenztes Maß an Informationen aufnimmt, wobei die Sinnesorgane als Eingangstüren fungieren. Das Phänomen des Bewusstseins kommt jedoch nicht durch die abstrakten Informationsinhalte zustande, sondern durch Gehirnprozesse. Alle Arten von Wahrnehmung, alle Formen des Denkens und der mentalen Aktivität werden im Gehirn durch parallele, vielstufige Prozesse der Interpretation und Elaboration von Sinnesdaten vollzogen. Dabei gibt es kein Zentrum, in dem alle Informationen letztlich zusammenlaufen, sondern das Bewusstsein entsteht durch *mannigfaltige Konzepte*, die Erfahrung und Gedächtnis, Wahrnehmungsprozesse, emotionale Zustände, Verhaltensneigungen usw. bewirken. „Aufgabe des Gehirns ist es, den Körper durch eine Welt sich ändernder Bedingungen zu führen, so dass es Information über diese Welt sammeln muss und schnell Zukunft zu produzieren hat – um Situationen vorwegzunehmen und ein Desaster stets rechtzeitig ausbremsen zu können."

Dennett folgert über die Darwin'sche Theorie hinaus, dass zum Design des menschlichen Bewusstseins neben der genetischen Evolution eben dieses Phänomen der gehirntypischen Plastizität und auch die sogenannte Mem-Evolution, also die zivilisatorische und kulturelle Entwicklung, wesentlich beigetragen haben. Gerade letzteres Kriterium (in den vergangenen Jahrzehnten durch wissenschaftliche Forschung an der Prägung des Geistes besonders bedeutsam) lässt ihn an der Theorie zweifeln, dass das Bewusstsein eine angeborene Maschinerie ist. Er vergleicht es mit einer Software in Entwicklung, mit Myriaden Mikrosätzen in der Plastizität des Gehirns und nähert sich nach eingehenden Studien der empirischen Arbeiten aus unterschiedlichen Disziplinen eher den Theorien über die künstliche Intelligenz.

Forschungen auf den Gebieten der Neurowissenschaft und der künstlichen Intelligenz bedienen sich der gleichen Modellkonstruktion: Computer und Gehirn haben *Wenn-Dann-Primitivelemente* (0/1, Aus/Ein-Schaltungen), also *Sinnesorgane*, die ihnen eine differenzierte Reaktion auf Daten ermöglichen, die ins Gedächtnis (Arbeitsspeicher) gelangen oder von dort geholt werden. Wenn die enorme Plastizität und unvergleichliche Komplexität des Gehirns von den Gegnern dieser mechanistischen Theorie eingewendet werden, muss auch darauf hingewiesen werden, dass es inzwischen möglich ist, unendlich flexible, ganzheitliche, organische Systeme am Computer zu erzeugen.

Dennett weist auch darauf hin, dass über das Thema der Vergleichbarkeit zwischen Gehirn und Computer unzählige Diskurse von namhaften Philosophen und anderen Wissenschaftlern aller Disziplinen geführt wurden und solange geführt werden, bis die damit verbundenen Theorien entweder bestätigt oder widerlegt werden. Grob zusammenfassend könnte man seine Theorie des Bewusstseins mit der Frage nach dem Zweck des Bewusstseins beschreiben: die Selektion zahlreicher Modellalternativen (Informationsmuster) und ein Kontrollsystem zur optimalen Steuerung des Organismus durch die sich ständig ändernde Umwelt. Auch die von den Philosophen diskutierte *Intentionalität*, also die Absicht oder Zielgerichtetheit, ist Bewusstsein, nämlich ein Gehirnprozess, mit dem Ziel, effektiv über den Kontakt mit den Dingen dieser Welt nachzudenken (Rückkoppelungskontrolle).

Das entspricht meiner Auffassung vom komplexen Begriff des – narzisstischen – Selbsterhaltungstriebs.

Die philosophische Auseinandersetzung über die Phänomene, wie sich Informationen im Gehirn für den Betrachter selbst manifestieren (Gefühle, mentale Zustände und dergleichen) und wie sie sich letztlich äußern, haben den Begriff *Qualia* prägen und dabei den Unterschied zwischen Mensch und Maschine offenbar werden lassen. Aber auch diese phänomenale Qualität ist nichts anderes als das Ergebnis des individuellen Netzwerks.

Das entspricht ebenfalls meiner Meinung, dass der individuelle Geist ein Produkt des Gehirns ist. „Weil das ist, was ich bin", meint Dennett und versucht, die Realität des Ich zu beschreiben.

Zunächst verneint er entschieden die Fiktion, dass es „*in* unseren Gehirnen oder über und oberhalb Entitäten gibt, die unsere Körper, unser Denken und unsere Gedanken kontrollieren und Entscheidungen treffen ... Eine solche Idee ist entweder empirischer Schwachsinn (laut James ein *pontifikales Neuron*) oder metaphysische Effekthascherei (laut Ryles ein *Geist in der Maschine*).“ Seiner Theorie nach ist „das Ich eine Abstraktion; definiert durch die Myriaden von Zuordnungen, Interpretationen und Selbst-Zuschreibungen, die die Biografie des lebenden Körpers komponiert haben und deren narratives Gravitationszentrum eben dieses Ich ist ... Es ist überall dort, wo man selbst ist ... Und wenn darüber hinaus alle Phänomene des menschlichen Bewusstseins ‚bloß‘ als Aktivitäten einer virtuellen Maschine – realisiert in den mit astronomischen Zahlen zu bemessenden Verbindungen im Gehirn – erklärbar sind, dann wäre ein angemessen programmierter Computer grundsätzlich mit einem Bewusstsein ausgestattet und besäße ein Ich. Besser gesagt: Es gäbe dann ein bewusstes Ich, dessen Körper ein Roboter und dessen Gehirn ein Computer wären ... Natürlich sind wir Maschinen! Wir sind bloß sehr, sehr komplizierte, evolvierte Maschinen, die aus organischen Molekülen bestehen ...“ Dennett schließt mit dem Hinweis, dass es genauso schwierig ist, sich vorzustellen, wie das Computergehirn (ein undurchdringlicher Sumpf informationsverarbeitender Vorgänge in einem Bündel von Silikonchips) eines Roboters Bewusstsein unterstützen kann, wie eben ein organisches menschliches Gehirn Bewusstsein entwickeln kann.

Eine nahezu konträre Meinung vertritt der ebenfalls in den USA wirkende Zeitgenosse Dennetts, Ken Wilber, ebenfalls einer der meistübersetzten und meistgelesenen Bewusstseinsphilosophen. Er gilt als wichtigster Vertreter der transpersonalen Psychologie, der die Bedeutung der Spiritualität auf die gleiche Ebene wie die Natur- und Geisteswissenschaft hebt. In seinem Werk „Die drei Augen der Erkenntnis“ zeichnet er seinen Weg zu einem neuen Weltbild.

Wilber schließt an Bonaventura, den Lieblingsphilosophen westlicher Mystiker, an, der drei Arten der Erkenntniserlangung sah: das *Auge des Fleisches*, mit dem die Welt des Raumes, der Zeit und der Dinge wahrgenommen wird, das *Auge der Vernunft*, das Zugang zu Philosophie, Logik und Geist verschafft, und das *Auge der Kontemplation*, das zur Erkenntnis der transzendenten Wirklichkeit, zur höheren Erleuchtung führt. Diese Einsicht wäre idealerweise eine Synthese aus den empirisch-analytischen Naturwissenschaften, der rational-phänomenologischen Philosophie und Psychologie und der transzendentalen Religion.

Die Nichtberücksichtigung der drei verschiedenen Sichten (Augen) nennt Wilber den *Kategorialfehler* schlechthin, der zwangsläufig zur Verwirrung führt: So zeichnet er eindrucksvoll und nachvollziehbar das vom transzendenten Bild geprägte Bewusstsein der Menschheit (das Auge der Kontemplation) bis um etwa das Jahr 1600, also bis zu einem Zeitpunkt, bis zu dem die Religionen die höchsten Wirklichkeitserkenntnisse lieferten: Die Genesis etwa ist eine Offenbarung, die für eine empirische Tatsache und für eine rationale Wahrheit galt (die Welt in sieben Tagen erschaffen, die Sonne dreht sich um die Erde etc.). Danach (Galileo Galilei war sicher maßgebend dafür verantwortlich) wurde dieser Nimbus durch die Philosophie und durch die Naturwissenschaften zerstört. Rationalismus und Empirie, also Logik, Vernunft, Erfahrung und Forschung, ließen die Spiritualität völlig untergehen. Der wissenschaftliche Empirismus und vollends der Szientismus, also die völlig unkritische Anwendung wissenschaftlicher oder auch quasiwissenschaftlicher Methoden, verdunkelten dann auch das Auge der Vernunft, und die Beschränkung auf das Auge des Fleisches, allein die Erkenntniskraft der sinnlichen Wahrnehmung, wurde ausschlaggebend. Der Fehler der Philosophen war bis Kant nämlich der gleiche wie jener der Theologen: Alle machten rationale Aussagen mit letztem Wirklichkeits- und Wahrheitsinhalt, alle glaubten, die Absolute Wahrheit gepachtet zu haben, alle machten den Kategorialfehler und kannten nur ein oder zwei Augen der Erkenntnis. Kant glaubte zwar selbst an eine Transzendenz, war aber überzeugt, dass man sie mit der reinen Vernunft weder beweisen noch widerlegen kann und dass es für beide entgegengesetzten Ansichten plausible Argumente gibt. Er legte jedoch überzeugend die Unfähigkeit des Auges der Vernunft dar, einen Blick in den Bereich des Geistes zu tun. Beweisen lässt sich aber auch die Behauptung nicht, dass alle Erkenntnisse, die empirisch verifiziert werden können, wahr sind, einfach deshalb, weil es dafür eben auch keinen empirischen Beweis gibt.

Wilber versucht nun, methodische Regeln zu entwerfen, mit deren Hilfe eine Verifizierung der drei Augen der Erkenntnis (die empirische, sinnliche, grobstoffliche Erkenntnis, die geistig-rationale, feinstoffliche Erkenntnis und die kontemplativ-spirituelle Erkenntnis) gleichermaßen möglich ist. Er nennt dabei drei Grundkomponenten für jede allgemeingültige Erkenntnis in allen Bereichen: Die *Injunktion*, also die instrumentelle Anweisung, etwas zu tun, um etwas zu erkennen, die *Illumination*, also das wahrnehmende Erkennen, und die *Konfirmation*, also die Bestätigung der Wahrnehmung durch andere. Das unmittelbare Erfassen, also die Wahrnehmung mit den drei Augen nennt Wilber *Daten*, und er unterscheidet nicht, ob es sich um kleinste (atomistische)

Erfahrungseinheiten oder um ausgedehnte (komplexe) handelt. Bei Sinneswahrnehmungen (durch das Auge des Fleisches) ist dies recht einfach und auch recht einfach zu beweisen. Bei geistigen Daten (durch das Auge der Vernunft) kann es ein einfaches gedankliches Bild, ein Gedanke, eine Idee oder etwa eine bleibende Erinnerung sein. In diesen Bereich fallen die Psychologie, die Philosophie, alle Humanwissenschaften; es sind geistig-phänomenologische Daten, die der bloß sinnlichen Wahrnehmung verborgen bleiben, aber einer gewissen Logik und Form folgen, wie z. B. die Sprache, die Kommunikation, die Ideen, die Absichten etc., etc.

Im Bereich der spirituellen Erkenntnis (durch das Auge der Kontemplation) kann ein Datum eine einzelne spirituelle Intuition, eine Massenerleuchtung, eine bestimmte geistige Einsicht oder ähnliche Erfahrungen sein. Diese transzendentale Wahrnehmung bezieht ihre Daten aus der Innensicht, durch die Wahrnehmung des Absoluten, als letzte allumfassende Wirklichkeit, durch die Selbsterkenntnis des Seins. Sie ist nur einem geschulten Auge möglich, und Wilber führt hier die Mystiker, die Weisen und Erleuchteten in allen Religionen und vor allem die kontemplativen Schulen des Zen-Buddhismus an. In der höchsten Stufe dieser transzendentalen Erkenntnissuche durch meditative Introspektion sieht er als letztgültiges Datum die Existenz Gottes – als Tatsache, die experimentell, verifizierbar und wiederholbar zu beweisen ist. Der Beweis gelingt mit der gleichen Methodik wie bei den sinnlichen und geistigen Bereichen, jedoch nicht mit deren Mitteln. Genau diese Anwendung falscher Beweisführungen versteht Wilber unter Kategorialfehler.

Gemeinsam ist allen Bereichen, dass diese Daten durch die gleichen methodischen Regeln verifiziert werden müssen. Dabei wendet er sich klar gegen die Empiristen, die nur den sinnlichen Erfahrungsbeweis gelten lassen, und bezieht sich auf Popper, der auch die Folgerung zieht, Daten zu verwerfen, wenn es keinerlei Möglichkeit gibt, ein Datum wenigstens theoretisch zu widerlegen (Falsifikation). Wilber vergleicht den – unmöglichen – Versuch, den göttlichen Geist rational zu beweisen, mit dem – ebenfalls unmöglichen – Versuch, ihn rational zu widerlegen. Weil der Geist den Verstand übersteigt, kann er durch ihn nicht angemessen beschrieben werden.
Wenn unter Wissenschaft jede Disziplin zu verstehen ist, die die Bedingungen der Datenerfassung, der Datenverarbeitung und der Erkenntnisverifizierung erfüllt, dann sind neben den analytisch-empirischen (Natur-)Wissenschaften und den geistig-phänomenologischen rationalen (Geistes-)Wissenschaften auch die translogischen, transzendentalen, transpersonalen oder kontemplativen Wissenschaften anzuerkennen.

Das neue Bild Wilbers zeichnet sich daher durch ein Bewusstseinsmodell aus, das alle Erkenntniskategorien umfasst. Er bezieht sich auch auf jene Wissenschaftler, die die Natur und das Universum als hierarchisch geordnete Ganzheit und den kosmischen Gesamtprozess als einen Drang nach immer höheren Einheiten (als Evolution) verstehen. Dieser holistischen Evolution sind eben auch der Mensch und der menschliche Geist unterworfen, und es stellt sich die unmittelbare Frage, was denn die höchste Stufe ist, nach der man streben kann. Die Philosophia perennis beschreibt das Wesen der höheren Ebenen des Bewusstseins (das Über-Ich) über die Aussagen der großen Mystiker, Weisen und Philosophen in Ost und West, und Stanley Dean, einer von vielen Forschern auf dem Gebiet der transpersonalen Psychologie und Metapsychiatrie, schreibt: „Der Verstand sieht in einer Art Erleuchtung Dinge, die schwer zu beschreiben sind. In einer blitzartigen Intuition werden einem Sinn und Zweck des Universums bewusst, man identifiziert sich mit der Schöpfung, mit Unendlichkeit und Unsterblichkeit – und verschmilzt mit allem, man gewahrt die Offenbarung des tiefsten Sinns, man begreift das Vorhandensein eines allmächtigen Über-Selbst …"

In diesem engen Zusammenhang stehen – so Wilber – auch die Vorstellungen des Buddhismus (Über-Geist) und des Hinduismus. Gott ist dabei der archetypische Gipfelpunkt des eigenen Bewusstseins, das ureigenste Selbst, der Ur-Gott. „Diesen Zustand (der Erkenntnis) nennt man auch die höchste Einheit, in der alle Dinge und Ereignisse, so vollkommen getrennt und unterschiedlich sie auch bleiben, eins und nur Eines sind … Es ist die endgültige Ablösung des Bewusstseins von allen seinen Forminhalten … Das Bewusstsein geht in der Vollkommenen Transzendenz auf." Der Geist erkennt sich selbst in der Form des Geistes. Dieses transzendente *Eines* ist ein *Sein* und nicht ein *Seiendes*, mit anderen Worten ein Absolutes und nicht ein Relatives, das Ganze und nicht ein Teil.

Viele Philosophen und Psychologen bezeichneten das Ziel der Evolution mit diesem oder ähnlichen Begriffen: etwa Platon mit dem *Trachten nach dem Ganzen*, Teilhard de Chardin mit dem *Punkt Omega*, Aurobindo mit dem *Drang zum Supramentalen*, Hegel mit dem *geistigen Prozess des Werdens zum Absoluten*.

Die weitaus meisten Denker und Bewusstseinsphilosophen sind von einer aufsteigenden, evolutionären Bewusstseinsentwicklung – in welcher Form immer – überzeugt. Sie sehen einen wachsenden Grad von Ganzheitlichkeit, Einheit und Transzendenz. Es gibt aber auch nicht wenige, die eine involutionäre Entwicklung, also eine entgegengesetzte Richtung zur niedrigsten Einheit, zur bloßen Materie, zum Staub vertreten. Unter diesen auch Sigmund Freud, der den Todestrieb als einen Trieb der Rückkehr zu einem früheren Zustand der Leblosigkeit bezeichnet. Ausführlich widmet sich Wilber deshalb auch dem Begriff *Tod* (*TOD*). Er unterscheidet zwischen dem *TOD des Ich*, der zur materiellen, regressiven Auflösung führt, und dem *Tod des Ich*, der das Loslassen der verstandesbetonten Ichhaftigkeit bedeutet und damit zum höheren *LEBEN* und zur Einheit im Geist führt.

Ebenso setzt er sich mit dem von C. G. Jung geprägten Begriff des Archetypus auseinander und teilt nicht dessen Meinung, dass diese archetypischen Bewusstseinszustände mythischen Ursprungs sind, sondern er ist wie Platon, Augustinus, die buddhistischen und hinduistischen Lehren der Auffassung, dass Archetypen zu den ersten Formen der Manifestation gehören, die sich im Laufe der Erschaffung des Weltalls aus der Leere des Geistes entwickeln; sie entstanden zunächst im Verlauf der Involution, das heißt im Laufe der Entstehung des Niederen aus dem Höheren – es sind die ersterschaffenen Formen, Muster für alle anderen Dinge.

Die Grundstruktur des Bewusstseins sieht Wilber hierarchisch: beginnend mit dem vorgeburtlichen Physischen über den Zustand der Sinnesempfindungen, des Emotional-Sexuellen, weiter zum bildhaften Denken und zum Verstand und schließlich zum Zustand der überschauenden Logik hin zum Feinstofflichen und zum kausalen Geist, der die nicht-manifeste Quelle oder der transzendente Grund aller nachgeordneten Strukturen ist.

Die Frage, ob diese Wanderungen der Bewusstseinszustände mit dem Archaischen beginnen und mit dem Kausalen enden (wie Wilber meint) oder ob das Kausale (Absolute) nicht auch der Auslöser dieser Entwicklung ist, bleibt in der modernen Philosophie umstritten. Jede dieser Stufen und auch die Kombination aller Stufen ist aber nicht das Selbst (das Ich-Gefühl, das sogenannte *Selbst-Bewusstsein*). Das Selbst ist ein Betrachter des Bewusstseinsstroms (der jeweiligen Bewusstseinszustände), es ist der Prozess des Organisierens, ein aktiver Organisator der psychischen Wirklichkeit, ein Organ der psychischen Integration und Koordination. Ebenso kann man das Selbst als den Ort der Identifikation ansehen, es ist immer gegenwärtig.

Auf den jeweiligen Ebenen muss das Selbst zwischen Identifikation und Entzweiung entscheiden, es kann also entweder krankhaft festhalten oder loslassen, um die nächste hierarchische Stufe zu erreichen. Diese Entscheidung ist am Ende des irdischen, körperlichen Lebens von allgemein verständlicher Bedeutung, weil es gleichzeitig das Ziel der Evolution ist, die höchste Entwicklungsstufe und die Realität aller Stufen. Es ist das Absolute, der transzendente Geist, der aber auch vollkommen innerhalb der realen Erfahrung und eben auch erfahrbar ist. Durch diese

Hierarchie der Bewusstseinszustände löst Wilber das Paradoxon der gleichzeitigen Transzendenz und Immanenz des kausalen Geistes und hebt die allgegenwärtige Existenz des Absoluten nachdrücklich hervor. Weder diese einzelnen Stufen noch die Kombination aller Stufen bildet das Selbst (-Bewusstsein). Das Selbst durchwandert diese Stufen und erlöst sich letztlich selbst. Dieses Selbst-Gefühl ist zwar im Leben notwendig, zweckmäßig und dienlich, es ist jedoch eine Illusion. Es ist nur ein Akt der Aneignung (Erinnerung) an den vorausgegangenen Augenblick. Die Eigenschaft des Selbst-Bewusstseins dürfte die Fähigkeit sein, den Strom der Ereignisse stimmig anzueignen (zu speichern) und zu organisieren, um die psychische Wirklichkeit zu erfassen. Wilber identifiziert sich dabei weitgehend mit den psychologischen Systemen des Buddhismus und Hinduismus sowie mit deren modernen Interpreten (Aurobindo u. a.) und mit einer Reihe moderner Geisteswissenschaftler der westlichen Welt (Maslow, Habermas u. a.).

Wie Ken Wilber neigt auch der bekannte österreichische Philosoph Konrad Paul Liessmann der Theorie Hegels zu, wenn er in seinem 2007 erschienenen Buch „Zukunft kommt" den Tod als die einzig sichere Zukunft des Menschen, als Antizipation eines Zustands bezeichnet, in dem man nicht mehr sein wird. Die Zukunft ist ein Begriff der Zeit, die mit dem Urknall – oder mit der Schöpfung der Welt – begonnen hat. Liessmann beschäftigt sich nicht ausdrücklich mit der Transzendenz und meint, unter Bezug auch auf Augustinus (der auf die immer wieder gestellte Frage, was Gott vor der Schöpfung gemacht hat, mit „Nichts" geantwortet hat), dass nachher nichts sein kann, was vorher nicht war. Es gibt auch nicht drei Zeiten, sondern nur die Gegenwart: „Die Gegenwart des Vergangenen ist Erinnerung, die Gegenwart des Gegenwärtigen ist Anschauung, und die Gegenwart des Zukünftigen ist Erwartung."

Wie Hegel schließt er Zukunft aus dem Bereich des Erkennbaren aus; alles ist ein Prozess, dessen Ende nicht vorhersehbar ist. Er folgt der Hegel'schen „Phänomenologie des Geistes": „Das Wahre ist das Ganze, das Ganze aber ist nur das durch seine Entwicklung sich vollendete Wesen. Es ist von dem Absoluten zu sagen, dass es wesentlich Resultat ist, dass es erst am Ende das ist, was es in Wahrheit ist; und hierin eben besteht seine Natur, Wirkliches, Subjekt oder Sichselbstwerden zu sein." Das bedeutet aber, dass es keine letzte Wahrheit des Lebendigen geben kann. Geschichte und jede Entwicklung sind ein „… Prozess, durch den sich der Weltgeist, das Absolute, realisiert und zu sich findet".

„Leben", sagten schon die Stoiker, „heißt Sterben lernen!", und Liessmann sieht die Zukunft des menschlichen Lebens in ein Nichts enden. Daher gebührt die ganze Konzentration der Gegenwart, dem Leben hier und jetzt.

In diesem Zusammenhang sollte ich auf ein Buch hinweisen, das in einer makaber-philosophischen und durchaus unterhaltsamen Form die Beziehung zum Tod beschreibt: Der portugiesische Literatur-Nobelpreisträger José Saramago hat mit seinem Werk „Eine Zeit ohne Tod" geradezu eine Persiflage auf das Verhalten der menschlichen Gesellschaft, in der es plötzlich kein Sterben gibt, verfasst.

Der Tod und die Frage nach der Transzendenz beschäftigt die Philosophie zwangsläufig. „Philosophieren heißt weiterfragen", sagt Carl Friedrich von Weizsäcker, als Quantentheoretiker und Philosoph einer der herausragendsten Wissenschaftler Deutschlands. Er meint, dass Wissenschaft und Philosophie lediglich verschiedene Motive und Verhaltensweisen auf der Suche nach Wahrheit haben. Als gläubiger Christ sieht er in der Wertfreiheit der Wissenschaft – und auch der Theologie – einen hohen ethischen Wert, der Selbstkritik und auch die nötige Distanz zur eigenen Ideologie erfordert. Dementsprechend hat diese Einsicht auch zu einem Waffenstillstand zwischen der Physik und der Biologie auf der einen und der Theologie auf der anderen Seite geführt. Die Natur und ihre physikalische sowie biologische Zweckmäßigkeit werden seitens der aristotelischen Interpretation der christlichen Theologie als direkter Ausfluss eines planenden Geistes verstanden. Die Geschichte der Natur lehrt, dass alle Gestalten im Weltall gemeinsame Merkmale haben: Die geschichtliche Möglichkeit setzt Gewordenes voraus, und das Gewordene ist vergänglich, weil es sonst die Möglichkeit des Neuen nicht gäbe. So gesehen ist der Tod Vorbedingung des Lebens. Dem Ich, dem Träger der bewussten Erkenntnis, haftet demnach die scheinbare Widersprüchlichkeit zwischen seinem Selbsterhaltungstrieb und seinem unausweichlichen eigenen Tod an. Dies verursacht gerade der heutigen Menschheit eine Ratlosigkeit, die auch die mythologisch gefärbten Antworten der Religionen nicht aufzulösen imstande sind.

In Anlehnung an die Ideenlehre Platons zieht Weizsäcker im Sinne der Evolutionstheorie (Weiterentwicklung mit an Gewissheit grenzender Wahrscheinlichkeit) den Schluss, dass ein „Dokument seines Gewesenseins im aus ihm Gewordenen übrig bleibt". Die höchsten Möglichkeiten vergänglicher Dinge sind immer dieselben: die Ideen (der Geist). Das Ich ist die Selbstwahrnehmung. Der Selbsterhaltungstrieb impliziert auch die Verdrängung des Todes, aber eine unbewusste Mitwahrnehmung eines sich nähernden Endes schafft die Möglichkeit einer befreiten Sensitivität, in der sich zeigt, dass das Wirkliche ein Symbol war und das Jenseitige das Wirkliche ist.

„Und solang Du das nicht hast,
Dieses: Stirb und Werde!
Bist Du nur ein trüber Gast
Auf der dunklen Erde."
(Johann Wolfgang von Goethe)

Natürlich kann Weizsäcker keine Antwort auf die Frage nach der Art des *Werdens* jenseits des Endes geben. Er hält die biblische Schöpfungsgeschichte für eine wunderbare Art etwas auszudrücken, was sich jenseits der Reichweite des bisherigen menschlichen Wissens befindet, relativiert jedoch alle theologischen Wahrheitsbegriffe. Das Denken ist eine Tätigkeit des Ich, das mit Begriffen arbeitet. Begriffliche Aussagen über die Wirklichkeit des Jenseits sind daher wissenschaftlich nicht möglich.

„Nur wenn wir wissen, dass wir irren können, sind wir bereit, die Meinungen des anderen zu respektieren." Mit dieser Grundhaltung setzte sich Karl Popper mit philosophischen und Theorien aller Art auseinander, die vielfach Irrungen ausgesetzt waren (und sind), und baute mit seinen erkenntnistheoretischen Überlegungen einen der Meilensteine der jüngeren Philosophie. Wie ich eingangs schon erwähnt habe, zählt Popper zu meinen Lieblingsphilosophen – vorwiegend allerdings aufgrund seiner politischen Philosophie („Die offene Gesellschaft und ihre Feinde", „Auf der Suche nach einer besseren Welt").

> Seine alle nach ihm folgenden philosophischen Richtungen beeinflussenden, immer wieder zitierten Maximen zur Verifikation und Falsifikation von Theorien und sein Bildgerüst der *Welt 1*, der *Welt 2* und der *Welt 3* fließen in seine Erkenntnistheorie ein, und seine Suche nach Wahrheit ist getragen von seiner Überzeugung, dass die naturwissenschaftliche Erkenntnis die beste und wichtigste (wenn auch nicht die einzige) Erkenntnis ist. Erkenntnis ist Suche nach Wahrheit (die er vom Begriff Gewissheit scharf trennt), und Ziel der Wissenschaft ist die objektive Wahrheit, das heißt die Übereinstimmung der Theorie mit der Wirklichkeit. Diese Wirklichkeit teilt er in die sogenannte Welt 1, also die materielle Welt mit allen Arten von lebenden und nicht lebenden Körpern, in die Welt 2, die Welt der bewussten und unbewussten Erlebnisse (Sinneswahrnehmungen) – (nach meiner Theorie sind das die Informationen) – und die Welt 3, die Welt der geplanten und gewollten Produkte des menschlichen Geistes, also alles Materielle und Geistige, was die Menschheit bewusst hervorgebracht hat – (nach meiner Theorie sind dies die gewachsenen Wissens- und Erkenntnisgrößen, eben die Erweiterung der Informationsmenge).

Popper versteht seine Welt 3 aber auch als „übermenschlich in dem Sinne, dass ihre Inhalte eher mögliche als wirkliche Gegenstände des Denkens sind, sowie in dem Sinne, dass nur eine endliche Anzahl aus den unendlich vielen möglichen Gegenständen jemals wirkliche Gegenstände des Denkens werden können". Er gibt zu, „dass sie (die Welt 3) in einem sehr genauen Sinne über ihn (den Menschen) hinausgeht. Sie transzendiert ihre Schöpfer." Diese Gegenstände dürfen aber nicht als Gedanken eines übermenschlichen Bewusstseins aufgefasst werden (siehe Popper, „Objektive Erkenntnis").

Er beschränkt die Welt 3 also auf das bewusste und objektiv Wahre, das auch einer Überprüfung standhält, räumt aber ein, dass ewige Wahrheiten wahr gewesen sein müssen, ehe es den Menschen gab. Schon im Vorwort zur vierten Auflage seines Entwurfs „Objektive Erkenntnis" schreibt er: „Die Wahrheit ist objektiv und absolut … Aber wir können niemals ganz sicher sein, dass wir die Wahrheit, die wir suchen, gefunden haben. Wir dürfen die Wahrheit nicht mit Sicherheit, mit ihrem Besitz verwechseln."

Popper bleibt also am Boden des menschlich Begreifbaren und Nachweisbaren, des Wirklichen und Gültigen, das noch nicht widerlegt ist, und schließt das Mögliche und damit das Transzendente zwar nicht aus, geht aber darauf auch nicht näher ein, weil Aussagen dazu weder verifizierbar noch falsifizierbar sind, oder anders ausgedrückt: weil die wahre strukturelle Theorie der Welt (falls es sie gibt) auch durch metaphysische und – höchst – wahrscheinlich falsche Annahmen von Menschen weder gefunden werden kann, noch in menschlicher Sprache ausdrückbar ist. Die Existenz von irgendetwas Nichtphysikalischem ist vielleicht nur eine Illusion. Auch der vielfach von Philosophen angesprochenen Parallelität zwischen Geist- und Quantenunbestimmtheit kann Popper nicht viel abgewinnen. Nach seiner Evolutionstheorie werden das Bewusstsein und der Geist durch physikalische Zustände hervorgebracht und stehen mit dem Körper in Wechselwirkung.

Unser Wissen nennt Popper ein Vermutungswissen, und die rationalistische und daher auch realistische Sichtweise der Logik muss sich daher mit der Idee der Annäherung an die Wahrheit befassen. Als „Philosoph des Alltagsverstandes" ist für ihn damit folgerichtig die Forderung verbunden, dass die Wahrheit mit den Tatsachen übereinstimmen muss. Das kann nur durch Beobachtung, experimentelle Prüfungen und empirische Forschung geschehen. Obwohl er sich als Anhänger Platons versteht, glaubt er nicht, dass der „merkwürdig zeitlose Charakter sie (die Ideen) ewig und dadurch wirklicher macht als Dinge, die erzeugt worden sind und dem Wandel und dem Verfall unterliegen." (Popper: „Objektive Erkenntnis")

Poppers Kriterien zur Wahrheitsfindung und zur Theorienentwicklung bringen ihn in den Verdacht des Relativismus. Wenn man die Wissenschaftsgeschichte und die vielen – sich als falsch herausgestellten – Theorien betrachtet, kommt man zur Überzeugung, dass es vernünftiger ist, hinter eine Behauptung besser drei Fragezeichen als drei Rufzeichen zu setzen.

Popper ist Rationalist, der nicht nur in biologischer Sicht an die Evolution glaubt. Aus biologischer Sicht ist er überzeugt, dass die Urzelle im Menschen lebt, ja dass die Menschen die Urzelle sind (meine Urinformation), die Zellteilung oder Zellfusion der Selbsterhaltung dient, und dieser Trieb evolutionsgeschichtlich beim Menschen schließlich die Suche (das Streben, die Neugier) nach immer besseren Lebensbedingungen, nach mehr Freiheit und nach mehr Wissen hervorgerufen hat. Fragezeichen sind jedoch ständig notwendig, ebenso der Kampf gegen jedes dogmatische Denken (sowohl aus ideologischer wie auch aus religiöser Sicht) und letztlich die Einsicht, dass die Lösung eines wissenschaftlichen Problems viele neue ungelöste Probleme aufwirft. (Popper: „Auf der Suche nach einer besseren Welt")

Popper zieht Parallelen zwischen der Entwicklung des Universums, der (darwinistischen) Evolutionsgeschichte des Menschen und dem evolutionären Wachstum des Wissens als eine natürliche Auslese von Hypothesen.

Interessant ist, wie sehr Popper sich mit den Forschungsergebnissen und Erkenntnissen eines der führenden Neurophysiologen der zweiten Hälfte des vorigen Jahrhunderts auseinandersetzte. John C. Eccles untersuchte die Verbindung des zentralen Nervensystems und die Gehirnaktivitäten mit dem *Selbst-Bewusstsein*, dem Ich-Gefühl, und sieht das Paradoxon im Gehirn, das versucht, sich selbst zu verstehen. Er zeichnet nach dem 3-Welten-Modell Poppers den Informationsfluss zwischen der Außenwelt (Welt 1), dem Körper und dem Gehirn (Welt 2) und der Welt 3 aus neurophysiologischer Sicht und identifiziert das bewusste Selbst mit der Seele – unter großer Vorsicht dieses theologisch besetzten Begriffs. Anders als Popper stellt er metaphysische Betrachtungen an und sieht sich – als offensichtlich Gläubiger – durch seine Forschungsergebnisse bestätigt. Die philosophisch wichtige Aufgabe sei es daher, eine Bedeutungsformulierung für den Begriff *Gott* zu finden. (John C. Eccles: „Gehirn und Seele")

Im dritten Teil des gemeinsamen Werkes mit Karl Popper „Das Ich und sein Gehirn" finden sich in den Dialogen zwischen den beiden Autoren die – mit Zugeständnis an den jeweils geschätzten anderen – zarten Widersprüche: Eccles sieht sich in der Position, zu wissen, dass das Gehirn in seiner Entwicklung mit dem selbstbewussten Geist verknüpft wurde. Popper sieht darin die letzten Fragen, die nicht beantwortbar sind, gesteht aber zu, dass die Welt 3 einen möglichen Ansatz bietet, vernunftmäßig an bestimmte Dinge heranzugehen, die – derzeit – so aussehen, als wären sie ewige Geheimnisse.

Streng genommen dürfte ich als Popper-Anhänger meine eigenen theoretischen Überlegungen nicht mehr fortsetzen, weil sie die Grenzen der Vernunft zu überschreiten beginnen. Ich nehme mir aber die Freiheit, Poppers Begriffe der *Vermutung* und der *Wahrscheinlichkeit* zu nutzen, und beziehe mich auf die Einschränkungen in seiner Erkenntnistheorie, wenn er zugibt, dass die Welt 3 über den Menschen hinausgeht, und meint, dass ewige Wahrheiten wahr gewesen sein müssen, bevor es Menschen gab, und dass die Wahrheit objektiv und absolut ist (siehe oben!).

Meine Theorie würde die Absolute Wahrheit, die Transzendenz und alle möglichen *Gegenstände*, die noch nicht Erzeugnisse, Gedanken oder Erkenntnisse des Menschen sind und die auch nie geschaffen, erfasst oder begriffen werden (können), nach Poppers Diktion als Welt 4 bezeichnen, als Summe der unendlichen Informationen, die uns schon zur Verfügung stehen, die uns noch zugänglich werden (durch wissenschaftliche Forschung und neue Erkenntnisse) und die uns verborgen bleiben werden, jedoch dennoch vorhanden und wahr sind – und diese Aussage ist zweifellos verifizierbar und wird nahezu täglich verifiziert, indem Theorien (Vermutungen) durch empirische Nachweise bestätigt werden und neue, bisher nicht verfügbare Informationen zumindest Poppers Welt 3 bereichern. Vielleicht würde Popper meine Informationstheorie als einen Versuch werten, der Wahrheit näherzukommen. Vielleicht würde er auch die Bemühung schätzen, eine phantasievolle Kritik am Gegebenen, am Gewohnten, an Vorurteilen, an üblichen Annahmen und an von Philosophen so Beschriebenem zu üben und daraus die Idee einer neuen Theorie zu entwickeln. Vielleicht … Oder er würde darüber nicht diskutieren, weil diese Thematik zwangsläufig zu letzten Fragen führt, die er – weil nicht zu beantworten – nicht behandeln möchte.

Der schweizerische Soziologe und bekannte Schriftsteller Jean Ziegler beschäftigt sich in seinem Buch „Die Lebenden und der Tod" mit der Stellung des Menschen in einer kapitalistischen Gesellschaft, in der das Kommen und Gehen des Individuums lediglich als ein Werden und Verschwinden eines Produktionsfaktors betrachtet wird. Der Tod wird nach einer solchen nihilistisch-materialistischen Auffassung nur als Verlust oder als Abschreibungsposten bewertet.

Demgegenüber stellt Ziegler den Menschen, dessen „Bewusstsein sich erhalten will und das sich mit aller Gewalt gegen die Katastrophe des Todes auflehnt". Im Gegensatz zum materiellen, der Physiologie unterliegenden Körper altert und stirbt das erkenntnisfähige Bewusstsein nicht: „Es übernimmt die wesentlichen Funktionen der Selbstinterpretation des Ich und der Welt."

Nach den deutschen Soziologen und Philosophen Max Horkheimer und Ernst Bloch (beide Marx'sche Materialisten, aus einem Land emigriert, in dem mit dem Nationalsozialismus und der Kriegswirtschaft ein bezüglich der Menschenwürde ein dem Kapitalismus ähnliches Gedankengut vorherrschte) nennt Ziegler dieses Bewusstsein, das über die scheinbar existierende Wirklichkeit hinausgeht und von der wahren Wirklichkeit erfasst ist, das *eschatologische Ich*. Es ist Grundbestandteil des *künftigen totalen Menschen* und enthält es schon jetzt in der Form des Sollen und des Endzwecks.

Diese zeitlos gültigen philosophischen Wahrheiten sind also die Herausforderung. Dieser Glaube an die letzten Dinge, an die Unvollendetheit des Irdischen und die Enderwartung ist Inhalt vieler Philosophien und Religionen, der von Teilhard de Chardin sehr anschaulich beschrieben wird.

Dieser Meinung nach ist der Mensch ein – noch – nicht vollendetes Wesen. Sein unvollendetes Sein (wie auch jenes des Universums) befindet sich im derzeitigen Zustand einer Evolution, die mit dem Logos begonnen hat und mit der Apokalypse (griechisch: die Enthüllung des Seins) enden wird. Das eschatologische Ich offenbart sich unmittelbar vor dem Tod und drückt sich im Gefühl der Hoffnung aus, nach der „Sehnsucht nach dem ganz Anderen".

Ziegler folgert abschließend: „Unsere eigene Endlichkeit ist eine Chance, die uns das Leben oder, wenn man so will, der Tod bietet. Es ist die Chance der schicksalhaften Existenz des Individuums. Der Tod, der unserem Dasein eine Grenze setzt, führt eine Diskontinuität ein, setzt die Zeit ein. Er weist jedem Lebensaugenblick einen Platz und einen Sinn zu, von daher vereinzelt er jedes Leben und verleiht ihm seine Bedeutung. Der Tod begründet die Freiheit."

Keinesfalls unerwähnt bleiben darf das Werk Karl Theodor Jaspers', der als der herausragende Vertreter der Existenzphilosophie gilt. Aufgrund des Umfangs seiner Schriften habe ich mich ausnahmsweise auf das Internet beschränkt und fasse dessen für mein Thema relevante Meinungen mittels eines Auszugs aus Wikipedia zusammen:

Nach Jaspers sind es vor allem die seelischen Antriebe des Menschen, die Weltanschauungen begründen, etwa wenn er sich in *Grenzsituationen* wie Tod, Leiden und Schuld der Transzendenz bewusst wird. Er sieht das Menschenbild durch eine vierstufige Seinsweise geprägt: Das biologische Dasein, das Bewusstsein, der Geist als Teilhabe an ganzheitlichen, sinnstiftenden Ideen und schließlich die Existenz als das, was der Mensch sein kann, als nicht mehr fassbare Ebene des eigentlichen Selbstseins, als Möglichkeit des wahren Menschseins. Er unterscheidet wissenschaftliche Wahrheit von existenzieller Wahrheit, die sich auf transzendente Gegenstände wie Gott bezieht. Wissenschaft kennt Fortschritt, Philosophie seiner Meinung nach nicht; allerdings hat die Wissenschaft ihre Grenzen im Absoluten und in der unüberwindbaren Endlosigkeit. Die Transzendenz sieht er als Synonym für Gott. Die Wahrheit des Daseins ist pragmatische Wahrheit, ist das, was im Leben nützt, wie sie im Gegenständlichen der wissenschaftlichen Erkenntnisse zum Ausdruck kommt; existenzielle Wahrheit liegt in der Freiheit des Menschen, durch Kommunikation mit der höheren Ebene zu sich selbst zu finden.

Nach Jaspers' *philosophischem Glauben* sind Beschreibungen, Darstellungen und Bilder von Gott lediglich Chiffren der Transzendenz. Demgemäß sind alle Offenbarungsreligionen obsolet, weil sie eine von Menschen formulierte Endlichkeit beinhalten; dennoch gilt ihnen gegenüber die Toleranz. Ethik als Rahmen für Weltbilder lehnt Jaspers zwar ab, betont jedoch als höchstes moralisches Prinzip das *Gute*, das von der Transzendenz (Gott) als unbedingte Forderung an den Menschen gestellt wird.

Im Dialog mit den großen Philosophen aller Zeiten, zu denen er Heraklit, Sokrates, Buddha, Konfuzius, Laotse, Jesus, Platon, Augustinus, Kant, Spinoza zählt, eröffnet sich ein Raum des Philosophierens und des eigenen Denkens. Die großen alten Philosophen aus China, Indien und Griechenland vermittelten ihm die Perspektive für eine interkulturelle Philosophie. Historisch betrachtet ist die Philosophie lediglich ein Bericht über eine Kette von Irrtümern. „Die Vielfachheit des Philosophierens, die Widersprüche und die sich gegenseitig ausschließenden Wahrheitsansprüche können nicht verhindern, dass im Grunde eines wirkt, das niemand besitzt und um das jederzeit alle ernsten Bemühungen kreisen: die ewige eine Philosophie, die philosophia perennis."

Aktuelle philosophische
Ansichten

Zwei österreichische Philosophen entschlagen sich der Antwort auf die Frage nach einem transzendenten „Weiterleben": Peter Strasser lässt die Frage, ob es „einen Ort des wahren Selbst" gibt, offen und spekuliert mit den Möglichkeiten eines Lebens nach dem Tod, indem er die Bedingungen dafür auflistet. Konrad Paul Liessmann behandelt diese Frage in seinem Werk „Zukunft kommt" im Zusammenhang mit der philosophischen Betrachtung der Zeit und bezeichnet die Zukunft (und damit ein etwaiges Leben nach dem Tod), weil sie sich außerhalb des Zeithorizontes befindet, als uneingelöste Versprechen, versunkene Utopien, vergessene Hoffnungen und ausgebliebene Erlösungen. Der Mensch lebt, weil er weiß, dass er sterben wird. Wenn er sich diesem Wissen stellen kann, ist er imstande, sich dem Leben, dem Hier und Jetzt, der Gegenwart zu widmen.

Um den umfangreicher als vorgesehen gewordenen Anhang „Philosophie" zu einem Ende zu bringen, gehe ich noch – in der nun gebotenen Kürze – auf zwei zeitgenössische Philosophen ein, die sich ausschließlich auf lebensnahe und irdische Problembetrachtungen beschränken und transzendente Ebenen nicht behandeln oder jedes Überirdische überhaupt ablehnen; daher suchen sie die Wahrheit auch lediglich im Immanenten, das heißt im Erfahrungs- und nicht im Glaubensbereich.

Der von vielen als der größte Philosoph der Gegenwart bezeichnete deutsche Denker Jürgen Habermas sieht zwar die Widersprüchlichkeiten zwischen wissenschaftlichem Naturalismus und den zunehmend politisierenden Religionen, vertritt jedoch eine eindeutige Meinung zugunsten der Vernunft der Säkularisierung, der er allerdings das Toleranzprinzip gegenüber den Glaubensgemeinschaften abverlangt. Den Weltreligionen gesteht er aber zu, dass sie vernünftige und lehrreiche Intuitionen und prägende Traditionen in das kulturelle Bewusstsein mit eingebracht haben, er lehnt jedoch deren indoktrinierende Tendenzen ab (Jürgen Habermas, „Zwischen Rationalismus und Religion").

Er sieht die Realität – im Sinne Kants – als der Tatsachenfeststellung und der Wahrheitsorientierung verpflichtet. Das Erkenntnisvermögen der westlichen Moderne ist daher rational und *detranszendentalisiert*. Zwischen Idee und Kenntnis ist zu unterscheiden. „Weil unser Kontakt mit der Welt sprachlich vermittelt ist, entzieht sich die Welt (Anm.: die nicht begriffliche Welt) sowohl dem direkten Zugriff der Sinne (Anm.: gemeint sind wahrscheinlich die fünf Sinne) wie einer unmittelbaren Konstitution durch Anschauungsformen und Verstandesbegriffe." Da die Sprache sowohl zeitlich und geografisch wie auch traditionell und kulturell relativ ist, sind Verwirrungen nicht auszuschließen, und es kommt zur philosophischen Zerpflückung der Begriffe („Was versteht man unter …?"). Die Wahrheit muss durch gültige Aussagen für ein Publikum erkennbar sein: „Überzeugend ist, was wir als rational akzeptieren können." Weiters meint Habermas: „Als endliche Geister können wir die Veränderung epistemischer Bedingungen nicht vorhersehen und daher auch nicht ausschließen, dass sich eine noch so ideal gerechtfertigte Aussage einst als falsch herausstellen wird."

Die Auffassungsunterschiede zwischen Habermas und philosophischen Theorien mit starkem transzendentalem Anspruch bestehen in den Begriffen *Wahrheit* und *wahrheitsanalogem Richtigkeitsanspruch*. Letzterer erschöpft sich in ideal gerechtfertigter Behauptbarkeit und bezieht sich nicht auf Bestandteile der *existierenden* Welt. Diskurse zwischen den beiden Lagern können über Ethik, Moral und Gerechtigkeit geführt werden, nicht aber über die Wahrheit, weil *Letztbegründungen* nicht nachweisbar sind.

In einem Dialog über Vernunft und Religion („Dialektik der Säkularisierung") zwischen Jürgen Habermas und dem Präfekten der römischen Glaubenskongregation, Joseph Kardinal Ratzinger, der wenige Monate danach zum Papst gewählt wurde, mussten daher – trotz der gegensätzlichen Grundmeinungen – die letzten Fragen natürlich ebenfalls offenbleiben: Habermas wiederholte seinen Standpunkt, dass jede Religion ursprünglich „Weltbild" mit Autoritäts- und Interpretationsmonopolanspruch ist, diesen aber „unter den Bedingungen der Säkularisierung des Wissens, der Neutralisierung der Staatsgewalt und der verallgemeinerten Religionsfreiheit" aufgeben musste. Anderseits darf aber auch aus der Sicht des säkularen Wissens dem Glauben ein – nicht schlechthin irrationaler – Erkenntniswert nicht abgesprochen werden. Kardinal Ratzinger bezweifelte den Fortschritt der Menschheit durch die allmähliche Aufhebung der Religion und die Verlässlichkeit der Vernunft mit Hinweisen auf die Ausuferung von Forschungsergebnissen wie Atomspaltung und Menschenzüchtung und bezeichnete das sogenannte Weltethos als Abstraktion. Er sieht die Möglichkeit, dass „Vernunft und Religion sich gegenseitig begrenzen und je in ihre Schranken weisen", weil es „die rationale oder die ethische oder die religiöse Weltformel, auf die alle sich einigen und die dann das Ganze tragen könnte", nicht gibt.

Der bekannte Aphorismus „Wer nichts weiß, muss alles glauben" von Marie Ebner-Eschenbach sollte daher so nicht ernst genommen werden; eher ist es dem Nichtwissenden überlassen, zu glauben, was er nicht weiß. Alles abzulehnen und gar nichts zu glauben, was man nicht weiß – und damit bin ich bei meinem letzten zeitgenössischen Philosophen und bei einem anderen Aphorismus Ebner-Eschenbachs angelangt –, hieße aber, sämtliche Theorien ad absurdum zu führen: Es gibt zweifellos mehr Behauptungen, an die man glauben kann und die sich als richtig herausstellen, als jene, dass eine nicht funktionierende Uhr zweimal am Tag die richtige Zeit zeigt. Die Berechtigung von Hypothesen ist also nicht grundsätzlich und von vornherein infrage zu stellen. Ist also, wie es ja der Sinn meiner Theorie ist, das Modell, eine alles umfassende Antwort auf die letzten Fragen zu formen, nicht gerade der Versuch, Vernunft und Glauben, Immanenz und Transzendenz, Wissenschaft und Metaphysik mit dem Urelement *Information* zu verbinden?

Ein der bisherigen Geisteswissenschaft kritisch gegenüberstehender Philosoph ist Peter Sloterdijk. Seinerseits wird er aber auch von vielen der *klassischen* Philosophen wegen seiner geradezu apokalyptischen Warnung, dass „es so nicht weitergehen könne", heftig kritisiert. Es ist natürlich auch das eine Frage nach der *relativen Wahrheit*: Betrachten wir, wie Peter Strasser, das Gefühl, lebendig zu sein, als „das Glück, in Frieden zu leben, die Sonne scheinen und Azaleen blühen zu sehen, Familie, Arbeit und Auskommen zu haben", oder verstehen wir unter Leben nicht tiefere ethische Werte, die uns ein Maß an Verantwortung für die Natur, für die Konsequenzen unseres Tuns und für das gleichgültige Getriebenwerden und Treibenlassen übertragen?

Unsere Informationen über die Natur und die Grenzen unseres Wissens, eben unserer relativen Wahrheit werden uns besonders deutlich bewusst gemacht, wenn wir mit katastrophalen Naturereignissen oder unabsehbaren Folgen und negativen Wirkungen selbst erzeugter Techniken konfrontiert werden. Erdbeben, Tsunamis einerseits und mögliche atomare Supergaus anderseits lassen Hypothesen zu Realitäten werden und unsere Geisteshaltung überdenken.

Während Habermas sich eher an die Vernunftphilosophie Kants anlehnt, neigt Sloterdijk mehr zum Denken Schopenhauers und Nietzsches. Sein Übermensch ist der übende Mensch. Für mein Thema eignet sich Sloterdijks 700 Seiten umfassendes, nicht einfach zu konsumierendes Werk „Du musst dein Leben ändern" im Wesentlichen deswegen, weil er zum Denken auffordert. Seine geradezu provokanten, artifiziellen, ornamental-mehrsprachigen Wortschöpfungen hätten zweifellos Wittgensteins Sprachästhetik herausgefordert. Den Inhalt kann ich sehr verkürzt wiedergeben:

Sloterdijk widerspricht der geläufigen Meinung, die eine Wiederkehr der Religion bzw. einer Art der Spiritualität sieht, und ist überzeugt, dass die Menschen in einem symbolischen und rituellen Immunsystem gefangen sind, das alle ethnischen, politischen und ökonomischen Lebensbereiche umfasst. Es sind die von ihm so bezeichneten *Anthropotechniken*, also jene zu ständiger Wiederholung und Nachahmung zwingenden Systeme, die die Menschen immunisieren sollen und auch immunisiert haben, indem sie Begriffe wie Ethik, Moral, Frömmigkeit, Askese, Athletik und dergleichen für sich vereinnahmt haben. Wenn der aus diesem Phlegma aufgeweckte, übende und dadurch sich selbst formende Mensch diese Begriffskategorien hinterfragt und interpretiert, werden die herkömmlichen, sie missbräuchlich und unredlich verwendenden Hüllen, Systeme und Institutionen brüchig und an Bedeutung verlieren; so etwa würde der Religionsbegriff, „jener unselige Popanz aus den Kulissenhäusern des modernen Europa", ebenso wie der „Hyperpopanz" Kultur entlarvt und entkleidet werden. Ähnliches gilt für alle gesellschaftlichen, politischen und rechtlichen Systeme, für die Wissenschaft, die Kunst, die Ökonomie und den Sport. Überall steht der Mensch unter „Vertikalspannungen", „wo immer man Menschenwesen begegnet, sind sie in Leistungsfelder und Statusklassen eingebettet ... Der Verbindlichkeit solcher Hierarchiephänomene kann sich … niemand entziehen." Diese bilden in allen Kulturen und Subkulturen eine Differenzierung menschlicher Verhaltensweisen in polarisierten Klassen: vollkommen versus unvollkommen; heilig gegen profan; vornehm versus gemein; tapfer vs. feige; mächtig vs. ohnmächtig; vorgesetzt vs. nachgeordnet; exzellent vs. Mittelmaß; Fülle vs. Mangel; reich vs. arm; Wissen vs. Unwissen; Erleuchtung vs. Verblendung. Dass die hierarchische Struktur immer von den ersten Werten angeführt wird, gilt als selbstverständlich.

Diese Vertikalspannung, dieses „Immer höher hinauf" hat im Bewusstsein des unausweichlichen Todes sehr früh zu übernatürlichen, außerirdischen Kategorien – zu Gott – geführt. Die Religionen und alle Herrschaftssysteme haben diese vertikale, hierarchische Ordnung, an welche die Menschen angepasst wurden oder sich eben aus Gründen der Gleichgültigkeit und Trägheit angepasst haben, benutzt und ausgenützt. Ein Gewöhnungsprozess hat in allen Bereichen stattgefunden, und die ursprünglichen religiösen, ethischen und asketisch-artistischen Ausnahmeerscheinungen wurden zu Massenbewegungen geformt.

Sloterdijk zeichnet diese Entwicklungsbeispiele, die die Menschen letztlich durch Nachahmung und Wiederholung in den letzten Jahrhunderten geprägt haben. Von der Vielzahl der das Leben beherrschenden, gleichsam zu Ritualen verkommenen Verhaltensformen scheint mir ein Beispiel signifikant: Als Pierre de Coubertin die olympische Idee aus der Taufe holte, bezog er sich auf die griechische religiös-athletische Kultinstitution. Was aus dem „schneller, höher, weiter" geworden ist, kann die Dimension des weltweiten Sportbetriebs belegen, nämlich auch eine „umfassende Organisationsform für menschliches Anstrengungs- und Übungsverhalten". Diese Anthropotechnik hat also aus einem ursprünglichen Kult eine fast religiöse Massenbewegung – eine Art Glauben – gemacht, vergleichbar etwa mit anderen *Religionsgründungen*, die auf bestehenden aufbauten und diese modifizierten: jene des Christentums, das Paulus vom Judentum, Augustinus vom römischen Kult abgehoben hat, oder jene des Islam, den Mohammed vom Christentum abgewandelt hat. Genauso hat Ron Hubbard die religiösen Grundideen von ihren nicht mehr zeitgeistigen Inhalten getrennt und die Church of Scientology gegründet. Das Gleiche gilt, wenn man die Entwicklung der Idee der klösterlichen Askese zu einer Fasten-, Einkehr- und Meditationsbewegung beobachtet oder wenn man die wirksam werbeunterstützten Modewellen auf allen Gebieten verfolgt. Nachahmung, Wiederholung der Basisideen sowie Modernisierung und Aktualisierung sind demnach von Menschen entworfene Prozeduren, denen sich Menschen anschließen, wenn sie gut vermarktet werden.

Um sich dieser durch die beschriebenen und sämtliche Lebensbereiche und Disziplinen umhüllten, einem Herdentrieb folgenden Vertikalspannungen zu entziehen und das eigene Leben zu entstören, „muss man sein Leben ändern", oder – wie Wittgenstein zitiert wird: „Dass das Leben problematisch ist, heißt, dass Dein Leben nicht in die Form des Lebens passt. Du musst dann Dein Leben verändern …" Das kann der Einzelne, das können Gruppen und das können Gesellschaften. Und in dieser Abspaltung drückt sich ein Zwang aus, „ohne den es keinen Orden, keine Reform und keine Revolution je hätte geben können". Es ist ein innerer oder äußerer Protest dagegen, das zu tun, was alle tun, ohne nachzudenken, ob es wert ist, getan zu werden. Es sind Selbstformungsübungen; es ist das *Über-sich-Hinausgehen*. Es gleicht der Bewegung zum Ungewöhnlichen hin, die sich in den Anfängen der antiken Philosophie in Griechenland, in Indien und in China beobachten lässt, oder eben in jener von Karl Jaspers so bezeichneten *Achsenzeit*, die mit der Entdeckung des Geistes identifiziert wird.

„Das Göttliche ist erlernbar", wenn das Unwahrscheinliche geübt und wenn Unüberwindliches wie der Tod überwunden wird. Es ist die Erfüllung des Übungszieles oder, wie die letzten Worte Jesus wiedergegeben werden: „Es ist vollbracht!" Solche Selbstformungsübungen bedeuten jedoch einen zumindest teilweisen Rückzug aus dem üblichen Leben, wie Marc Aurel zitiert wird: „Denke also endlich daran, dich in jenes kleine Gebiet zurückzuziehen, das du selbst bist, und vor allem zerstreue dich nicht …" Dazu ist allerdings „eine Unterbrechung des Informationsstroms, der den Übenden an die … Umwelt anschließt" erforderlich. Das kontemplative Leben muss die sensorischen Öffnungen schließen und vor allem die sprachlichen Verbindungen zur Mitwelt kappen. Nur dann kann das Göttliche, das Universum, das Ganze, das Nichts als Nicht-Selbst von innen auftauchen. Diese extreme Kontemplation, wie sie im Hinduismus und im Zen-Buddhismus geübt wird, bedarf allerdings einer meist stufenförmigen Phase von mehreren Jahrzehnten und ist begleitet von autoritären Meistern, die es nachzuahmen gilt. Ähnlich dem hinduistischen Offenbarungsakkord „Ich bin Er; ich bin Shiva" ist die christliche Erleuchtung „Ich und der Vater sind eins" und „Ich bin der Weg, die Wahrheit und das Leben". Es ist die vollzogene Einsicht in die Identität von Einzelseele und Allseele.

Diese wahren Meister, die den Übungswilligen führen sollen, müssen nun aber nicht nur Avatars oder Erleuchtete sein, sondern sind eben auch Lehrer an allen Schulen, Aufklärungsschriftsteller, ja auch politisch-kulturell engagierte Journalisten. Dabei haben sich aber mit der Aufklärung, mit der Entwicklung des Buchdrucks und vollends mit dem Internet jene von Sloterdijk so kritisierte anthropotechnische Entpersonalisierung und die banale Horizontalbewegung der Gleichmacherei ergeben. Dadurch wurde das Kollektiv zur Selbstverständigung der Wissenden und Herrschenden.

Der menschliche Geist wurde auf die reine Vernunft reduziert, die Wissenschaftsgläubigkeit verdrängte zunehmend die Metaphysik, und der Kulminationspunkt wurde erreicht, als mit der Entschlüsselung des menschlichen Genoms die Herstellung des Herstellers, also die Schaffung des Menschen durch den Menschen nicht mehr ausgeschlossen wurde.

Die Metaphysik wurde in eine *allgemeine Immunologie* transformiert: Um diesem Selbstschutzmechanismus der Menschen zu entsprechen, bot man Allianzen gegen Schadensfälle oder, wie Heidegger sagt, „monströse Bündnisse" eben auch gegen den unvermeidlichen Tod an. Insofern ist die Religion eine „Version der Letztversicherung". Das irdische Leben selbst und die ganze Welt ist im Sinne der Aufklärung eine Schule und alle Menschen bloße Schüler, Geschöpfe, für die alles auf Belehrung ausgelegt ist. Diese Belehrung geschieht in allen Lebensbereichen, durch vertikale, hierarchische Institutionen. Johann Comenius bezeichnete die Welt als ein Haus der Disziplin, und im Bildungs- und Erziehungsbereich folgt man seinem im 17. Jahrhundert vorgezeichneten „Weg des Lichts" auch heute noch – zumindest in Form der Namensgebung für europäische Schulprojekte – vielleicht nicht mehr verbunden mit seiner Zielrichtung, dass dies ein „Vorspiel der Ewigkeit" ist. „Das Abitur erlangt, wer zu einem Gesamtkunstwerk des Weltwissens und des Mitwissens von den göttlichen Dingen wurde." Comenius hatte die Vorstellung, durch die Schule – quasi als Maschine – eine vollendete Reproduktion von Menschen in die Welt zu setzen. Dabei steht der Beseelung der Maschine eine Entseelung des Menschen gegenüber.

Vergleichbar ist dies mit den Ideen der Computertechnologie zur Schaffung von künstlicher Intelligenz.

Ganz generell bestimmen Vorgaben die Menschenformung. *Menschenausstatter* nennt Sloterdijk die Trainer der aktuellen Leistungskollektive; sie erzeugen Trugbilder von käuflichen Selbsterhöhungen, die de facto erniedrigen. Das

zieht sich im Gefolge der gezielten Propaganda durch die gesellschaftspolitische Ebene (Parteien), ebenso wie z. B. durch den Gesundheitsbereich (Fit-
nesstrainings) und die geldbewegte Wirtschaft (Spar- und Kreditstress) und
führt zum Selbstformungs- und Kreativitätsverlust des Einzelnen und lähmt
dessen Denken und Handeln.

Das Sich-Informieren-Lassen, Sich-Unterhalten-Lassen, Sich-Vertreten-
und Beraten-Lassen, also das – im weitesten Sinne des Wortes – Sich-Mas-
sieren-Lassen führen zur Passivität und zur Selbstaufgabe, „das Selbst ist ein
Gewitter aus Wiederholungsreihen unter dem Schädeldach". Unter diesen
Bedingungen kann es keinen Befreiungsschlag geben, die konstruktive Kritik
geht unter, und dies wirft Sloterdijk auch den Akteuren der Geisteswissenschaft
vor, die er mehrheitlich als „freischwebende Beobachter im Archiv" bezeichnet.
Nur eine „Revolution der Denkungsart" könne bewirken, dass der Mensch, der
eine „Marionette des Kollektivs" und eine „Geisel der Situationen" geworden
ist, befreit wird. So jedenfalls kann es nicht weitergehen. Es bedarf eines ethischen Imperativs, der über die Vernunft – die sich aktuell darauf beschränkt,
„die Arbeitsplätze auf der Titanic zu erhalten" – hinausgeht.

Wenn Sloterdijk sich am Schluss seiner breiten Ausführungen den
Gedanken des Philosophen Hans Jonas anschließt und ein vorausschauendes
Philosophieren in der Umformung des kategorischen Imperativs in einen
ökologischen Imperativ („Handle so, dass die Wirkungen deines Handelns
verträglich sind mit der Permanenz echten menschlichen Lebens auf Erden")
sieht, widerspricht er vielen seiner Kritiker, die nur interpretieren und meinen,
dass alles so wie bisher durchaus weitergehen kann.

Wenn es weiterer Beweise für die Notwendigkeit eines Umdenkens und die Aufforderung, das Leben zu ändern, bedarf, sei an die Finanz- und Wirtschaftskrise am Ende
des ersten und an die apokalyptischen Ereignissen in Japan am Beginn des zweiten
Jahrzehnts im neuen Jahrtausend erinnert. Man muss nun nicht Informationen he-
ranziehen, deren Herkunft und Existenz umstritten oder noch nicht wissenschaftlich
nachgewiesen sind, sondern kann auf konkrete Daten zurückgreifen, um ein etwaiges
Umdenken zu starten. Die Menschheit hat immer mehr Informationen zur Verfügung,
welche die Frage nach der Richtigkeit des Handelns leichter beantworten lassen oder
– anders ausgedrückt – die ihr die Wahrheit näherbringen könnten. Alle bisherigen
Erfahrungen lassen jedoch eine begründete Skepsis prolongieren: Die archaischen
Eigenschaften des Menschen in Form des hypertrophierten, pathologischen Selbsterhaltungstriebs stehen einer sinnvollen Informationsverarbeitung entgegen.

Hätte ich Sloterdijks Buch schon vor Beginn meiner Arbeit gelesen, könnte es durchaus auch den Anstoß gegeben haben, meine eigene Erkenntnissuche zu entwickeln und jene vielleicht fünf Prozent, die mir mein nicht determiniertes Bewusstsein für meinen freien Willen übrig lässt, für Erkenntnisübungen zu verwenden. Dieser seiner kritischen Haltung gegenüber dem tradierten Denken – ob es die theologische, metaphysische, nachmetaphysische oder Philosophie der Vernunft, der Moderne und auch der Postmoderne ist –, gegenüber den jeweils ethischen und moralische Zwängen und gegen das Treibenlassen oder Getriebenwerden schließe ich mich gerne an.

Ohne Nietzsches Begriff des Übermenschen – weder in der gemeinten noch in der falsch verstandenen Deutung – überzustrapazieren, scheinen mir die Übungen des *Homo cogitans* sinnvoller als jene des *Homo ludens*. Aber vielleicht inspiriert mich dabei die auf meinem Schreibtisch stehende kleine Kopie der Skulptur des „Denkers" von Rodin ...

Dank

Ich habe meinen Freunden und Bekannten zu danken, die sich auf die unzähligen Diskussionen über meine Ideen, Auffassungen und Teile meines Weltbildes eingelassen haben und nicht müde wurden, mir zu widersprechen. Mit Fachexperten, welcher Disziplin immer, habe ich mich nie unterhalten (das Buch wäre sonst so nicht entstanden), allerdings stand mir natürlich ihre Literatur zur Verfügung, die ich nach meinen Möglichkeiten benutzt habe.

Zu danken habe ich meiner Frau Friederike, die meine ersten Manuskripte mit Interesse gelesen und – solange es ihr Befinden erlaubt hat – mit der Gewissenhaftigkeit einer Lehrerin korrigiert hat. Auch meiner Tochter Petra ein großes Dankeschön dafür, dass sie mit professoraler Überlegenheit immer dann meinem Computer Einhalt gebot, wenn dieser gerade sein Eigenleben entwickelte.

Natürlich gilt mein besonderer Dank meiner Lektorin, Dr. Rosemarie Konrad, die sich mit besonderer Akribie meiner Manuskripte annahm und die schwierige Aufgabe hatte, aus dem Verständnis des Inhalts auf Ungereimtheiten, Wiederholungen oder Satzungeheuer hinzuweisen; und auch meinem Grafikdesigner Christian Konrad, MA, der mit mir über gestaltgebende Fragen diskutierte.

Nicht zuletzt danke ich Vorstandsdirektor Mag. Klaus Brunner, meinem Nachnachfolger in der Leykam Medien AG, der mich, im Wissen meiner schriftlich niedergelegten Ideen, bewog, die Arbeit zu veröffentlichen, und schließlich danke ich dem Verlag, namentlich Herrn Verlagsleiter Dr. Wolfgang Hölzl, für den Mut, dies auch zu realisieren.

P

Literatur

ACZEL Amir D., Die Natur der Unendlichkeit, Rowohlt TB 2002

ARIELY Dan, Denken hilft zwar, nützt aber nichts, Droemersche Verlagsanstalt 2008

ARMSTRONG Karen, Die Achsenzeit: Vom Ursprung der Weltreligionen, Siedler 2006

ARNOLD Paul, Das Totenbuch der Maya, Barth 1978

ATKINS Peter, Schöpfung ohne Schöpfer, Rowohlt TB 1991

AUDRETSCH Jürgen; Klaus MAINZER, Vom Anfang der Welt, C. H. Beck 1989

BAIGANT Michael; Richard LEIGH, Verschlußsache Jesus, Droemersche Verlagsanstalt 1991

BECKER Volker, Gottes geheime Gedanken, Lotus 2008

BERLITZ Charles, Die wunderbare Welt der Sprachen, Zsolnay 1982

BHAKTIVEDANTA Swami, Bewußte Freude, Bhaktivedanta Book Trust 1982

BHAKTIVEDANTA Swami, Bhagavad-Gita (Wie sie ist), Bhaktivedanta Book Trust 1987

BHAKTIVEDANTA Swami, Srimad Bhagavatam, Bhaktivedanta Book Trust 1983

BIBEL, 10 Bände, Andreas Verlag 2007

BLAVATSKY Helena Petrovna, Die Dynamik der psychischen Welt, Adyar Verlag 1975

BLAVATSKY Helena Petrovna, Isis entschleiert, Couvreur Verlag 1972

BRIGGS John; David PEAT, Die Entdeckung des Chaos, DTV 1993

CAPRA Fritjof, Das neue Denken, Scherz 1990

CAPRA Fritjof; David STEINDL-RAST, Wendezeit im Christentum, Scherz 1991

CASTI John L., Das Cambridge Quintett, Berlin Verlag 1998

CENTURIO Alexander, Die großen Weissagungen des Nostradamus, Turm Verlag 1977

CHAMPDOR Albert, Das Ägyptische Totenbuch, Droemersche Verlagsanstalt 1977

DADOIS Regine, Grenzbereiche, Leykam 1979

DAMMANN Erik, Erkenntnisse jenseits von Zeit und Raum, Droemersche Verlagsanstalt 1990

DARGYAY Eva K., Das tibetische Buch der Toten, Barth 1977

DAWKINS Richard, Der Gotteswahn, Ullstein 2007

DENNETT Daniel C., Philosophie des menschlichen Bewußtseins, Hoffmann und Campe 1994

DITFURTH Hoimar von, Innenansichten eines Artgenossen, Claassen 1989

DITFURTH Hoimar von, Wir sind nicht nur von dieser Welt, DTV 1990

DÜRR Hans-Peter; Marianne OESTERREICHER, Wir erleben mehr, als wir begreifen, Herder 2001

DÜRR Hans-Peter; Walther ZIMMERLI, Geist und Natur, Scherz 1989

EBERSBERGER Ludwig, Der Mensch und seine Zukunft, Walter Verlag 1990

ECCLES John, Das Rätsel Mensch, Piper 1989

ECCLES John, Gehirn und Seele, Piper 1991

ECCLES John, Die Psyche des Menschen, Piper 1990

EDELMAN Gerald; Giulio TONONI, Gehirn und Geist, C. H. Beck 2002

EGGETSBERGER Gerhard H.; Karl-Heinz EDER, Das neue Kopftraining der Sieger, Orac 1991

EHTREIBER Jörg; Adolf HOHENESTER; Gerhard RATH, Der kosmische Träumer, Leykam 1994

EPIKTET, Handbüchlein der Moral und Unterredungen, hrsg. von Heinrich Schmidt, Kröner 1984

EPIKUR, Philosophie der Freude, hrsg. von Johannes Mewaldt, Kröner 1973

FASCHING Gerhard, Illusion der Wirklichkeit, Springer 2003

FISCHER Ernst Peter, Einstein, Hawking, Singh & Co, Piper 2004

FLÜCKIGER Federico, Beiträge zur Entwicklung eines vereinheitlichten Informations-Begriffs, 1995

FÖRSTER Jens, Kleine Einführung in das Schubladendenken, Deutsche Verlags-Anstalt 2007

FRANKL Viktor, Der unbewußte Gott, Kösel 1988

FRANKL Viktor, Was nicht in meinen Büchern steht, MMV Medizin Verlag 1995

FRISCHAUER Paul, Es steht geschrieben, Bertelsmann 1970

FROMM Erich, Haben oder Sein, DTV 1991

FRUTTERO Carlo; Franco LUCENTINI, Der rätselhafte Sinn des Lebens, Piper 1995

GIERER Alfred, Die Physik, das Leben und die Seele, Piper 1986

GIERER Alfred, Im Spiegel der Natur erkennen wir uns selbst, Rowohlt 1998

GILLESSEN Wolfgang; Brigitte GILLESSEN, Erfahrungen mit den Fünf Tibetern, Integral 1991

GITT Werner, Am Anfang war die Information, Hänssler 2002

GLEICK James, Die Information, Redline Verlag 2011

GRABNER-HAIDER Anton, Kritische Kulturphilosophie, Leykam 1995

GRASSMANN Hans, Das Denken und seine Zukunft, Rowohlt TB 2001

GRACIÁN Balthasar, Handorakel und Kunst der Weltklugheit, Kröner 1992

GUTTMANN Giselher, Lernen, Hölder-Pichler-Tempsky 1990

HABERMAS Jürgen, Zwischen Naturalismus und Religion, Suhrkamp 2009

HABERMAS Jürgen; Joseph RATZINGER, Dialektik der Säkularisierung, Herder 2005

HARARI Yuval Noah, Eine kurze Geschichte der Menschheit, Deutsche Verlags-Anstalt 2013

HARUN Yahya (d. i. Adnan Oktar), Atlas of Creation, Global Publishing 2007

HATTRUP Dieter, Die Wirklichkeitsfalle, Herder 2003

HATTRUP Dieter, Der Traum von der Weltformel oder Warum das Universum schweigt, Herder 2006

HAWKING Stephen, Anfang oder Ende?, Heyne 1994

HAWKING Stephen, Das Universum in der Nußschale, Hoffmann und Campe 2001

HAWKING Stephen, Eine kurze Geschichte der Zeit, Rowohlt 1988

HEISENBERG Werner, Ordnung der Wirklichkeit, Piper 1990

JUNG C. G., Archetypen, DTV 1991

JUNG C. G., Von Mensch und Gott, Walter Verlag 1989

JUNG C. G., Wirklichkeit der Seele, DTV 1990

KAMPITS Peter, Wer sagt, was gut und was böse ist?, Ueberreuter 2011

KANDEL Eric, Auf der Suche nach dem Gedächtnis, Siedler 2006

KANDEL Eric, Das Zeitalter der Erkenntnis, Siedler 2012

Katechismus der katholischen Kirche, Oldenbourg Verlag und Libreria Editrice Vaticana 2005

Katechismus der katholischen Kirche – Kompendium, Pattloch 2005

KELDER Peter, Die Fünf Tibeter, Integral 1989

KELLER Werner, Und die Bibel hat doch recht, Rowohlt 1979

KENNY Anthony, The Oxford Illustrated History, Illustrierte Geschichte der westlichen Philosophie, Campus 1995

KRISHNAMURTI Jiddu, Ausgewählte Texte, Goldmann 1988

KRISHNAMURTI Jiddu, Gespräche über das Sein, Barth 1986

KRISHNAMURTI Jiddu; David BOHM, Vom Werden zum Sein, Barth 1987

KUMMER Christian, Der Fall Darwin (Evolutionstheorie contra Schöpfungsglaube), Pattloch 2009

KÜNG Hans, Denkwege, Piper 1992

KÜNG Hans, Die christliche Herausforderung, Piper 1980

KÜNG Hans, Jesus, Piper 2012

KÜNG Hans, Projekt Weltethos, Piper 1992

LAUPPERT Norbert, Briefe tibetischer Meister, Adyar Verlag 1974

LAUPPERT Norbert, Die Mahatma-Briefe, 2 Bände, Adyar Verlag 1977–1980

LENAERS Roger, Der Traum des Königs Nebukadnezar, copy-us 2008

LIESSMANN Konrad Paul, Lob der Grenze, Kritik der politischen Urteilskraft, Zsolnay 2011

LIESSMANN Konrad Paul, Zukunft kommt, Styria 2007

LONETTO Richard, Das Beste geben, Oesch 1995

LOVELOCK James, Das Gaia-Prinzip, Artemis 1991

LÜDERMANN Gerd; Alf ÖZEN, Was mit Jesus wirklich geschah, Radius Verlag 1995

MARC AUREL, Selbstbetrachtungen, hrsg. von Wilhelm Capelle, Kröner 1973

MATEJA Alfred, Wahrheit, Wirklichkeit & Co, Leykam 1992

MATZAK Kurt Hildebrand, Tarok, Rota, Tarot, Leykam 1976

MCGINN Colin, Wie kommt der Geist in die Materie?, Piper 2003

MEIER-KOLL Alfred, Wie groß ist Platons Höhle, Rowohlt TB 2002

METZINGER Thomas, Der Ego-Tunnel, Berlin Verlag 2009

MOODY Raymond A., Leben nach dem Tod, Rowohlt 1977

MOSER Franz, Bewußtsein in Beziehungen, Leykam 1991

MOSER Franz, Bewußtsein in Raum und Zeit, Leykam 1989

MURPHY Joseph, Das Leben bejahen, Ariston 1989

MURPHY Joseph, Die Macht Ihres Unterbewusstseins, Ariston 1989

MURPHY Joseph, Ein Schlüsselbuch des positiven Denkens, Ariston 1989

MURPHY Joseph, Ihr Denken gestaltet Ihr Leben, Ariston 1989

MURPHY Michael, Der Quantenmensch, Integral 1999

MURPHY Michael, Golf und Psyche, Kabel 1994

NAGEL Thomas, Geist und Kosmos, Suhrkamp 2013

NUZZI Gianluigi, Vatikan AG, Ecowin 2010

OM Tomot, Lebensrichtig, Asama 1977

PAUEN Michael, Illusion Freiheit, Fischer 2004
PECK Scott, Eine neue Ethik für die Welt, Goldmann 1995
PIERINGER Walter; Brigitte VERLIC, Sexualität und Erkenntnis, Leykam 1990
PIETSCHMANN Herbert, Die Wahrheit liegt nicht in der Mitte, Thienemann 1990
POPPER Karl, Alles Leben ist Problemlösen, Piper 1995
POPPER Karl, Auf der Suche nach einer besseren Welt, Piper 1987
POPPER Karl, Objektive Erkenntnis, Hoffmann und Campe 1998
POPPER Karl; John ECCLES, Das Ich und sein Gehirn, Piper 1989
POPPER Karl; Franz KREUZER, Offene Gesellschaft – offenes Universum, Piper 1995
POPPER Karl; Konrad LORENZ, Die Zukunft ist offen, Piper 1985
POUNDSTONE William, Im Labyrinth des Denkens, Rowohlt TB 2002
PSZYWYJ Andreas, Autogenes Training, Eigenverlag 1984
PURUCKER Gottfried von, Der Mensch im Kosmos, Adyar Verlag 1972
PURUCKER Gottfried von, Die Mahatmas und der echte Okkultismus, Adyar Verlag 1976
PURUCKER Gottfried von, Studien zur Esoterischen Philosophie, 2 Bände, Verlag esoterische
        Philosophie 1986

RANDOW Gero von, Mein paranormales Fahrrad, Rowohlt TB 2003
REDFIELD James, Gott und die Evolution des Universums, Integral 2002
REES Martin, Das Rätsel unseres Universums, C. H. Beck 2003
RIDLEY Matt, Alphabet des Lebens, Claassen 1999
RIFKIN Jeremy, Die empathische Zivilisation, Campus 2010
RINGEL Erwin, Die österreichische Seele, Böhlau 1984
RORTY Richard; Gianni VATTIMO, Die Zukunft der Religion, Suhrkamp 2006
RYZL Milan, Nutzen Sie Ihre phänomenale Geisteskraft, Droemersche Verlagsanstalt 1990

SAGAN Carl, Gott und der tropfende Wasserhahn, Droemersche Verlagsanstalt 2001
SARAMAGO José, Eine Zeit ohne Tod, Rowohlt 2007
SCHMIDBAUER Manfred, Der gitterlose Käfig, Springer 2004
SCHÖNBORN Kardinal Christoph, Ziel oder Zufall, Herder 2007
SCHRÖDINGER Erwin, Was ist Leben? Piper 2004
SCHÜTZENHÖFER Louis, Glauben Sie, was Sie wollen, Leykam 2014
SCHWEIZER Gerhard, Der unbekannte Islam, Klett-Cotta 2007
SEDLÁČEK Tomaš, Die Ökonomie von Gut und Böse, Hanser 2009
SENECA, Vom glückseligen Leben, hrsg. von Heinrich Schmidt, Kröner 1978
SHELDRAKE Rupert, Der siebte Sinn des Menschen, Scherz 2003
SHELDRAKE Rupert, Sieben Experimente, die die Welt verändern können, Scherz 1997
SHELDRAKE Rupert; Terence MCKENNA; Ralph ABRAHAM, Denken am Rande des Undenkbaren,
        Piper 1995
SINGER Wolf, Der Beobachter im Gehirn, Suhrkamp 2002

SINGER Wolf, Ein neues Menschenbild?, Suhrkamp 2003

SINGER Wolf; Mathieu RICARD, Hirnforschung und Meditation, Suhrkamp 2003

SLOTERDIJK Peter, Du mußt dein Leben ändern, Suhrkamp 2009

SMULLYAN Raymond, Das Tao ist Stille, Krüger 1977

STEINER Rudolf, Die Geheimwissenschaft im Umriß, Rudolf Steiner Nachlaßverwaltung 1962

STEINER Rudolf, Die Philosophie der Freiheit, Rudolf Steiner Nachlaßverwaltung 1962

STONE Irwing, Charles Darwin oder der Schöpfung wunderbare Wege, Droemersche Verlagsanstalt 1981

STRASSER Peter, Gibt es ein Leben nach dem Tod?, Wilhelm Fink Verlag 2004

TASCHNER Rudolf, Gerechtigkeit siegt, Ecowin 2011

TASCHNER Rudolf, Rechnen mit Gott und der Welt, Ecowin 2009

TEILHARD DE CHARDIN Pierre, Die Zukunft des Menschen, Walter Verlag 1963

TENNEY Merrill C., Namen und Begriffe der Bibel, Hermann Schulte Verlag 1972

TIPLER Frank J., Die Physik der Unsterblichkeit, Piper 1994

TOYNBEE Arnold, Menschheit und Mutter Erde, Claassen 1988

WATZLAWIK Paul, Anleitung zum Unglücklichsein, Piper 1983

WATZLAWIK Paul, Vom Schlechten des Guten, Piper 1986

WEEBER Karl-Wilhelm, Hellas sei Dank, Siedler 2012

WEINKE Kurt; Anton GRABNER-HAIDER, Menschenbilder im Diskurs, Leykam 1993

WEIZSÄCKER Carl Friedrich, Aufbau der Physik, DTV 1988

WEIZSÄCKER Carl Friedrich, Bewußtseinswandel, DTV 1991

WEIZSÄCKER Carl Friedrich, Die Einheit der Natur, DTV 1974

WEIZSÄCKER Carl Friedrich, Lesebuch, DTV 1992

WILBER Ken, Das Spektrum des Bewußtseins, Rowohlt TB 1994

WILBER Ken, Das Wahre, Schöne, Gute, Krüger 1999

WILBER Ken, Die drei Augen der Erkenntnis, Kösel 1988

WILBER Ken, Eros, Kosmos, Logos, Fischer TB 2001

WOLF Fred Alan, Körper, Geist und die neue Physik, Scherz 1989

WUKETITS Franz, Verdammt zur Unmoral, Piper 1993

ZEILINGER Anton, Einsteins Schleier: Die neue Welt der Quantenphysik, C. H. Beck 2003

ZIEGLER Jean, Die Lebenden und der Tod, Ecowin 2011

ZITELMANN Arnulf, Die Weltreligionen, Campus 2002